KB126938

자본주의에 맞서는 보수주의자들

산업혁명에서 세계화까지

CONSERVATIVES AGAINST CAPITALISM

자본주의에
맞서는 보수주의자들
산업혁명에서 세계화까지

피터 콜로지 지음 | **이재욱** 옮김

CONSERVATIVES AGAINST CAPITALISM

회화나무

감사의 글

나는 많은 사람에게 빚을 졌다. 그들의 도움과 격려가 없었다면 이 원고는 작성되지 못했을 것이다. 먼저 편집자인 필립 레벤탈Philip Leventhal과 그의 컬럼비아 대학교 출판부 동료들에게 감사드린다. 레벤탈의 코멘트와 제안, 편집은 이 원고를 개선하는 데 대단히 중요한 역할을 했다. 또한 내가 대학원 과정을 밟을 수 있도록 기회를 제공해준 뉴욕 시립 대학교City University of New York, CUNY 대학원 정치학과에도 감사를 표하고 싶다.

특히 코리 로빈Corey Robin 교수와 마이클 J. 톰슨Michael J. Thompson 교수에게 각별한 고마움을 전하고 싶다. 그들은 내 원고를 읽고 또 읽으며 매우 소중한 코멘트와 제안을 해주었고, 나의 생각을 더 철저하고 창의적으로 다루고 정식화하는 데 도움을 주었다. 또한 정치학과 대학원 과정에 진학하도록 내게 영감을 주고 용기를 불어넣어준 윌리엄패터슨 대학교William Paterson University의 조지 그레고리우George Gregoriou 교수와 스테판 R. 샬롬Stephen R. Shalom 교수에게도 감사를 드린다.

신임 교수의 연구를 지원하기 위해 시간을 내주고 조정해준 CUNY의 교수회의에도 감사함을 전하고 싶다. CUNY의 브롱스 커뮤니티칼리지Bronx Community College, BCC의 동료들, 그중에서도 일하는 동안 각별히 내게 도움을 주었던 아마릴리스 고메스-산체스Amariliz Gomez-Sanchez와 재이위드 나와비Jawied Nawabi 교수, 제임스 E. 프리먼James E. Freeman 교수에게 깊은 감사를 드린다. 특히 나의 멘토이자 친구인 프리먼 교수의 격려와 동기 부여가 없었다면 나는 이 책을 완성할 수 없었을 것이다. 아울러 그들의 열정, 지성, 인내심으로 나에게 영감을 준 BCC 학생들에게도 감사를 전하고 싶다.

마지막으로 내 친구들과 가족들, 특히 에드워드Edward와 패트리시아 코타스키Patricia Kotarski, 존 발디노John Baldino, 마리아 파굴라토스Maria Pagoulatos, 데이빗 젠틸레야David Gentilella, 이사 바스케스Isa Vasquez에게, 또한 나의 형제인 라디슬라브Ladislav와 그의 가족들에게, 그리고 무엇보다도 나의 어머니와 아버지에게 많은 빚을 졌다. 대학원 과정의 기쁨과 고난, 그리고 이 책을 완성하는 장기간의 여정에서 그들이 보여준 인내와 이해, 지지, 격려에 깊은 감사의 마음을 전한다.

차례

서론

자본주의에 맞서는
보수주의자들

2007년 시작된 경제위기, 그리고 이어진 고용 없는 경제회복 이후 자본
주의에 대한 정치적 논쟁은 경제적 불평등을 중심으로 다시 일어나고
있는 듯 보인다.[1] 심지어 보수주의자들조차 이제는 벌처 자본주의Vulture
capitalism*와 다국적 기업의 탐욕을 언급하고 있으며, 그들은 현 수준의
경제적 불평등이 걱정거리임을 인정하고 있다. 그러나 미국에서 부자들
과 기업들이 행사하는 경제적·정치적 권력과 자본주의체제를 비판적
으로 평가하는 현대의 보수주의자들은 거의 없다.[2] 대신에 오늘날 미국
에 관해 그들이 가진 불만의 대부분은 "거대한 정부"와 자유방임적인
자유주의 문화, 무슬림이든 라틴아메리카 출신의 이민자이든 "타자"들

●   썩은 고기를 먹고 사는 독수리vulture처럼 파산 기업이나 경영이 부실한 기업을 저가에 인수한 뒤
구조조정 등을 통해 경영을 '정상화'한 후 고가에 되팔아 단기간에 높은 수익을 올리는 방식이 지배적인
자본주의를 의미한다.

이 야기한 위협에 초점이 맞추어져 있으며, 경제체제에 대한 비판적인 분석에는 주안점을 두고 있지 않다. 현대 보수주의 담론에서 이러한 배제는 역사적으로 자본주의, 특히 자유방임 자본주의—오늘날 보수주의자들 사이의 수사에서 지배적인—에 대해 비판적인 태도를 취했던 역사를 가진 보수주의의 지적 전통이 중요한 진화를 겪었음을 의미한다.

사람들은 흔히 보수주의자들을 자유방임 자본주의의 일관된 지지자들이라고 전제하고 있지만—실제로도 다수가 그러하다—이러한 전제는 미국 보수주의의 전통을 온전히 반영하지 않는다.[3] 미국 전 역사에 걸쳐 보수주의 사상가들은 자유방임 자본주의가 개인과 전통적 제도, 공동체, 민족과 그 문화적 유산, 사회질서에 미치는 파괴적인 영향들을 의식해왔다. 실제로 산업혁명 이래로 미국의 보수주의자들은 자유방임 자본주의에 대한 날카로운 비판을 제기해왔다. 아울러 이들은 노예제, 경제적 분권화를 위한 계획, 보수주의적 복지국가를 비롯한 다양한 대안들을 지지해왔다.[4] 한때는 그랬지만 확실히 자본주의에 대한 비판은 더 이상 경제에 대한 보수주의자들의 사고에서 핵심적인 부분이 아니다. 사실 자본주의에 대한 보수주의적 비판은 경제체제 전체에 대한 도전에서 출발해 자유무역과 보호주의에 대한 논쟁으로 진화해왔다. 자본주의에 비판적이었던 보수주의자들 대부분과 보수주의 지적 운동의 전통은 이제 하나의 경제체제인 자본주의와 화해했다. 오늘날 담론에 남아 있는 보수주의적 비판은 자본주의에 대한 문화적 비판에 초점이 맞춰져 있으며, 이는 내가 이 책에서 다루고 있는 이질적인 사상가들을 미국 보수주의 사상의 새로운 전통이라는 하나의 구성물로 엮어낸다.

많은 사상가들이 자유시장 자본주의를 수용해왔지만 그들 모두가 자칭 보수주의자는 아니었다. 예컨대 프리드리히 하이에크Friedrich Hayek 와 같은 몇몇 사상가들은 스스로를 고전적 자유주의자라고 칭했다.[5] 그러나 20세기에 하이에크를 비롯해 존 베이츠 클라크John Bates Clark, 루트비히 폰 미제스Ludwig von Mises, 밀턴 프리드먼Milton Friedman, 아인 랜드Ayn Rand, 머리 로스바드Murray Rothbard 같은 사상가들은 유명한 보수주의 인사로 자리 잡았다. 오늘날 자본주의에 대한 보수주의적 담론은 어떤 방식으로든 이 사상가들의 아이디어에 지배되고 있다. 비록 그들 중 다수는 자유방임 자본주의에 대해 뚜렷한 양가적 태도를 보였음에도 불구하고 말이다. 실제로 프랭크 나이트Frank Knight, 헨리 시몬스Henry Simons, 제이콥 바이너Jacob Viner, 빌헬름 뢰프케Wilhelm Röpke 는 모두 대공황 시기 정부의 경제 개입을 옹호했으며 "자유방임주의의 과도함을 맹렬히 비난했다".[6] 나이트는 모든 가치를 화폐적 척도들로 환원시키는 자본주의적 유인이 도덕성을 저해할 것이며, 이는 사회 붕괴를 낳을지 모른다고 우려했다.[7] 바이너는 민주적 의사결정을 경제이론(심지어는 자유방임주의)보다 우선시했다. 바이너와 시몬스는 모두 거대기업에 비판적이었으며, 시몬스는 기업 규모를 제한하는 규제를 옹호했다. 그는 공익사업과 철도 국유화를 요구했으며 "급격하게 누진적인" 소득세를 주장했다. 하이에크는 경쟁에 반하는 경제계획을 일관되게 거부했지만 자유방임주의 역시 거부했고, 최소주의 국가의 프레임을 넘어서는 상당히 강력한 국가의 역할을 구상해냈다. 자유방임주의에 대한 그들의 의구심에도 불구하고, 이러한 사상가들과 자유시장에 대한 그들의 아이디어가 어떻게 지배적이게 되었는지에 대해서는 실제로 이미 많은 연구가 이루어졌다.[8] 그러나 『자본주의에 맞서는 보수주의자들』은 그들 또는 보수적인 경제사상가들에 대한 연구가 아니다. 대신에 이 책은 자본주의와 보수적 사회질서 사이의 긴장을 해결하려 애쓰고 이들을 화해시키고자 노력했던, 스스로를 보수주의 정치사상가라고 칭한 사람과 일부 정치실천가에 관한 연구이다.

사실 보수주의자들을 자유방임 자본주의의 열렬한 옹호자들로 분류하는 것은 자본주의에 대해 비판적이었고 그 대안들을 제시해온 보수주의의 오랜 전통을 간과하는 일이다. 이러한 비판적 전통 안에서 보수주의 사상가들은 자본주의의 유해한 사회적·문화적·정치적 영향을 포함해 여러 측면에서 자본주의에 이의를 제기했다. 보수주의 사상가들의 영향력은 각기 달랐다. 예컨대 제임스 헨리 하몬드James Henry Hammond와 존 C. 칼훈John C. Calhoun, 시어도어 루스벨트Theodore Roosevelt, 그리고 더 많은 최근의 신보수주의자들neoconservatives은 정치사상가였을 뿐만 아니라 선출된 정치인들이었다. 브룩스 아담스Brooks Adams, 어빙 크리스톨Irving Kristol, 윌리엄 크리스톨William Kristol 같은 이들은 자신들의 아이디어가 공공정책에 영향을 미칠 수 있는 권력의 수단과 가까운 거리에 있었다. 조지 피츠휴George Fitzhugh와 남부 농본주의자Southern Agrarians 같은 이들은 공공정책에 미치는 영향력은 미미했지만, 학술적으로는 보수주의 전통 안에서 자본주의에 대해 가장 대담하게 통념을 파괴하고 날카로운 비판을 제기하는 비평가로서 중요했다. 노예제라는 기성의 대안을 이미 손에 쥐고 있었던 노예제 옹호자들을 제외하면, 자본주의에 대한 보수주의적 비판자들은 일정한 형태의 자본주의를 수용하지 않을 수 없었다. 더욱이 보수주의에 대한 그들의 사고와 자본주의에 대한 그들의 양가적 태도는 "좋은" 사회의 경제적 조직 현대적 논쟁, 경제체제와 "보수적" 가치 및 제도들 사이의 관계 이해, 그리고 자본주의와 복지국가에 대한 보수주의적인 지적 및 공공정책 논쟁에서도 중요하다.

다양한 보수주의 사상에 대해 서술하면서 패트릭 알리트Patrick Allitt는 일부 보수주의자들에게 "보수주의는 주로 자유시장 자본주의를 변호하는 것"이었지만 "역설적으로 자본주의는 아마 지난 두 세기 동안 세계를 변화시키는 데 그 무엇보다 많은 일을 했다"라고 주장했다.[9] 다른 보수주의자들이 보기에 자본주의는 변화의 동력이었지만, 이는 자본주의가 변화시킨 것에 대한 이론적 반대를 필연적으로 수반했다.

나는 『자본주의에 맞서는 보수주의자들』이 미국 보수주의와 정치사상에 대한 연구에 기여할 수 있기를 희망한다.[10] 나는 먼저 고삐 풀린 자본주의의 핵심적 가치들과 그 정상적인 작동 방식에 도전했던 미국 사상의 잊힌 전통을 검토할 것이다. 이를 통해 자본주의에 대한 보수주의적 정치사상이 항상 자유지상주의적이지는 않았으며, 자본주의에 대한 비판이 언제나 좌파의 전유물은 아니었음을 보여줄 것이다. 다음으로 이 전통이 시간이 지나가면서 어떻게 변화했는지를 보여줄 것이다. 그리고 마지막으로 보수주의적 비판자들이 어떻게 보수주의와 자본주의를 화해시켰으며, 어떻게 자본주의에 대한 가장 실질적인 비판들을 보수주의 담론에서 점진적으로 제거해왔는지를 입증할 것이다. 보수주의자들은 자본주의에 대한 확고한 비판자에서 보수주의적 복지국가라는 미묘한 어감의 전망을 통해 시장을 조절하면서 자본주의의 가장 열렬한 옹호자로 나아갔다. 요컨대 나는 다수의 사상가들이 보수적이었으며 동시에 자본주의에 비판적이었다고 주장할 것이다.

이러한 비판적 전통의 진화를 설명하기 위해 나는 아이디어들의 발전을 그의 경제적·사회적·정치적 맥락에 위치시키며, 변화하는 물적 조건과 계급 동학이 이러한 아이디어들에 어떠한 영향을 미쳤는지를 규명할 것이다. 이론가들은 자본주의에 대한 추상적인 개념들을 서술했을 뿐만 아니라, 또한 자본주의가 만들어내는 데 일조한 사회적 현실에 반응하고 있었다. 이러한 역사적 맥락은 주어진 어떤 시점에 왜 자본주의에 대한 특정한 비판들이 강조되었으며, 왜 다른 시기에는 그들이 부차화되거나 완전히 무시되었는지를 설명하는 데 도움을 준다.

나는 또한 이러한 보수주의의 전통이 자본주의와 국가주의 모두에 비판적이었다고 주장할 것이다.[11] 미국 보수주의 연구자들은 일부 보수주의 사상가들이 자본주의에 대해 양가적 태도를 취해왔다는 점에 주목해왔지만,[12] 그 누구도 우파가 자본주의에 지속적으로 가하는 비판에 대해서는 이해하려 하지 않았으며, 아울러 그러한 비판의 발전을 체계적으로 분석하지도 않았다. 비록 개별 연구들이 일부 통찰을 제시하고는 있지만, 그들 가운데 누구도 미국 내에서의 자본주의에 대한 보수주의적 반대 또는 불만의 장기적인 지속과 그 폭·깊이·변주에 대해서는 완전히 설명해내지 못했다.

미국에서 자본주의와 그 진화는 보수주의자들에게조차 논쟁의 대상이었다. 자본주의에 대한 보수주의적 논쟁에는 바로 미국의 정치경제와 미국인들의 삶 속에서 시장과 정부의 역할에 관한 핵심적인 질문들이 담겨 있었다. 이러한 질문에는 정부의 규모, 활동 범위, 역량을 비롯해 정부가 무엇을 위해 누구에게 봉사해야 하는지, 또한 어떤 자본주의적 가치와 관계들이 생활의 경제적·비경제적 측면에 스며들어야 하는지가 포함되어 있었다. 지난 40년간 기업과 금융의 탈규제에서부터 자유주의 복지국가의 침식과 노동조합에 대한 공격에 이르기까지, 경제적 문제들은 우파적 방향으로 이동했다. 수십 년간에 걸친 이 흐름이 결국 반전될 수 있을지는 모르지만, 2017년 보수주의자들의 경제적 아이디어들은 공공정책을 지배하고 있으며, 그들의 영향력은 다양한 방식으로 체감할 수 있다. 미국 보수주의의 반자본주의적 사상은 거의 논의되지 않는데, 그 이유는 아마도 오늘날 보수주의적 담론에서 자유방임주의적 관점이 매우 지배적이기 때문일지 모른다. 그러나 상황이 언제나 이렇지는 않았다. 남북전쟁 이전에 남부 노예제체제는 미국 주 절반의 전통에 뿌리내리고 있던 경제적 모델로 제시되었다. 그리고 남부 노예제가 패배한 이후에 보수주의자들은 수립된 대안이 부재한 상황에서 자본주의를 완전히 거부할 수도, 완전히 지지할 수도 없었다. 남북전쟁 이후 수년간 많은 보수주의자들은 양가적인 경제적 자유주의자들이었다. 시어도어 루스벨트 대통령은 계급적대를 완화하기 위해 규제된 자본주의를 옹호했다. 제2차 세계대전 이후 매우 존경받는 사상가였던 피터 비에렉Peter Viereck과 클린턴 로시터Clinton Rossiter, 아우구스트 헥셔August Heckscher는 그들의 보수주의적 원칙에 따라 자유방임주의를 비판하고 뉴딜을 옹호했다.

자본주의에 대한 보수주의적 비판을 가장 상세하게 분석한 저서 가운데 하나는 유진 제노비스Eugene Genovese의 『남부적 전통The Southern Tradition』이다.[13] 제노비스는 자본주의에 대한 보수주의적 비판이 남부의 보수주의 전통에 뿌리박고 있다고 주장하는데, 여기에는 남북전쟁 이전의 친노예제 사상가들과 남부의 농본주의자들, 그리고 오늘날의 고

보수주의자들paleoconservatives이 포함된다. 그러나 그의 분석에서 이 보수주의적 비판은 전적으로 남부 및 농본주의 전통에만 연관되며 그 맥락 속에 위치 지어져 있다. 이는 다른 핵심적인 사상가들과 그들의 아이디어들을 배제하며, 자본주의에 대한 보수주의적 비판에 지역분파주의적·복고적·반근대적 지향만을 부여한다는 한계를 갖는다. 시어도어 루스벨트, 브룩스 아담스, 비에렉, 로시터, 어빙 크리스톨의 비판은 잃어버린 남부적 전통에 대한 그리움 또는 현대판 농본주의를 수립하고자 하는 열망에서 출현하지 않았다. 오히려 자본주의에 대한 보수주의적 비판들은 지난 150년간 미국 자본주의의 변형을 수반했던 사회적·정치적·경제적 변화들에 의해 형성되었다. 미국 경제는 노예제, 반半봉건, 임금노동 생산관계들이 공존했던 향촌의 농업경제로부터 진화했다. 남북전쟁 이후 경제는 대규모 산업 프롤레타리아트와 함께 기업 주도의 거대한 산업경제로 변화했다. 이후 미국 경제는 존 벨라미 포스터John Bellamy Foster가 "독점금융자본"이라고 부른 자본이 지배하는 탈산업화 서비스경제로 다시 진화했다.[14]

이러한 변화들은 사회 도처에서 계급과 권력관계들을 변형시켰고, 전통적 제도들에 도전을 제기했으며, 기성의 사회적·문화적 실천양식들의 기반을 약화시켰다. 그리고 이 변화들은 새로운 사회질서 안에서 대규모 조정을 촉발할 새로운 사회적·정치적 세력을 출현시켰다. 자본주의에 대한 보수적 비판들은 사회관계들의 변화와 그로 인해 수반된 계급지배에서의 변화에 맞선 대응이었다. 이 전통 안에서 경제적 불평등이라는 바람직한 가치와 문화적 비판 같은 특정한 주제들은 일관되게 유지되었다. 하지만 자본주의 유형과 생산의 구체적인 사회적 관계, 그들이 비판했던 엘리트, 또한 반대로 그들이 옹호했던 엘리트는 시간이 지남에 따라 변화했다.

보수주의란 무엇인가?

미국 보수주의에 관한 연구들은 곧바로 정의定義와 관련된 문제에 직면한다. 알란 브링클리Alan Brinkley는 보수주의를 "특징짓기란 쉽지 않다"고 인정하는데, 이는 보수주의에 이념적 "일관성과 명료함"이 결여되어 있고, "양립할 수 없고 갈등하는" 성격의 "광범위한 아이디어와 충동, 구성원들"이 망라되어 있기 때문이다.[15] 보수주의의 전통은 내적으로 매우 상충되기 때문에, 널리 인정받고 영향력 있는 저작인 『1945년 이후 미국 보수주의의 지적 전통The Conservative Intellectual Tradition in America Since 1945』의 저자 조지 H. 내쉬George H. Nash는 보수주의를 일괄적으로 정의하려는 시도를 중단했고, 도리어 "나는 그 내용이 시간과 장소에 따라 엄청나게 각양각색이었던, 보수주의라고 불리는 복잡한 현상을 만족스럽고 포괄적으로 규정할 수 있는 하나의 정의가 있다고 생각하지 않는다. 보수주의는 본질적으로 정확한 정의를 거부한다는 말은 진실인지 모른다"라고 적었다.[16]

1957년 출간된 「이데올로기로서의 보수주의Conservatism as an Ideology」라는 제목의 영향력 있는 논문에서 새뮤얼 헌팅턴Samuel Huntington은 보수주의는 영국-아일랜드의 정치이론가이자 정치인이며 보수주의자의 전형인 에드먼드 버크Edmund Burke를 추종하며, 기성 질서에 대한 방어와 급진적인 변화보다는 점진적 개혁을 추구하는 경향을 나타낸다고 언명했다.

반면에 러셀 커크Russel Kirk는 보수주의가 모든 역사적 정황에 적용 가능한 보편적 가치들로 정의되는 "아이디어들의 자율적인 체계"라고 논했다.[17] 커크는 또한 보수주의가 "문명화된 사회질서를 바라보는 방식"이라고 주장했다. 보수주의자들은 매우 다양한 사회질서들과 사회제도들을 옹호해왔지만, 여기에는 "일정 부분 암묵적으로 동의되었다고 말할 수 있는" 몇 가지 일반적 원리가 존재한다. 커크에 의하면 이 가운데에는 사회가 순응해야만 하는 초월적인 도덕질서에 대한 믿음, 사회의 지속성 또는 유기적 사회질서에 대한 믿음, 전통의 규범적 가치 혹은 버크의 말에 의하면 "우리 조상들의 지혜", 급진적 변화보다는 점진적 개혁에 대한 헌신으로 표현되는 신중함, 사회안정에 필수적인 요소인 다양성과 불평등, 인간의 불완전함과 그로 인한 사회제도의 불완전함이 포함된다.[18]

이와 비슷하게 존 미클스웨이트John Micklethwait와 아드리안 울드리지Adrian Wooldridge가 보기에 보수주의는 버크의 여섯 가지 원칙, 즉 국가권력에 대한 깊은 의심, 평등보다는 자유의 선호, 애국주의, 기존 제도와 위계들에 대한 믿음, 진보라는 생각에 대한 회의, 그리고 엘리트주의에 뿌리를 두고 있다. 미클스웨이트와 울드리지는 미국 보수주의가 "버크의 원칙들 가운데 처음 세 가지는 과장하며, 뒤에 세 가지와는 상충"된다는 점에서 이례적이라고 주장한다.[19] 그들은 미국 보수주의의 독특함이 대부분 국가에 대한 적개심, 단호한 개인주의와 낙관주의, 아울러 종종 미국 보수주의자들의 포퓰리즘 숭배에 기인한다고 믿는다.

실제로 미국 보수주의에 대한 미클스웨이트와 울드리지의 시각은 헌팅턴이 주장한 바와 같이 보수주의가 "아이디어들의 자율적인 체계"이자 상황에 따른 지향들의 조합임을 가리킨다. 특히 비에렉과 로시터는 보수주의의 결정적인 특징이 기존의 전통과 제도들을 보존하려는 경향이며, 제2차 세계대전 이후 미국에서 그 보존의 대상은 규제된 자본주의와 자유주의 복지국가를 포함한다고 주장했다.[20]

전후 미국 보수주의에 대한 연구자들은 이를 두 개의 "분리되고 서로 구별되는" 사상의 가닥들이 하나의 우산 아래 "거북하게 공존하고 있는" 결합물—공산주의에 대한 공동의 혐오감으로 단결한 전통주의와 자유지상주의—로 보았다.[21] 전통주의적 보수주의는 사회질서와 위계, 사회안정을 특권화하는 정치적 시각이다. 이는 가족·종교·민족·유산·세대를 관통하는 지속성을 전수하고, 개인들을 상호의존·책임감·의무로 결속하는 기존의 관습과 같은 전통적 가치와 제도들을 촉진한다. 이러한 기존의 관계와 전통은 개인들이 그들의 공동체를 터전으로 삼게 만들며, 그들에게—부재 시 소외감, 실망감, 외로움을 느꼈을—소속감을 부여한다. 이 전통은 또한 개인들에게 삶의 더 큰 의미를 선사하며, 그들이 스스로 행하고 평가해야 할 행동과 제도, 그리고 사회 변화를 위한 계획의 기준을 전수해준다. 『자본주의에 맞서는 보수주의자들』에서 가장 중요한 이 보수주의의 계열은 전통적 제도와 문화가 자본주의와 과도한 사리사욕을 제어하고, 경쟁적인 시장에서의 혁신·팽창·변화에 대한 끊임없는 요구가 야기하는 불안정성을 완화할 수 있다고 믿는다. 전통주의자들에게는 종교적 제도들에 뿌리를 두고 있는 프로테스탄트 윤리와 연관된 공정한 거래와 신뢰, 만족지연delayed gratification*과 같은 관념들뿐 아니라, 전통 문화와 사유재산 같은 제도들이 자본주의를 규범적으로나 제도적으로 가능하게 만든다. 동시에 자유방임 자본주의에 대한 전통주의적 보수주의자들의 양가적 태도는 그것이 전통과 전통적 가치들에 위협이 된다는 점을 함의한다. 비록 정치의 중앙집권화에는 의구심을 가져왔지만, 전통주의자들은 전통적 가치들을 강화하고 사회의 평화와 안정을 보장하는 일을 국가의 역할로 보았다. 전통주의자들은 자본주의가 그들이 소중히 여기는 전통과 가치들을 약화시킨다는 점에는 동의하지만, 어떤 가치와 전통을 긴급하게 보호해야 하는지에 대해서는 합의에 이르지 못하고 있다. 그리고 국가가 전통적 제도와 문화를 방어하는 역할을 수행해야 한다는 점에는 동의할지 모르나, 국가가 구체적으로 무엇을 해야 하는지에 대해서는 의견을 일치시키지 못하고 있다.

자유지상주의 경향의 보수주의자들은 대개 자유와 개인주의를 보장하는 데 주된 관심을 기울인다. 그들에게 사회는 자유로운 개인들 간의 자족적인 계약관계로 구성된 결사체이다. 그러므로 공동선이나 초월적 가치라는 이름으로 사회관계를 이끌어가려는 어떠한 시도도 개인적 자유를 저해하며 전체주의를 야기한다. 자유지상주의자들이 보기에 개인의 자유는 국가와 전통적 제도들 양자에 의해 위협받는다. 제2차 세계대전 이후 보수주의의 중추적 인물인 프랭크 S. 메이어Frank S. Meyer의 말에 의하면 "인간에게 악할 자유가 없다면 인간은 덕성을 지닐 수 없다. 어떠한 공동체도 인간에게 덕성을 지니게 할 수는 없다".[22] 전통주의

• 더 큰 보상을 위해 지금 당장의 작은 보상을 기꺼이 포기하는 것을 말한다.

자들과 달리 자유지상주의자들은 국가가 후원하는 사회도덕의 입법화에 반대하는데, 이는 그것이 가족과 문화에 관계되는 문제이기 때문이다. 그리고 그들은 대체로 정부의 규제로부터 자유로운 자본주의를 옹호한다. 그들은 자유시장을 정치적 자유의 근본적인 요소이자, 자신들이 보기에 개인의 자유와 공동체를 위협하는 집단주의와 국가에 맞서는 방벽이라고 여긴다. 자본주의는 하나의 위협이 아니라 개인의 개성을 발전시키는 데 유익하며, 노동·재화·서비스를 배분하는 데 있어서도 가장 효과적인 메커니즘이다. 자본주의는 다른 어떤 경제적 양식보다 전례 없는 경제성장을 이끌었으며 대규모 인구가 물질적 안락을 누릴 수 있게 해주었다. 자유지상주의자들이 보기에 자본주의는 본질적으로 정의로우며 자연적인데, 이는 그것이 재능·총명함·독창성·근면함·공적을 보상하기 때문이다.

전통주의 및 자유지상주의적 보수주의자들은 모두 자유주의 복지국가에 적대적이었다. 그 이유는 그들이 이를 추상적 합리성, 평등, 인간의 완전함이라는 신념에 기초를 두고 있는 사회공학적 실험의 산물이라고 보았기 때문이다. 자유지상주의자들은 자유주의 복지국가의 재정 및 규제정책이 그릇되었고 역효과를 낳으며, 개인의 자유에 대한 공격이라고 주장했다. 전통주의자들이 보기에 자유주의 복지국가는 자유주의적 가치와 규제, 국가가 제공하는 수급권을 대용품으로 삼아 가족과 지역공동체를 손상시키며, 그리하여 전통적 제도의 기능과 권위 및 이것들이 전해주는 가치들을 도려낸다. 자유주의 복지국가에 대한 그들의 공통된 반대에도 불구하고 보수주의자들은 자유시장과 전통적 관습·제도들에 대한 우려 중에서 무엇을 우선시해야 하는지에 대해서는 합의를 이루지 못했다. 사유재산의 신성함에 대한 믿음과 반공주의는 특히 전후 시대에 전통주의자들과 자유지상주의자들을 거북하게 하나로 묶어내는 접착제였다.[23] 실제로 냉전은 이 비판적 전통이 진화하는 데 있어 핵심적인 순간이었는데, 이는 반공주의가 자본주의에 관한 담론을 자본주의와 공산주의, 그리고 그 둘 사이에는 아무것도 존재하지 않는다는 논쟁으로 전환시켰기 때문이다.

이러한 의견상의 불일치에도 불구하고, 특정한 신념들은 보수주의자들을 그와 같이 단결시켰으며, 보수주의를 다른 이데올로기들과 갈라놓았다. 보수주의자들 혹은 우파들을 구별 짓는 주요 요소는 인간의 평등과 위계, 그리고 "좋은 정치 공동체"의 구성에 관한 그들의 입장이다. 이탈리아의 정치철학자 노르베르토 보비오Norberto Bobbio에 의하면 좌파와 우파의 차이는 (양자가―옮긴이) 인간의 평등과 불평등을 인정하면서도 좌파는 "[인간이] 공통으로 가지고 있는 것이 좋은 공동체의 형성에 더 큰 가치를 지닌다"[24]고 믿는 반면, 우파는 "다양성" 또는 인간의 불평등이 "좋은 공동체의 형성에 더 큰 가치를 지닌다"[25]고 믿는다는 점이다. 좌파에게 우리 사회를 규정짓는 불평등은 사회적인 것이며, 이는 사회공학을 통해 완화되거나 제거될 수 있다. 반면에 우파는 이러한 불평등이 자연적이며, 사회는 단지 이러한 자연적 불평등을 반영한다고 믿는다. 이러한 불평등은 세상에서 우수함과 탁월함을 형성시키며, 그리하여 불평등한 사회관계들은 우수함의 필요조건이자 반드시 보존되어야 한다.

좌파와 우파에 대한 이러한 묘사로부터 미루어본다면 보수주의자들은 불평등이 자연적이며 좋은 사회에 근본적이라고 믿는다. 코리 로빈Corey Robin이 지적한 바와 같이 보수주의자들은 평등주의적 세계가 "추하고, 야만적이며, 비도덕적이고, 단조롭다"고 믿는다. 즉 우수함이 세계에 존재하기 위해서는 불평등과 위계가 반드시 존재해야 한다.[26] 불평등과 위계, 그리고 이들이 수반하는 명령할 권력이 존재하지 않는다면 탁월하거나 우수한 세계란 불가능하다. 바로 이러한 신념—우수한 세계는 불평등, 위계, 그리고 다른 이들을 지배하고 통제할 일정한 권력을 필요로 한다—이 보수주의자들을 단결시킨다. 노예소유주이자 자본주의에 대한 초기 비판자였던 제임스 헨리 하몬드에 의하면,

> 모든 사회체제에는 반드시 하찮은 직무들을 맡으며 삶의 고된 일을 수행할 계급이 있어야 한다. 이는 오직 낮은 수준의 지적 능력과 보잘것없는 기량만을 필요로 하는 계급을 말한다. 이 계급이 갖춰야 할 필수 조건은 활기참, 유순함, 충직함이다. 그대에게 반드시 있어야만 하는 이 계급이 없다면 그대는 진보·문명·개선을 주도할 다른 계급도 갖지 못할 것이다.[27]

러셀 커크는 덜 노골적이지만 본질적으로 동일한 주장을 제기했다. 그는 보수주의의 핵심 원칙들 가운데에는 "사회는 지도력을 갈망"하기 때문에 "문명사회는 질서와 계급들을 필요로 한다"는 믿음이 있다고 주장했다.[28] 여기서 보수주의자들을 단결시키는 것은 자유방임 자본주의가 우수함을 세상으로부터 박탈하고 왜곡한다는 믿음이다. 확실히 자본주의는 부의 축적에 기반을 둔 그 나름의 위계를 만들어냈으며, 이는 자본주의에 비판적인 보수주의자들마저 지켜내고자 하는 바이다. 그러나

전통주의적인 보수주의 비판자들은 전적으로 경제적 자유방임주의에만 토대를 두고 있는 자본주의적 위계의 조직화 원리는 천박하다고 믿었다.

남북전쟁 이전 시기에서부터 시작해 오늘날에 이르기까지 자본주의에 대한 보수주의적 비판자들은 자유방임주의, 그리고 다른 사회적 기반들에 뿌리를 두고 있는 대안들을 비판하면서 우수함을 다른 방식으로 정의해왔다. 그들 가운데 일부는 노예소유주들이었고, 다른 이들은 노예제를 혐오했다. 일부는 민족주의자였고, 다른 일부는 지역분파주의자였다. 혹자는 엘리트주의자였고, 다른 이들은 포퓰리스트였다. 어떤 이들은 기업과 산업의 집중을 인정했으며, 다른 이들은 산업의 경제적 분권화를 지지했다. 일부는 복지국가를 옹호했으며, 다른 일부는 이를 제한하기를 원했다. 달리 말해 180년이 넘는 기간 동안 자본주의에 대한 보수주의적 비판자들은 꽤나 이질적이었다. 그들을 하나로 묶어낸 것은 덕성 또는 우수함에 의해 통치되는 기성의 사회질서를 자유방임 자본주의가 무너뜨리고 있다는 믿음이었다. 이러한 측면에서 자본주의에 대한 보수주의적 비판의 목표는 경제적 계산의 독점적인 지배로부터 벗어나 지배계급과 문화적 가치들을 재구성하는 데 있었다. "경제적 인간Economic man"과 경제적 가치의 우선성에 대한 비판은 이러한 사상의 전통 도처에 자리 잡고 있다. "기업가" 또는 "자본가"가 "덕성 있는 지배계급"의 대표일지라도 그의 경제적 이익은 다른 우려 사항에 의해 억제될 필요가 있다. 그것이 "자비로운 제국"으로서 미국의 헤게모니적 역할이든, 또는 자유무역과 이민으로부터 백인 종족의 국가 유산을 수호하는 일이든 말이다.

비에렉에 의하면 자본주의에 대한 보수주의적 비판자들은 그들이 "규제 없는 자본주의의 원자화된 분열과 현대 사회주의의 관료적인 기계적 결속"에 대항하는 "두 개의 전선"에서 싸우고 있다고 생각한다.[29] 내가 논할 각각의 보수주의적 비판자들은 특정한 계급적 위계─"경제적 인간"의 대표자들, 국가를 통해 불평등에 맞서 싸우는 노동자들과 인종적 소수자들로부터 도전받고 있다고 여겨지는─에 기초한 사회질서를 옹호하는 데 지적으로 열중하고 있다. 사회주의 또는 공산주의의 유령, 그리고 자유주의 복지국가가 미국을 "노예의 길"로 몰아넣었다는 믿음은 보수주의자들이 더 많은 평등·민주주의·위계적이지 않은 사회질서라는 요구로부터 (다양하지만 특정한) 엘리트들의 특권과 지배를 옹호하도록 한 핵심적인 동기였다.

아래로부터의 운동이 보수주의자들의 비판에서 유일한 표적은 아니었다. 자본주의에 대한 보수주의적 비판자들에게는 기업과 산업엘리트들 역시 표적이었다. 자본가들이 지배하는 사회질서에서 보수주의자들이 부족하다고 여긴 가부장적인 관계들에 대한 옹호, 노블리스 오블리주에 대한 이상화는 이러한 전통에서 일관된 주제이다. "책임감 있는" 리더십을 향한 호소는 상이한 엘리트계급들이 구체적으로 제기했지만, 보수적인 자본주의 비판가들은 자본가들을 정당한 지배계급으로 받아들였을지라도 그들이 지배계급의 기대와 책임감에 부응해야 한다고 역설했다.

이러한 보수주의 전통의 사상가들은 그들이 옹호했던 특정한 사회질서에 대한 계급지배가 경제적 우선순위와 이익에 의해서만 지배되는 사회보다 지배와 통제의 위계적 권력관계를 보존하는 데 더 효과적이라고 믿었다. 그들은— 노예소유주들, 전사-귀족들warrior-aristocrats 또는 미국 중도층middle-American• 백인 포퓰리스트들을 포함해— 자신들이 선호하는 사회질서가 "최상의" 서구 문명을 구현하고 전파했던 탁월한 개인들에게 기회를 제공했다고 믿었다. 따라서 자본주의에 대한 보수주의적 비판자들은 반사적인 국가주의자들도, 반국가주의자들도 아니다. 대신에 경제 영역에서 국가의 역할에 대한 그들의 판단은 국가가 지향하는 바, 국가가 대리하여 행동하는 바, 그리고 그들이 믿었던 보수적 원리, 가치, 계급적 이해관계에 달려 있었다.

자본주의에 대한 비판: 보수주의적 전통

노예제 옹호자들은 자본주의에 대해 비판을 제기한 첫 번째 보수주의자들이었다. 그들이 보여준 비판의 언어는 훗날 좌파들의 그것과 유사했다. 많은 좌익들과 마찬가지로 이 보수주의자들은 자본주의가 생산자계급을 착취하고, 소외시키며, 궁핍하게 만든다고 보았다. 이는 자본주의가 자기중심적이고 사리사욕적인 경제적 개인주의를 주입했다는 의미이다. 자본주의는 종속적이지만 통제하기 어려운 "임금노예들"을 만

• 이 책에서 통용되는 '미국 중도층'은 두 가지 의미를 갖는다. 첫째, 지리적인 의미에서도 이들은 동부 및 서부 해안가의 주요 도시가 아닌 미국 중부 및 향촌–소도시 지역에 주로 거주하는 집단을 의미한다. 둘째, 이들은 스스로를 진보나 보수로도 생각하지 않는 정치 성향을 가지고 있으며, 문화적으로도 보다 진보적인 대도시 거주자들과 달리 '가족의 가치'와 같은 보수적인 핵심 가치들을 중시한다. 자세한 내용은 6장을 참조하라.

들어냈다. 그리고 자본주의는 역사적으로 개인주의를 억제하고 계급적 대를 방지해왔던 전통적 제도들을 약화시켰다. 조지 피츠휴나 제임스 헨리 하몬드와 같은 비판자들은 그들이 자본주의적인 북부에서 사회적 부패와 계급갈등이라고 보았던 것을 자비롭고 온정주의적인 노예소유주들이 통치하는 남부 노예제 플랜테이션에 자리를 잡은 질서·공동체·상호인정이라는 이상화된 전망과 대비했다. 이러한 초기 비판의 핵심에는 순전히 경제적인 관계가 (불평등한) 사람들이 서로에게 갖고 있는 의무와 그들이 속한 사회제도에 대해 지고 있는 다양한 형태의 의무를 해체한다는 믿음이 놓여 있었다. 자본가 지배계급의 이윤 우선시와 더불어 이러한 착취적 관계들이 야기한 계급갈등은 문명에 필요한 불평등하고 위계적인 관계들을 위협했으며 혁명으로 나아가는 길을 열어놓았다.

20세기로 접어들면서 미국 자본주의는 미 대륙 전역으로 확장되었으며, 더 이상 햇병아리 같은 제조업 졸부가 아니라 법인기업들로 구성된 산업경제 강국이 되었다. 미국 자본주의는 순응적인 정부와 점차 성장하는 반항적인 산업노동계급을 통치하는 엘리트가 지배하고 있었다. 이러한 맥락에서 시어도어 루스벨트나 브룩스 아담스 같은 사상가와 정치인들은 법인자본주의를 거부하지 않았으며, 대신 중대한 개혁들을 제안했고 경제엘리트들의 무제한적인 통치에 이의를 제기했다. 루스벨트와 아담스가 보기에 이기적인 사적 이익의 추구와 경제적 경쟁은 이기주의와 상업에 중점을 둔, 그리하여 국가를 내적으로는 불화로, 국제적으로는 나약함으로 이끌어간 문화를 만들어냈다. 자본주의적 탐욕은 자본을 급진주의자와 혁명가들, 그리고 인민의 불만을 먹잇감으로 삼는 여타의 선동가들을 위한 비옥한 토양을 만들어낸 "무책임한 군주"가 되게 했다. 비록 루스벨트와 아담스는 자본주의가 현대적이고 강력한 국가를 위해 필요한 막대한 부를 창출했다고 믿었지만, 그들 또한 자본주의적 탐욕과 금권정치가 자본주의체제 자체를 위험에 빠트리고 있고, 법인자본주의는 그 스스로를 구원하기 위해 규제될 필요가 있다고 주장했다. 이를 달성하기 위해 루스벨트와 아담스는 계몽된 관료기구가 관리하는 강력하고 활동적인 제국적 국가를 구상했다. 이 관료기구는 미국 자본의 금융적·산업적 권력이 제국으로서의 미국을 건설하는 방향으로 움직이도록 할 것이다. 그리고 이 제국은 동시에 세계사적인 문명화의 사명이자 미국의 경제적 활력에 필수요소이며, 계급갈등의 안전판이자 엘리트 쇄신을 위한 장이었다.

그 이후로 존 크로 랜섬John Crowe Ransom, 알렌 테이트Allen Tate, 프랭크 로렌스 오슬리Frank Lawrence Owsley, 라일 H. 래니어Lyle H. Lanier, 앤드류 넬슨 리틀Andrew Nelson Lytle, 도널드 데이비슨Donald Davidson을 비롯한 남부 농본주의자들은 자본주의에 대한 새롭고 보다 급진적인 기소장을 제시했다. 제1차 세계대전 이후 30년간 미국 남부는 거대한 경제적·인구적·사회적 변동을 겪었다. 뉴딜 이전과 뉴딜 기간에 일어난 소규모 농장의 몰락과 농업부문으로의 기업 팽창은 "남부적 삶의 방식"에 심대한 영향을 주었으며, 공동체와 지역의 위계질서, 인종적인 카스트제도를 위협했다. 노예소유주들의 비판에 영향을 받아 남부 농본주의자들은 자본주의가 공동체와 인격적 관계들을 파괴할 경제체제이며, 루스벨트와 아담스가 규제를 통해 지켜내고자 했던 법인자본주의는 본질적으로 전통적이고 보수적인 자영농계급을 파멸시킬 것이라고 비난했다. 남부 농본주의자들은 기업의 몰수, 분권화, 그리고 농본적 공화국 모델에 근거해 토지를 갖지 못한 백인들에게 토지를 재분배하는 급진적인 강령들을 대안으로 요구했다. 그들은 포퓰리스트적인 백인 자영농이 지배하는 사회적·경제적·정치적 전망의 회복을 추구했다. (이 계급은—옮긴이) 자연의 리듬, 신에 대한 경외감을 따라 살아가며, 그들의 지역공동체·문화·유산에 뿌리박혀 있는 존재들이었다. 이러한 사회의 토대에는 위계적 인종관계에 입각한 (법적·사회적·정치적·경제적) 지배와 통제가 자리를 잡고 있었다.

1945년과 1965년 사이에 미국 보수주의는 심대한 전환을 겪었다. 프랭클린 델라노 루스벨트Franklin Delano Roosevelt 대통령의 뉴딜 아래 수립된 자유주의 복지국가는 현대 미국 보수주의 전반의 방향에 관한 논쟁들, 특히 자본주의에 비판적인 보수주의 전통의 정치적 배경이자 진정한 전환점이었다. 뉴딜과 제2차 세계대전 동안 연방정부의 규모와 활동 범위, 역량이 극적으로 증대됨에 따라 보수주의자들의 정치적 비판은 국가에 주안점을 두는 방향으로 이동했다. 이 시기 국가의 발전은 미국 정치경제에 중대한 변화들을 이끌어냈다. 이들 가운데 가장 중요한 변화는 규제체제, 사회보험, 단체협상을 통해 자본주의의 가장 가혹한 효과들을 완화하고, 노동계급을 경제질서로 통합시킨 현대 복지국가의 구축이었다. 분명히 파업과 여타의 노동운동들은 1940년대와 1950년대에 흔한 일이었으나, 혁명은 더 이상 노동계급의 의제가 아니었다. 최소한 부분적으로 복지국가 덕분에 미국 백인 노동자들의 생활이 개선되자, 자본주의에 대한 보수적 비판들 또한 경제적 위기와 임박한 혁명에 대한 우려에서 자본주의적 문화에 대한 염려로 전환되었다.

1945년 출간된 프리드리히 하이에크의 『노예의 길The Road to Serf-dom』(그리고 『리더스 다이제스트Reader's Digest』에 이어서 연재된 글)과 1949년 루트비히 폰 미제스의 『인간행동론Human Action』은 뉴딜과 그 변종을 포함해 경제적 계획에 대한 회의주의를 소생시켰고, 대공황으로 (그 신뢰도를 — 옮긴이) 의심받았던 자유지상주의적 자본주의에 대한 옹호를 부활시켰다. 1949년 피터 비에렉은 『보수주의에 대한 재고: 반란에 대항하는 반란Conservatism Revisited: A Revolt Against Revolt』을 출간했는데, 이는 자본주의적 부에 대한 단순한 정당화와 보수주의를 분리하고자 하는 내용이었다. 그리고 1955년에 클린턴 로시터의 『미국의 보수주의Con-servatism in America』는 버크의 사상에 뿌리를 두고 있는 미국 보수주의를 맨체스터 자유주의 또는 자유방임 자본주의에 대한 옹호와 구별 지었다.

비에렉, 로시터, 그리고 우파의 다른 전후 사상가들은 전통적 가치·안정·질서·공동체를 존중하는 보수주의의 조류를 부흥시켰으나, 옛 남부를 향한 남부 농본주의자들의 향수와는 스스로 거리를 두었다. 초기 비판자들과 달리 그들은 자본주의가 낳은 결과들과 노동자들에 대한 착취를 거의 다루지 않았다. 그들의 비판은 상대적으로 온건했지만, 전후 보수주의자들은 자유방임 자본주의와 급성장하는 자유주의 복지국가 양자가 제기하는 공동체와 보수적 가치들에 대한 위협을 어떻게 봉쇄할 것인지를 둘러싸고 격렬한 논쟁을 벌였다.

비에렉은 자본주의체제의 천성적인 활력이 공동체를 파괴하고, 파시즘 또는 공산주의에 끌리는 원자화되고 소외된 개인들을 만들어낸다고 주장했다.[30] 그는 보수주의의 참된 과제는 전후 시대의 규제·복지국가를 포함하는 기성 질서를 보존하는 데 있다고 말했다. 그는 일부 뉴딜 프로그램들을 지지했으며, 역동적인 자본주의체제에서 공동체를 복구하고 보다 급진적인 요구들을 저지하는 수단으로서 노동자들의 노동조합 결성을 지지했다.[31] 대조적으로 로버트 니스벳Robert Nisbet은 자본주의 경제보다 (권력을—옮긴이) 중앙집권화하고 독점하려는 국가의 성향에 비판의 초점을 맞췄다. 그가 보기에 자본주의는 강력한 국가의 성장을 통해 가능해졌으며, 이는 전통적 제도들과 공동체들에 자리 잡고 있던 권위의 중심들을 파괴했다.[32] 『공동체에 대한 추구The Quest for Community』에서 니스벳은 중앙집권화된 국가와 거대 자본이 탐욕스럽고 착취적인 개인주의를 억제하는 데 도움이 되었던 공동체와 결사체들을 약화시킨다고 주장했다. 버크의 전통을 따라 니스벳은 자본주의가 비자본주의적인 독립된 기관들에 그 생사를 의존한다고 생각했다.[33] 니스벳은 국가 또는 독점자본과 같은 중앙집권화된 권력이 전통적인 결사체들에 비해 사회서비스를 제공하는 데 보다 효율적이라고 인정했지만, 그는 가족·교회·지역공동체의 기능들이 필연적으로 (국가와 독점자본에—옮긴이) 흡수되며, 이러한 제도들이 없다면 사회는 전체주의에 취약해질 것이라고 우려했다.[34]

1950년대 보수주의 내부의 경제적 자유지상주의와 사회적 전통주의 사이의 철학적 긴장과 공공정책을 둘러싼 논쟁들은 1950년대와 1960년대 보수적 담론을 지배했다. 철학적 종합은 새로운 전후 보수주의의 결정적인 기획이었다. 이 기획에서 가장 중요한 인물은 윌리엄 F. 버클리 주니어William F. Buckley Jr.와 프랭크 S. 메이어였다. 버클리는 이 시기 보수주의 저널에서 가장 중요했던 『내셔널 리뷰National Review』의 창간인이자 편집장이었다. 메이어는 자유방임 자본주의와 사회적 전통주의를 종합하려 시도했던 보수주의적 "융합fusion"*의 철학적 창시자였다. 대공황이라는 최근의 기억에도 불구하고 경제적으로 자유지상주의적인 아이디어들이 제2차 세계대전 직후 우파에서 부활하기 시작했다. 아울러 복지국가에 대한 비판은 미국 정치가 이른바 소련의 위협이라는 쟁점에 휩싸이면서 격화되었다. 비록 메이어의 보수주의는 커크와 같은 전통주의자들로부터 결코 보편적으로 인정받지는 못했지만, 융합은 『내셔널 리뷰』와 그 저널이 규정한 주류 보수주의의 철학적 지향이 되었다. 자유방임 자본주의를 거부하고 복지국가를 지지한 비에렉의 보수주의는 메이어와, 그리고 버클리의 『내셔널 리뷰』가 보기에 지나치게 자유주의적이었다. 1950년대 중반에 이르러 비에렉은 사실상 보수주의 운동에서 추방되었다.[35]

마이클 린드Michael Lind가 썼듯이 1950년대와 1960년대 보수주의자들의 이데올로기적 화합 시도에도 불구하고, "사회적 보수주의와 급진적이고 불안정한 자본주의 사이의 확연한 모순은 해결되지 않았다 ―그러나 보수주의자들은 그것이 해결된 것처럼 굴었다".[36] 실제로 보수주의자들은 그들의 철학적 논쟁들을 해결하지 못했을 테지만, 비판의 초점이 자본주의와 국가에서 오직 국가로 옮겨갔다는 점은 분명해졌다. 전후 보수주의적 비판자들은 초기 보수주의적 비판자들처럼 자본주의를 비난하지 않았다. 또한 그들은 마이클 노박Michael Novak이나 조지

● 　전후 미국 보수주의의 '융합론fusionism'은 거대화되는 연방정부와 자유주의자들의 뉴딜에 공동으로 맞선다는 목표를 내세웠으며 자유지상주의, 전통적 보수주의, 반공주의를 주축으로 상이한 보수주의적 조류들의 연합을 모색했다.

길더George Gilder, 그리고 1970년대 일부 신보수주의자들이 처음 그랬던 바와 같이 자본가들을 "민주적 자본주의"의 주창자로 떠받들지도 않았다. 자유기업체제에서의 경제적 자유가 다른 모든 자유의 기초라는 보수주의자들의 흔한 공식과 사유재산에 대한 통상적인 옹호 이외에, 자본주의는 전후 보수주의자들의 이야기에서 눈에 잘 띄지 않았다. 대신에 그들은 국가를, 그리고 뉴딜 질서에서 소외되었던 집단인 여성과 인종적 소수자의 정치적 요구들을 기성 사회질서에 대한 주요 위협으로 간주하고 이에 강력하게 집중했다.[37]

전후 시대에 보수주의자들은 자본주의에 대한 그들의 비판을 재조정했다. 비에렉과 니스벳 같은 전후 비판자들과 보다 현대적인 비판자들 사이의 뚜렷한 차이는 후자가 자본가 또는 "기업가"들을 신의 과업을 수행하는 자들이라고 본다는 데 있다.[38] 그들은 자본주의를 강압이 이루어지고 있는 장으로 보기보다는 도덕적 부활을 위한 힘으로 간주한다.[39] 보수주의적 사고에서 이러한 변화는 많은 측면에서 1960년대 후반 신좌파와 급진적인 흑인운동이 사회적·정치적·경제적 제도에 관해 제기한 문화적 비판에 대해 보수주의자들이 보인 대응에 기인한다고 할 수 있다. 1960년대에 이미 눈에 띄기 시작했고, 1970년대에 중대한 경제위기로 이어진 미국 자본주의의 탈산업화와 금융화는 이러한 전후 사정과 관련해 중요하다. 그러나 경제체제의 실질적인 변화를 요구하는, 응집력 있고 전투적인 노동운동이 부재한 상황에서, 좌파로부터의 위협은 경쟁·이윤·노동 착취와 같은 경제적 메커니즘보다 자본주의에 대한 문화적 정당화 문제에 초점이 맞춰져 있었다. 이는 신보수주의자들로 하여금 자본주의가 "정당성의 위기"를 겪고 있다고 우려하게 만들었으며, 그들은 이것이 정치경제체제 전체를 위협할까 봐 두려워했다. 그들의 해법은 자본가들이 경제체제와 그들의 계급지배를 방어하기 위한 이데올로기적·정치적 투쟁에 종사하도록 하는 것이었다. 신보수주의자들—그리고 특히 어빙 크리스톨—은 시장관계에서 프로테스탄트 윤리의 회복을 대중화했고, 자본가들을 능력주의 사회의 화신으로 부활시켰다.

시어도어 루스벨트와 비에렉처럼 신보수주의자들—어빙 크리스톨, 다니엘 벨Daniel Bell, 윌리엄 크리스톨, 로버트 케이건Robert Kagan, 데이비드 브룩스David Brooks를 포함해—은 경제생활에 대한 국가의 개입이 보수주의 원칙과 언제나 상반되지는 않는다고 주장했다. 규제국가의 초기 단편적인 요소들을 고안해냈던 루스벨트, 뉴딜의 자유주의 복지국가를 보존하고자 했던 비에렉과 달리, 신보수주의자들은 보수적인 복지국가를 명확하게 공식화했다. 어빙 크리스톨은 많은 복지국가 프로그램들—특히 '위대한 사회Great Society'—의 축소를 강력하게 옹호했으며, 초기에 공급중시 경제학으로 개종한 인물이었다. 그러나 그는 뉴딜 복지국가를 완전히 해체하는 정도로까지 나아가지는 않았다. "신보수주의의 대부"라는 애정 어린 이름으로 불린 크리스톨은 "큰 정부big government"보수주의라고 알려진 사상의 초기 지도자였다.

자본주의에 대한 신보수주의적 비판은 두 가지 조류로 이루어져 있었으며, 이들 모두는 "자본주의에 대한 문화적 비판"의 영역 안에 있었다. 그중 첫 번째는 어빙 크리스톨과 다니엘 벨이 제공한 것으로서, 이들은 자본주의가 도덕적 토대를 약화시키고 있다고 주장했다. 구체적으로 막스 베버Max Weber의 연구에 기대어 벨은 탈산업 소비자본주의가 부르주아 사회로부터 프로테스탄트 윤리를 절연함으로써, 근면·근검·절약·만족지연과 같이 자본주의적 과도함과 경제적 불평등을 억제해왔던 부르주아적 덕목들을 위협하고 있다고 주장했다. 프로테스탄트 윤리로부터 심어진 이 덕목들이 부재한 상태에서 자본주의는 (축적을 위한) 쾌락주의를 넘어서는 문화적 정당성을 갖지 못하며, 벨은 이것이 자본주의를 문화적으로 파산하게 만들었다고 믿었다. 벨은 "자본주의의 문화적 모순들"이 여전히 해결되지 않았다고 계속해서 믿었던 반면, 크리스톨과 다른 신보수주의자들은 공급중시 경제학이 프로테스탄트 윤리를 부활시킬 수 있는 적절한 유인을 제공한다고 확신했다.

신보수주의자들 가운데 "자본주의에 대한 문화적 비판"의 다른 조류는 경제적 가치에 대한 지나친 강조가 미국이 전 세계적 패권으로서 문명화를 진전시킬 "위대한 숙명"을 불가능하게 한다고 주장한다.[40] 시오도어 루스벨트가 거의 한 세기 이전에 말했듯이 신보수주의자들은 권태·퇴폐·자기만족에만 편협하게 치중하는 일로부터 국가를 구출할 필요가 있다고 믿었다. 윌리엄 크리스톨, 로버트 D. 케이건, 데이비드 브룩스는 그들의 전임자들이 제기했던 자본주의에 대한 문화적 비판을 지속했다. 그러나 미국의 부활을 프로테스탄트 윤리의 회복에서 찾는 대신에 그들(특히 크리스톨과 케이건)은 미국의 "재도덕화"에는 "미국 대외정책의 재도덕화"가 필요하다고 보았다.[41] 신보수주의자들은 현대 자본주의가 남성다움·전사다운 가치·시민적 책임감·국가적 통일성·용기를 약화시킨다고 주장했다. 현대 자본주의는 강력한 국가와 제국에 걸맞지 않는 개인들과 국가의 성격을 만들어냈다.[42] 그 해독제로서 신보수주의자들은 자본주의가 촉진하는 이기적 가치들을 완화할 새로워진 제국적 기획을 추구했다. 이는 국가적 공동체의 정신을 부활시키고 세계의 "자비로운 패권"으로서 미국의 잠재력을 실현하기 위함이었다.[43]

　마지막으로 자본주의에 대한 오늘날의 다른 보수주의 비판자들은 패트릭 J. 뷰캐넌Patrick J. Buchanan과 새뮤얼 T. 프랜시스Samuel T. Francis를 포함한 고보수주의자들이다. 그들은 자유방임 자본주의, 자유주의 복지국가, 자유무역에 대해 포퓰리스트적이고 백인 중심적인 비판을 제기한다. 신보수주의자들처럼 고보수주의자들은 자본주의하의 생산관계들을 본질적으로 착취적이거나 소외적이라고 비난하지 않는다. 아울러 그들은 경제적 불평등을 자연스러운 것이자, 재능과 노고의 결과인 성공에 대한 보상이라고 받아들인다.[44] 고보수주의자들은 그러나 글로벌 자본주의하에서 금융, 재화, 사람들의 자유로운 이동―그들이 보기에는 국제 경제의 엘리트들과 이에 순응적인 자유주의적 국가의 행위자들이 은밀하게 조직한―이 미국의 공화주의 전통을 구축하고 유지해온 종족적·인종적·언어적 집단을 위협하고 있다고 통탄한다. 시장과 이윤에 대한 숭배는 자본주의에 범세계주의적인 윤리를 부여했다. 이는 도널드 트럼프 대통령의 말에 따르면 "미국을 위대하게 만드는" 미국의 독립성과 문화적·종족적 정체성을 위험에 빠트린다. 게다가 "자유무역" 체제하의 다국적 기업은 주권국가와 자신을 동일시하지 않으며, 그들이 원하는 곳 어디에서나 이윤을 추구할 자유를 누린다. 미국 소유의 다국적 기업은 더 이상 국가와 나란히 가지 않고 대신에 국가와 경쟁하며, 이는 미국인들에게 기반을 둔 사업체와 그들이 고용하는 백인 "미국 중도층"의 토대를 무너트린다.

　보수주의자들은 "두 개의 전선에서 싸운다"라는 비에렉의 정식화에 충실하게 고보수주의자들은 "미국 중도층"이 자유무역과 글로벌 자본가엘리트, 노동조합과 빈민, 토박이들을 일자리에서 "내쫓고 이들을 대체하는" 이민자, 그리고 그들의 소득을 강탈하고 있는 자유주의 복지국가로부터 위협받고 있다고 생각한다.[45] 고보수주의는 민권운동의 성과에 대한 반발과 1970년대 이후 경제의 구조적 변화에 대한 우려에서 기인한 오늘날의 백인 포퓰리즘을 구체화한다. 그러나 고보수주의자들의 포퓰리즘은 자본주의 또는 위계적 계급관계에 도전하는 데까지는 나아가지 않는다. 대신에 이는 그러한 관계를 문화적으로 동질적인 백인 민족주의에 복무하도록 방향을 전환시킴으로써 보존하고자 한다.[46]

오랫동안 보수주의 지식인 및 공화당 내에서 소수 성향이었던 이 고보수주의적 아이디어들은—표어까지는 아니더라도—도널드 트럼프의 대통령 선거 캠페인에서 급부상했으며, 적어도 2016년에는 경제적 민족주의와 외국인 혐오가 공화당의 핵심 비전으로 자리 잡았다. 트럼프의 인기가 후보자나 공화당 또는 미국 유권자들에 대해 무엇을 시사하든 간에 그는 정치적·경제적 기득권층에 대한 뿌리 깊은 실망감을 활용했다. 보수주의 성향의 유권자들 사이에서 트럼프의 인기는 단순한 리얼리티쇼 현상 이상의 것으로 드러났으며, 보수주의 지식인들과 정당 지도자들 사이에서 많은 자기성찰을 마땅히 촉발했다.[47] 공화당과 민주당 행정부 아래 40년 이상 보수적인 정치경제가 패권을 잡고 있었다. 이 체제는 (대개 부자들을 위한) 감세·사유화·탈규제·복지국가 축소·조직노동에 대한 무력화와 군산복합체의 팽창으로 이루어졌고, 그 결과는 임금 정체, 사원 복리후생의 약화, 고용불안 증대, 끊임없는 전쟁이었다. 수십 년간 미국의 노동자들은 잇따른 경제위기를 견뎌냈다. 그러나 어쩌면 놀랍게도 오늘날 보수주의자들은 미국과 미국인들의 물질적 삶을 조직하는 하나의 체제로서 자본주의와 비판적으로 겨루는 일을 무시해 왔다. 보수주의 철학자 리차드 위버Richard Weaver가 "아이디어에는 결과들이 따른다"라고 적었을 때 만약 그가 옳았다면—그리고 나는 그가 맞았다고 생각한다—오늘날 미국 정치경제의 상태와 대통령 도널드 트럼프는 보수주의적 아이디어들의 결과이다.[48]

1장에서는 존 C. 칼훈, 제임스 헨리 하몬드, 조지 피츠휴와 같이 남북 전쟁의 서곡이 되었던 시기에 남부 옹호자들이 제기한 자본주의 비판을 검토한다. 2장에서는 브룩스 아담스와 시어도어 루스벨트의 비판, 그리고 붕괴되어가는 퇴폐적 자본주의의 대안으로서 국가주의와 제국주의에 그들이 어떻게 헌신했는지를 분석한다. 3장의 주제는 산업자본주의에 대한 남부 농본주의자들의 비난과 그들이 대안으로 지적한 자영농의 이상향이다. 4장은 피터 비에렉, 러셀 커크, 로버트 니스벳과 같은 제2차 세계대전 이후 보수주의자들이 제시한 자본주의 비판과 보수주의를 자유방임 자본주의로부터 분리하고, 자유주의 복지국가에 대한 현대적인 보수주의적 대안을 정의하려 했던 시도들을 검토한다. 5장은 자본주의에 대한 신보수주의자들의 문화적 비판을 탐구하며, 공급중시 경제학을 통해 그들이 어떻게 보수주의를 자본주의와 화해시켰는지, 또한 자본주의 문화가 어떻게 제국을 향한 도전을 약화시켰는지에 대한 그들의 비판을 다룬다. 마지막으로 6장은 고보수주의 사상가 패트릭 뷰캐넌과 새뮤얼 프란시스가 제기했고, (트럼프가 부활시키기 이전까지) 현대 보수주의의 변두리에 머물러 있던 부류인 글로벌 자본주의에 대한 포퓰리즘적이고 민족주의적이며 외국인 혐오증적인 비판을 분석한다.

CONSERVATIVES AGAINST CAPITALISM

1장

부상하는 자본주의와
그 보수주의적 비판자들:

남북전쟁 이전 미국 자본주의에 대한
친노예제적 비판

자본은 잔인한 주인이다.

조지 피츠휴, 『카니발스 올! 혹은 주인 없는 노예들 Cannibals All! Or Slaves Without Masters』

존 C. 칼훈(1782~1850), 제임스 헨리 하몬드(1807~1864), 조지 피츠휴(1806~1881)와 같은 노예제 옹호자들은 보수적인 사회·문화·정치는 안정적인 경제적 토대를 필요로 한다고 생각했다. 그들은 자본주의, 특히 자유방임주의적 자본주의는 본질적으로 불안정하며, 자본주의적 시장은 경제학자들이 "조정"이라고 칭하는 것을 주기적으로 겪는다고 믿었다. 이러한 필연적인 조정은 자본주의 경제체제에 내재해 있고 많은 종류의 사회적·정치적·경제적·문화적인 결과들을 낳는다. 그리하여 카를 마르크스Karl Marx와 요제프 슘페터Joseph Schumpeter, 그리고 일련의 미국 보수주의자들이 결론 내린 것처럼 자본주의는 그 본성상 불안정하며 혁명적이다. 이러한 핵심적인 통찰을 마음에 품은 노예제 옹호자들과 전사-귀족들, 남부 농본주의자들은 미국의 보수주의 전통 안에서 자유방임 자본주의에 가장 날카로운 비판을 제기한 사람들이었다. 그들은 사회주의를 거부하고, 더 높은 경제적 안정을 약속하며, 불평등과 그것이 수반하는 지배 및 통제의 방식을 유지하는 자유방임주의의 대안을 상상했다.

친노예제 사상은 자본주의적 사고방식의 패권에 대한 도전이 미국 우파 정치사상가들 사이에서 장구한 역사를 지니고 있음을 보여준다. 실제로 남북전쟁 이전에 수십 년간 자본주의는 사상의 영역뿐만 아니라 남부의 사회적·경제적 관계들과 관련해서도 의문시되었다. 유진 제노비스가 적었듯 "오직 노예소유주들만이 미국에서 등장한 자본주의에 강력한 도전을 제기했다".[1] 사상의 영역에서 친노예제 사상가들은 미국의 사조 가운데 자본주의에 대해 가장 직접적인 우파적 비판을 제시했다.[2] 그들의 전통적인 보수주의 조류는 역사적으로 뿌리내리고 있던 불평등과 위계를 필수적이고 바람직한 것으로 격상했다. 친노예제 사상가들은 또한 자본주의의 혁명적 성격과 전통적인 사회적·문화적·정치적·경제적 질서의 안정적인 고착 사이에 존재하는 보수주의 내부의 중대한 긴장에 직면했다. 이후 보수주의자들은 (자본주의에 대한 우파적 대안이라는— 옮긴이) 동일한 기획을 시도했지만, 그들과 달리 노예제 옹호자들은 기존의 노예제 안에서 대안을 거론할 수 있었다. 친노예제 사상가들은 그리하여 피츠휴와 같이 자본주의를 완전히 거부하거나, 칼훈과 하몬드가 시도했던 것처럼 자본주의의 팽창을 억제함으로써 이 긴장을 해소하려 애썼다. 어느 쪽 입장이든 그들에게 남부 노예제 사회는 확실히 자본주의적이지 않았다. 노예제 옹호자들이 보기에 문명의 진보가 달려 있는 보수적인 사회질서에 부합하는 경제적 토대는 자본주의가 아니라 노예체제였다.

오늘날 독자들에게는 남부 지식인들이 노예제를 사회적 선이라고 옹호했을 뿐만 아니라, 그것이 자본주의보다 우월한 체제라고 믿었다는 사실이 다소 충격적으로 보일지도 모른다. 게다가 그러한 믿음은 일부 괴짜들이 가지고 있던 대수롭지 않은 생각이 아니라, 남북전쟁 이전에 남부의 존경받는 사상가들과 정치인들이 공유하고 있던 믿음이었다. 이들 가운데 가장 유명한 인물로 내가 논하려는 이는 존 C. 칼훈이다.[3] 칼훈은 미국 부통령으로 두 차례 선출되었고, 제임스 먼로James Monroe 대통령 시기에는 전쟁부 장관, 존 타일러John Tyler 대통령 시기에는 국무부 장관을 지냈다. 또한 그는 사우스캐롤라이나 주 출신의 상원의원이자 훌륭한 연설가였으며, 연방법실시거부nullification*를 옹호하고, 수적으로 다수인 사람들의 입법으로부터 소수의 권리를 보호하기 위한 장치로써 공동다수결제concurrent majority**라는 개념을 개발한 영향력 있는 정치이론가였다. 그의 『정부에 관한 논고Disquisition on Government』는 정부의 본질과 이론에 관한 그의 사상을 보여주는 가장 유명하고 체계적인 저작이다.[4]

칼훈보다는 덜 알려졌지만 제임스 헨리 해몬드 역시 영향력 있는 친노예제 사상가이자 자본주의 비판자였다. 그는 농장주이자 사우스캐롤라이나의 선출직 공무원이었다. 그는 미국 연방하원에서 주를 대표하는 대의원을 역임했고, 주지사로서 한 임기를 보내기도 했으며, 1860년에

• 각 주는 자신들이 비헌법적이라고 간주하는 연방법을 무효화할 수 있는 권리가 있다는 주장이다.

•• 공동다수결제에 의하면 다수의 전횡을 방지하기 위해 입법은 다수와 소수의 의견 일치—예컨대 상·하원—에 기초해 이루어져야 한다.

사우스캐롤라이나 주가 연방을 탈퇴하기 전까지 상원의원으로 재직했다. 칼훈과 하몬드는 모두 노예소유주였다.

아마도 노예제를 가장 과격하게 옹호하고 자본주의를 가장 열렬하고 보수주의적으로 비판한 사람은 조지 피츠휴일 것이다. 칼훈과 하몬드와 마찬가지로 피츠휴도 노예소유주였다. 두 사람과 달리 그는 선출직 공직자는 아니었지만 남북전쟁 당시에는 남부연합 정부에서, 전후에는 해방노예국Freedman's Bureau 등 다양한 정부 직위에 복무했다. 피츠휴는 남북전쟁 이전의 남부와 노예제, 그리고 이 두 가지로 상징되는 보수주의를 대표하는 지칠 줄 모르는 저술가였다. 그는 『남부를 위한 사회학Sociology for the South』과 『카니발스 올! 혹은 주인 없는 노예들』(이하 『카니발스 올!』)을 포함해 다수의 책을 출간했다. 이 저서들에서 그는 인종적인 이유가 아니라—비록 그는 흑인들이 백인들보다 인종적으로 열등하다고 생각했지만— 보다 우월한 사회적 조직 형태라는 추상적인 이유로 노예제를 옹호했다. 자신의 책 이외에 피츠휴는 당시 가장 중요한 친노예제 잡지였던 『드 보우 리뷰De Bow's Review』라는 저널을 비롯해 다른 출판물에도 글을 자주 기고했다.

친노예제 사상가들의 자본주의 비판과 노예제 옹호에서 가장 중요한 지점은 임금체제가 사회적 무질서와 급진주의, 혁명적 격변의 주요 근원이라고 고발하는 것이었다. 자본주의에 대한 이러한 친노예제적 비판의 핵심은 보다 강력한 계급—더 약한 계급들을 통치해야 할 권리와 의무가 있는— 의 지배와 통제가 자유노동체제 아래에서는 충분히 완벽하지 않다는 점이었다. 그 결과 칼훈의 용어를 빌리자면 "최상급의 사람들"이 노동에 종사하는 대중을 충분히 통제하지 못하게 되며, 이로써 노동계급은 사회의 우월한 이들과 기성 제도들에 대한 충성심을 모두 잃게 될 것이다.

친노예제 사상가들은 북부 자유노동체제의 분열적인 결과들과는 대조적으로, 옛 남부의 가부장적인 질서가 생산수단의 소유자들과 노동하는 대중들 사이의 적대를 약화시키는 데 보다 적합하다고 주장했다. 임금체제와 달리 사회경제적 관계들에 대한 그들의 모델은 대가족처럼 평생에 걸친 상호 간의 의무와 책임으로 특징지을 수 있는 가부장제이다.[5] 노예제 옹호자들은 주인-노예의 관계가 친족관계를 넘어서는 이러한 사회적 유대들을 구현하고, 불평등한 인간들 간의 관계를 보다 합리적이고 인간적이게 하며, 서로에게 이익이 되고 사회적으로 바람직하며 서로를 필요로 하게 만든다고 믿었다.

남부 노예소유주들의 자본주의에 대한 비판은 노예제 폐지론자 지식인, 언론인, 성직자들, 미국과 유럽에서 이에 동조했던 선출직 공직자들의 공격으로부터 노예제를 방어해내는 일에 그 기원을 두고 있으며, 이와 밀접한 관련을 맺고 있다.[6] 친노예제 사상가들은 그들의 인종적·계급적 지배를 정당화하기 위해 명백히 노골적으로 인종주의적인 논변들을 사용했다. 흑인들은 이성적인 존재로 여겨지지 않았고, 노예소유주들이 강제로 노동을 시키지 않는 한 게으름을 피우거나 범죄행위에 의존해 살아가는 존재로 간주되었다. 이러한 가부장적인 시각은 선천적으로 능력이 부족한 흑인들이 자유로운 경쟁사회에서 필연적으로 시달리게 될 궁핍함으로부터 그들을 보호해야 한다는 의무를 남부의 노예소유주들에게 부과했다.[7] 노예제 옹호자들은 노예제 폐지론자들에 맞서, 그들은 남부 노예제를 비난하지만 북부와 잉글랜드의 산업도시들에서 임금노동자들이 겪고 있는 비인간적인 상황과 참혹함 및 고통은 무시한다는 식으로 자유노동체제를 비판했다. 말할 필요도 없이 자본주의에 대한 노예소유주들의 비판과 이에 수반된 남부의 "독특한 제도"에 대한 옹호는 자신들의 인종적·계급적 특권을 보존하는 데 목적을 둔 자기본위적인 지배계급의 주장이었다. 그러나 자본주의의 사회적 결과들에 대한 그들의 분석에는 통찰력이 있었는데, 이는 그들이 자신들과 옛 남부를 별개의 사회적 질서라고 보았기 때문이다. 그들이 보기에 자본주의는 계급전쟁과 이기적인 개인주의 정신을 부추기고 급진적인 사상들을 대단히 매력적으로 보이게 만들었다. 그들에게 이 모든 것은 혁명적 격변과 야만으로의 회귀를 낳는 요소였다. 피츠휴의 말에 의하면 임금노동체제가 핵심적인 요소인 "자유로운 사회"는 "어디에서나 주의들isms을 낳으며 (…) 주의들은 곧 유혈 혁명을 야기한다".[8] 남부 노예제를 수호하고 이를 대륙 내의 영토와 준주準州들, 카리브 해 지역, 중앙아메리카로 확장하고자 하면서 노예제 옹호자들은 자신들의 체제가 자본주의로 촉발된 노동계급과 노예제 폐지론자들의 급진주의에 맞서 공화주의적 자유와 서구 문명을 수호할 방어벽이라고 보았다.[9]

노예제의 팽창과 미국에서 자본주의의 부상

노예제와 노예제 폐지론이라는 쟁점을 둘러싼 지적·정치적 논쟁은 미국의 식민지 시기로까지 거슬러 올라가는 장구한 역사를 가지고 있으며, 노예제는 때때로 서로 모순되는 다수의 근거들을 통해 옹호되었다.

이들 가운데에는 남부와 미국의 경제발전에 필수적인 요소로서 노예제의 실용적인 필요성, 인종 간의 전쟁을 피하기 위한 수단으로서의 노예제, 성경에 언급된 노예제에 대한 윤리적·신학적 정당화, 노예제가 아프리카인들을 "문명화"하고 "기독교화"하는 신의 목적에 복무한다는 주장, 흑인들은 생리학적으로나 지적으로 백인들보다 열등하다고 주장하는 사이비 과학적 증거,[10] 노예는 인종에 상관없이 "열등한 자들"에게 적합한 신분이라는 추상적 정당화가 있었다. 1830년대부터 시작된 노예제에 대한 이 같은 정당화는 노예제가 자유노동체제보다 노예소유주·노예·사회·공화주의적 제도들에 유익하다고 하는, 노예제의 긍정적인 측면들을 강조하는 주장들과 결합했다. 피터 콜친Peter Kolchin에 의하면 남북전쟁 이전 후반기에 노예제에 대한 옹호는 "점점 덜 주저하고, 덜 머뭇거리며, 덜 변명조가 되었으며 (…) 노예제와 그것이 조성한 사회의 긍정적 덕목들을 더욱 고집"하게 되었다.[11] 남북전쟁 이전 친노예제 사상에 관한 가장 뛰어난 연구자 가운데 한 명인 드류 길핀 파우스트Drew Gilpin Faust는 1830년대 노예제 옹호는 "스타일과 논조", 그리고 "내용"에 있어서 변화했다고 말한다.[12] 그는 1818~1820년에 벌어진 미주리 주에 대한 논쟁들과 1830년대 노예제 폐지론자들의 선동이 쇄도한 이후 반노예제 정서가 강화되자 그 반발로 친노예제 사상이 보다 "자의식을 갖고 체계적"이게 되었다고 주장한다.[13] 실제로 미주리 타협Missouri Compromise• 이후 노예제에 반대하는 폐지론자들의 주요 논

• 미주리 준주의 연방 가입 문제를 둘러싸고 1820년 북부의 자유주와 남부의 노예주들 사이에 맺어진 타협을 말한다. 1818년 미주리 준주가 연방에 가입을 신청할 당시 22개 주로 이루어진 연방은 11개의 자유주와 11개의 노예주로 나뉘어 균형을 이루고 있었다. 따라서 북부와 남부는 미주리를 자유주로 할 것

거는 노예제가 서부 영토로 확장되면 이 지역에서 자유노동이 배척되리라는 점이었다.

그러나 노예제를 옹호하는 서술의 실질적인 변화는 노예제 폐지론자들의 수사적인 공격을 방어하는 것 이상의 무언가와 관련되었다. 1830년대 이후 북부 도시의 상인들과 면직물 제조업자들, 그리고 더욱 중요하게는 잉글랜드 제조업자들의 수요 때문에 노예제에 기반을 둔 면화 생산은 남부 경제에 더욱 중요해졌다. 노예소유주들은 노예제를 더 이상 "백인의 책무"가 아니라 모두를 위한 절대선으로 바라보게 되었다.[14] 역사학자 에릭 포너Eric Foner에 의하면 "남북전쟁 전야에 그것 [면화]은 미국 총 수출액의 절반을 훌쩍 넘어섰다. 1860년에 노예 인구로 표시된 경제적 투자는 전국의 공장·철도·은행들의 가치를 모두 합한 크기를 상회했다".[15] 노예소유주들은 남부가 나머지 자본주의 세계와 구별된다고 보았으나, 동시에 그들은 남부가 국제 자본주의 시장과 밀접하게 뒤얽혀 있음을 알았다. 실제로 남부 경제의 핵심인 면화·담배·기타 농업생산물 가격은 국제 시장에서의 가격 변동에 좌우되었다. 영국 직물제조업자들은 남부 면화에 대단히 의존적이었고, 영국은 가장 큰 면화 소비자였으며, 미국 남부는 가장 큰 공급자였다. 남부 면화에 대한 수요가 증대하자 노예제와 노예의 확대는 돈이 되는 사업이 되었다.

인가, 노예주로 할 것인가를 놓고 격론을 벌였다. 이때 정치인 헨리 클레이Henry Clay의 주도로 매사추세츠주의 일부였던 메인Maine 지역을 독립적인 자유주로, 이미 2000~3000명의 노예가 존재하고 있었던 미주리를 노예주로 가입시키는 방안에 기초해 북부와 남부 사이에 타협이 이루어졌다. 아울러 이후 두 진영의 세력 균형을 위해 북위 36도 30분선을 기준으로 북부의 자유주와 남부의 노예주를 구분하는 '미주리 타협선'이 탄생했다.

스벤 베커트Sven Beckert가 지적했듯이 면화 가격의 상승은 작물의 재배지가 확장되는 결과를 낳았다. 그는 면화 농장주들의 "앨라배마와 루이지애나, 그리고 최종적으로 미시시피, 아칸소, 텍사스 주로의 이주"는 "면화 가격의 등락에 의해 연출되었다"라고 적었다.[16] 노예제는 19세기 초 노예제 폐지론자들이 믿었듯 점차 도태되기보다는 새로운 주들이 연방에 가입하면서 확장되었다. 멕시코-미국 전쟁의 결과인 광대한 영토 병합*, 1850년 타협의 결과인 국민주권 규정**, 캔자스-네브래스카 법안***은 노예제가 거의 태평양 연안으로까지 확대되도록 보장했다. 미경작지에 대한 욕망과 그에 따른 노예제 팽창 욕구는 사실 남북전쟁 이전에 노예소유주와 남부 정치인, 다양한 투기꾼들이 카리브 해 지역과 중앙아메리카를 합병한 남부제국을 구상할 정도로 대단히 강력했다.[17] 미시시피 주의 상원의원 앨버트 G. 브라운Albert G. Brown은 "나는 쿠바를 원하고, 조만간 우리는 그것을 가져야만 한다는 것을 알고 있다"라고 언명했다. 이어서 그는 다음과 같이 말했다.

• 1846년에서 1848년까지 양국 사이에서 발생한 군사 분쟁의 결과로 미국은 멕시코로부터 오늘날 뉴멕시코, 캘리포니아, 콜로라도, 애리조나, 네바다, 유타 주에 이르는 영토를 할양받았다.

•• 멕시코-미국 전쟁 이후 확장된 영토에서 노예제를 시행할지의 여부를 둘러싸고 벌어진 북부와 남부 사이의 대치를 종결시킨 협정의 한 조항을 말한다. 1849년 6월 새롭게 미국 영토가 된 캘리포니아 지역이 노예제 금지를 채택하고 연방 가입을 신청하자, 남부 주들은 연방 탈퇴를 불사하며 강경하게 반발했다. 이에 '미주리 타협'과 마찬가지로 헨리 클레이의 주도하에 북부와 남부의 온건파들은 캘리포니아를 자유주로 연방에 편입시키고, 유타와 뉴멕시코 준주의 주민들이 노예제 시행 여부를 직접 선택하게 하는 국민주권 규정을 포함한 타협안을 1850년에 입법했다.

••• 1854년 미국은 캔자스와 네브래스카 준주를 창설해 토지를 개방하고 해당 지역의 개척자 주민들이 노예제 시행 여부를 직접 선택하도록 한 법을 입법했다. 이는 북부 자유주와 남부 노예주의 세력 균형을 목표로 했던 1820년 타협과 1850년 타협을 실질적으로 무력화했다.

만약 벌레 먹은 스페인의 왕좌가 그 상당 부분을 기꺼이 포기하고자 한다면—혹은 그렇지 않다고 하더라도— 우리는 이를 반드시 차지해야만 한다. 나는 타마울리파스Tamaulipas와 포토시Potosi, 그리고 한두 곳의 다른 멕시코 주들을 원한다. 그리고 나는 그 모두를 동일한 이유—노예제를 심거나 전파하기 위해—로 원한다. 그리고 중앙아메리카에 발을 들여놓는 일은 우리가 다른 주들을 획득하는 데에도 강력한 도움이 될 것이다. 그렇다, 나는 노예제의 확산을 위해 이 지역들을 원한다. 나는 우리 신성한 주님의 종교와 마찬가지로 이 노예제의 축복을 지구 끝까지 전파할 것이며, 심지어는 반역자들과 양키Yankee들*만큼 사악한 자들에게도 이를 전파할 것이다.[18]

따라서 남북전쟁 초기에 노예제는 점진적으로 쇠락하기는커녕 대담하게 팽창했고, 미국 경제의 핵심이 되었다. 이는 더 많은 사람들을 예속시켰고, 미국 역사에서 그 어느 때보다 많은 영토를 지배했다.

노예제 옹호자들이 보기에 옛 남부는 자유노동에 기반을 둔 북부와는 구별되는 뚜렷한 특징을 가지고 있었다.[19] 남부 사람들은 인종에 기반을 둔 노예제 생산관계에 뿌리박힌 가부장주의가 남북전쟁 이전 남부의 다른 모든 사회적 생활양식에도 영향을 미쳤다고 굳건하게 믿었다. 그러므로 노예제에 대한 공격은 남부 문명 전체에 대한 직접적인 공격으로 인식되었다. 콜친이 주장하듯이 남북전쟁이 발발하기 반세기 이전에 노예제·인종주의·남부에 대한 사상은 노예제를 옹호하는 지적

●   미국 북부, 특히 뉴잉글랜드 지역 출신의 사람들을 지칭한다.

담론에서 불가분한 요소들이었다.[20] 실제로 많은 친노예제 사상가들은 남부 신사숙녀들의 고결한 성품과 탁월함이 노예제의 존재와 직접적으로 관련이 있다고 주장했다. 남부 신사들의 용기·지성·친절함, 그리고 남부 숙녀들의 순결함과 헌신성에 대해 쓰면서 하몬드는 "나의 단호한 견해는 우리의 노예제가 고귀하고 기품 있는 자질을 배양하고 발전시키는 데 상당히 기여한다는 것이다"라고 진술했다.[21] 비록 소수의 노예제 옹호자만이 피츠휴나 하몬드처럼 노예제를 인종과 무관하게 대체적으로 적합한 체제라고 옹호했지만, 칼훈과 마찬가지로 자유노동체제에 대해 보다 온건한 친노예제적 비판을 제기한 이들은 남부의 노예체제로부터 기인하는 문명의 이점을 강조했다.

1812년 전쟁*과 남북전쟁** 사이에 미국은 중대한 경제적·정치적 전환의 한가운데에 놓여 있었다. 기계기술 분야, 운하와 철도 방식의 운송, 통신수단(전보)의 진보는 미국 경제의 성격을 바꿔놓았다. 특히 개선된 자동방직기는 직물제조업을 가내공업에서 미국 최초의 공장제로 전환했다.[22] 뉴잉글랜드***에 위치한 많은 공장이 새로운 기술을 채택했으며, 이 지역은 이후 수십 년간 미국 직물산업의 중심지가 되었다. 대부분이 향촌이었던 농업국가는 이러한 방식으로 도시적이고 산업화된 국가가 되었다. 유럽 대륙에서 건너온 다수의 이민자와 보다 안정적인 식량 공

- 1812년부터 1815년까지 미국과 영국 사이에 벌어진 군사 분쟁을 말한다.

- - 미국의 남북전쟁은 1861년 발발했으며, 1865년 북부의 승리로 종결되었다.

- - - 유럽 출신 정착민들의 거주 역사가 상대적으로 오래된 동북부 대서양 연안의 6개 주― 메사추세츠, 코네티컷, 로드아일랜드, 버몬트, 메인, 뉴햄프셔― 를 일컫는다.

급으로 사망률이 현저하게 감소한 덕분에 뉴욕, 필라델피아, 보스턴, 볼티모어와 같은 동부 해안의 기성 도시는 인구가 배로 증가했다.[23]

북부가 산업화되기 시작하자 제조업 생산량과 임금노동의 고용이 극적으로 상승했다. 1800년에서 1860년 사이에 미국의 자영업과 노예노동력은 4배 증가했지만, 임금노동자 규모는 20배 증가했다.[24] 에릭 포너에 의하면 1860년에 이르러 임금노동자는 미국 전체 노동력에서 자영업자를 수적으로 능가했다.[25] 소규모 독립생산자를 특징으로 하던 체제에서 산업화되고 임금노동에 기반을 둔 체제로의 미국 자본주의의 성격 변화—특히 북부에서—는 다가올 사회적·정치적 변화를 시사했으며, 북부와 남부 사이의 균열을 심화했다.[26] 관세 문제는 특히 논쟁적인 쟁점이 되었는데, 이는 산업화 중인 북부가 관세를 환영했던 반면에 남부는 면화 수출에 점점 더 의존하게 되었기 때문이다. 국제 시장에서 남부 면화의 수익성 때문에 북부에는 노예제와 관세에 대한 남부의 이해를 옹호하는 다수의 영향력 있는 사람들이 있었다. 어거스트 벨몽August Belmont과 같은 뉴욕 시의 은행업자와 상인들은 남북전쟁 직전까지 정치적으로 연결되어 있던 남부 지지자들이었다.[27] 북부의 제조업자는 관세가 미국의 산업발전을 보호하는 데 필수적인 조건이라고 보았던 반면, 면화 상인과 노예소유주들은 관세가 국제 무역을 방해하며, 영국이 남부의 면화에 세금을 부과하는 형태의 보복을 통해 남부를 빈곤하게 만든다고 생각했다. 하몬드는 "미국의 관세"는 "노예주州들이 노예제를 관용하지 않는 주의 이득을 위해 약탈당하는 체제 그 이상도, 그 이하도 아니다"라고 적었다.[28]

정치적 성향을 막론하고 사상가들은 미국이 건립된 이후 수십 년 동안 그들이 알고 있던 사회적·정치적·경제적 세계가 시장과 임금노동 자본주의의 확장으로 인해 급진적으로 변화하고 있음을 감지했다. 가내 공업, 소규모 장인 상점, 가족 농장으로 특징지을 수 있는 18세기 말의 경제는 기계와 이를 작동시키는 데 필요한 저렴한 미숙련 노동력으로 점차 대체되고 있었다. 신흥 자본가계급과 점증하는 임금소득 노동자계급 사이의 공공연한 갈등은 보다 빈번하고 격렬해졌다.[29] 노동자들은 노동자협회를 결성하기 위해 함께 뭉쳤고 노동자들의 정당을 조직했다. 이러한 결사체들을 통해 노동계급은 더욱 빈번하게 노동운동에 참여했으며, 정치적 권리뿐 아니라 임금 인상과 파업권·10시간 노동·독점 규제·부의 재분배를 요구했다.[30] 백인 남성이 보통선거권을 획득하면서 이러한 대중적인 민주주의운동은 정치체제가 더 많은 포용과 정치적 평등을 향해 나아가도록 압박했다. 남북전쟁이 발발하기 40년 전 각 주는 선거권에 필요한 재산소유 자격을 낮추는 방향으로 헌법을 개정했다. 1860년에 이르러 연방의 모든 주는 투표에 필요한 재산소유 자격을 철폐했다.[31] 급진적 공화주의자들의 자본주의 비판은 임금체제가 노동하는 사람들의 노동이 낳은 과실들을 강탈하고, 자본의 소유자를 부유하게 만드는 반면에 노동자들의 생활조건을 끔찍하게 만든다고 강조했다. 그들은 부상하는 자본주의가 만들어낸 막대한 부와 권력의 불평등이 공화주의적 제도를 위험에 빠뜨릴 것이라고 경고했다. 그들이 보기에 신흥 산업자본주의는 유럽 봉건제와 노예를 재산으로 여기는 남부 제도 특유의 지배와 종속을 의미했다.[32]

19세기 급진적 개혁가들은 은행에 대항하고, 거대 산업기업을 해체하며, 더 높은 경제적 평등을 추구하는 정책을 옹호함으로써 노동자를 자본주의적 지배의 억압으로부터 해방시키고자 했다. 그들의 계획은 독립선언문과 반연방주의자들의 시민적 공화주의로부터 영향을 받았다. 그러나 보수주의 사상가들에게 자연권과 평등, 그리고 사회와 정부가 계약에 기초해 있다는 자유주의적 사상은 경험적 토대가 없는 잘못된 철학적 추상이었다. 「잉글랜드 노예제 폐지론자에게 보내는 편지A Letter to an English Abolitionist」에서 하몬드는 "비록 많은 갈채를 받고 있지만 그 어디에서도 공인받지 않은 '모든 인간은 평등하게 태어났다'라는 말도 안 되고 터무니없는 제퍼슨 씨의 독단을 나는 부인한다"라고 적었다.[33] 실제로 피츠휴와 같은 일부 친노예제 사상가는 자유주의적인 사회계약론 철학을 전적으로 거부했으며, 고대인들과 그들의 현대적 시조인 로버트 필머Robert Filmer의 주장을 자기 견해의 근거로 삼았다. 자유주의 이론을 완전하게 버리지 않았던 칼훈과 같은 이는 평등과 자유라는 관념이 북부 노동계급의 끔찍한 생활조건과 결합되면, 대중들이 재산과 모든 기성 제도에 맞서 이를 침해하는 결과를 낳게 될 것이라고 우려했다.[34] 피츠휴에 의하면,

> 모든 근대철학은 하나의 점으로 수렴한다 ― 모든 정부를 타도하고 전복하며, 사회의 주권을 구속받지 않는 "개인의 주권"으로 대체하고, 무질서를 도래하게 만든다. 첫 번째로는 가내의 노예제와 종교제도가, 이후에는 각자의 재산이, 다음으로는 정부가, 그리고 마지막으로는 가족 내 질서family government*와 가족관계가 휩쓸려 나갈 것이다. 이는 모

---

* 기독교의 가족 내 위계적 통치질서를 말한다.

든 능란한 노예제 폐지론자들과 사회주의자들이 명백하게 공언하는 강령이다.[35]

남부의 노예제 옹호자들은 자본주의하에서 노동하는 계급이 겪고 있는 불안정과 비참함, 착취가 그들을 영국과 미국에서 지반을 획득해나가고 있는 공동체주의적 또는 결사체주의적인 급진적 농본주의와 사회주의적 사상에 매료되게 만든다고 우려했다. 북부와 서유럽과는 달리 남부의 노예소유주들은 "주목을 끄는 종교적 주의들 (…) 몰몬교·밀러주의Millerism (…) 셰이커교도Shakers·라파이트교도Rappists·던커파교도Dunkers*·사회주의자·푸리에주의자Fourrierists 등등"으로부터 안전했다. 하몬드가 논했듯 이는 남부가 "그러한 교리가 활개 칠 수 있는 재료를 제공하지 않았기" 때문이다.[36] 보수주의자들이 지속적으로 우려해왔듯이 만약 대중들이 이러한 교리를 추종하게 된다면 서구 문명 전체는 무너지게 될 것이었다.

자본주의적 착취와 궁핍화에 대한 보수주의적 비판

자본주의에 대한 친노예제 비판은 철학적으로 통일되지 않았다. 일부는 노예제가 인종적으로 열등한 사람들에게 유일하게 적합한 방식이라고

---

* 이 기독교 종파들은 모두 종교공동체주의자들로 자신들만의 공동체를 건설하고 자급자족 생활을 영위했다.

주장하면서 관련된 인종론을 상세하게 논했다. 다른 이들은 노예제의 인종론을 거부했고, 노예제를 "(노예가) 백인이든 흑인이든 노동의 자연적이고 정상적인 조건"이라며 추상적으로 옹호했다.[37] 대부분의 친노예제 사상가는 로크식의 자유주의에 내재한 전제들을 거부했고, 경험적 전통과 자연적 불평등을 토대로 노예제를 옹호하는 자신의 입장을 수립했다. 진보·공동다수결제·미국 정치제도의 계약적 성격에 관한 자유주의적 전제들을 마음속에 품어온 칼훈조차 "모든 인간은 평등하게 창조되었다"라는 관념은 적어도 백인 남성을 위한 법 아래 평등을 의미한다고 단서를 달았다.[38] 마찬가지로 많은 사람들은 노예제와 자본주의가 상호 배타적이지 않다고 믿었다. 차이점에도 불구하고 친노예제 사상가들은 자본주의를 착취적이고, 사회적 격변을 야기하는 체제로 간주한다는 점에서 서로 일치된 입장을 보였다. 그들은 또한 임금노동에 비해 덜 착취적인 노예제의 성격, 그리고 (노예들에 대한―옮긴이) 노예소유주의 거의 완전한 지배와 통제가 사회를 보존할 뿐만 아니라, 번영의 조건을 만들어내는 사회경제적 장치라고 믿는다는 점에서도 일치했다.

고전적 자유주의자, 공화주의자, 사회주의자들과 마찬가지로 남부 보수주의자들은 부와 가치는 그것을 창조하기 위해 투여된 노동의 산물이라고 믿었다. 칼훈에 의하면,

노동이 부의 유일한 원천이라는 사실, 그리고 오래되고 문명화된 나라들에서 최상의 통치가 행해진다 하더라도 노동의 부를 창조하는 이들에게 얼마나 작은 부분만이 남겨지는지를 관심이 있는 사람들은 기억하게 하자. 아울러 어떤 나라에서든 그들이 분배 문제와 관련해 얼마나

하찮은 의지나 주체성을 발휘하는지 돌이켜보게 하자— 노예주의 아프리카인들이 노동의 수익을 분배받는 것처럼 소수의 예외를 제외하고 말이다.[39]

노예제 옹호자들이 보기에 노동 착취는 모든 형태의 문명에 존재해 왔다. 그들이 보기에 남부 노예제의 불평등과 착취는 다른 어떤 문명에 일어나고 있는 노동 착취보다 나쁘지 않았다. 실제로 친노예제 사상가들은 노예소유주들이 모범적인 기독교인이자, 그들이 인종적으로 열등하다고 간주한 자들을 문명화하고 보호하려는 교양 있는 인도주의자라고 생각했다. 역사와 경험이 보여주었듯이 그들은 경제적 착취와 불평등, 위계가 이집트, 그리스, 로마를 비롯해 서구 문명세계의 가장 위대한 문명들이 거둔 영원한 성과들의 기반이라고 주장했다. 칼훈에 의하면,

> 공동체의 일부가 다른 이들의 노동으로 먹고 살지 않았던 부유하고 문명화된 사회는 사실상 여태까지 한 번도 존재한 적이 없었다. 실로 광범위하고 일반론적인 주장이기는 하지만 이는 역사를 통해 완전히 증명되는 바이다. 지금이 적절한 시기는 아니지만 만약 그러한 기회가 주어진다면, 모든 문명화된 공동체들의 부가 그토록 불평등하게 분배되었던 다양한 방식들을 추적하고, 부의 얼마나 작은 부분만이 노동을 투여한 생산노동자들에게, 그리고 얼마나 큰 부분이 비생산계급들에게 배당되었는지를 보여주는 일은 그리 어렵지 않을 것이다.[40]

평등주의에 경도된 사상가들은 노예 노동의 착취가 경제적·사회적·정

치적 관계를 지배와 통제로 전환시켜 진보를 지체시키는 원천이라고 지적했다. 이와는 대조적으로 남부 보수주의자들은 칼훈의 말을 빌자면 "선두에 있는 자들과 후방에 위치한 자들 사이의" 불평등이라는 조건이 "전자에게는 그들의 위상을 유지하도록, 후자에게는 그 대오를 좇아 나아가도록 강력한 자극을 가하며 (…) 이는 진보에 가장 큰 자극을 준다" 고 주장했다.[41] 달리 말해 문명화된 사회는 불평등과 압도적인 다수의 사람들에 대한 착취에 의존한다. 아울러 노예제 옹호자들의 주장에 따르면 남부 노예제는 문명화된 사회가 기반을 두고 있는 불평등 가운데 가장 철저하고 계몽되었으며 인간적인 형태를 대표한다. 피츠휴와 칼훈은 철학적 지향의 차이에도 불구하고 다른 많은 친노예제 사상가들과 마찬가지로 이 점에 동의했다. 1858년 미국 상원 연설에서 제임스 헨리 하몬드는 진보와 문명은 계급 착취를 필요로 한다고 주장하며 착취당하는 이 노동계급에 "사회의 토대목mud-sill"이라는 별명을 붙였다.

모든 사회체제에는 반드시 하찮은 직무들을 맡으며 삶의 고된 일을 수행할 계급이 있어야 한다. 이는 오직 낮은 수준의 지적 능력과 보잘것없는 기량만을 필요로 하는 계급을 말한다. 이 계급이 갖춰야 할 필수조건은 활기참, 유순함, 충직함이다. 그대에게 반드시 있어야만 하는 이 계급이 없다면 그대는 진보·문명·개선을 주도할 다른 계급도 갖지 못할 것이다. 이들이 계급사회와 정부의 토대목을 구성한다. 만약 당신이 이러한 토대목 없이 건물을 지으려 한다면 이는 허공에 집을 지으려는 시도나 마찬가지다.[42]

사회적 위계와 계급 착취를 (사회 구성의— 옮긴이) 원리로서 받아들였지만, 노예제 옹호자들은 보다 온건한 착취 형태라고 믿었던 봉건제·남부 노예제와는 다른 가혹함과 비인간적인 특질을 자본주의적 생산관계에서 보았다. 이러한 관점은 자본주의에 대한 남부의 친노예제 비판자들 사이에서 매우 흔했다. 『설명과 시위Exposition and Protest』에서 칼훈은 자본주의적 생산관계가 어떻게 착취를 증대시키고 노동자가 처한 조건을 더욱 끔찍하게 만드는지 논했다. "그와 같은 체제에서 임금은 생활필수품 가격보다 더 급격하게, 그 직공들을 가장 밑바닥으로 몰아넣을 때까지 하락해야만 한다— 이는 그의 노동이 생산한 것 중에서 그에게 남겨진 일부가 그들의 존재를 간신히 유지할 정도의 수준임을 뜻한다."[43] 시인이자 사우스캐롤라이나 주 출신의 하원의원 윌리엄 J. 그레이슨William J. Grayson은 봉건제 농노와 남부 노예의 생활을 유럽 임금노동자의 생활과 비교했다. 그는 서유럽에서 매우 흔한 비참함과 빈곤이 자유노동체제의 결과라고 결론지었다.

무심하고 인자한 눈으로
인간이 겪는 고통의 모습들을 지켜보라
광산에서 중노동을 하도록 강요받는 지친 아이를
살아 있는 무덤과 같은 좁은 석탄층을 지나다니는
산들바람이 부는 언덕과 햇빛이 화창한 숲에서 쫓겨난
노동의 고역이 만들어낸 냉혹한 마음씨를
소년다운 놀이와 놀이 시간이 무엇인지 알지 못하는
인간이 공동으로 누릴 은혜인 한낮의 빛을 빼앗긴

짐승처럼 붙잡혀 있고, 끌어당겨지고, 조여져 있는

엎드려 기어가고 질질 끌려가며 수레에 실리는 짐승 같은 이들을 보라[44]

『노예제의 정치경제The Political Economy of Slavery』에서 에드먼드 러핀Edumund Ruffin은 북부의 산업화와 자본 축적이 지속적으로 심화되는 생산자계급의 궁핍화에 어떻게 기반을 두고 있는지 설명했다.

> 노동자의 생존과 체력을 겨우 유지할 수 있는 최소한의 임금으로 가능한 최대량의 노동을 얻어냈을 때 자본가계급과 고용주들에게 가장 완벽하고 수익성 높은 사업 운영조건이 달성되며, 국가의 부와 부 일반이 급격하게 증대되는 조건이 형성되었다. 그러나 이러한 이득은 생존하고 일할 수 있는 노동자계급의 노역, 궁핍, 비참함의 정도가 최대에 달할 때에만 얻어진다.[45]

한편 피츠휴는 착취와 노동자의 궁핍화가 자본주의하에서 부의 불평등을 낳는 원천이라고 이해했다. 그는 "모든 자본은 노동에 의해 창조"되고, "자유노동자에게 돌아가는 몫이 적을수록 그의 고용주가 갖는 이득은 커진다"라고 언명했다.[46]

친노예제 사상가들은 또한 자유노동체제의 착취적 성격이 일터를 넘어선다고 이해했다. 그 파급효과 중에는 북부와 잉글랜드의 도시들에 만연한 형편없고 끔찍한 빈곤과 비참함이 있었다. 하몬드는 "당신은 남부 전역에서 평생 동안 만나게 될 것 보다 많은 수의 거지들을 단 하루만에 뉴욕 시의 한 거리에서 만나게 될 것이다"라고 주장했다.[47] 그레이슨은 자본주의적인 유럽에는 "매장되지 않은 시신들이 여름 공기를 오염시키고, 범죄와 잔인무도한 행위들이 절망과 함께 떠들썩거리며" 주취·성매매·질병·빈곤과 같은 사회적 병폐들이 얼룩져 있다고 논했다.[48] 마찬가지로 피츠휴는 자유노동자들의 물질적 빈곤이 그들의 덕성을 타락시킨다고 주장했다.[49] 하지만 피츠휴는 일생에 단 한 번 남부 바깥으로 여행―노예제 폐지론자 웬델 필립스Wendell Phillips와 논쟁하기 위해 코네티컷 주의 뉴헤이븐을 짧게 방문한 일―을 떠났으며, 그는 노동하는 계급들의 착취와 비참함을 오직 간접적으로만 배웠다. 그는 잉글랜드의 방직공장과 철광산의 환경에 관한 영국 의회보고서와 잉글랜드 기독교 사회주의자들이 저술한 산업자본주의 비판서를 읽었다. 아울러 그는 『웨스트민스터 리뷰Westminster Review』, 『블랙우드 매거진Black-wood's Magazine』, 『노스 브리티시 리뷰North British Review』, 『에딘버러 리뷰Edinburgh Review』와 같은 영국 보수주의 잡지에 상당히 의지했으며, 이들을 『카니발스 올!』에 광범위하게 인용했다. 피츠휴는 맨체스터 경제학파*의 자유방임주의를 다룬 토머스 칼라일Thomas Carlye의 비판으로부터 가장 깊이 영향을 받았다.[50] 『공산주의자 선언Communist Manifes-to』의 유명한 구절을 연상시키며―그가 이를 읽었다는 흔적은 없다―피츠휴는 자유노동자가 처한 문제는 그의 장시간 노동이 끝나도 해소되지 않는다고 주장했다.

● 19세기 영국 맨체스터 지역을 중심으로 형성된 지적 흐름으로 경제적 자유방임과 자유무역이 보다 평등한 사회와 복지의 증대를 낳는다고 주장했다. 주요 인물로는 리처드 콥덴Richard Cobden, 존 브라이트John Bright 등이 있으며, 이들은 관세를 부과해 해외로부터 저렴한 곡물 수입을 방해하는 곡물법의 폐지 등을 옹호했다.

자본, 무책임한 자본은 이른바 자유로운 사회라는 돌이킬 수 없는 상처를 항상 남길 것이다. 그것은 가정생활의 모든 휴식을 침범하며, 먹고 마시고 입을 거리와, 그리고 그 분위기를 오염시킨다. 아울러 자본은 가축우리 같은 집에서부터 구빈원·감옥·묘지에 이르기까지 피고용인을 따라다닌다. 그가 무엇을 하든, 어디를 가든 자본은 그를 쫓아다니며 못살게 군다.[51]

많은 보수주의자들은 자본주의적 착취가 봉건제와 노예를 재산으로 여기는 제도보다 물질적으로나 도덕적으로 더 나쁘다고 생각했다. 자본주의의 비인격적인 본성은 가치와 성공이 최종 가격에 의해 결정되고, 인간적인 동정심, 관용, 자비심의 기반인 인격적 관계를 사라지게 하는 사회 윤리를 만들어냈다. 한편에 있는 강력한 자, 성공한 자, 소유주들과 다른 한편에 있는 고생스럽게 일하는 자들 사이의 관계는 자본주의에서 (칼라일의 문구를 빌리자면) "금전적 유대"로 환원되었다. 1836년과 1837년 하몬드의 서유럽 여행에 관한 연구에서 드류 길핀 파우스트는 그가 여관 주인, 운전기사, 개인적인 고용인들이 금전적 거래에 지배되어 있다는 사실에 혐오감을 표했다고 강조했다. 하몬드는 이것이 이용당하고 속임수에 넘어갈지 모른다는 공포를 불러일으켜 "불안감을 자극"하고 "자존심을 위협"한다고 보았다.[52] 친노예제 사상가들은 사회의 물질적 생산관계들이 문화적·사회적·정치적 구조의 뿌리에 놓여 있다고 설명했다. 보수적인 경제적 기반—그들이 노예제라고 보았던—이 없었다면 보수적인 사회·문화·정치는 불가능했다.

노예제 옹호자들이 보기에 자본가는 보수적인 사회질서를 위협하는 주요한 혁명 주체였다. 종종 자본가는 순수한 기계적 잔인함의 화신으로 묘사되었다. 하몬드 상원의원에 의하면,

원초적이고 가부장적이며, 또한 신성하고 자연적이라고 부를 수 있는 노동자가 인간적인 감정과 동정심을 타고난 동료인 존재로서 인격적인 통제를 받는 체제가 우리 사이에 현존한다. 이는 거의 모든 곳에서 현대의 인위적인 화폐 권력 체제에 의해 대체되어가고 있으며, 이 체제에서 인간의 근육과 힘줄, 희망과 애정, 존재 그 자체가 모조리 자본의 지배 아래 종속된다. 채권에 집착하는 이 체제는 차갑고 냉엄하며 계산적이고, "1파운드의 살덩이"*를 차지하려는 비정한 괴물이다. 이 체제는 인간의 삶을 기계수단으로 취급하며, 그것을 무게와 수량에 따라 팔아버린다.[53]

자본가들은 냉혈한이고 완고하며 경쟁심이 강하고 계산적인 존재라고 비난받았다. 피츠휴가 통상적으로 과장해서 주장했듯이,

당신들은 식인종이다! 그리고 만약 그대가 성공을 거두었다면 당신은 피지Fiji의 족장—아침, 점심, 저녁으로 인간의 살을 먹는— 만큼이나 많은 희생자를 낳았다는 사실을 자랑스럽게 여겨라. 만약 그대가 성공에 실패했다면 당신의 양심은 피지 족장이 사냥에서 실패하고 돌아올

• 영국의 극작가 윌리엄 셰익스피어William Shakespeare의 희곡 「베니스의 상인The Merchant of Venice」에서 유래한 관용구로 빚을 가혹하게 받아내는 행위를 의미한다.

때만큼이나 당신을 괴롭게 할 것이다.[54]

　자본가는 당대를 파괴하고 정복하는 주범이었다. 피츠휴는 "우리는 (자본가가—옮긴이) 자본주의적이고 금전적 이해관계를 가진 정부의 기원이라는 점, 그리고 이 정부가 주의 다른 모든 권력들을 마침내 삼켜버릴 운명의 기원이며, 가장 이기적이고 혹독하며 잔인한 계급적 폭정을 초래한다고 주장한다"라고 적었다.[55]

　친노예제 사상가들은 원자화된 자본주의와 가부장적이고 (노예를—옮긴이) 보호하려는 남부 노예제를 자주 비교했다. 다음과 같은 피츠휴의 진술은 이러한 대조의 핵심을 정확하게 담아내고 있다.

> 주인이 노예에게 명령을 내리듯 자본은 노동에 명령을 내린다. 그들 중 어느 쪽도 노동에 대가를 지불하지 않는다. 그러나 주인은 노예가 그의 노동으로부터 얻는 수익의 더 큰 일부를 보유할 수 있도록 허용하며, 그리하여 "자유노동은 노예노동보다 더욱 저렴하다". 당신의 자본이 당신의 노동에 대해 내리는 명령에 의해 당신은 노예소유주, 주인의 의무가 없는 주인이 된다. 당신을 위해 일하고 당신의 소득을 만들어내는 그들은 노예의 권리가 없는 노예들이다. 주인이 없는 노예이다![56]

　북부의 자본주의를 그 착취적 생산관계와 주민들이 살고 있는 비참한 생활조건에 비추어 비난하면서, 남부의 노예제 옹호자들은 또한 자본주의적 관계로부터 가장 희생당할 법한 이들을 노예제가 어떻게 보호했는지를 보여주었다. 자유노동체제가 노예제 생산관계보다 더 착취적이라는 노예소유주들의 논변은 역설적으로 자본주의의 효율성과 수익성에 관한 주장이었다. 피츠휴는 효율성과 수익성에 대한 북부 자본가들의 자랑은 노동력이 소진되었을 때 노동자가 처하게 되는 비참한 상태와 노동자 착취에 자본가가 무관심하다는 사실을 명백하게 보여준다고 여겼고, 이를 맹비난했다. 좀 더 정확하게 말하자면 노예제는 덜 효율적이고 수익성이 낮은데, 피츠휴는 이것이 노예제가 노예로 하여금 일할 능력이 있을 때에는 그가 노동으로부터 더 많은 보상을 가져갈 수 있도록 허용하고, 그들이 더 이상 일을 할 수 없게 되었을 때에는 보호와 원조를 제공하기 때문이라고 주장했다.[57] 따라서 노예제 옹호자들은 수익성과 효율성을 우선시하기 거부함으로써 스스로를 임금노동자의 소유주들과 구별 지었다.[58] 그들은 노예 소유가 인류에 대한 이타적인 헌신이라고 생각했다. 하몬드는 "그러므로 우리[노예소유주]들은 우리가 잃은 것과 인류가 얻은 것, 그리고 당신들의 자유인이 당신들에게 치르게 하는 대가보다 우리 노예가 우리들에게 치르게 하는 대가가 더 크므로, 그만큼 그가 더 잘 산다는 사실을 생각하면서 위안을 얻고 친애하는 우리의 노동자들에게 만족해야 한다"라고 적었다.[59]

칼훈조차 노예소유주의 가부장적인 자아상을 부추기는 일을 자제할 수 없었다. 1837년 상원에서의 연설에서 칼훈은 남부 노예와 북부 자유 노동자가 처한 조건을 비교했다.

나는 오직 소수의 나라만이 노동하는 자로부터 아주 적게 뽑아내고 그에게 많은 몫을 남겨주거나, 그가 아프거나 노환을 앓을 때 친절한 보살핌을 제공한다는 진실을 이야기하고자 한다. 그의 생활조건을 유럽의 가장 문명화된 지역의 빈민촌 임대 거주자가 처한 조건과 비교해보라 — 한쪽에서 주인과 마님의 관대하고 세심한 보살핌 아래 가족과 친구들에게 둘러싸여 있는 병들고 노쇠한 노예를 보라. 그리고 이를 구빈원에 버려진 가련한 빈민의 조건과 비교해보라.[60]

그들의 자화자찬에도 불구하고 (적어도 짧은 기간 안에) 노예가 죽음에 이르도록 일을 시키지 않는 이유가 노예소유주의 경제적 이익과 관련되어 있다는 점은 부정할 수 없었다. 게다가 1808년 아프리카 노예의 합법적인 수입이 중단되자 시장은 미국 내 노예거래로 제한되었다. 노예 구입은 규모가 상당한 투자였다. 역사학자 에릭 포너에 의하면 "'우수한 농장 노예'의 가격은 1840년 1000달러에서 1860년 1800달러(후자의 수치는 오늘날 4만 달러에 상응한다)로 상승했다".[61] 따라서 노예들을 탈진시키고 조기에 사망하도록 일을 시키는 것은 수지가 맞지 않았다. 그리고 실제로 "고유한 제도"*를 목가적이라고 윤색하지 않을 경우 노예제 옹호자들은 이러한 경제적 측면을 상당 부분 인정했다. 하몬드는 "노예제는 분명히 모두의 이익이며, 나는 또한 우리 노예들을 온당히 친절하게 대하는 일이 우리 모두가 바라는 바임을 확신한다. 이는 우리가 그들로부터 최대한의 이득을 끌어내는 데 반드시 필요하다"고 적었다.[62]

자본주의와 노예제를 비교하는 데 있어 핵심은 단지 노예제가 자본주의보다 노동하는 이들에게 덜 착취적이라는 데 있지 않았다. 친노예

• 남부 노예제를 의미한다.

제 사상가들은 노동하는 사람들이 어느 생산체제에서나 착취당한다는 사실을 당연하게 생각했다. 대신에 남부 노예제는 노동하는 자와 그 상관(노예소유주)을 가부장적인 관계로 결속시켰다. 이러한 관계는 주인 또는 소유주들에게 풍요롭거나 또는 빈곤한 시기에도 신민들을 보호하고 부양해야 할 의무를 부여했다. 자본주의하에서 이러한 유대는 존재하지 않았다. 자본가가 노동자에 대해 갖는 의무는 그들의 노동을 임금 형태의 보상으로 지불함으로써 종결되었다. 만약 노동자가 어떠한 이유─너무 아프거나, 너무 나이가 많거나, 돈벌이가 되는 일자리를 얻기에 너무 병약하거나, 또는 구할 일자리 자체가 없거나─로든 일자리를 찾을 수 없더라도 이는 자본가의 잘못이 아니며, 또는 그가 지원을 제공해야 할 의무도 없었다. 피츠휴는 이러한 방식이 모든 기만 중 가장 잔인한 형태라고 말했다.

> 이제, 자유라는 기만적인 이름 아래 당신은 그[노동자]를 "아침부터 이슬이 맺히는 초저녁까지"─어린아이 때부터 노년에 이르기까지─일하도록 만들며 이후 그를 굶주리게 만든다. 당신은 (노동자들보다─옮긴이) 당신의 말과 사냥개들을 더 잘 대우한다. 자본은 잔인한 주인이다. 지극히 상식적으로 자유로운 노예*의 거래는 당신들이 하고 있는 가장 잔인한 거래이다.[63]

19세기에 자본주의에 대한 공화주의적 비판과 사회주의적 비판은 공

---

*   임금노동자를 의미한다.

장 노동자의 종속적인 조건을 묘사하기 위해 임금노예라는 개념을 흔하게 사용했다. 에릭 포너에 의하면 이 비판자들에게 "임금노예라는 비유는 저임금과 불안정 고용, 초기 공장에서의 까다롭고 자의적인 작업 규칙들과 같은 즉각적인 불만들에 의존하고 있었다. (…) 그러나 그 중심에는 경제적 종속에 대한 비판이 자리를 잡고 있다".[64] 실제로 부상하는 자본주의가 경제적 종속 상태를 만들어낸다는 생각은 당시 급진적 공화주의자들이 제기한 경제적 비판의 핵심이었다. 이 급진주의자들에 의하면 공화주의적 제도들은 시민이 독립적인 환경과 상대적인 평등, 투철한 공공정신 아래 공동의 복리를 위해 활동하는 경제적으로 자주적인 주체가 될 것을 필요로 했다. 그러나 급진주의자들만이 임금노예라는 개념을 그들의 비판에 유일하게 사용하지는 않았다. 급진적 공화주의자들은 물론, 칼훈과 피츠휴 같은 보수주의자들에게도 임금노예라는 개념 혹은 자본주의적 노동과 노예노동을 비교하는 일은 지배와 종속의 경제적 관계를 시사했다. 자본주의적 시장이 강요가 부재한 경기장이라고 보았던 이후의 보수주의자들과는 달리, 남북전쟁 이전 남부의 보수주의적 비판자들은 자본주의적 경제관계에서 강압이 발생한다고 보았다. 그들은 경쟁적 시장경제에서 "자유로운 노동자"들은 자본에 의해 착취당할 수밖에 없으므로, 이들이 축출되고 굶주릴 대단히 현실적인 가능성을 지적했다. "자본은 인간 주인이 노예에게 행사하는 것보다 더 완전한 강제를 자유로운 노동자에게 행사하는데, 이는 자유로운 노동자는 항상 일해야만 하고 그렇지 않으면 굶주려야 하기 때문이다"라고 피츠휴는 언명했다.[65]

　노동하는 계급들을 고용주의 이러한 압제적 관계에서 해방시키고자 했던 급진주의자들과 달리, 보수주의적 비판자들은 자본주의적 관계로 부터 출현한 폭정과 "자유"의 결합이 노동계급 개개인의 생계와 사회질 서에 해롭다고 주장했다. 자본주의의 문제는 그것이 일터에서 지배와 종속의 경제적 관계를 만들어낸다는 데 있지 않았다. 오히려 문제는 자 본주의적 경제관계가 매우 불평등하나 한정된 시간 안에서 노동과 임 금의 교환이라는 고용주와 피고용인 간의 계약적 관계에 기반을 두고 있다는 점이었다. 고용된 시간 동안만 피고용인들의 행동을 통제하는 계약과 여타의 규칙·규제들 이외에 고용주와 피고용인은 어떠한 의무 도 서로 지지 않았다. 그 결과 봉건영주나 노예소유주가 가졌던 권력과 대조적으로 계약적 관계에서 고용주는 노동일이 끝나면 노동자에게 적 절한 통치권을 행사할 수 없었다. 따라서 노예제 옹호자들은 일관되게 북부와 자본주의적 영국을 인간의 타락과 주취, 성매매로 가득 찬 웅덩 이이자 위험한 "주의들"과 여타의 사상들이 넘쳐나는 시장바닥이라고 생각했다. 이는 사회적으로 우월한 자들이 노동하는 계급 또는 "토대 목"계급들을 부적절하게 지배함으로써 발생한 "자유"의 산물이었다. 본 질적으로 친노예제적 비판은 자본주의적 지배계급의 실패와 고용주가 피고용인을 제멋대로 고용하고 해고할 수 있는 계약의 자유—자본주 의적 이윤에는 기여하지만 특정 고용주의 인격적 지배로부터 벗어날 자유를 임금노동자에게 선사한—에 초점을 맞추고 있었다.

남북전쟁 이전 시기 자본주의에 대한 또 다른 보수주의적 비판은 경 제체제의 윤리와 관련이 있었다. 자본주의의 도덕은 "단순하고 순전한 이기심"이라고 피츠휴는 언명했다.[66] 친노예제 사상가들은 대농장 생활 이 주인과 노예 사이의 인격적 교류에 도움이 되는 사회적 환경을 조성해주었다고 생각했다. 이는 상호 간의 보살핌·호의·관대함·존경심을 통해 수립되었다. 그들은 이러한 종속과 통제로 이루어진 가부장적 관계들이 덜 가혹하고, 덜 착취적인 노동체제를 제공한다고 주장했다. 주인은 노동에 대한 답례로 노예들을 대농장 바깥 세계의 위험으로부터 보호해야 할 의무가 있었다. 오직 이러한 위계적 관계만이 약자들(노예)의 비참함과 착취를 최소화할 수 있었다. 노예제 옹호자들에게 이러한 가부장적 관계들은 자신들이 노동을 덜 착취하며, 북부의 자유노동자보다 생산자계급의 물질적 생존을 더 안정적으로 보장한다는 믿음을 뛰어넘는 근거로 정당화될 수 있었다. 경쟁적 노동시장에서 고용주와 피고용인의 관계에는 인간적인 의미가 전혀 없었다. 노예제 옹호자들은 노예제를 윤리적으로 보완해주는 가장 큰 특징이, 노예제가 강자들에게 약자들을 보호할 의무를 부과하는 제도적 장치라는 데 동의했다.

게다가 노예소유주들은 일상적인 생필품, 주거지, 노인이 되었을 때의 보살핌과 보호라는 형태로 더 많은 몫을 노예노동의 대가로 돌려주었을 뿐만 아니라 노예들과 인격적인 관계들을 유지했다. 노예소유주들은 그들이 소유한 노예들의 이름과 가족들을 알고 있었고, 결혼이나 추수기를 기념했으며, 통상적으로 그들에게 종교적 가르침을 전하는 데 깊은 관심을 가졌다. 물론 이는 노예소유주들이 노예들과 맺고 있는 가부장적 관계의 오직 반쪽에만 해당하는 이야기였다. 다른 한편의 이야기—여성 노예에 대한 성적 착취, 체벌의 잔혹함, 이산가족으로 인한 트라우마—는 극도의 과장이며 사실이 아니거나, 노예제 폐지론자들의 선동이라고 무시되었다.[67] 친노예제 사상가들은 노예제에 기초한 경제가 약자, 병자, 노인, 무의탁자, 허약한 사람들을 보살피면서 기독교적 도덕을 실천한다는 사실을 감안해야 한다고 논했다. 피츠휴와 다른 노예제 옹호자들은 북부의 임금노동이 기독교적 도덕을 실천할 수 없게 만든다고 주장했다.

> "네 이웃을 네 몸과 같이 사랑하라" 또는 "남에게 대접받고자 하는 대로 남을 대접하라"라는 격언이 자멸적인 자기희생 행위로 여겨지는 공동체에서 기독교적 도덕이 실천의 발판을 찾기란 어렵다. 그러나 기독교적 도덕은 자유경쟁사회가 아닌, 그 도덕을 실천하기 어렵거나 부자연스럽지 않은 노예제 사회에서 전파된다.[68]

대조적으로 자본주의적 도덕은 "탐욕·경계·학대"라는 악덕을 가치 있는 덕성으로 여긴다.[69] "우리를 내버려 두라. 유능한 자들은 스스로를 구하고 나머지 뒤처진 자들은 악마가 데려가게 하라"는 자본주의적 도덕은 개인들이 서로에 대해 윤리적으로 행동하는 것을 거의 불가능하게 만드는 개인들과 계급들 간의 관계를 창조해냈다. 피츠휴는 "어떤 쾌락주의자나 물질주의자도 오늘날 만연한 정치경제체제*가 고취한 것과 같이 수준 낮고, 이기적이며, 천한 비도덕성을 공공연하게 내세운 적은 없었다"라고 적었다.[70] 결과적으로 완전한 고통과 빈곤, 대중의 원자화라는 조건은 필연적으로 부도덕함과 범죄를 다스리는 기독교적 구속을 광범위하게 모독하는 환경을 조성했다. 노예제 옹호자들은 독자에게 영국과 미 연방 북부 주에 만연한 범죄를 상기시키기를 좋아했다. 이는

---

* 임금노동체제를 의미한다.

도덕적 타락을 불러일으키는 그들의 환경과 유럽 봉건제와 미 연방 노예주들의 생산자계급 사이에는 그러한 비도덕적 행동이 부재하다는 점을 대조하는 방식으로 행해졌다.[71] 친노예제 사상가들은 노동하는 자들을 도덕적·종교적 가르침에 복종하게 만드는 권위뿐 아니라 주인의 인격적 권위로부터 해방시키고 대신에 노동자들을 경쟁적인 자본주의 시장에서 비인격적 지배의 노예로 만든다면, 이는 노동자들을 부도덕과 악덕, 그리고 도덕적 타락으로 유도하는 일이며, 이 모든 것은 (노동자들이—옮긴이) 급진주의로 경도되는 관문이 되리라는 사실은 놀랍지 않다고 믿었다.

자본주의, 계급갈등, 그리고 사회질서에 대한 위협

남북전쟁 이전 시기 자본주의에 대한 보수주의적 비판은 자본주의가 계급갈등을 악화시키는 경향이 있다는 데서 정점에 달한다. 친노예제 사상가들은 가부장주의의 보수주의적인 본질과 사회질서를 유지하는 역할에 수긍했다. 제노비스는 "가부장주의는 존재하는 모든 곳에서 피억압자와 억압자를 개개인으로 연계시킴으로써 피억압자들 사이의 연대를 저해했다"라고 지적했다.[72] 계약에 기반을 둔 북부의 임금체제는 이처럼 안정적이고 장기지속적인 가부장적 관계를 결여했다. 노동자의 임금은 충분하지 못했고, 고용주는 위기가 닥쳤을 때 원조와 보호를 제공할 의무가 없었기 때문에 노동자들은 보호와 원조, 그리고 궁극적으로는 동질감을 제공하는 상조회·조합·정치적 결사체들에 의존했다.

바로 이러한 조직들에서 노동자들은 연대감을 형성하고 그들의 집단적 힘에 대한 의식을 키워나갔다. 이 결사체들은 급진주의를 싹 틔우는 씨앗이었다.

테오도르 R. 마모Theodore R. Marmor는 칼훈의 북부 임금노예제 비판이 주로 사회의 안정에 미치는 영향에 초점이 맞춰져 있다고 올바르게 지적했다.[73] 1847년 제임스 F. 시몬스James F. Simmons에게 보내는 편지에서 칼훈은 "비노예주와 같이 임금이 노동을 지휘하는 곳에서는 노동과 자본 사이의 갈등이 시간이 경과함에 따라 혼란과 무질서, 혁명을 야기한다"라고 경고했다.[74] 친노예제 사상가들은 남북전쟁 이전 북부의 사회적·경제적 환경을 임금노동의 착취와 비참함, (인간에 대한—옮긴이) 냉대, 수익성과 효율성, 그리고— 피츠휴의 말을 빌리자면—"주인 없는 노예들"의 사회로 나아가게 만드는 자본주의적 강박이 지배하는 곳이라고 묘사했다. 이러한 조건들은 노동하는 대중을 짐승 취급했고, 극단적인 물질적 결핍과 불행을 낳았으며, 결국 급진적 사상들이 많은 사람에게 퍼지는 데 유리한 정치적·사회적 환경을 조성했다.

자본주의와 노예체제에서 이루어지는 착취 혹은 협력의 수준을 비교하는 일은 곧 서로 경쟁하는 두 경제체제가 어떻게 계급갈등을 방지하거나 악화시키는지를 입증하는 것이라고 여겨졌다. 잉글랜드의 노예제 폐지론자 토마스 클락슨Thomas Clarkson에게 편지를 보내며 하몬드는 다음과 같이 공언했다.

안정과 평화는 모든 노예소유주들이 첫 번째로 원하는 바이며, 노예체제의 본질적인 성격입니다. (…) 지난 몇 년간 우리의 북부 도시들을, 그리고 최근에는 버밍햄과 브리스톨, 웨일스를 욕보인 폭동과 유혈사태의 모습들은 노예주에서는 절대로 벌어지지 않았을뿐더러 감히 말씀드리자면 앞으로도 절대 일어나지 않을 일입니다.[75]

하몬드, 칼훈, 피츠휴와 같은 이들이 두려워한 것은 자본주의가 북부의 노동하는 계급에게 초래한 불행으로 인해 노동계급이 당시 유포되고 있던 급진적 사상들— 노예제 폐지론과 사회주의도 그 일부였다—에 취약해졌다는 사실이었다. 그들은 이러한 사상들에 의해 형성된 운동이 남부 노예제뿐만 아니라, 위계질서를 구현하고 보호하며 인간들이 끊임없는 갈등에 빠지는 일을 방지하는 모든 제도들에 위협적이라고 보았다. 『카니발스 올!』의 서문에서 피츠휴는 "사회주의라는 기치, 그리고 보다 기만적이기 때문에 더욱 위험한 반半사회주의라는 기치 아래에서 사회는 눈에 띄지 않을 정도로, 그리고 종종 무의식적으로 그 사회의 가장 본질적인 제도들—종교·가족 간의 유대·재산·정의로운 규제—을 완전히 포기하게 하는 방향으로 나아가고 있다"라고 경고했다.[76]

칼훈은 유럽 전역을 휩쓴 1848년의 혁명들이 미국 노동계급의 의식에 침투할지 모른다고 두려워했다.[77] 노예제 옹호자들은 자본주의적 착취가 미국 전역으로 퍼져나가고 더 많은 수의 사람들을 영향권으로 포섭하면서 필연적으로 계급갈등이 격화되리라고 우려했다. 그는 "모든 도시가 (…) 사회의 구조 전체를 전복시키려는 위협을 가하는 자유토지론Free-soilism* (…) 사회주의자·공산주의자·반지대론자들Anti-Renters**, 그리고 수천 개의 다른 농본주의 종파들의 영지가 될 운명에 처해 있다"라고 적었다.[78] 이는 임금노동자들의 물질적 조건이 점점 더 비참해지고 있기 때문에, 격화되는 부의 불평등에 도전하는 사회주의적 사상들이 부를 빼앗긴 대중들에게 보다 호소력 있게 들릴지 모르고, 그 결과 노예제든 자본주의든 불평등에 대한 혁명적인 공격이 야기되리라는 공포였다.

> 명목상 이른바 자유로운 노동이 지배적인 곳은 어디에서든 명시적인 특권과 형편없는 노역으로 인해 호전적인 불만 의식이 만연하다. 이 연방의 "자유주들"이 "자유롭고 평등한" 시민들 사이의 질서를 유지하기 위해 똑같이 비싼 기계를 어쩔 수 없이 도입해야 할 날이 머지않았다. (…) 평화의 침해를 저지하기 위해 주방위군이 개입하는 일은 일상화되어가고 있다.[79]

노예제 옹호자들이 보기에 질서와 안정에 가장 큰 위협은 급진적 사상과 운동들을 고취시킨 북부의 자유노동이라는 여건이었다. 그들은 노예제가 북부의 불안정함을 대체할 대안을 제시한다고 믿었다.

자유노동체제 비판에서 친노예제 비판자들은 어떤 면에서 미국 평등주의자들 및 유럽 사회주의자들과 경합했지만, 그들은 완전한 반자본주

●   19세기 중반 짧은 시기 등장한 정치적 조류로 미국 서부 지역에 노예제가 침투하고 확장하는 흐름에 반대했던 자유토지당Free Soil Party이 주요 강령으로 내세웠던 원리를 지칭한다. 자유토지당은 이후 공화당에 결합했다.

●●   1840년대 뉴욕 주를 중심으로 소작인들이 장원제도로부터의 독립과 토지개혁을 요구했던 운동을 지지한 사람들이다.

의자들이 아니었다.[80] 그들 중 누구도 자본주의가 혁명적 격변으로 인해 타도되기를 원치 않았다. 심지어 피츠휴와 하몬드처럼 노예제를 추상적으로 옹호했던 비판자들도 백인 임금노동자를 노예화하는 것은 비현실적이며, 그 자체로만으로도 혁명이 필요하다고 생각했다. 남부 노예제와 북부 자본주의는 "천성적으로 지휘하고 보호하기 위해 태어난" 소수의 사람들을 "통치자·입법자·판사·지휘관·남편·보호자·위원회 구성원·주인으로 만드는 본성을 따르는 법칙"인 자연적 불평등을 반영하는 불평등한 위계체제였다.[81] 사회주의와 마찬가지로 노예제 폐지론은 모두를 평등하게 만들어 이러한 자연적 질서를 전복하려 하며, 그 결과 약자·부적임자·무지한 대중이 통치하는 일을 가능하게 한다. 피츠휴에 의하면 사회주의자들은 "고통을 겪고 있는 환자의 질병은 명확하게 지적했으나, 그 환자를 죽이는 것 외에는 질병을 치료할 방법을 찾지 못했다."[82]

혁명을 피하기 위해 남북전쟁 이전 친노예제 사상가들은 자신들과 북부 엘리트들 사이의 상호이익을 상기시키는 데 공을 들였다. 칼훈은 "미래를 생각해 봤을 때 나는 북부의 부유하고 유능한 인물들이 자신들의 진정한 이익은 남부 및 남부의 교리와 규합하는 데 있다는 점을 깨닫기 전까지 우리 체제가 완전히 회복될 가망은 없다고 본다"라고 적었다.[83]

남부 엘리트들은 재산에 대한 민주주의적 침해를 저지하기 위해 연방법실시거부와 공동다수결제 같은 헌법적 장치들을 고안하고자 했다. 사후인 1853년에 출간된 『정부에 관한 논고』에서 칼훈은 민주주의적 다수의 의지에 맞서 소수자들의 권리와 이익을 보호할 수 있는 헌법적 메커니즘을 탐구했다. 칼훈은 북부 자본의 이익을 대중 민주주의의 침략으로부터 지켜내고 남부 노예제를 수호할 헌법적 장치로 공동다수결제를 제안했다. 미국의 사회적·정치적·경제적 상황에 대한 언급은 없이 『정부에 관한 논고』의 주장은 이론적이었으나, 칼훈은 명백하게 당대의 사회적 변화들이 미친 영향을 성찰하고 있었다.

> 공동체 인구가 더 많아지고, 부유해지며, 개선되고, 고도로 문명화됨에 따라 부자와 빈자 사이의 차이는 더욱 현저해지며, 무지하고 종속된 자들의 수가 공동체에서 차지하는 비율은 점점 커질 것이다. 이러한 차이가 커지면 그들 사이의 갈등 경향은 더욱 심화될 것이다. 그리고 가난하고 종속된 자들의 비율이 더욱 커지면, 야심만만한 부자들 중에서 지도자가 나오길 원치 않으며 통제권을 얻기 위해 수적 다수를 자극하고 지휘하는 이들로 구성된 정부가 등장할 것이다.[84]

북부의 "사회구조"를 위협하는 자본의 노동 착취와 다양한 급진적 운동들에 대한 칼훈의 언급들은 민주주의에서 노동하는 계급이 갖게 될 잠재적인 정치권력에 대한 그의 두려움을 시사했다.

이와 유사하게 "토대목"을 언급한 연설에서 하몬드는 착취당하며 정치적으로 강력해진 임금노예계급의 위험성에 대해 북부 엘리트들에게 경고했다.

> 우리 노예들은 투표를 하지 않습니다. 우리는 그들에게 정치적 권력을 부여하지 않습니다. 당신들의 노예는 투표를 하고, 그들은 다수로서 당신들의 모든 정치적 권력을 건사하고 있는 자들입니다. 만약 그들이

"깃발들을 내건 군대"보다 투표함이 강력하다는 엄청난 비밀을 알게 되고 단합할 수 있다면 당신은 어떻게 되리라 생각합니까? 당신이 살고 있는 사회는 개조될 것이고, 당시의 정부는 전복될 것이며, 당신의 재산은 동강날 것입니다.[85]

보다 냉철하게 피츠휴는 북부와 남부 자산가들의 연합을 호소했다. "우리는 북부의 보수주의가 남부와 일종의 공수동맹을 맺음으로써 급진주의와 농본주의의 물결을 막아내고 사태를 되돌릴 수 있으리라 생각한다."[86]

친노예제 사상가들의 노예제 옹호는 노예제가 현존하는 위계들을 보존하는 데 가장 효과적인 사회적·정치적·경제적·문화적 체제라는 믿음에 기반을 두고 있었다. 그들이 보기에 미국의 사회질서가 보존되려면 노예제가 국가 전체로 확장될 필요까지는 없어도 주요한 지분을 차지해야만 했다. 이는 단지 남부와 그 생활방식을 위해서가 아니라 문명의 진보가 달려 있는 위계질서를 위해서였다.

노동자들이 처한 환경, 자본가들과 자유로운 노동자들의 관계에 대해 노예제 옹호자들이 말하고 쓴 것은 대부분 진실이었다. 이러한 비판들을 제기한 그들의 동기가 무엇이었건 노예제 옹호자들은 미국의 보수주의 전통에서 자본주의에 대한 최초의, 그리고 가장 직설적인 비판자들이었다. 친노예제 사상가들은 늘 미국 보수주의자들을 괴롭혔던 긴장, 즉 자본주의적 경제체제와 보수주의적인 문화·사회·정치 사이의 긴장에 정면으로 맞섰다. 노예제 옹호자들이 보기에 자본주의는 혁명적 격변의 재료가 되는 계급전쟁, 이기적인 개인주의 정신, 급진주의를 낳았으며 이는 필연적으로 야만을 야기할 것이었다.

자본주의가 특정한―그들이 보기에 고상한―사회질서에 근본적인 위협을 가한다는 주장은 노예제 옹호자들만의 고유한 주장이 아니었다. 여러 형태로 변형되기는 했지만, 이는 경제체제에 대한 우익적 비판자들이 반복해서 회귀한 자본주의에 대한 보수주의적 비판의 주요 교리였다. 미국적 전통에서 다른 어떤 보수주의 사상가들도 남북전쟁 이전 시기의 친노예제 사상가들만큼 자본주의적 생산관계에 이의를 제기하지는 않았다. 남북전쟁 이전 남부의 자본주의 비판자들은 노예를 재산으로 여기는, 현존하고 실현 가능한 형태의 대안을 가지고 있었기 때문에 이러한 도전을 할 수 있었다. 확실히 불안정과 계급갈등을 야기하는 자본주의의 경향성과 자본주의적 윤리에 대한 비판은 급진적 교리들이 제기하는 위협들에 대한 우려처럼, 보수주의 담론에서 반복적으로 출현했다. 하지만 이러한 비판들은 자본주의가 만들어낸 사회적 관계와 생산관계들로부터 점차 괴리되었다. 냉전이 한창이던 20세기 중반에도 자본주의에 대한 친노예제 사상가들의 문화적 비판은 보수주의 담론 내에서 여전히 유지되고 있었다. 그러나 결정적으로, 어쩌면 대안이 부재했기에 자본주의의 물질적 생산관계는 도전받지 않았다.

남북전쟁과 남부 노예제가 패배한 이후 자본주의에 대한 친노예제적 비판의 사회적 토대는 붕괴되었고, 보수주의적 자본주의 비판은 급격히 몰락했다. 노예제 옹호자들 가운데 많은 사람들은 여전히 옛 남부의 노예제를 그리워했지만 그들은 새로운 질서를 받아들여야만 했다. 경제적 지배와 흑인들에 대한 테러와 위협, 정치적·법적 권리의 박탈, 분리와 차별의 시대는 백인 엘리트들이 노예제 폐지 이후에도 그들의 지배와 통제의 상당 부분을 유지할 수 있었음을 입증했다. 비타협적인 노예제 옹호자였던 피츠휴조차 남북전쟁에서 남부연합이 패배했음을 시인했으며, 한 지방법원의 관리자로 해방노예국에서 근무하며 자유노동자와 농장 고용주들 사이의 노동계약을 감독했다. 남북전쟁 이후 남부의 많은 사람들과 마찬가지로 피츠휴도 변화하는 사회질서와 더불어 "이데올로기적 전환"을 겪었다.[87] 피츠휴는 그가 찬사를 보내고 옹호했던 가부장적 질서의 "매력적인 봉건적 이상들"을 구현하는 체제로서 독점자본주의를 받아들이는 타협에 도달했다.[88] 실제로 역사학자 로라 F. 에드워즈Laura F. Edwards는 다음과 같이 지적했다.

> 주인과 하인의 법이 여전히 [남부의] 모든 노동관계를 조직해나갔다. (…) 법적으로나 실질적으로 모든 노동자는 명목상 고용주의 가계에 피부양인으로 속해 있었다. 실직뿐만이 아니라 노동자들이 자립을 했을 때에도 고용주는 합법적으로 노동자의 삶을 감독할 광범위한 권한을 가지고 있었고, 이를 실제로 행사했다.[89]

이는 남북전쟁의 종결과 노예제 폐지 이후에 아무것도 변하지 않았다는 말이 아니다. 실제로 많은 것이 변했다. 과거에 부정되었던 기본적인 권리와 자유 가운데 노예제로부터의 자유, 재산을 소유할 권리, 강제로 다른 사람에게 팔리지 않을 권리는 혁명적인 성과들이었다. 그러나 재산관계는 그다지 변하지 않았다. 전직 노예소유주들은 자본가가 되었고, 종전의 노예는 그들의 피고용인이 되었다. 남부의 농장주, 영국과 북부의 면화 상인, 제조업자, 금융업자들이 제기한 중요한 질문—어떻게 흑인 노동자에 대한 통제를 유지하고, 남부 농산품에 대한 국제 시장의 수요를 만족시키며, 노예제 이후 사회에서 토대목들로부터 "선두에 있는 자들"을 보호할 수 있는가―에 대한 해답으로 종전의 노예들이 비옥한 토지에 접근하지 못하도록 하는 방안이 제시되었다.[90] 몇 년 후 W. E. B. 두 보이스W. E. B. Du Bois는 남북전쟁 이후 재건기에 관한 획기적인 연구에서 "노예는 해방되었고 잠시 햇볕을 쬐었으며, 다시 노예제를 향해 돌아갔다"라고 적었다.[91] 이 진술은 남북전쟁 이전의 친노예제적 자본주의 비판가들이 어째서 남북전쟁 이후에 자본주의적 질서에 적응하게 되었는지에 관해 실로 많은 것을 설명해준다.

남북전쟁 이후 수십 년 동안 미국 경제는 정신없이 빠른 속도로 변화했다. 제조업자·철도업계의 거물·금융업자들이 미국 정치경제의 중심이 되었으며, 이들은 상인과 노예제 대농장주들을 대신해 미국 경제의 발전 동력이자 골격이 되었다. 철도 선로가 미국을 가로지르면서 북미 원주민들은 변경에서 쫓겨나 보호구역으로 이주했다. 거대한 규모의 대초원은 대규모 농업지로 개간되거나, 목장을 만들기 위해 울타리가 쳐졌다. 거대한 제조회사들이 수천 명의 사람을 고용했고, 매년 수백만 달러의 제품을 대량으로 생산해냈다. 거대 금융기관은 대서양 연안에서 태평양 연안에 이르기까지 투자를 통제했다. 그리고 수백만 명의 사람이 미국으로 이주해왔으며 도시의 인구 규모를 증가시켰다. 철저히 개인주의적인 사회철학(사회다윈주의*)이 엘리트들의 상상력을 사로잡았고,

---

• 　다윈의 진화론을 사회 영역으로까지 확장한 사상으로 적자생존설과 약육강식론을 골자로 한다. 진

이는 영국, 프랑스, 독일과 같은 근대 서구 자본주의 열강들보다 상대적으로 규모가 작은 연방정부— 비록 자본가계급의 이익에 복무했지만—를 유지하게 했다. "인디언 이주"라는 형태의 국가적 원조, 파업을 비롯한 여타 노동운동에 대한 탄압, 무상 토지 불하 및 기업 보조금 지급, 경화hard-money정책*, 부랑자 금지법과 여타의 강제고용법, 그리고 전적으로 사유재산과 기업의 편이었던 대법원 덕분에 철강·석유·철도·은행·보험·부동산·소매업에서, 그리고 이후에는 자동차산업에서 엄청난 부가 늘어났다. 그러나 산업화가 거침없이 진전되고, 기업의 규모와 집중이 증대하며, 그 범위와 활동이 전국적인 규모에 이르게 되자 시장의 불안정성은 보다 광범위하고 심각해졌다. 1930년대 대공황 이전에 기록적인 최악의 불황(이른바 대불황이라고 하는)이 1873년부터 1897년까지 지속되었다. 실제로 1873년에서 1897년에 이르는 25년 사이에 세 번의 큰 불황이 있었고, 수백만 명의 노동자들과 그 가족들은 실직과 굶주림에 시달리고 노숙자가 되었다. 반면에 부유한 자들은 더 많은 부와 그에 수반되는 경제력과 정치적 권력을 축적했다. 19세기 후반에 노동과 자본의 갈등은 더욱 격렬해졌고, 자본주의적 임금체제와 사회 안정은 양립할 수 없다던 친노예제 보수주의자들의 경고는 그저 열정이 지나친 이기적인 지배계급이 내뱉은 헛소리가 아니었음이 입증되었다. 분명히 친노예제 사상가들은 자신들의 이익을 지키고 있었지

화론을 자의적으로 해석해 인종·종족·국가 간의 불평등과 위계를 옹호했다는 비판을 받는다.

• 　정부의 승인과 발행력으로 통용되는 명목화폐 fiat money와 달리 화폐 발행 시 이에 상응하는 정화(금 또는 은)를 준비시켜 그 가치를 보장하려는 정책을 지칭한다.

만, 이를 통해 그들은―다가올 수십 년 동안 악화되기만 할 뿐인―자본주의에 내재해 있는 무언가를 보았다. 안정적이고 위계적이며 보수적인 사회질서를 보존하는 데 있어서 자본주의는 계급갈등이 제기하는 영속적인 문제를 해결하지 못했다. 대규모로 벌어진 풀먼Pullman●과 홈스테드Homestead●● 파업, 그리고 수천 건의 다른 노동자 시위가 보여주듯이 계급적대는 미국의 사회적·정치적·경제적 삶에 영속적으로 자리 잡은 현실이었다. 실제로 "노동 문제"는 남북전쟁의 종결과 제1차 세계대전 사이 수십 년 동안 주요한 정치적 문제였다. 이 시기의 사회적 격변들로 일부 보수주의자들은 노예제 옹호라는 폐기된 가부장적 이상을 다시 되돌아보게 되었고, 그 이상을 현대적·산업적·자본주의적·제국적 국가에 맞게 변형하고자 했다.

● 1894년 5월 11일에서 7월 20일경까지 전미철도노조American Railway Union, ARU가 주요 철도사업자인 풀먼사에 대항해 일으킨 전국적 철도 파업. 풀먼사는 불황을 이유로 노동자들을 해고하거나 임금을 삭감했지만, 소속 노동자들이 주로 거주하던 풀먼 지역의 임대료는 그대로 유지했다. 이에 불만을 품은 노동자들이 운송을 거부하며 파업을 일으켰고, 이는 전미 27개 주에서 25만 명이 참여하는 전국적인 운동으로 퍼져나갔다. 일리노이 주지사가 역효과를 우려해 진압을 거부하자 그로버 클리블랜드Grover Cleveland 대통령이 연방군을 투입해 파업을 진압했고, 이 과정에서 30명의 파업 참가자가 사망하고 57명이 부상을 입었다. 이 사건으로 ARU의 설립자이자 파업 주동자인 유진 뎁스가 체포되었고, ARU는 해산되었다.

●● 1892년 펜실베이니아 주 홈스테드 제철소에서 일어난 사건. 임금 협상 중 회사 측이 임금 삭감을 감행하자 이에 반발한 노동자들이 공장을 점거했고, 회사는 사설경비 업체인 핑커톤Pinkerton 직원들을 고용해 노동자들과 총격전을 벌였다. 이 사건으로 10여 명이 사망했고, 파업에 참가한 노동자들을 진압하기 위해 주방위군이 투입되었다. 당시 홈스테드 제철소는 카네기 소유였으며 전문경영인 헨리 프릭Henry C. Frick이 경영하고 있었다.

CONSERVATIVES AGAINST CAPITALISM

2장

전사-정치인을 찾아서:

**브룩스 아담스와 시어도어 루스벨트의
자유방임 자본주의 비판**

우리가 지금처럼 모든 것을 지키려면, 모든 것이 변해야만 한다!

토마시 디 람페두사 Tomasi di Lampedusa, 『더 레오파드 The Leopard』

역사학자 잭슨 리어스Jackson Lears는 『국가의 재탄생Rebirth of a Nation』에서 재건기 말과 제1차 세계대전 사이의 시기를 "쇄신의 시대"라고 불렀다. 그는 "(이 시기만큼—옮긴이) 우리 역사에서 재탄생을 바라는 염원이 정치에서 중요한 역할을 맡았던 적은 드물다"라고 적었다.[1] 역사학자 로버트 H. 위브Robert H. Wiebe는 당대의 정치적 기획을 "질서에 대한 추구"라고 묘사했다.[2] 실제로 일부 사람들은 타락한 기업가 정신, 공공정신의 결여, 부패한 정치계급, 격렬한 계급갈등의 결과로 미국이 혼란과 몰락의 상태에 처해 있다고 믿었다. 다른 이들은 미국이 도시화되고, 남부 및 동유럽과 중국 출신의 이른바 열등한 인종의 이민자들이 늘어나면서 앵글로-색슨의 유산과 문화적 우월성이 위협받게 될 것을 우려했다. 정당조직들political machines*이 다수의 도시에서 정부를 지배하고, 선출된 공직자가 공공자원을 개인적인 부와 권력을 강화하는 데 사용하면서 많은 사람에게 정치라는 영역은 그 고결한 성격을 잃어버렸다. 연방정부의 상황도 별반 다르지 않았다. 미국 상원은 "백만장자들의 모임"으로 여겨졌으며, "특수한 이해들"이 세 부문** 모두를 지배했다.

이 시기 미국은 급격한 경제적·영토적 팽창을 겪었다. 태평양을 넘어 필리핀, 괌, 푸에르토리코는 새로운 미 제국의 식민지로 편입되었다. 한편 미국에서 산업의 집적과 집중, 기술 혁신, 극적인 경제 변동은 계급 사이의 폭력적인 격돌을 수반했다. 한편에는 자본 소유자들과 동맹세력이, 다른 한편에는 갈수록 계급의식을 함양해가는 산업노동자계급이 있었다.[3] 아마도 미국 역사상 그 어떤 시기도 제1차 세계대전 이전의 반세기만큼 혁명적인 경제적 전환이 그토록 격렬한 사회적 불안을 수반했던 시기는 없을 것이다. 철도는 미국을 유례가 없는 하나의 거대한 생산 및 소비시장으로 연결했다. 경영전략의 혁신은 새로운 종류의 기업체를 만들어냈다. 전국적으로 조직되고 수평·수직적으로 통합된 회사들은 최소 비용으로 노동으로부터 최대 생산성을 짜내기 위해 최신의 과학적인 경영전략을 도입했다. 전국적인 통신판매상들은 가장 낙후된 지역까지 제품을 배달했고, 도시 지역에서 백화점은 한 지붕 아래 수천 개의 제품을 판매했다. 그사이 이러한 모든 혁신은 뉴욕과 캘리포니아, 그리고 어느 곳에서 살든 표준화된 제품들이 미국인들에 의해 생산되고 소비되는 전국적인 소비시장 발전에 기여했다.

통신, 교통, 경영기법의 발전과 합병을 통해 기업들은 기하급수적으로

●   선거에서 득표를 위해 돈, 일자리 등 각종 인센티브를 제공함으로써 선거구민들을 조직하고 동원하는 정당의 하부조직.

●●   입법·행정·사법부를 의미한다.

성장했다. 일부 기업은 수만 명의 노동자들을 고용했고, 이를 중심으로 주위에 마을과 공동체가 형성되기도 했다. 석유·석탄·제철·철강·철도·은행·유통업 등은 막대한 부와 경제력을 획득했다. 실제로 산업계와 금융계 거물들은 연방 내 많은 주의 전체 수입을 상회하는 부와 자원을 축적했다. 그러나 이러한 번영에도 불구하고 미국 경제는 1873~1877년, 1883~1885년, 1893~1897년, 1905년에 주기적으로 위기에 빠져들었다. 이러한 경기 변동은 일부 사람들을 부유하게 만들었지만 많은 사람들의 삶을 피폐화했다. 당시 "대불황"으로 불리던 1893~1897년의 불황은 그때까지 겪은 것 중 최악이었다. 노동인구의 20퍼센트가 실업 상태에 있었으며, 642개의 은행이 파산하고, 1만 6000개의 기업이 문을 닫을 수밖에 없었다.[4] 매 시기 경제가 회복되기 시작할 때마다 일련의 기업 인수와 합병이 그 뒤를 따랐다. 1890년대 후반에 기업체들의 집중은 전례가 없는 수준이었다. 1900년을 기준으로 가장 거대한 73개의 회사 가운데 53개는 3년 전만해도 존재하지 않던 회사들이었다.[5] 1910년에 이르러 시어도어 루스벨트 대통령과 윌리엄 하워드 태프트William Howard Taft 대통령의 유명한 "반反트러스트 공소" 캠페인*에도 불구하고 미국 제조업자의 1퍼센트가 전국 산업생산의 44퍼센트를 차지했다.[6] 가장 부유하고 강력한 미국인들이 누리는 이 혜택의 대가는 터무니없이 높았으며, 노동계급이 이를 지불했다. 이들 노동계급의 비참한 생활 및 노동조건은 제이콥 리스Jacob Riis, 업턴 싱클

• 　기업의 독점을 막고 방지하려는 반독점 규제들을 가리킨다. 대표적으로는 1890년에 제정된 부당한 독점 및 독점 공모 행위를 제재하는 셔먼반독점법Sherman Antitrust Act이 있다.

레어Upton Sinclair, 윌리엄 하드William Hard와 같은 언론인과 작가들이 폭로한 주제였다.

정치적 스펙트럼을 막론하고 사상가들은 이러한 상태에 잠재한 사회적 폭발력을 우려했다. 한편에서는 자본 사이의 갈등, 다른 한편에서는 노동자와 농민—이 두 집단은 결코 하나로 뭉치지 않았다—사이의 갈등은 보수주의자들이 소중하게 여기는 위계적인 사회질서와 이에 대응하는 사회안정에 심각한 위협이었다. 그레인저 운동Granger movement•, "빅" 빌 헤이우드"Big" Bill Haywood와 워블리스Wobblies하의 노동조합주의,•• 대중적 지지를 불러일으킨 사회주의자 유진 뎁스Eugene Debs의 선거 캠페인, 급진적 개혁가 헨리 조지Henry George, 그리고 특히 인기를 모았던 1896년 윌리엄 제닝스 브라이언William Jennings Bryan의 대통령 입후보는 보수주의자들에게 혁명이라는 공포를 심어주었다. 급진적 정치운동의 부상은 노동쟁의의 빈도와 폭력성—특히 1886년 헤이마켓Haymarket 사건•••, 1892년 홈스테드 파업과 코덜레인Coeur d'Alene 파업••••, 1894년 풀먼에서의 사태 등—이 증대되었던 당대 흐름과 결합

• 　그레인저는 농민공제조합을 바탕으로 미 중서부 지역에서 곡물수송 독점 및 중간상인의 착취에 대항했던 운동이다.

•• 　헤이우드는 미국의 노동운동가로 "워블리스"라고도 알려진 세계산업노동자연맹Industrial Workers of the World, IWW의 발기인이었다. 그는 당대에 널리 퍼진 직종별 노조와는 달리 한 산업에 종사하는 모든 노동자들을 하나의 노조로 조직하는 산업별 노동조합 사상을 옹호했다.

••• 　시카고 헤이마켓 광장에서 노동자들이 8시간 노동제를 요구하며 행진하던 도중 누군가 폭탄을 투척하면서 폭력 사태가 일어났고, 이 사건으로 인해 경찰을 포함해 총 11명의 사망자가 발생했다. 이는 훗날 5월 1일 노동절의 기원으로 여겨진다.

•••• 1892년 아이다호 주 코덜레인에서 광부들이 일으킨 쟁의. 임금 삭감과 노동시간 연장에 노동자들이 반대하자 회사 측은 노동조합에 사설경비 업체인 핑커톤 직원들을 침투시키는 방식으로 대응했다.

해 그들의 공포가 현실임을 확인시켜주었다. 국가 전체를 분열로 몰아넣는 이러한 노동운동의 성격과 국가의 폭력 수단에 의존하지 않고서는 갈등을 해결하지 못하는 자본가 지배계급의 무능함은 일부 보수주의자들로 하여금 기성의 사회·정치·경제질서를 보호하려면 자본주의와 그 문화, 그리고 국가를 개혁하는 일이 자신들의 주요 과업이 되어야 함을 확신하게 만들었다.

미국 역사의 이러한 전환기에 벌어진 격변에 대응해 독특한 유형의 보수주의적 정치사상이 출현했다. 그것은 다른 보수주의 조류와 마찬가지로 엘리트주의적·반평등주의적·반사회주의적이었다. 그러나 그것은 또한 개혁주의적이었고, 자유방임 자본주의에 비판적이었으며, 제국주의적이고, 국가주의적이었다.[7] 이러한 조류의 사상은 역사학자이자 사회이론가인 브룩스 아담스(1848~1927)와 모험가이자 대통령인 시어도어 루스벨트(1858~1918)를 통해 가장 잘 표현되었다.[8] 진화론에 영향을 받아 아담스와 루스벨트는 국가 간에, 그리고 사람들 사이에 진화적 위계가 존재한다고 믿었지만, 사회다윈주의에 내포된 개인주의와 자유방임 자본주의 옹호는 납득하지 못했다. 그들은 사적 이익의 이기적 추구를 강조하는 전제들—개인주의적 자본주의의 기저에 깔려 있는—이 국가 내부의 불화와 국제적인 나약함을 초래해 자본주의 존재 자체를 위협한다고 믿었다. 기실 아담스와 브룩스가 보기에 상업과 이기주의에 대한 강조는 미국 정치와 문화, 특히 미국 지배계급에 스며들어 있었으며, 이는 국가와 국민의 퇴행과 타락을 의미했다.

브룩스 아담스와 시어도어 루스벨트는 서로에게 큰 영향을 준 친구였다. 실제로 역사학자 대니얼 애론Daniel Aaron은 그 누구보다 아담스가 루스벨트에게 지대한 영향을 주었다고 논했다. 두 사람은 서로가 출판한 저작들을 읽었고, 편지를 주고받았으며, 서로에게 조언을 구했고, 존 헤이John Hay와 헨리 캐봇 로지Henry Cabot Lodge와 같이 영향력 있는 친구들과 친교를 나누었다.[9] 아담스는 이론가였고 루스벨트는 실천가였다. 매튜 조셉슨Matthew Josephson에 의하면 "[아담스가] 사회의 딜레마라고 정의한바, 즉 폭력적인 프롤레타리아 혁명인가 아니면 사회의 최상층부를 좀먹는 사회적 퇴폐인가 사이의 선택에 직면하게 된다는 사회의 딜레마가 항상 [루스벨트의] 저작과 연설에 자리를 잡고 있었다".[10] 애론이 주장했듯이 그들은 개혁이 필요하다고 믿었다는 점에서 둘 다 "유사-진보주의자pseudo-progressives"였다. 두 사람의 개혁주의는 대단히 보수주의적인 전제들에 입각해 고무되었으며, 이들 모두는 자신의 권위적인 개혁이 "거친 급진주의가 아니고 (⋯) 일종의 가장 뛰어나고 현명한 보수주의"라고 믿었다.[11]

아담스와 루스벨트가 보기에 미국의 생존과 힘을 근본적으로 위협하는 요인은 미국 자본주의 사회가 사리사욕을 이겨내고 국익에 헌신할, 차분하고 덕성 있는 엘리트 양성에 실패했다는 점이었다. 사회를 선도하고 통치하지 못하는 자본가계급의 무능력은 사회질서에 도전하는 아래로부터의 농본주의 운동과 노동운동, 급진주의 운동이 자라날 공간과 환경을 조성했다. 아담스와 루스벨트는 권위와 조예가 깊은 정치적 자질을 갖춘 엘리트를 다시금 길러내 자본가들을 그들의 실정失政으로부터 구해내고, 사회질서에 대한 급진적 도전과 국가의 타락을 방지하고자 했다. 그들의 자본주의 비판은 본질적으로 자본주의의 기형화에 관한 엘리트 이론이었으며, 미국의 쇄신에 대한 그들의 처방은 전사다운

정신의 함양, 규제국가의 지도, 제국으로서의 미국이라는 생각에 기반
을 두고 있었다.

역사학자 잭슨 리어스가 지적하듯 엘리트의 타락이라는 이 서사는
주변부에 머무른 정서가 아니었다. "통상적인 분별력을 갖춘 많은 미국
인에게 전사다운 정신이라는 이상은 과도한 문명화에 대한 대중적인
해독제로 부상했다."[12] 전 세계를 대상으로 삼는 미국의 명백한 사명
설Manifest Destiny*, 서구 문명의 새로운 표준을 제시한다는 세계사적 임
무, 산업생산이 국내 시장의 소비력을 능가하게 되면서 곧 닥쳐오게 될
사회적 대변동이 제기한 제국적 팽창의 필요성, 전쟁과 제국이라는 쇄
신의 전망이 정치인과 작가들 사이에서 일반적인 생각으로 받아들여졌
다. 이들 가운데에는 상원의원 헨리 캐벗 로지와 앨버트 베버리지Albert
Beveridge, 국무부 장관 존 헤이, 해군 제독 스티븐 B. 루스Stephen B. Luce
와 앨프리드 세이어 머핸Alfred Thayer Mahan, 작가인 찰스 A. 코넌
트Charles A. Conant와 호머 레아Homer Lea가 있었다.[13] 루스벨트와 아담
스처럼 레아와 마한은 "남성적인" 전사적 가치들보다 축적과 소비를 특
권화하는 상업사회의 안락함과 사치에 특히 더 비판적이었다. "한낱 영
광에 대한 사랑이 이기적일지라도 그저 안락함을 사랑하는 것만큼 저
급하지는 않다. 소위 존경할만한 지적인 계급은 유감스럽게도 그들 스
스로를 후자의 대변인으로 만들어버렸다."[14]

리어스가 『품위 없는 곳No Place of Grace』에서 주장하듯 아담스와 루

---

* 19세기 중후반 미국의 팽창기에 널리 퍼진 사상으로 미국이 북아메리카 대륙 전체로 영토를 확장
해 개발하고 지배하는 것은 신이 명령한 '명백한 사명'이라는 주장이다.

스벨트의 기업문명에 대한 "전사다운 비판"은 자본주의에 맞선 전면적인 적대를 의미하지 않았다. 실제로 그들의 부르주아적 인간형에 대한 비판과 전사다운 인간형에 대한 찬양에는 전자를 완전히 제거하려는 의도가 없었다. 전사다운 비판에 의하면 근대 사회의 문제는 부르주아적 인간형 또는 경제적 인간이 존재한다는 사실 그 자체가 아니라, 부르주아적 정신과 삶의 방식이 국가의 의식, 방향, 존재 이유를 지배한다는 데 있었다.[15]

루스벨트와 아담스는 자본주의를 다른 대안적인 경제체제로 대체하고 싶어 하지 않았다. 그들은 평등주의와 사회주의에 반대했다. 또한 그들은 제퍼슨식 공화주의*의 정치경제론에 따라 경제적 기업체들을 분권화하려 애쓰지도 않았다. 대신에 그들은 가부장적인 제국적 국가를 구축하고자 했다. 이는 공공정신을 함양한 엘리트—국민투표로 정당성을 부여받고, 법인자본주의를 규제하며, 자본주의를 국가적 목표에 부합하도록 지휘할 권능을 부여받은—가 운영하는 국가였다. 확실히 루스벨트와 아담스는 전형적인 보수주의자가 아니었다.[16] 그들은 세계무대에서 미국이 힘을 발휘하는 데 매우 귀중한 요소로서 기업의 집중을 반겼다. 그러나 그들은 법인자본주의가 영미계 국민의 이익을 위해 연방정부에 의해 통제되고 규제되어야 한다고 믿었다. 아담스와 루스벨트가 보기에 정치적 중앙집권화, 경제적 규제, 제국적 팽창은 미국이 러시아, 일본, 유럽 열강들과 경제적·지정학적 경쟁을 벌이는 데 있어 선택이 아닌 필수사항이었다. 아울러 이는 국내에서 자본주의적 위계관계에 도

---

* 개인적인 자유의 극대화를 지향하는 작은 정부 및 분권화론을 의미한다.

전하고 있던 노동운동과 급진운동을 억압하기 위해서도 반드시 필요했다. 아담스와 루스벨트가 보기에 기업을 분권화해 퇴보하거나, 혹은 아무 일도 하지 않고 자유방임적 시장이 장악하도록 내버려두는 것은 국가적 자살행위나 마찬가지였다.

브룩스 아담스의 역사 법칙

브룩스 아담스와 시어도어 루스벨트는 사회발전이 경쟁적인 진화적 성격을 지녔다고 보았다. 그러나 그들은 사회계급들이 서로 아무런 신세도 지지 않는다는 사회다윈주의자들의 생각은 믿지 않았다.[17] 아담스와 루스벨트가 보기에 공화국 미국이 생존과 우위를 둘러싼 투쟁에서 다른 국가들에 맞서 승리하려면 국민적 단결과 힘이 필요했다. 이 목표를 달성하기 위해 국가는 중요한 역할을 수행해야 했다. 아담스의 가장 영향력 있는 저작 『문명과 타락의 법칙The Law of Civilization and Decay』 (1896)(이하 『법칙』)에서 그는 대중·에너지·가속도의 과학적 법칙에 기반한 순환적 역사론을 제시했다. 역사학자 찰스 비어드Charles Beard에 의하면 아담스의 『법칙』은 "미국 사상가가 보편사를 근대 과학의 정신이라고 가정된 하나의 공식으로 환원하려는 최초의 시도"였다.[18] 이 책에서 아담스는 과거 모든 문명의 흥망성쇠를 설명하며 영미 문명이 이미 쇠락의 길에 접어들었다고 주장했다.

아담스는 사회가 야만과 문명 사이에서 순환적인 방식으로 진동한다고 설명했다. 그의 이론에 따르면 각 역사적 단계는 고유의 성격 유형을 만들어내며, 그 조건들이 변화해 이러한 성격 유형이 사라지기 전까지 지배적이다. 경제 활동이 대단히 분산되어 있고 경제적 경쟁이 거의 없는 사회의 초기 단계들에서 인간의 에너지는 전사답고 창의적인, 또는 호전적이고 성직자다운 방식으로 표출되는 공포에 의해 추동된다. 전사다운 정신 — 육체적 강인함·정력·용맹함·전투기술·국가와 국민을 위한 희생으로 구성된 — 은 안보와 경제적 안녕의 원천이었으며 가장 높은 존경을 받았다. 그 결과 전사계급은 사회의 지배적인 통치계급이 되었다. 문명이 진보하면서 경제적 집중과 경쟁이 발달했다. 이 지배계급은 영토 확장과 정복이라는 형태로 전사다운 정신을 표출하는 수단을 보유하고 있는 한에서만 건재했다. 그러나 영토 팽창이 가장 먼 경계에까지 이르게 되자 인간의 에너지는 그 내부로 향하게 되었고, 새로운 정신이 사람들 사이에서 모습을 드러냈다.

이 새로운 정신은 탐욕에 의해 추동되는 경제적 정신이었다. 경제적 사고방식이 지배하면서 문명의 중심은 사익, 이윤, 물질적 소비와 사치 추구로 전환되었으며, 이는 퇴폐를 야기했다. 전사답고 창의적인 정신은 쓸모가 없어졌다. 더 이상 추구할 새로운 시장이 사라지고 기존 시장이 포화상태에 이르자 경제적 집중이 심화되었고, 이로 인해 경제위기와 갈수록 더 적은 수의 개인 및 기업 간의 경쟁이 격화되었다. 아담스는 이러한 경쟁이 기업 사이에서만이 아니라 부유한 자산소유자계급과 노동계급 사이에도 존재하며, 이는 사회를 그 내부로부터 더욱 약화시킬 사회적 불화를 낳았다고 믿었다. 결국 사회는 내부로부터의 전쟁에 굴복하거나, 보다 전사답고 단결된 국민들에 의해 정복되었다. 아담스는 19세기와 20세기 미국을 기반으로 그의 이론을 이끌어냈으며, 경제적 경쟁과 집중, 경제적 팽창이 한계에 도달함으로써 발생하는 파괴적인 사회적 결과들로 인해 쇠퇴가 임박했다고 지적했다. 아담스는 20세기 전환기에 미국이 그가 『법칙』에서 설명한 정체와 쇠퇴의 상태에 도달하게 될 것이라고 우려했다. 미 서부개척 시대의 정복은 끝났다.[19] 미국의 국경은 태평양까지 도달했다. 산업생산은 이미 국내 시장의 소비능력을 능가했고,[20] 경제위기는 주기적으로 발생했다. 실제로 미국은 그와 같이 사회 전반에 만연한 격렬하고 폭력적인 계급갈등을 남북전쟁 이후 50년간 경험해본 적이 없었다. 19세기 말의 사회적·정치적·경제적 격변과 결합해 『법칙』에서 아담스의 이론적 결론은 미국과 서구 문명의 미래에 대한 불길한 예감들로 가득 차 있었다. 자신보다 더 유명했던 형제인 헨리에게 보내는 편지에서 브룩스 아담스의 절망은 명백하게 나타났다.[21]

> 인류 역사상 처음으로 단 하나의 고귀한 본능도 존재하지 않습니다. 전쟁과 믿음의 성가를 부르는 야만인은 어디에도 없고, 이상을 위해 자신을 희생하는 군인도 없습니다. 우리가 어떻게 새로운 세계, 새로운 문명 또는 새로운 삶을 희망할 수 있단 말입니까? 제가 보기에 우리는 종말의 지점에 도달해 있습니다. 그리고 신에게 감사드리는 단 한 가지는 바로 우리에게 아이들이 없다는 점이지요.[22]

아담스의 비관주의는 그의 역사 해석에 기반을 두고 있었다. "야만적인 삶이 보급되고 있는가 그렇지 않은가"가 핵심이었다. 경제적 인간의 심성이 근대 사회를 장악했다. 근대 국가의 허약함을 야기한 주요 원천은 야만적 삶의 활력이 부족하다는 데 있었다.[23] 『법칙』의 결론에서 아담스는 근대 서구 세계에서 사라진 전사다운 엘리트에 애도를 표했다.

> 이상적인 정치인은 크롬웰, 프리드리히 2세, 헨리 5세, 윌리엄 3세, 워싱턴처럼 전장에서 자신의 사람들을 이끌 수 있는 인물들이었다. (…) 귀족은 명백하게 군사계급이었다. [프랑스에서] 1871년 이후에나 비로소 많은 사회적 변화가 특징인 새로운 시대가 도래했다. 역사상 처음으로 프랑스인들의 통치자는 전사에서 부유한 자로 그 유형이 명백히 변화했으며, 동일한 현상이 모든 곳에서 나타났다. 사회의 모든 행정은 소수 경제적 인간의 수중에 들어갔다.[24]

많은 측면에서 루스벨트는 아담스의 역사이론에 동의했으며, 전사다운 정신에 대한 그의 찬양을 지지했다. 루스벨트는 아담스의 『법칙』을 비평하면서 이를 "매우 뛰어난 책"이자 "역사철학에 관한 탁월한 기여"라고 칭했다.[25] 그러나 루스벨트는 미국이 필연적으로 몰락한다는 아담스의 결론이 지나치게 비관적이라고 생각했다. 윌리엄 애플맨 윌리엄스William Appleman Williams가 지적했듯 아담스 자신도 곧 그렇게 생각했다. 이후 20년간 아담스는 루스벨트의 정치적 지도력을 이용해 영미 문명의 쇠퇴를 지연시키기 위한 정치적 강령들을 끊임없이 실행에 옮겼다.[26] 아담스가 보기에 시어도어 루스벨트는 근대 자유방임 자본주의의 지상명령과 가치들이 지배하는 사회에서 전사다운 인간이 멸종하지 않았다는 희망의 화신이었다. 아담스는 전사다운 덕목의 부활을 위한 자신의 신임과 낙관주의를 루스벨트라는 인간에게 모두 쏟아부었다. 실제로 아담스는 루스벨트에게 "최소한 잠시라도 경제적 인간을 진압할 감정적 계급들의 위대한 반란"을 이끌어줄 것을 촉구했다.[27] 루스벨트가 대통령직에 취임했을 때 아담스는 루스벨트의 지도력에 대한 자신의 기대를 감출 수 없었다.

> "자, 당신께서는 이제 국왕, 코더Cawdor, 글래미스Glamis를 모두 손에 넣으셨습니다."* 세계는 더 이상 줄 것이 없다. 당신은 트라야누스**보다 더 위대한 자리를 차지했다. 당신은 제국의 힘뿐 아니라 이제껏 알려진 그 누구보다 광대한 힘의 화신이다. 당신에게는 기회가 있기에 당신은 최후의, 그리고 가장 귀한 상을 받았다. 당신은 언제나 미국의 패권을 위해 동쪽 대륙***과의 경쟁에 나서는 대통령으로 우뚝 서야 할 것이다.[28]

경제적 인간과 자본가 지배계급에 대한 비판

아담스와 루스벨트의 자본주의 비판은 자본주의하의 경제적 인간에 대

---

* 이 인용문은 셰익스피어의 희곡 『맥베스Macbeth』의 3막 1장에 나오는 뱅코우Banquo 장군의 대사이다. 『맥베스』에서 글래미스의 영주이자 덩컨 왕의 장군인 맥베스는 세 마녀로부터 훗날 코더의 영주가 되고 미래의 왕이 되리라는 예언을 듣는다. 이후 예언처럼 맥베스는 반란을 모의한 코더의 영주를 제압하고 그 자리를 차지하게 되며, 욕망에 휩싸여 왕을 시해하고 스스로 왕위에 오른다.

** 로마 제국의 영토를 최대로 확장한 황제이다.

*** 미국을 기준으로 대서양 동편에 위치한 유럽, 아시아, 아프리카, 오세아니아 지역을 지칭한다.

한 혐오에 기인했다. 그들은 경제적 인간이 역사적 진화의 발전 산물이라고 믿었다. 경제적 인간은 번영과 물질적 풍요의 혁신가이자 공학자였다. 따라서 두 사상가들이 보기에 자유방임주의의 대안에서 자본가들은 그들이 맡아야 할 중요한 자리가 있었다. 그러나 아담스가 논했듯 자본은 "무책임한 주권자"였다.[29] 아담스에게 벤저민 프랭클린Benjamin Franklin은 자본주의적 심성을 가장 잘 보여주는 인물이었으며, 그는 프랭클린의 진부한 덕목은 "상점의 점원들"에게나 적합하다고 비웃었다.

> 나는 조지 워싱턴이 그러한 타산에 골몰하지도, 혹은 설령 그러했더라도 그러한 자질구레한 상품의 전도사가 된 것을 자랑스럽게 여기지 않았으리라는 점을 잘 알고 있다. 나는 결코 프랭클린이 유용하지 않다고 말한 적이 없다. 경찰이나 당신의 회계장부가 유용하듯 프랭클린도 그렇다. 그러나 당신은 신의 곁에서 경찰을 보지도, 당신 장부를 성경으로 여기지도 않는다— 비록 많은 이들이 그런 것밖에 달리 가진 것이 없는데도 말이다.[30]

루스벨트와 아담스는 자본가들이 그 특성상 국익이나 공공의 복리 또는 대단히 고귀한 시도들을 자신들의 금전적 사리사욕보다 우선시하지 못하므로, 기업·산업·자본주의적 경제와 함께하는 근대 사회의 정부는 국가 전체의 이익을 관리하는 유능한 행정관의 지도력이 필요하다고 주장했다. 이러한 결함으로 인해 자본가들은 근대 국가를 통치할 자격이 없었다. 『사회혁명의 이론Theory of Social Revolutions』에서 아담스는 자본주의적 환경의 발전은 "고도로 복잡한 산업적 조건하에서 돈을 버는 데에만 적합한 방향으로 천재성을 과도하게 전문화할 것을 요구했다"라고 논했다.[31] 아담스는 그러한 환경에서 가장 귀하게 평가받는 자질은 "돈벌이"이며, 이는 "다른 모든 것을 희생시켰고, 근대 자본가들은 단지 돈의 입장에서 생각할 뿐만 아니라, 프랑스 귀족 또는 법률가가 계급적 특권에 대해 생각했던 것보다 더 배타적으로 오직 돈에 대해서만 생각한다"라고 평했다.[32] 비록 근대적 생활방식에 대해 아담스만큼 비판적이지는 않았지만 루스벨트는 아담스의 비판 일부에 동의했다.[33] 1899년 "분투하는 삶Strenuous Life"이라는 연설에서 루스벨트는 해밀튼 클럽에 모인 청중에게 "비천한 안락함에 젖어 우리 경계들 내부에서 기꺼이 조금씩 썩어가고, 그 경계 너머에서 무슨 일이 벌어지고 있는지에 대해서는 무관심하며, 허우적거리는 상업주의 속으로 스며들어서는 안 된다"라고 경고했다.[34]

아담스와 루스벨트는 자본가 또는 자본주의가 만들어낸 가치에 대해 비판적 평가를 내린 유일한 사람이 아니었다. 『유한계급론The Theory of Leisure Class』에서 소스타인 베블렌Thorstein Veblen은 대부분의 자본주의 사회가 귀중히 여기는 덕목과 업적들은 부를 창출하고, 과시적 소비를 통해 성공을 드러내는 것이라고 지적했다. 자유주의적인 베블렌과 비슷하게 루스벨트와 아담스는 신흥 부자들을 경멸했다. 베블렌과 달리 아담스와 루스벨트는 구舊엘리트―부의 추구보다는 의무와 공무, 국익에 대한 헌신과 그 계급에게 기대되는 노블리스 오블리주에 따라 공직에 복무하려는― 의 소멸을 애도했다. 미국의 건국 세대와 존 C. 칼훈, 헨리 클레이Henry Clay*, 대니얼 웹스터Daniel Webster**, 에이브러햄 링컨Abraham Lincoln과 같은 지도자들은 이러한 유형의 공공정신을 함양한 귀족정에 가장 근접했던 미국이 무엇인지를 전형적으로 보여주었다.

루스벨트가 "거대한 부를 소유한 악인들"이라고 명명한 집단은 자신들의 사회적 책무를 방기한 무책임한 신흥 자본가 지배계급이었다. 그는 특히 법을 위반하고 정계를 부패시키며, 참혹한 노동조건과 저임금으로 노동자들을 착취해 과도한 이윤을 벌어들이는 기업 총수들과 법인기업을 싫어했다.[35] 루스벨트가 보기에 당대의 사회적 격변들에 대한 책임의 일부는 명백히 탐욕과 사리사욕을 통해 계급적대를 악화시키는 일 말고는 아무것도 하지 않은 자본가엘리트들에게 있었다.

루스벨트가 분규를 중재한 1902년의 탄광 파업[•••]은 그 교훈적인 사례이다.[36] 파업노동자들과의 교착 상태에서 탄광소유주들이 보인 비타협적 태도로 인해 루스벨트는 어쩔 수 없이 파업에 개입하게 되었고, 그는 자본가 지배계급은 일반적인 사회적·경제적 질서는 물론 자신들의 이익조차 지켜낼 능력이 없다고 확신했다. 몇 년 후 루스벨트는 1902년의 파업을 떠올리며, 자본가들은 근시안적이라는 믿음과 더불어 자신의 본질적인 보수주의와 계급적 친연성을 배신하는 역할을 맡았다고 회상했다. "나는 한패거리였던 대규모 탄광 경영자와 거대 자산소유주들을, 내가 행동하지 않았더라면 그들 자신의 어리석음으로 인해 초래되었을 끔찍한 형벌로부터 정말로 구해내고 싶었다."[37] 비참한 임금 수준과 노

•   19세기 중반 미국의 휘그당 창건을 주도한 정치인 가운데 한 명. 미 하원의장·상원의원·국무부 장관을 역임했다.

••   19세기 중반 미국의 대표적인 정치인으로 상원의원과 국무부 장관 등을 역임했다.

••• 펜실베이니아 주 동부에서 전미광산노동조합United Mine Workers of America, UMW이 임금 인상, 노조 인정, 근로시간 단축을 요구하며 벌인 집단행동.

동 및 생활환경을 조성해 사회를 불안한 상태로 만들고, 노동자들의 불만을 종종 폭력적으로 변하게 하며, 급진적인 경제적·정치적 교리들이 대중에게 호소력을 갖도록 만드는 것은 바로 자본가들의 탐욕과 편협함이었다.

아담스와 루스벨트가 자본주의에서 우세한 덕목과 균형을 맞추고자 했던 덕목은 고대, 중세, 혹은 미 서부개척 시대의 전사-귀족들이 구현한 가치들이었다. 아담스와 루스벨트가 가장 귀중하게 여겼던 덕목들은 남성적이고 박력 있는 성격·육체적 강인함·용기·용맹·명예, 그리고 물리적 충돌 과정에서 감수하는 자기희생이었다. 이는 루스벨트가 "반드시 행해야 하는 고된 일을 겁내지 않고, 최종적인 승리 앞에서 항상 마주하게 될 것 같은 실패의 날들 동안, 혹은 오래고 더딘 진보의 나날 동안 지켜낼 수 있는 불굴의 의지가 갖는 힘"이라고 묘사한 의지의 강인함이었다.[38] 이는 아담스가 은행업자·황금광·금권정치가·유대인들로 의인화한 경제적 인간의 특징이 아니었다.[39] 이 사상가들이 가장 높게 평가한 특성은 자본주의 경제에서 성공하는 데 필수적인 요소들이 아니었다. 자본가 유형의 인물들이 소중하게 여기는 특성들, 예컨대 이해타산·사리 추구·협소한 전문화·영리행위는 머리와 관련되어 있었다. 그러나 아담스와 루스벨트가 보기에 가장 고귀한 덕목의 특성은 감정 혹은 가슴과 밀접한 관련을 맺고 있는 것들이었다. 1901년 버몬트주의 벌링턴에서 루스벨트는 참전군인들을 대상으로 다음과 같이 연설했다.

모든 위대하고 뛰어난 행위들은 가슴으로부터 나옵니다. 세상일에는 때가 있는 법입니다. 삶의 흔한 용무들을 처리하기에 적합한 미미하고 쓸모없는 자질들이 필요한 때가 있는가 하면, 이성이 절대로 가져다줄 수 없는 안위를 위해 감정을 믿어야 할 때도 있습니다. 이는 만 명의 군인들을 카르듀키안Carduchian 산맥으로 이끈° 감정입니다. 이는 소수의 그리스인들이 페르시아의 힘을 물리치게 만든 감정입니다. 그리고 이는 저지대의 네덜란드인들과 산속의 스위스인들이 그들의 행복을 지켜내고 억압자들을 징벌할 수 있게 해준 감정입니다! 신께서는 오늘날 인류의 안위, 분노와 복수심, 영웅정신을 위한 날카로움과 활력 속에서, 그리고 세계의 위대한 장면들을 위해 자연이 준비해놓은 모든 고통—숨겨진 모든 힘, 보이지 않는 모든 감정들—을 기꺼이 감내할 열정을 갖추기를 요구하십니다. 일상의 희망과 인간의 평범한 도움이 모두 사라졌을 때, 신의 뜻을 따르는 최고의 성직자이자 세상의 가장 확실한 보호자라고 입증되었던 그 열정들만이 신의 이름 아래 남아 있게 될 것입니다.[40]

아담스와 루스벨트에게 고대와 중세 유럽의 역사적 위인들은 미국이라는 국가—그리고 서구 문명—에 가장 절실하게 필요한 특성을 갖춘 인물의 전형이었다. 루스벨트에 의하면 "전사다운 각오는 젊은 청년들에게 돈벌이 말고도 다른 이상이 존재한다는 점을 가르쳤다".[41] 전사-귀족들이 보기에는 영웅적 덕목들과 전사답고 창의적인 유형의 인물들이

° 고대 그리스의 군인이자 역사가인 크세노폰의 저작 『아나바시스Anabasis』에 나오는 이야기로 기원전 400년 페르시아 전쟁 당시 그리스가 1만 명의 군인을 이끌고 오늘날 터키 동부에 위치한 산맥—오늘날 코르듀엔Corduene으로도 불리는—을 넘은 사건을 말한다.

소실되면서 국가와 서구 문명의 쇠락이 야기된다. 루스벨트는 "혹여 우리가 날카롭고, 대담무쌍하며, 웅혼한 자질을 갖춘 가슴·마음·신체를 잃어버리도록 내버려둔다면, 우리는 미래에 불가피하고 수치스러운 재앙을 맞이하게 될 것이다"라고 경고했다.[42]

약간의 수정만 가하면, 자본주의적 심성과 지배계급의 실패에 대한 이러한 공격은 보수주의 전통에서 다수의 보수주의자들이 주목한 주제였다. 아담스와 루스벨트가 이들과 다른 점은 야만을 바라보는 견해였다. 대부분의 보수주의자들, 심지어는 자본주의에 비판적인 사람들조차 야만을 문명, 그리고 보수주의의 가치와 제도들에 정면으로 반대된다고 간주했다. 야만으로 회귀한다는 위협은 사실 보수주의 담론에서 지속적으로 반복된 그들만의 특유한 표어였다. 그러나 아담스와 루스벨트에게 야만은—최소한 백인 앵글로-색슨족에 의해 그것이 표출될 경우에는— 전사다운 정신의 표현이었으며, 무언가를 고상하게 만들고 재생시키는 역량을 가지고 있었다. 아울러 그들은 미국인들 사이에서 이러한 야만이 사라져간다며 안타까워했다. 비록 원시 시대로의 복귀를 원하지는 않았지만, 그들은 기실 건전한 야만적 혹은 전사다운 정신이 물질주의와 퇴폐에 대한 바람직한 해독제이며 국민의 건강에 필수적이라고 믿었다.

『법칙』에서 아담스가 경제적 인간의 정신이 우세를 점하고, 전사다운 정신이 더 이상 인간의 에너지에 활력을 불어넣지 못할 때 문명의 몰락이 시작된다고 주장했음을 상기해보라. 남부 및 동부 유럽 출신의 "야만적"이고 "미개한" 이민자들, 미국 원주민, 흑인, 중국인, 필리핀인, 푸에르토리코인들은 문명화된 미국 백인들의 지도와 교육을 필요로 했다.

그리하여 미 제국주의에 대항해 독립을 위해 싸우는 사람들의 전사다운 특성은 억압되고 그들의 "야만성"은 강제적으로 제거되어야 했다. 지배계급의 인물형에 대한 루스벨트와 아담스의 관념은 백인 남성에게 고유한 것이었다. 실제로 루스벨트가 우월한 인물형이라고 생각했던 개척자는 오직 남성뿐이었다.[43] 루스벨트의 사고관에는 여성도 역할이 있었지만, 이는 대개 가족과 국가, 그리고 민족에 헌신하는 어머니로서의 역할에 한정되어 있었다.[44] 마찬가지로 아담스는 모성을 여성의 가장 위대한 업적으로 찬양했다.[45] 만약 공적인 지도자 정신이 루스벨트의 미국식 개척자론American frontier*에 입각하거나, 산후안 고지San Juan Hill**에서 양성되었다면 이 과정에서 비백인과 여성은 명백하게 배제되었으며, 미국의 쇄신이라는 기획에서 그들의 역할은 백인 남성의 역할에 분명히 종속되었다.

영미계 문명을 보호하기 위해 루스벨트와 아담스는 미국적인 "전사-귀족"으로 구현되는 전사다운 정신—국가의 이익과 복리를 위해 자본가들의 경제력을 지도할 수 있는—을 부흥시키고자 모색했다. 두 사람이 보기에 윌리엄 그레이엄 섬너William Graham Sumner와 허버트 스펜서Herbert Spencer의 급진적 개인주의와 반국가주의는 매력이 없었다. 루스벨트는 개인은 오직 더 큰 공동체의 일원이 되고, 그 이익에 복무함으

---

* 미 대륙 서부로의 영토 팽창을 포함해 '새로운 영토 개척'이 유럽과 다른 미국민의 심성을 구성한다는 주장이다.

** 1898년 스페인-미국 전쟁 당시 루스벨트는 러프 라이더스Rough Riders라는 자원 기병대를 이끌고 산후안 전투에 참전해 승리를 거두었다. 이 전투에서 얻은 유명세로 루스벨트는 그해 12월 뉴욕 주지사에 당선되었다.

로써만 자신의 잠재력을 최대로 발휘할 수 있다는 공화주의적 개인주의에 의지했다.[46] 이처럼 기질—특히 의무와 국가—에 대한 강조는 순수하게 사리사욕적인 개인주의로는 개인의 인간성을 완전히 성취할 수 없다는 신념의 일부였다. 게다가 아담스와 루스벨트 모두가 지적했듯이 자유방임 자본주의의 개인주의는 근대 경제가 기업과 노동을 비롯해 근대 산업세계의 제반 요소들의 집중을 특징으로 한다는 점에서 시대착오적이었다. 아담스에 의하면,

> 앵글로-색슨족은 여태까지 가장 개인주의적인 인종이었으며, 개인성을 우위에 놓도록 촉진하는 환경에서 큰 행운을 누려왔다. 그러한 환경은 세계가 텅 비어 있으며, 증기기관이 신속한 이동을 가능하게 만들기 시작했을 때 지배적이게 된다. 그러나 우리 모두는 대중이 확고한 실체가 되어갈수록 이러한 선각자들의 자질은 더 이상 성공을 거두지 못하게 되리라는 점을 인지해야만 한다.[47]

경제적 경쟁과 집중의 시대에 경제적 개인—자유방임주의라는 설화가 말하는 고독한— 은 국가의 점진적 발전을 수호하거나 지도할 역량이 없었다. 복합적이고 상호연관되어 있으며 종종 상충하는 다수의 이해관계는 관리와 보편화를 필요로 했다. 이를 관리하고 보편화하거나 계획하는 역량에 "사회적 안정의 여부가 달려 있으며, 이는 인간 정신의 가장 위대한 능력이다"라고 아담스는 적었다.[48] 근대 자본가계급은 이러한 역량이 부족한데, 그 이유는 자본주의가 "돈을 버는 데에만 적합한 방향으로 천재성을 과도하게 전문화할 것을 요구"했기 때문이다.

아담스와 루스벨트가 보기에 근대의 경제적 환경은 자본주의적 사고방식을 더 이상 쓸모없게 만들었다. 자본가들이 지배계급의 위치를 고수하고 있다는 사실은 오직 계급적대를 심화시킬 뿐이었다. 죽어가는 지배계급—아담스는 자본가들이라고 믿었다—의 저항은 혁명을 가중시키고 스스로 상황을 악화시키는 일이었다.[49] 자유방임 자본주의와 그것이 촉진한 개인주의적이고 사리사욕적인 심성은 사실상 국가의 생존을 위한 투쟁에 장애가 되는 점진적인 골칫거리가 되었고, 『법칙』에 따르면 이는 국가를 쇠락의 길로 인도했다.

프레드릭 잭슨 터너Frederick Jackson Turner의 명제—1890년대에 이르러 위대하고 광활한 미국의 서부 개척정신은 순치되고 침전했으며, 그리하여 종말을 고했다—는 루스벨트에게 심대한 영향을 미쳤다. 루스벨트는 개척정신이 미국의 경제적·사회적·정치적·문화적 삶의 방식에 엄청난 영향을 주었다고 보았다. 개척정신은 사회이동이라는 미국의 이상과 다시 시작할 수 있는 기회를 상징했으며, 이는 계급갈등을 방지하는 데 필수적인 안전밸브였다.[50] 그러나 마찬가지로 중요하게 개척시대는 전사다운 정신이 길러지고 표출되며 사회적으로 존경받을 수 있는, 야생적이고 제약이 없는 무대였다. 따라서 개척시대의 종결은 인간을 타락한 이기주의와 부르주아적 삶의 "안락함", 그리고 사회를 붕괴시키는 계급전쟁 속에 가두어놓았다.[51] 이처럼 의지가 억압받고 있다는 정서가 루스벨트로 하여금 사우스다코타 주의 목장들로 "사내다운" 모험을, 아프리카로 야생동물 사냥을, 아마존 강으로 탐험을 떠나게 만들었다. 각각의 모험은 기업문명의 도회적이고 타산적인 삶과는 전혀 달랐다. 비록 이 모험들은 루스벨트 자신의 개인적 부활을 목적으로 했지만 의문은 여전히 남아 있었다. 개척시대가 종결되었다면, 이제 국민―특히나 영미계 인종의 남성들―은 『법칙』이 예언한 문명의 쇠락을 피하기 위해 스스로를 쇄신할 수 있는 모험의 장소를 어디서 찾아야 하는가? 루스벨트와 아담스가 보기에는 단 한 가지 선택지만이 남아 있었다. 바로 제국으로서의 미국이었다.

미 제국을 통한 전사다운 정신의 부활

브룩스 아담스와 시어도어 루스벨트에게 미 제국은 사회적·문화적·정치적·경제적 목적에 복무했다. 이 가운데 가장 중요한 점은 제국이 미국산 제품을 판매하기 위한 새로운 시장에 접근할 수 있는 경로를 제공한다는 것이었다. 그들은 미 제국이 노동과 자본의 적대를 완화하고, 계급 간의 상호이익이라는 국가적 기획의 배후에서 두 계급을 결합시켜줄 것이라고 믿었다. 종합하자면 이러한 특징들은 제국을 역사의 법칙이 제시하는 미국의 필연적인 몰락을 지연시키거나, 심지어는 피할 수 있는 수단으로 만들었다. 리어스가 주장했듯이 "현대 미 제국의 기원에는 경제적 이해관계와 문화적 위기가 복잡하게 얽혀 있다. 해외 시장에 대한 열망은 미국이 척박하고 정체된 나라가 되어가고 있다는 엘리트의 공포로부터 힘을 얻었다. 제국주의의 효과들 역시 문화적이면서 동시에 경제적이었다".[52] 아담스와 루스벨트의 제국주의는 자유방임 자본주의와 그것이 만들어낸 근대적 삶의 방식에 대한 비판과 밀접하게 연관되어 있었다. 그들은 자본주의적 타산과 사리사욕이 영웅적 덕목, 국

가적 영광, 서구 문명의 보존보다 부차적인 것으로 취급되는 공간 혹은
대안적인 세계를 제국이 제공한다고 믿었다. 어쩌면 더욱 중요하게 제
국은 경제성장, 시장 확대, 자본 축적, 그리고 미국의 거대한 산업노동계
급이 생산적으로 고용될 수 있도록 해주었는지 모른다. 루스벨트와 아
담스가 보기에 미국의 제국적 팽창은 미국 자본주의를 무질서한 자유방
임주의 경쟁으로부터 미 제국을 통해 이익을 얻고 이에 복무하는 국가
규제 법인자본주의로 구조조정하기 위해 사회적·문화적·경제적·정치
적으로 반드시 해내야 하는 일이었다.

　아담스와 루스벨트는 오늘날 "국제관계학의 현실주의 학파"라고 불릴
만한 가정 아래 주장을 펼쳤다. 그들은 국가가 토지·자원·노동·시장을
둘러싸고 항상 투쟁을 벌이는 상태에 놓여 있으며, 제국주의는 국가의
생존을 위해 선택이 아니라 필수라고 주장했다. 아담스가 『법칙』에서
진술한 바와 같이 미국은 팽창해야 하거나 아니면 타락과 쇠락을 맞이
해야 했다. "이 세계에서 움직이지 않는 것은 아무것도 없다. 전진하지
않는 것은 곧 후퇴이다"라고 그는 선언했다.[53] 아담스는 지극히 경제결
정론자였다. 『미국의 경제적 우위America's Economic Supremacy』와 이후
『새로운 제국The New Empire』에서 그는 국제 경쟁과 제국적 우위를 향
한 투쟁은 실제로 경제적 우위를 점하기 위한 투쟁이라고 주장했다.[54]
아담스가 보기에 카리브 해 지역과 필리핀, 그리고 가장 중요하게 중국
에서의 제국주의적 행보는 미국의 생존에 필수적이었다. 이는 제국주의
가 미국 제품들이 판매될 수 있는 시장들을 개방했기 때문이다.[55] 아담
스는 특히나 중국을 미국의 제조업 과잉을 흡수해줄 시장이라고 보았으
며, 아울러 러시아와 일본은 지역 내 주요 경쟁자라고 간주했다. 제국적

확장은 미국처럼 기업과 산업이 공고하고 집중화된 고도로 발전된 경제에서 과잉생산과 그로 인한 계급갈등 문제를 해결하기 위한 시도였다.[56] 미 제국은 법인자본이 자국 내에서 멸망을 향해 서로 경쟁하는 대신 팽창을 통해 상품들을 새로운 시장에 판매할 수 있는 배출구였다.

아담스에 의하면 1000년이 넘는 세월 동안 "문명의 사회적 중심", 즉 경제적·제국적 중심은 계속해서 서방으로 이동해왔다.[57] 네덜란드, 그리고 다음에는 영국이 바로 이전의 위대한 경제적·제국적 강대국들의 중심이었으며, 이들은 식민지 전역으로 발전의 산물과 문명을 퍼트렸다. 아담스는 영국이 쇠락하고 있으며 이제 미국이 서구 문명의 횃불을 이어받아 전달해야 할 차례라고 믿었다. 역사는 미국을 서구 문명의 지도자로 지명했으며, 이 운명은 오직 난국에 잘 대처해나갈 때에만 실현 가능했다. 루스벨트는 이 주장에 동의했고, 미국 원주민들의 복속과 백인들의 서부 정착을 세계가 알고 있는 가장 위대한 문명화 사례 중 하나라고 지적했다. 『서구의 승리The Winning of the West』에서 루스벨트는 백인들의 서부 정착과 이미 그 땅에 거주하던 미국 원주민들에 대한 파괴를 명백히 인종주의적인 용어로 정당화했다. 루스벨트는 백인들의 서부 정복을 정당화하며 내린 결론을 평생 품고 살았으며, 이는 카리브 해 지역과 필리핀으로 뻗어나간 공세적인 제국주의에도 영향을 미쳤다. 그는 "지난 3세기 동안 영어 사용 인구가 전 세계의 허비된 공간들로 퍼져나갔다는 사실은 세계사에서 가장 주목할만한 주요 사건 중 하나였을 뿐더러, 그 영향력과 중요성 또한 다른 모든 사건에 비해 매우 지대했다"라고 적었다.[58] 그가 보기에 서부 개척과 그곳에 살고 있는 "열등한 사람들"에 대한 정복은 근본적으로 "인류와 문명의 이익을 위한" 기획이

었다.[59]

　루스벨트는 필리핀에 대한 미국의 식민지 정복을 미국의 서부 정복과 같은 방식으로 바라보았다. 영미계 민족이 제국 점령지들의 시장을 착취하는 일은 정당화되었을 뿐만 아니라, 이들은 복속된 사람들의 삶을 "개선"할 "백인의 책무"라는 의무를 역사적으로 부여받았다. 루스벨트에 의하면 이러한 개선 기획은 "문명의 첫 번째 핵심"인 "법에 대한 복종"이라는 방식으로 식민지인들을 훈련시켜 그들이 "스스로를 통치하는 데 적합하도록" 만드는 일을 포함했다.[60] 필리핀인들이 그러한 모습을 보여주지 못하는 한, 루스벨트는 미국의 제국적 가부장주의를 지지했다. 필리핀인들에게 자기 통치에 필요한 공화주의적 덕목들을 가르치기 위해 관리인이 되는 일은 영미계 제국주의자들의 의무였다.[61]

　　오직 뛰어난 사람들만이 스스로를 통치하는 실험에서 성공을 거두어 왔다. 자기 통치의 필요성과 이익, 그리고 성공적인 운영은 평균적인 시민들의 심성에 어떤 수준 높은 특질이 존재한다는 것을 함의하기 때문이다. 여기에는 반드시 통제가 있어야 한다. 어딘가에는 반드시 지배력이 있어야 하며, 만약 자기 통제와 자기 지배가 없다면 통제와 지배는 결국 외부로부터 도입될 것이다.[62]

　아담스로부터 영향을 받아, 루스벨트는 일정 시점에 모든 국가들은 약해지고 정체된 상태에 접어들게 되며 반드시 사멸하게 된다고 확신했다. 두 사람은 미국이 미래 세대에게 항상 기억될 승리를 거둔 국가들의 만신전萬神殿에 합류할 기회를 가졌다고 믿었다.

위대해질 용기가 있는 국가—즉 시대의 운명을 바꿀 의지와 힘을 가진 국가—도 종국에는 쇠락하기 마련이지만, 이는 허약한 국가가 쇠락하는 것보다 덜 필연적이다. 또한 어떠한 일도 하지 않는 국가는 그 무엇도 남기지 않으나, 위대한 업적을 남긴 국가는 진실로 지속되며 변화된 형식을 통해서 영생한다. 로마는 영향력을 확장하지 않았던 다른 모든 고대 국가들처럼 사라졌다. 하지만 고대 국가들에 대한 바로 그 기억은 사라졌을지언정, 로마는 오늘날 우리 문명의 광대한 세계 도처에서 여전히 살아 있는 힘으로 존재하며, 이는 수많은 세대와 헤아릴 수 없는 오랜 시간 동안 계속 그러할 것이다.[63]

1898년 스페인-미국 전쟁은 미국이 로마인들과 같은 영웅의 길을 밟아나갈 수 있는 기회를 제공했다. 아담스와 루스벨트는 미국이 푸에르토리코, 쿠바, 필리핀을 정복하면 얻게 될 국익과 경제적 이익을 깨달았다. 두 인물 모두 제국적 팽창과 그 경제적 이익을 다른 국가—특히 러시아와 일본—에 맞서는 권력의 원천으로, 그리고 미국 국내 경제의 경쟁과 집중이 불러온 불가피한 사태로 강조했다는 점에서 이 주장을 과소평가해서는 안 된다.

루스벨트의 국가주의적 개혁이 함의한 보수주의

미 제국은 성공을 거두기 위해 국내에서 중대한 개혁들을 필요로 했다. 루스벨트와 아담스는 20세기로 접어들면서 경제적 자유방임주의가 국가의 경제발전―주로 노예제 플랜테이션, 소규모 가족농, 장인 작업장, 소규모 제조업의 운영으로 이루어졌던―과 양립할 수 있어 보였던 100년 전의 미국과 지금의 미국은 근본적으로 다르다고 인식했다. 오늘날 거대 기업과 산업, 국제금융은 제한된 정부라는 자유방임주의 이데올로기를 낡은 것으로 만들고, 심지어는 국가의 질서, 안정, 생존, 그리고 제국적 야망에 유해했다. 재계 어느 곳에서나 분명하게 벌어졌던 집적과 집중은 국익을 고려하여 국가가 기업들을 규제할 행정적 역량을 갖추도록 요구했다. 그리하여 계급적 위계의 유지, 국내의 안정, 그리고 제국주의적 대외정책에 가장 높은 가치를 부여하는 보수주의적 원칙들에 따라 루스벨트와 아담스는 개혁을 옹호했다.[64]

경제력의 집중으로 인한 문제와 기업의 집중에 대응할 적절한 공공정책이 무엇인가라는 의문은 아마 루스벨트가 대통령 재임 시절과 퇴임 이후에도 골몰했던 핵심적인 경제적 문제였을 것이다. 다른 진보주의자들 가운데 법조인이자 연방대법원 판사였던 루이스 D. 브랜다이스Louis D. Brandeis는 금권정치와 기업의 권력, 그리고 계급갈등에 대한 최상의 처방책은 경제적 분권화정책이라고 주장했다.[65] 브랜다이스와 달리 루스벨트는 거대 기업의 문제가 그 규모라고 믿지 않았다. 오히려 루스벨트가 보기에 거대 기업의 문제는 정부가 그들의 활동에 최소한의 영향력만 행사하고 있다는 데 있었다. 마이클 샌델Michael Sandel이 논했듯이, 루스벨트는 강화된 거대 기업의 힘을 통제하고 맞서기 위해, 공화주의의 언어를 사용해 통합된 정치적 권력을 연방정부라는 형태로 수용함으로써 기존의 공화주의적 전통과 절연했다.[66] 샌델의 평가에 의하면 루스벨트는 "자기 통치에 필수적인 시민의 자질을 육성하고자 모색했다".[67] 그러나 루스벨트의 공화주의는 제퍼슨주의적인 것이 아니었다. 제퍼슨주의적인 공화주의적 시민성을 실현하는 데 있어 핵심적인 선결조건은 브랜다이스가 옹호했듯 경제적 독립이었다. 브랜다이스의 전망은 노동자들이 노동조합을 통해 그들이 일하는 기업의 소유주들과 의사결정권을 공유하는 산업민주주의의 제도화였다. 게다가 브랜다이스는 지나치게 거대하고 경제력이 강력한 기업들을 보다 작고 관리하기 쉬운 기업들로 분해해야 한다고 주장했다. 브랜다이스가 보기에 거대 기업은 정치적 민주주의를 위협할 정도로 지나치게 많은 경제력을 행사하고 있었다.

브랜다이스의 현대판 제퍼슨주의적 공화주의는 더 높은 수준의 경제적 평등과―루스벨트의 전망에는 결여되어 있었던―상당한 수준의 정치적 주도권이 평범한 시민들에게 주어지는 것을 함의했다. 루스벨트의 공화주의는 부패와 사치에 대한 두려움, 그리고 시민들 사이에서 시민적 덕성의 개발이라는 공화주의적 주제들과 관련되어 있었지만, 그의 시민적 덕성 개념은 보다 협소하게 정의되어 있었다. 그는 평균적인 시민보다 덕성 있는 통치엘리트에게 정치를 주도할 역량이 있다고 평가했다. 게다가 루스벨트의 공화주의적 전망에는 경제적 불평등에 대한 비판, 더 나아가 공화주의적 자기 통치의 필요조건으로서 더 높은 수준의 경제적 평등에 대한 강조가 결여되어 있었다.

루스벨트는 공화주의적 시각에서 자본가들 ― 특히 자본가엘리트―이 상업과 시민적 덕성 간의 긴장을 유발한다고 보았다. 공화주의 이론에 의하면 공화국의 안정과 복리, 시민의 자유는 그들이 보유한 높은 수준의 시민적 덕성에 달려 있었다. 이 덕성이 없다면 시민들은 자신의 사적인 문제들을 우선시하고 공적 영역을 무시하게 되며, 정치체는 그 내부에서부터 점진적으로 부패할 것이다. 그들의 자유가 부패한 정치계급에게 제물로 바쳐지면서 공화국은 곧 내적인 불화와 쇠퇴, 그리고 폭정에 굴복하게 될 것이다.[68]

비록 루스벨트는 종종 이러한 공화주의적 논변을 펼쳤지만, 그의 공화주의는 포용적이거나 참여적이지 않았다. 대신 그에게 이상적인 공화주의적 시민은 "그 깃발을 지키기 위해 무장할 용기와 능력을 갖춘", 그리고 "많은 건강한 자녀들"의 아버지가 되는 이들이었다.[69] 이러한 공화주의적 시민성의 정의는 성차별적이면서 시민의 의무를 규정하는 방식 역시 매우 제한적이었다. 특히나 여기에는 정치적으로 활발한 대중이라는 공화주의의 핵심이 빠져 있었다. 루스벨트는 정치적 기득권층에 대항했던 '성난 수사슴의 반란Bull Moose insurgency'• 캠페인에서 국민투표제도를 수용했으며, 청중에게 종종 공화주의적 시민성은 주기적인 투표 행위 그 이상을 요구한다고 말했다. 그러나 루스벨트는 정치 경력 내내 대중시위를 선동가·사회주의자·폭로자·급진주의자들의 수작이라고 일축했다. 대중의 지혜에 대한 루스벨트의 신념은 그들이 자신을 지지하지 않았을 때 더욱 흔들렸다. 한 가지 유용한 사례는 우드로 윌슨Woodrow Wilson이 대통령으로 선출된 이후 그가 대중에게 보인 환멸

• '성난 수사슴'은 1912년 루스벨트가 창당한 진보당Progressive Party의 예명이다. 두 차례의 대통령 재임(1901~1909) 이후 루스벨트는 1912년에 세 번째 대통령직에 도전했지만 공화당 대선 후보 경선에서 윌리엄 하워드 태프트에게 패배했다. 이에 루스벨트는 제3당인 진보당을 창당해 독자 후보로 나섰다. 진보당은 1912년 대통령 선거에서 유권자들부터 27.4%의 지지를 얻어 기성 정당인 공화당(23.2%)을 앞서는 성과를 거두었으나, 선거의 최종 승자는 41.8%의 지지를 확보한 민주당의 우드로 윌슨이었다.

이다. 루스벨트는 "나는 윌슨을 경멸한다. 하지만 나는 한편으로는 무지함과 순전한 소심함으로 인해, 그리고 다른 한편으로는 부족한 상상력과 국가에 대한 무감각함으로 인해 그를 지지한 우리의 바보 같고 멍청한 사람들을 더욱 경멸한다"라고 공언했다.[70] 이러한 진술은 평균적인 시민의 정치적 지혜에 관한 루스벨트의 신념이 매우 나약했으며, 그가 구상했던 공화주의의 회복은 다양한 엘리트에 관한 것이었음을 의미한다. 보통의 시민에 대해 루스벨트가 가졌던 양면성을 고려하면, 그는 대중이 자신과 같이 강력한 시민적 덕성을 갖추고 공공의 이익을 수호하는 연방정부의 관리자를 추종하리라고 기대했을 수도 있다. 그리하여 루스벨트는 새로운 공화주의적 정치경제보다 영국 총리 벤저민 디즈레일리Benjamin Disraeli와 독일 수상 오토 폰 비스마르크Otto von Bismarc와 같은 국가적인 가부장주의를 체현했다. 실제로 역사학자 리처드 호프스태터Richard Hofstadter가 지적했듯 루스벨트는 스스로를 계급과 "특수한 이익들" 위에 서 있으며 국익을 관장할 덕성 있는 엘리트라고 여겼다.[71]

루스벨트는 대규모 법인과 독점기업이 정치체를 부패시키는 효과들을 의식했다. 그러나 거대 기업들을 분해하는 대신 그는 "대중들을 보호하기 위해" 연방정부의 통합된 권력을 이용해 이들을 통제하고자 했다.[72] 전통적인 공화주의적 정치경제에서 벗어나 루스벨트는 아담스와 허버트 크롤리Herbert Croly ─ 『미국적 삶이라는 약속The Promise of American Life』으로 루스벨트의 "새로운 민족주의"에 이론적 정당화를 제공한 ─ 를 포함한 다수의 영향력 있는 진보주의자들과 함께 중앙정부의 통합된 정치권력이 공화주의 국가의 가장 유능한 방어자라고 보았다. 말하자면 연방정부의 관리들은 공익의 수호자들이며, 기업들이 국익에 책임을 지도록 만드는 존재였다.

　루스벨트는 공직자들이 공익의 관리인으로서 행동할 필요가 있다고 믿었다. 경제적 영역에서 이는 공정한 경쟁을 보장하고, 기업의 이익이 국가의 이익을 향하도록 국가가 반드시 경제에 개입해야 한다는 것을 의미했다. 그는 다수의 거대법인들은 전국적인 규모를 갖추고 있기 때문에 개별 주들이 규제를 관장하게 되면 효과적일 수 없음을 알았다. 루스벨트가 보기에 기업의 집중화는 경제의 진화와 발전이 가져온 불가피한 산물이었다. 덧붙여 제국적 야망을 가진 근대 국가는 거대법인들이 효율적으로 생산하는 재화들을 필요로 했다. 그는 "세계적인 흐름에 순응하기 위해 우리는 기업의 집중과 협력에 관한, 이제는 한물가버린 쓸모없는 법들을 수정할 것인지 아니면 세계시장을 향한 경쟁에서 뒤처질 것인지를 택해야 한다"고 선언했다.[73] 집중은 "세계적인 흐름"이었다. 이 흐름을 거스르거나 무시하는 일은 국가적인 자살행위나 마찬가지였다.

　개혁가로서 루스벨트는 거대 기업과 거대 노동조합의 권력에 맞서기 위해 연방정부의 권력을 중앙집권화하고자 했다. 1901년 의회에서의 첫 번째 연두 교서에서 루스벨트는 다음과 같이 말했다.

　19세기 후반 급속도로 가속화된 거대하고 고도로 복잡한 산업의 발전으로 우리는 20세기 초입에 접어들어 매우 심각한 사회 문제들에 직면하고 있습니다. 구시대의 법률들, 그리고 법과 비슷한 구속력을 가졌던 옛 관습들은 한때 부의 축적과 분배를 규제하기에 충분했습니다. 인류의 생산력을 엄청나게 증대시킨 산업상의 변화들로 인해 그것들은

이제 더 이상 충분하지 않습니다.[74]

자본주의가 규제되지 않고 자본주의적 탐욕이 지속해서 수그러들지 않는다면, 미국의 도덕적·경제적 위기를 치료할 제국이라는 만병통치제가 무용해지리라는 두려움으로 인해 루스벨트는 개혁가가 되었다. 그리하여 대통령 재임 기간과 그 이후 내내 루스벨트는 철도 요금 규제, 노동 착취 공장 금지 입법, 법인의 투명성 관련 입법, 노동자들에 대한 보상, 아동노동에 관한 입법, 8시간 노동제, 작업현장 안전 규제, 노동조합의 조직·파업·단체협상권, 무상교육, 주택 규제, 상속세, 소득세와 같은 조치들을 지지했다. 다른 보수주의자들과 재계는 당시 이러한 정책적 입장들이 사회주의적인 것과 다를 바 없다고 비난했다.

그러나 루스벨트는 결코 사회질서를 전복하거나, 부를 재분배하거나, 또는 자본주의를 대체하려는 의도가 없었다. 그를 비롯한 보수주의적 개혁가들은 노동자·노인·빈민들이 겪는 고충에 일부 동감했지만, 루스벨트는 이러한 고충을 토대로 정치적 운동을 조직하려 했던 사회주의자, 급진적 노동운동 지도자, 포퓰리스트, 급진적 개혁가들을 몹시 혐오했다. 루스벨트는 그들을 위험한 존재들이라고 보았으며, 그의 개혁은 체제 변화를 요구하는 더욱 급진적인 세력들로부터 기성 질서를 보호하려는 의도였다. 루스벨트는 미국 재계의 폐해·부패·불의에 대해 글을 쓰는 언론인들을 "추문을 폭로하고 다니는 자들"이라고 조소했으며, 그들이 경박하며 사회의 불안을 조장한다고 비난했다. 1896년 '선동정치가들의 위협'이라는 제목의 캠페인 연설에서 그는 윌리엄 제닝스 브라이언, 유진 뎁스, 제이콥 콕시Jacob Coxey 등을 프랑스 혁명 당시 공포정치 시기의 장-폴 마라Jean-Paul Marat, 베르트랑 바레르Bertrand Barère, 막시밀리앙 로베스피에르Maximilien Robespierre와 동일시했다.[75] 루스벨트는 당시 민주당과 인민당Populist Party•의 지지를 받는 대통령 후보 브라이언에 대해 "도덕성과 능력과는 거리가 먼" 인물이고 "재력, 덕성, 재능을 갖춘 인간들을 파멸시키려"는 목표를 가지고 있으며, 만약 그가 선출된다면 (정부는— 옮긴이) "폭민의 정부, 선동정치가에 의한 정부, 무기력한 자들과 무질서한 자들, 그리고 범죄자들과 준범죄자들을 위한 정부로 대체될 것이다"라고 종말론적인 수사를 동원해 주장했다.[76] 한때 루스벨트는 "10명 혹은 12명의 [포퓰리스트] 지도자들을 끌어내서 (…) 벽 앞에 세워놓고 총살하는 일"을 옹호했다.[77] 정치란 생사를 다루는 투쟁이라는 믿음이 루스벨트의 정치활동 이력에 스며들어 있었다. 1909년 그는 사회주의는 "지적이고 종교적이며 가정적이고 도덕적인 삶에 적대적이다. 그것은 도덕적 기초가 없는 공산주의의 한 형태이지만, 본질적으로 자본의 개인적 소유에 대한 즉각적인 폐지와 머지않은 가족과 문명의 말살에 기반을 두고 있다"라고 결론 내렸다.[78] 그러므로 루스벨트와 아담스가 보기에 사회질서, 문명, 미국의 우월함은 자본가 엘리트들의 무책임한 통치뿐만 아니라 어쩌면 더욱 중요하게는 급진주의자들에 의해 아래로부터 위협을 받고 있었다. 전사-귀족의 전망은 자본가들의 지배라는 현재의 상황을 바꾸는 것이며 포퓰리스트·농본주

• 19세기 말 미국의 도금시대에 급속한 경제성장과 기업의 권력 강화에 대한 반발로 인민당(1892~1909)은 미국 남부와 서부의 주들을 중심으로 세력을 형성했다. 인민당은 중앙은행 폐지, 농민에 대한 금리 인하, 토지 소유 제한 등 농본주의적 가치와 포퓰리즘을 내세우며 호응을 얻었다. 브라이언은 1896년 대통령 선거에서 민주당과 인민당 모두로부터 후보 지명을 받았다.

의자·사회주의자들이 제시한 대안들에 적대적이었지만, 실질적으로 이는 법인자본주의 경제의 위계적인 사회적 관계들과 팽창하는 제국을 공고화하려는 시도였다.

　루스벨트와 아담스는 개혁이 보존을 위한 방도라는 점을 보수주의자 동료들에게 항상 상기시키고자 노력했다. 대통령 재임 시절 의회에서의 마지막 연두교서에서 루스벨트는 다음과 같이 주장했다.

> 악폐를 개혁하고 사회를 현대적 조건에 맞게 재조정하려는 모든 시도에 대한 맹목적이고 무지한 저항은 진정한 보수주의를 대변하지 않으며, 가장 거친 급진주의를 선동할 뿐입니다. 현명한 급진주의와 현명한 보수주의가 손을 맞잡고 나아가려면 한쪽은 진보에 열중하고, 나머지 한쪽은 그것이 올바른 방향이 아니라면 어떤 변화도 일어나지 않도록 감독하는 일에 열중해야 합니다.[79]

　자신의 가장 진보적인 정책적 처방들의 배후에 자리한 계급정서와 보수주의적 전제들을 드러내면서 루스벨트는 개혁의 필요성을 계속해서 정당화했다. 루스벨트에게 이 개혁은 "거대 자산소유주들을 (…) 구원"하고, 그가 임박했다고 믿었던 혁명적 소요의 폭발을 회피하는 방도였다.[80] 1910년 덴버에서 콜로라도축산조합Colorado Live Stock Association을 대상으로 한 연설에서 루스벨트는 "진정한 보수주의는 진보의 현명한 정신을 구현하는 보수주의이다. 그것은 인간이 광기에 사로잡히는 일이 벌어지기 전에 보수적으로 행동하는 보수주의이다"라고 주장했다.[81]

동시대 보수주의자들 사이에서조차 이례적이었던 아담스와 루스벨트는 통제되지 않는 자본주의가 국내적 안정에 야기하는 위험성을 우려했다. 따라서 자유방임주의에 대한 그들의 국가주의적이고 제국주의적인 대안은 혁명을 방지하고, 근대 자본주의를 그 최악의 적수인 고삐 풀린 자신으로부터 구해내려는 보수주의적 책무에서 기원했다.[82] 정치적 중앙집권화와 법인기업 규제정책을 통해 루스벨트와 아담스는 자유방임주의가 만들어낸 가장 견디기 힘든 고통과 착취를 완화시킴으로써 자본주의적 엘리트를 그들 자신의 실수로부터 구해낼 수 있기를 바랐다.

남북전쟁이 종전되고 제1차 세계대전이 발발하기까지 수십 년간에 걸쳐 발생한 거대한 경제적·사회적·문화적·정치적 전환들은 브룩스 아담스와 시어도어 루스벨트를 자본주의에 대한 독특한 보수주의적 비판자로 만들었다. 이들은 보수주의적 대안의 물적 실체에 기대지 않고 자유방임 자본주의를 비판한 미국 최초의 보수주의적 비판자였다. 그래서 아담스와 루스벨트, 그리고 기업문명에 대한 미국의 다른 전사-비판자들은 자본주의를 안전하게 지켜줄 수 있는 규제된 자본주의와 제국이라는 보수주의적 대안을 만들 수밖에 없었다.

남북전쟁 이후에 미국에는 공화국 미국과 서구 문명이 변화의 길목에 서 있다는―아담스와 루스벨트가 공유했던―정서가 만연했다. 경제적 인간의 지배는 혁신과 번영, 경제적 진보를 가져왔다. 하지만 이는 정치적 부패와 계급갈등으로 한바탕 홍역을 치른 시대이기도 했으며, 루스벨트와 아담스는 이 부패와 갈등이 필연적으로 혁명, 외세의 침략, 국가적 쇠퇴를 야기한다고 우려했다. 브룩스 아담스와 루스벨트의 자유방임 자본주의 비판은 보수주의적인 지적 전통에서 독특한 입지를 차지한다. 그들은 자본주의를 여러 가지 이유에서 비판했으며, 이들 가운데 일부는 보수주의적 비판의 전통에서 일관되게 이어져왔다. 그중에는 자본주의가 사회적 위계와 안정을 위협하고, 물질주의적이고 사리사욕적인 덕목들을 길러내며, 고결한 지배계급을 말살하고 책임감 있는 지배계급을 자체적으로 육성하는 데 실패했다는 이유 등이 포함되어 있다. 자본주의에 비판적인 미국의 보수주의 전통에서 반복되어온 주제 중 하나는 자본가엘리트가 다양한 측면에서 무능한 지배계급이라는 사고이다.[83] 이러한 서사에서 지배계급은 계급지배와 사적 이윤을 국가의 이익보다 우선시하는 집단이다. 불굴의 삶과 전사답고 창의적인 인물형에 대한 루스벨트와 아담스의 예찬, 그리고 돈벌이에 사로잡힌 자본주의적 삶에 대한 그들의 멸시는 보수주의의 지적 전통 내부에 존재하는 광범위한 비판적 사고의 흐름 가운데 하나였다. 아담스와 루스벨트의 대안이 목표로 삼은 바는 국가와 문화, 그리고 특히 오직 사리사욕적인 상업적 고려에 의해서만 움직이는 지배계급에 맞서 균형을 유지할 열정을 부활시키는 일이었다.[84] 그러나 두 인물은 옛 비판들을 단순히 새롭게 고치기만 한 것이 아니었다. 그들은 자유방임주의에 대한 자신들의 대안에 국가를 포함하고, 제국적 관점을 부가함으로써 자본주의에 대한 미국의 보수주의 담론에 중요한 공헌을 했다.

아담스와 루스벨트는 이전 노예제 옹호자들과 이후 다수의 20세기 비판자들과 달리 미국의 기업·산업·금융의 경제적 집중과 집적을 인정했다. 20세기로 접어드는 길목에서 전사-비판자들은 미국의 번영과 국가적 힘이 법인자본주의의 성공에 달려 있다고 보았다. 그리고 아마 더욱 중요하게는 보수주의자들이 항상 지켜내고자 했던 계급관계의 위계와 권력도 마찬가지 경우라고 믿었다. 그러나 동시에 법인자본주의는 국내외에서 강력하고 적극적인 국가에 의존했다. 전사-귀족들이 보기에 규제국가와 미 제국은 자본주의를 물질적으로 구원하는 데 필수적이었으며, 이는— 적어도 그들의 마음속에서는— 문명의 진보가 달려 있는 시민성을 부활시킬 수 있는 장이었다. 미국과 서구 문명의 몰락이 임박했다는 루스벨트와 아담스의 우려는 과장된 것이었을지도 모른다. 그러나 전사-비판자들이 미국 역사에 새긴 궤적은 국내정책과 대외정책 모두에 뚜렷하게 남아 있다. 제1차 세계대전의 참상은 쇄신이라는 아담스와 루스벨트의 전망 기저에 놓인 모험·영웅주의·위엄이라는 환상을 이내 사라지게 했다. 그러나 자유방임주의에 대한 국가주의적 대안은, 미국 경제의 우월성이라는 형태로 나타나는 제국이 가져다주는 국내적 이익과 더불어 오늘날에 이르기까지 미국 정치경제와 대외정책의 주춧돌이 되었다.[85]

3장

자본주의에 대한
농본주의적 비판

인생의 즐거움 역시 순전히 기업적인 혹은 산업적인 문명의 저주 아래 고통을 겪는다. 삶의 즐거움은 예의·대화·환대·공감·가정생활·낭만적 사랑처럼 세상사 안에서 감성을 표출하고 계발하는 사회적 교류들로 이루어진다. 만약 종교와 예술이 인간과 자연 사이의 올바른 관계에 기초해 있다고 한다면, 이 관계는 인간과 인간 사이의 올바른 관계에 기초를 두고 있다.

「**나는 내 입장을 취하겠소**I'll Take My Stand」의 「**서문: 원칙에 대한 선언**Introduction: A Statement of Principles」

남부 문명은—북부가 아니라—남부 흑인들의 참정권을 계획한 1867년의 회의들*로 인해 그 흐름이 중단되었고, 약탈이 시작되었다. 그러나 이것이 한때 인류의 삶에 아름다운 꽃이었던 남부 문명이 완전히 사망했음을 의미하지는 않는다. 영혼의 본질은 죽음을 대수롭지 않게 여기는 것이라는 믿음이 우리 인간성의 한가운데에 자리해 있다.

스타크 영 Stark Young, 「**추모가 아닌 옹호로서**Not in Memoriam, but in Defense」

● 　1865년 남북전쟁이 북부의 승리로 종결된 후 조지아 주와 버지니아 주를 비롯한 남부 주들에서 흑인 남성에게 투표권을 부여하는 내용을 골자로 주 헌법 개정을 논의한 회의들을 말한다.

1920년대에 미국은 새로운 상황에 놓였다. 브룩스 아담스와 시어도어 루스벨트, 그리고 다른 전사-귀족들이 갈망한 미국의 단결·권력 의지·제국은 오직 부분적으로만 성취되었다. 미국의 제국적 영향권은 이제 대륙을 넘어 푸에르토리코와 필리핀, 그리고 여타의 지역들로 확장되었고, 유럽 강대국들과 더불어 미국 기업들은 오랫동안 희망해온 중국 본토 시장으로 침투해나갔다.[1] 제1차 세계대전이 종전될 무렵 미국은 세계 제일의 경제 강국이 되었다. 미국은 가장 거대한 상품생산자였으며, 세계에서 가장 중요한 채권국이었다. 뉴욕 시는 국제 자본주의의 선도적인 금융 중심지로서 런던을 대신했다.[2] 제1차 세계대전의 승리자 중 한 명인 우드로 윌슨 대통령은 파리 강화회의에서 중요한 자리를 차지했고, 이는 미국의 위상을 보여주며 미국이 영국·프랑스와 나란히 하나의 강대국으로서 세계무대에 합류했음을 의미했다. 하지만 아담스와 루스벨트가 미국의 군사적 승리에서 위안을 얻었다고 하더라도, 덕성 있는 정치인 지배계급을 부활시키겠다는 그들의 정치적 기획은 실패한 것으로 입증되었다. 1920년대의 번영기에 부유한 자본가들—특히 실업가, 금융업자, 은행업자들—은 지속적으로 정치적·사회적·이데올로기적 우위를 확고하게 다져나갔다. 캘빈 쿨리지Calvin Coolidge 대통령은 "공장을 짓는 사람은 사원을 건설하는 사람이다. 공장에서 일하는 사람은 그곳에서 경배를 드린다"라고 공언하며 당대의 시대정신을 이야기했다.[3] 아담스와 루스벨트가 옹호했던 전사다운 정신을 명백히 거부하고, 미국인들이 무언가 역사적으로 기억될만한 가치 있는 일을 해야 한다는 그들의 호소와는 현저히 다르게 워런 G. 하딩Warren G. Harding 대통령은 "영웅담이 아닌 치유를, 묘책이 아닌 정상화"를 대중에게 약속했다.[4]

정상화는 광범위한 경제적·정치적·사회적·문화적 효력을 지녔다. 1880년대와 1890년대를 지나 1920년대는 가장 많은 수의 기업 합병과 결합 건수를 기록했다.[5] 독점기업보다는 과점기업들이 은행에서 제철업에 이르기까지 전체 산업을 지배했으며, 그들의 성장은 국내외 새로운 시장으로의 팽창을 가능하게 했다.[6] 기업 친화적인 연방대법원과 친기업 성향의 세 대통령 하딩, 쿨리지, 허버트 후버Herbert Hoover의 지원 아래 미국 제조업자들은 포드주의*의 등장과 소비자 신용의 팽창으로 성장한 국내 소비시장을 대상으로 상품을 생산했다.[7] 미국 소비자들은 신

● 20세기 초에 등장하기 시작한 생산의 조직화 방식으로 조립라인 설치를 통한 저숙련 노동자의 적극적 활용, 생산의 표준화, 그리고 상대적으로 높은 생활임금 지급을 특징으로 한다. 이는 대량생산과 대량소비의 순환을 가능하게 하는 토대로 기능했다.

용거래와 할부판매를 광범위하게 이용했으며, 이러한 방식은 자동차·라디오·냉장고에서부터 뉴욕증권거래소에서의 주식거래에 이르기까지 모든 것들을 구매하는 데 사용되었다.[8] 실제로 1920년대는 석유·철강·철도·면직물과 같이 주로 오래된 산업들에 기반을 둔 경제가 가공식품·자동차·가전제품과 같은 소비재 생산에 기초한 경제로 전환한 시기였다. 이러한 경향을 대표하는 포드자동차 회사는 세계에서 가장 큰 공장을 미시건 주의 루즈 강River Rouge 유역에 건설하고, 7만 5000명 이상의 노동자들을 고용해 하루에 1만 대의 차량을 생산했다. 또한 포드사의 경쟁자인 제너럴모터스는 해마다 최신화되고 다양한 색깔로 제공되는 거의 모든 가격대의 차종을 생산했다. 이러한 경제적 전환은 금융·보험·사무직과 같은 서비스 산업의 성장도 촉진했다.[9] 그러나 1920년대의 번영은 일시적인 것으로 드러났다.

가혹했지만 상대적으로 짧았던 1920년의 불황은 특히나 미국 농민들에게 힘든 경험이었다. 농작물 가격이 폭락하고 자산 압류가 시작되자 50만 명의 사람들—주로 소농, 소작인, 차지농들—과 향촌에 살던 다른 이들은 일자리를 찾아 떼 지어 도시로 이주했다.[10] 실제로 1920년에 미국 역사상 처음으로 도시 인구가 향촌 지역의 인구를 추월했다.[11] 그러한 와중에 1919년의 파업들 이후—노동자들은 전시 생산에서 소비재 생산으로 산업이 전환되면서 발생한 임금 삭감과 해고에 저항하는 데 실패했다—노동조합의 수는 10년 내내 감소했다. 팔머 습격 사건Palmer Raids•에서 정부가 급진파들을 검거하기 위해 쳐놓은 수사망의

• 1919년 11월에서 1920년 1월까지 윌슨 정부의 법무부장관 미첼 팔머Mitchel Palmer의 주도 아래 급

도움을 받아 기업과 산업계는 노동조합 조직화에 공세적으로 대항했다. 그럼에도 1920년대 내내 기업의 이윤은 생산성이 급증하면서 지속적으로 상승했다. 그러나 소수의 산업— 예컨대 노동자들이 현저한 임금 인상을 경험했던 철강—을 제외하고 대다수 노동자들은 오직 미미한 수준의 임금 인상만을 경험했다. 이는 대공황 직전 거대한 부의 불평등에 기여했다.[12] 경제사가 리처드 B. 두보프Richard B. DuBoff가 주장하듯이 중대한 위기는 1920년대 중반부터 조성되기 시작했으며, 이는 당시 시세로 수요의 부족에서 기인한 생산설비 과잉과 주택 건설 투자 감소가 야기했다. 과잉설비와 과잉생산은 산업체들이 노동력을 감축하게 만들었고, 이는 수요를 더욱 약화시켰다. 고액의 부채를 진 지주회사·보험회사·은행들은 투자자들이 부채 상환을 요구하자마자 문을 닫았으며, 이는 1929년 10월 29일 주식시장 붕괴로 이어졌다.[13]

1930년대에 경제공황이 야기한 사회 전반의 참혹함과 고통은 지배적인 양식에 대한 사회적·정치적·경제적 비판과 대안의 과잉을 낳았다. 대량 실업과 퇴거 조치, 굶주림과 빈곤에도 불구하고 시장이 곧 스스로를 교정할 것이며, 미국의 정치경제에 어떠한 구조 개혁도 필요하지 않다고 주장하는 영향력 있는 자유방임 자본주의 옹호자들도 분명히 존재했다. 이러한 신념은 미상공회의소U.S. Chamber of Commerce, 전미제조업협회National Association of Manufactures, 자유연맹Liberty League, 그리고 제너럴모터스의 알프레드 P. 슬론Alfred P. Sloan과 같은 기업 경

진 좌익으로 의심되는 인물들과 이탈리아계 및 동유럽 출신 이민자들, 공산주의자와 아나키스트들을 미국에서 추방한 사건으로 전후 매카시즘 이전의 '1차 적색 공포the First Red Scare'로도 불린다.

영인들, 재무부 장관 앤드류 멜론Andrew Mellon, 대통령 허버트 후버 사이에 퍼져 있었다.[14] 자유방임주의에 대한 이러한 개인과 조직들의 옹호는 미국 정치의 주류세력과 비주류세력 양쪽으로부터 모두 공격받았다. 비판자들 가운데 다수는 뉴딜정책 지지자가 되었고 일부는 다른 이들보다 더 진보적이었지만, 그들 모두는 자본주의를 구하기 위해 정부가 대공황에 개입해야 한다고 믿었다. 프랭클린 델라노 루스벨트 대통령은 거대 기업을 "경제적 왕당파"라고 비난하고 자유연맹을 공공연하게 조롱했지만, 좌파 혹은 우파들이 지지했던 보다 급진적인 조치들에도 반대했다. 이러한 급진적 조치들을 지지했던 사람들에는 노동부 장관 프란시스 퍼킨스Frances Perkins, 내무부 장관 해롤드 익스Harold Ickes, 농무부 장관 헨리 월리스Henry Wallace와 같은 국무위원들을 비롯해 사회주의자와 공산주의자들, 산업별노동조합회의Congress of Industrial Organizations, CIO, 휴이 롱Huey Long의 "우리의 부를 나누는 계획Share Our Wealth Plan", 그리고 파시스트적 대안을 내세운 찰스 E. 코울린Charles E. Coughlin 신부 등이 있었다.

1920년대와 1930년대 미국 정치경제에 대한 보수적 비판자들 가운데 가장 흥미롭고 날카로운 이들은 남부 농본주의자들이었다. 존 크로랜섬, 도널드 데이비슨, 프랭크 로렌스 오슬리, 존 굴드 플레처John Gould Fletcher, 라일 H. 래니어, 알렌 테이트, 허만 클라렌스 닉슨Herman Clarence Nixon, 앤드류 넬슨 리틀, 로버트 펜 워런Robert Penn Warren, 존 도널드 웨이드John Donald Wade, 헨리 블루 클라인Henry Blue Kline, 스타크 영이 여기에 포함된다. 농본주의자들 가운데 일부는 다른 이들보다 유명하다. 게다가 그들의 명성은 농본주의 연구가 아니라 문학계에서의 활동들에 기인한다. 이 집단의 선봉에 서 있었던 랜섬, 테이트, 데이비슨은 오래가지는 못했지만 호평을 받았던 『도망자Fugitive』라는 모더니즘 시 저널과 관련이 있었다. 랜섬은 저명한 시인이었으며, 훗날 영향력 있는 신비평—문학적 분석에서 텍스트 꼼꼼하게 읽기를 강조하는 텍스트 중심의 이론적 접근법—문학 저널인 『케니언 리뷰Kenyon Review』의 창 간자가 되었다. 랜섬과 더불어 테이트는 영향력 있는 시인·소설가·저 널 편집자이자 어엿한 문학비평가였을 뿐만 아니라 신비평의 선두주자 였다. 데이비슨 역시 시인이자 수필가였다. 데이비슨은 이 그룹이 해체 된 이후에도 오랫동안 문학 작품 외에 정치와 관련된 글을 계속해서 썼 다. 그의 『리바이어던에 대한 공격Attack on Leviathan』과 다른 에세이들 은 그가 민권운동 시대에도 계속해서 변호한 인종분리정책을 포함해 남부를 열렬하게 옹호하는 글이었다. 워런은 퓰리처상을 수상한 시인이 자 소설가였으며, 고전 작품인 『모두가 왕의 부하들All the King's Men』 (1946)의 저자이다. 문인이 아닌 사람으로는 심리학자였던 래니어와 역 사학자였던 오슬리와 닉슨이 있었다. 오슬리는 신남부연합주의 적neo-Confederate이고 인종주의적인 역사서들을 썼다. 그의 『농본주의 의 기둥들The Pillars of Agrarianism』은 남부 농본주의자들의 경제 강령을 가장 분명하게 보여주는 저작이기 때문에 이 책 『자본주의에 맞서는 보 수주의자들』에 매우 중요하다. 플레처와 영을 제외한 모든 농본주의자 들은 밴더빌트 대학교Vanderbilt University의 교수이거나 학생이었다. 이 들 중에서 랜섬, 테이트, 오슬리, 데이비슨은 법인·산업자본주의에 대 해 공공연하게 비판적이었으며, 그들의 사상은 농본주의자들의 강령적 인 저술에서 핵심을 구성했다. 『나는 내 입장을 취하겠소: 남부와 농본주의 전통』'll Take My Stand: The South and the Agrarian Tradition』(이하 『나는 내 입장을 취하겠소』)이라는 제목의 선언문은 1930년에 처음 출간되었다. 이 저작은 남부에 대한 옹호와—그보다 정도는 덜하지만—농본주의를 중점적으로 다룬 에세이 모음집이었다. 대체로 그들의 선언문은 산업자본주의와 소비주의에 대한 고발장이었으며, 그들은 이를 농본주의적인 남부 향촌의 인간미와 대비했다.[15] 『나는 내 입장을 취하겠소』와 『누가 미국을 소유하는가Who Owns America』는 명백히 정치적이고 강령적인 소책자로 북부 분배주의자들Northern Distributists*의 도움을 받아 1936년에 출간되었으며, 20세기 보수주의자들이 제출한 가장 급진적인 자본주의 고발장이었다.

　『나는 내 입장을 취하겠소』가 출간되자 남부 농본주의자들은 그들의 저작이 남부의 과거를 낭만화하고 왜곡했으며, 지역 빈곤을 간과하거나 심지어는 찬양했다는 이유로 반근대적이고 반동적이며 역사에 무지하다는 대대적인 비판을 받았다.[16] 남부 농본주의자들 또는 적어도 농본주의에 여전히 동의했던 12명의 장본인들은 1930년대 중반까지 그들의 가장 정치적이고 강령적인 저작들을 집필했다. 이 저작들은 당시의 보수주의적 사고와 20세기 보수주의로부터 상당 부분 이탈한 것이었다. 『나는 내 입장을 취하겠소』가 출간된 이후 농본주의자들은 순회강연을 하고, 비판에 대한 반박문을 출판했으며, 그리고 농본주의 저널을 창간하려는 시도—결국 실패했다—를 이어나갔으나 많은 대중적 관심을

---

* 　19세기 후반과 20세기 초 발전한 경제이론으로서 토지와 같은 생산적 자산은 특정 계층에 집중되기보다 널리 분배되어야 한다는 사상을 지칭한다.

얻지는 못했다. 그들의 전통주의는 리처드 위버, 러셀 커크, M. E. 브래드포드M. E. Bradford를 비롯한 다른 이들에게 영향을 주었지만, 그들의 급진적 농본주의 — 데이비슨을 제외한 모든 농본주의자들이 이탈한 —는 소규모 지식인 및 사회비평가 집단을 넘어서는 정치운동으로 현실화되지 못했다.[17] 실제로 훗날 테이트는 남부 농본주의는 결코 정치적 강령을 수립하려는 의도가 없었으며 단지 "인간적인 전통의 재확인"이었다고 인정했다.[18]

남부 농본주의자들의 자유방임주의적 법인·산업자본주의 비판

남부 농본주의자들의 사상은 보수주의적 사고방식에서 자유시장 자본주의와 보수적인 사회적·정치적·문화적 질서 사이의 긴장 한복판에 자리해 있었다. 남부 농본주의자들은 이러한 긴장에 공공연하게 맞섰으며, 보수주의적 문화와 정치체는 남부적 생활양식의 경제적 토대를 파괴하는 현재의 자본주의적 모델에 기반을 둘 수 없다고 주장했다. 프랭크 오슬리는 "우리는 국민과 국민의 정부, 국민의 자유, 국민의 재산에 대한 공공의 적을 무력화해야 한다는 사실을 잘 알고 있는 사람들의 편이다"라고 적었다. "상대적으로 소수의 사람들이 국부의 대부분을 통제하고, 사실상 인구 전체를 익명의 자기들 지주회사와 기업 아래 줄 세우며, 뇌물과 협박으로 정부를 통제할 수 있게 하는 체제가 바로 이 적이다."[19] 남부 농본주의자들은 법인적·자유방임적 형태의 자본주의뿐만 아니라 사회주의, 공산주의, 파시즘, 그리고 전부는 아니지만 뉴딜의 많은 부분을 마찬가지로 거부했다. 그들이 보기에 전통적인 사회질서로의 복귀는 국가의 정치경제를 근본적으로 변화시켜야 했던 근대적 삶의 질병들을 치유하는 만병통치약이었다. 보다 구체적으로 그들은 사유재산을 재분배하는 향촌의 방식에 기초한 농본주의를 호소했다. 남부 농본주의자들의 전망은 그들이 남부의 사회적·경제적 토대라고 믿었던 자영농 국가의 개인주의를 복권하는 일이었다. 이를 위해 남부 농본주의자들은 사적 토지 소유와 종교, 공동체, 그리고 남부의 전통과 유산에 기초하고 소농들로 구성된 정치체를 보존하고 확장하는 데 국가가 힘을 보태야 한다고 촉구했다.

이러한 남부 농본주의의 초석은 한편으로는 금권적인 자유방임 법인 자본주의에 의해, 그리고 다른 한편으로는 평등과 권력 증대를 요구하는 노동운동과 민권운동에 의해 위협받았다. 이 모두는 남부의 전통적인 보수적 질서를 파괴하는 위협이었다. 남부 농본주의자들의 전망은 사회적 위계에 전제를 두고 있었다. 처음에 일부 농본주의자들은 유럽의 봉건질서와 옛 남부의 농장주엘리트들을 높이 평가했지만, 그들은 곧 더 이상 그때로 돌아갈 수 없음을 인지했다. 대부분의 남부 농본주의자들은 보수주의적인 포퓰리스트들이었으며, 이들의 포퓰리즘은 기업의 부는 부정하지만 전통적인 남부 사회의 인종적·계급적 위계에 대한 신념은 간직했다. 그들의 보수주의적 포퓰리즘 기획은 가난한 백인들과 아프리카계 미국인들을 예속시키면서 백인 자영농뿐 아니라 농장주들과 대규모 토지소유자들을 위한 공간을 만들어냈다. 오슬리에 의하면 그들의 전망은 "농업종사자들과 농산물시장이 있는 도시의 사람들이 국가의 사회적·문화적·경제적·정치적 삶을 지배하고 그 분위기를 조성해야 한다"는 것을 뜻했다.[20] 남부 농본주의자들이 그토록 찬탄했던 남부적 삶의 방식은 참정권 박탈, 백색 테러, 인종분리정책을 통해 강요된 계급적·인종적 지배에 기초를 두고 있었다. 그들의 대안은 이들 가운데 그 어느 것에도 이의를 제기하지 않았다. 실제로 일부 역사가들은 남부 농본주의자들이 당시 수십 년간 몰락의 길을 가고 있던, 가족농에 기초한 정치경제를 회복하려 했다는 이유로 "비역사적"이고 "유토피아적"이었다고 지적했다.[21] 그러므로 여러 측면에서 남부 농본주의자들은 미국 정치사상 내부에서 제기된 자본주의에 대한 급진적 보수주의 비판의 마지막 불꽃이었다.[22]

남부 농본주의자들은 소농이 자립과 도덕적 고결함이라는 덕목의 보고이자 보수적·안정적·공화주의적 사회의 기반이라고 믿었다. 그들이 보기에 그러한 사회는 향촌의 분권화된 사유재산에 기초를 두고 있었다. 그들의 자영농 옹호는 대부분 지주회사·은행·보험회사·부재지주들이 광대한 면적의 향촌 토지들을 소유하면서 남부 농업이 기업화되는 것에 대한 반발이었다.[23]

남부 농본주의자들—특히 테이트, 랜섬, 오슬리—은 법인·산업자본주의와 금융자본주의에 기초한 사유재산체제가 노동자와 농민들을 소외시키고 이들을 경제적으로 착취한다고 느꼈다. 기술의 사용으로 노동자들은 쫓겨났으며 노동의 즐거움은 박탈되었다. 사회주의자들, 그리고 거의 한 세기 이전 노예제 옹호자들의 비판과 유사하게 남부 농본주의자들은 산업자본주의가 노동을 "인간의 삶을 행복하게 하는 기능들 가운데 하나"에서 "명백히 잔인한" 활동으로 전환시켰다고 믿었다.[24] "노동은 힘겨워졌고, 그 속도는 맹렬해졌으며, 고용은 불안정해졌다"라고 존 크로 랜섬은 적었다.[25] 남부 농본주의자들은 농부의 노동이 더 즐겁다고 보았는데, 이는 조립라인에서 일하는 노동자들의 노동처럼 서둘러야 하거나 단조롭지 않기 때문이었다. 농본적 생활양식은 산업자본주의의 고된 노동이 아니라 예측할 수 없는 자연의 경이로움과 계절의 변화에 따라 규칙적으로 정해진 자연적이고 유기적인 작업 일과를 가능하게 했다.[26] 존 크로 랜섬과 프랭크 오슬리가 펼친 이러한 산업자본주의 비판은 노예제 옹호론자들이 제시한 주장과 유사했다. 아마 놀라운 일은 아니겠지만, 남부 농본주의자들은 향촌 생활의 인간미와 농민이 자기 토지와 맺고 있는 관계를, 법인·산업자본주의와 금융자본주의의 소외와 비교하기를 좋아했다. 「남부는 그 유산을 수호한다The South Defends Its Heritage」는 제목의 글에서 랜섬은 다음과 같이 적었다.

> 인간은 농장이나 고향처럼 실질적인 대상을 관조하고, 탐구하며, 존중하고, 사랑할 수 있다. 그러나 인간은 "천연 자원"을 가공한 물건이나 한 무더기의 돈, 다량의 생산물, 시장, 신용제도와 같이 외형에 불과한 것들을 관조하고, 탐구하며, 존중하고, 사랑할 수 없다. 산업주의는 농장주들의 농장을 바로 이렇게 형체가 없는 것들로 바꾸어놓을 것이다. 이는 삶의 비인간화를 의미한다.[27]

농경적 생활양식은 작물을 재배하는 것 외에 다양한 능력들—집과 외양간을 짓고, 금속을 가공해 도구를 수리하며, 옷감을 바느질해 옷을 만들고, 음식을 마련하기 위해 조리를 하는 등—을 계발할 기회를 개인에게 제공했다. 남부 농본주의자 앤드류 넬슨 리틀은 농장노동이 제공하는 다채로움을 다음과 같은 이상적인 말들로 묘사했다.

> 매일 아침 농부는 새로운 일을 떠올린다. 대지를 개간하는 시기, 씨앗
> 을 뿌리는 시기, 대지 위에서 농작물이 담녹색을 띠기 시작하는 감동적
> 인 순간, 농작물이 잘 익든 열매를 맺지 못하든 이를 수확하기까지의
> 꾸준한 과정이 있다.[28]

남부 농본주의자들은 산업노동이 노동자들을 기계의 속도, 현장 감독
관의 횡포, 기업 관리자층, 출퇴근 기록기의 인위적인 전체주의, 노동자
들을 산업노예와 다를 바 없게 만드는 조건들에 종속시킨다고 주장했
다.[29] 법인기업의 재산관계는 개별 노동자에 대한 엄청난 권력을 기업에
게 부여했고, 이는 노동자들이 그들 스스로가 만들어낸 일과가 아니라
생존을 위해 회사와 시장에 종속되도록 만들었다.

정치적 스펙트럼을 막론하고 다양한 사상가들이 남부 농본주의자들
이 제기한 것과 유사한 인본주의적 비판을 제기했다. 그러나 남부 농본
주의자들의 자본주의 비판에서 핵심은 그 독특한 보수주의적 성향이었
다. 그들은 자본주의와 전통주의가 서로 반대되는 경향이며 화해할 수
없다고 주장했다. 법인·산업자본주의는 유서 깊은 전통 및 관습과 양립
할 수 없었으며, 따라서 보수적인 문화와 사회질서가 싹트지 못할 불모
지였다. 실제로 러셀 커크와 새뮤얼 프랜시스와 같은 다른 보수주의적
비판자들도 유사한 결론에 이르렀다. 그러나 다른 20세기 보수주의자
들 가운데 남부 농본주의자들만이 문화적 개혁─오늘날 보수주의자들
이 집중해야 한다고 주장하는─이 아닌 경제적 기반의 개혁에 초점을

맞추었다. 남부 농본주의자들이 보기에 문화는 물적 기반을 가졌다.

> 종교라는 상급의 신화, 역사라는 하급의 신화, 심지어는 일상의 행동
> 수칙들도 그 자체만으로는 보존될 수 없다. 실제로 이러한 것들은 우리
> 의 경험으로부터 동떨어져 존재하지 않는다. 우리 경험의 가장 중요한
> 특질은 우리가 생계를 유지해나가는 방식이며, 삶의 경제적 토대는 그
> 것이 좋은 것이든 나쁜 것이든 우리 경험의 모든 형태가 나오는 토양
> 이다.[30]

농경적 생활양식과 노동은 많은 측면에서 자연에 대한 농부들의 의존성―특히 토양의 질, 비, 바람, 일출과 일몰, 온기와 냉기, 변화하는 계절―에 의해 형성되었으며, 농부들은 이들이 지시하는 명령에 따라 노동을 수행했다. 자연은 인간이 만든 기술적으로 진보한 거대한 도구들·기계·건물·기간시설·조직들에 둘러싸인 산업노동자들이 겪을 수 없는 방식으로 농부들을 겸손하게 만들었다. 예상치 못한 가뭄이나 지속적인 추위와 같은 우연성과 인간이 통제할 수 없는 자연의 힘은 향촌의 농부들에게 영향을 주는 방식으로 대도시에 거주하는 산업노동자들의 일상적인 영리생활에 영향을 주지 않았다. 사실 농부의 일과 생존은 자연의 힘에 의존했다. 작업 과정에서 그는 자연의 힘이 가진 권능·예측불가능성과 긴밀한 관계를 맺었다. 자연 앞에 선 왜소함과 무력함은 그에게 항상 명백했다. 자연 세계와 그 힘에 이처럼 밀접하고 의존적인 관계를 맺음으로써 남부 농본주의자들은 농부들이 더 미신적이고 종교적인 성향이 있다고 주장했다. 리틀이 「소농이 미국을 수호한다The

Small Farm Secures the State」라는 글에서 썼듯이 남부 농본주의자들은 종교적 믿음은 특정한 생산양식을 기초로 하고 있고, 자영농들에게 정부 공여 농지가 없다면 종교적 독실함은 위협을 받게 될 것이며, 미국이라는 공화국은 위험에 빠질 것이라고 믿었다.

참된 농부─그리고 올바른 사회가 참된 농부를 만들어낸다─는 결코 신에 대한 믿음을 상실하지 않는다. (⋯) 종교가 그 형체를 잃어버리고 취약해진다면, 이는 인간이 위대한 갈등의 주인공으로서 그 올바른 역할을 잊었거나 믿음을 상실했기 때문이다. 그는 자만심에 가득 차고 자연을 정복할 수 있을지도 모른다고 생각하게 된다. 훌륭한 농부는 이것이 말도 안 된다는 것을 안다. 그는 신비하고 강력한 존재*를 끊임없이 직접적으로 대면한다. 그는 이 존재를 이용할 수도 있지만, 그 자신의 의지와 욕망에 완전히 굴복시킬 수는 없다. 그는 소소한 성공만을 알고 있을 뿐이며 패배를 기억한다. 그러나 그는 계절마다 변하는 고도로 복잡한 의례들에 매우 깊게 관여되어 있기 때문에 (자연에 대해─옮긴이) 헛된 생각을 품거나 위험한 추측을 하지 않는다.[31]

남부 농본주의자들도 노예제 옹호자들처럼 종교적 독실함과 재산관계가 밀접하게 연관되어 있다는 점을 인지했다. 그들은 도덕적 행동의 원천은 종교에 있으며, 이는 교환가치·계산·구매·판매로 이루어진 시장적 관계의 억제를 필요로 한다고 믿었다. 시장에 의해 이루어진 관계

• 자연을 의미한다.

들이 사회적 삶의 다른 영역들에 나쁜 영향을 미치지 않도록 하기 위해 이러한 억제는 심지어 생산이 벌어지는 장소에서도 이루어져야 했다. 랜섬은 구약성서에 입각해 엄격한 종교로 복귀할 것을 호소했으며, 앨런 테이트는 현대 미국의 공허한 종교적 독실함과 싸우기 위해 새로운 대중 종교가 필요하다고 제안했다. 그러나 두 사상가들은 모두 이러한 문화적 기획이 정치경제의 근본적인 변화를 필요로 한다고 확신했다.[32]

남부 농본주의자들의 비판에서 또 다른 중요한 보수주의적 요소는 법인자본주의가 재산 소유자들을 사회공동체·관습·전통·지역의 위계질서들로부터 분리시켰다는 점이다. 법인기업의 사유재산은—비록 위계적이었지만—남부 농본주의자들이 보다 인격적이고 공동체 지향적이며, 사회적으로 안정적이라고 믿었던 옛 재산관계의 양식을 대체했다. 법인자본주의 시대에 농업은 매년 사업 수익성이 있는지 여부에만 관심이 있는 소유주들이 통제했다. 부재소유주들은 법인기업의 관리자들을 고용해 사업체의 일과를 경영하고, 노동자들이 작업규칙을 지키도록 관리하며, 사업이 확실하게 매년 더 많은 이윤을 산출하도록 만들었다. 그러한 체제하에서 생산적인 업체와 남부의 경제적·사회적 질서의 특징—상호의무를 지닌 소유주와 노동자 사이의 인격적 관계—은 힘을 잃었다. 소유주들은 사업 경영, 생산 과정, 작업현장에서의 관계, 사업체가 위치해 있는 공동체와 분리되어 있었다. 법인자본의 소유주들은 노블리스 오블리주라는 감성과 그들의 지위에 상응해 사회적으로 열등한 자들로부터 받았던 존경심을 잃었다. 남부 농본주의자들이 보기에 미국의 경제계와 정치계를 지배했던 거대 기업이라는 경제인은 옛 남부의 신사 농부gentlemen farmer* 또는 남부 농본주의의 자영농들에게는 낯선 사회적 책무와 윤리적 원칙 아래 활동했다. 랜섬과 남부 농본주의자들이 보았듯이 자본주의적 엘리트의 도덕적·윤리적 의무들은 보다 책임감 있는 지배계급의 그것과 매우 동떨어져 있었다. 실제로 그들 이전의 보수주의적인 자본주의 비판자들과 마찬가지로 남부 농본주의적 비판의 핵심적인 측면 가운데 하나는 자본주의하에서 지배계급의 타락이었다.

> 진정한 경제인은 법인기업이며, 여기서 다수의 소유주들은 유한책임을 지며 대리인들이 사업체를 최대한 효율적으로 운영하게 내버려둔다. 거대 기업과 유한책임하에서 노블리스 오블리주 정신은 사회를 지배하는 자들의 업무 관행에서 사라져버렸다. 그러한 정신이 의식 어디엔가 남아 있다 하더라도 가장 훌륭한 일을 해야 할 영역에서 제 역할을 해내지 못한다. 이는 오늘날 경제계에 그러한 정신이 더 이상 효과를 발휘하지 못하도록 고안된 기법이 존재하기 때문이다.[33]

생산관계에서 이러한 변화가 일어난 결과, 모든 사회적 관계는 고립된 개인들이 공개시장에서 수량화할 수 있는 가치로 교환을 하는 상품관계로 전환되었다. 어빙 배빗Irving Babbitt과 폴 엘머 모어Paul Elmer More와 같은 보수적인 신인문주의자들New Humanists 및 다른 전후 보수적 문화비평가들과는 달리, 역사학자 패트릭 알리트에 의하면 남부 농본주의자들은 "사회의 경제적 토대가 문화적 상부구조에 영향을 준다"

●   취미로 농사를 짓는 상류계급을 뜻한다.

고 믿었다.[34] 구체적으로 그들은 보수주의적 문화와 공동체는 오직 자영 농들의 농본주의적 경제체제가 지배적일 때에만 성립 가능하다고 주장 했다.

> 보통 사람들에게 진정한 결사체는 오직 농본주의적 공동체와 그 부가 물인 마을과 소도시 안에만 존재한다. 그것은 고정된 인구, 오래 알고 지낸 인연에 의존하며 (…) 도시는 필연적으로 이러한 결사체들의 감소 를 의미한다. 많은 사람과의 가볍고 덧없으며 형식적인 접촉은 오직 고 립감만을 키울 뿐이다.[35]

사람이 살아가고 일하는 토지형태의 사유재산은 도덕적 의무가 함양 되고 전통이 세대를 넘어 전달되는 토대였다. 자신의 토지를 소유하고 그곳에서 일하며 살아가는 자영농은 전통·문화·유산과 더불어 공동체 의 근원을 형성했다. 그는 자연환경, 지형, 그리고 그가 공동체를 발견하 고 장을 보러 다녔던 소규모 마을의 사정에 정통하게 된다. 전통과 관 습, 유산은 시간이 흘러도 거의 변하지 않으며, 선조들과 자신의 정체성 을 규정한다. 이러한 뿌리내림은 자신의 가족, 작은 토지, 소속된 공동체 의 안녕에 책임감을 갖게 만든다. 남부 농본주의자들은 전통주의적 보 수주의자들이 소중히 여겼던 감성들이 그러한 행동과 정서들을 육성하 는 고유의 경제구조에 기반을 둔다고 주장했다. 남부 농본주의자들 은―오늘날 다수의 보수주의자들과는 다른 방식으로―인간과 자연, 인간과 신, 인간과 인간 사이의 "올바른 관계들"을 만들어내려는 시도 에는 인간의 삶을 지탱하는 생산양식에 대한 비판적 탐구가 필요하다는 점을 이해했다. 이에 부응해 남부 농본주의자들은 보수주의적 인문 주의자, 전통주의자, 남부 문화의 옹호자들이 신인문주의자들처럼 경제 적 토대를 무시해서는 안 된다고 촉구했다. 배빗과 모어는 보수주의 정 치사상가이자 근대 문화와 예술 및 그 가치에 대해 매우 비판적인 문인 들이었다. 이들의 비판은 개인주의 · 평등 · 경제적 재분배 · 민주주의가 문명에 위협적이라는 내용을 포함했다. 그들은 자연적인 귀족정 개념을 부활시키고자 했다. 배빗에 의하면 이러한 귀족정의 지도력에 "서구 문 명의 생존 자체가 달려 있을지도 모를" 일이었다.[36] 남부 농본주의자들 은 현대 사회에 대한 신인문주의자들의 우려 가운데 일부를 공유했지 만, 그들은 배빗과 무어의 비판이 경제생활에 대한 분석을 결여하고 있 고 추상적이며, 따라서 부적절하다고 믿었다. 『나는 내 입장을 취하겠 소』의 서문이자, 12명의 남부 농본주의자 모두가 동의했던 「원칙에 대 한 선언」을 작성하면서 랜섬은 신인문주의자들의 추상적인 사변을 거 부했다. "우리는 현대 예술에 의문을 던지기에는 충분히 비판적이지만, 그것이 기반을 두고 있는 사회적 · 경제적 생활에 대해 의문을 제기할 정도 로는 충분하게 비판적이지 못한 어떤 취향의 기준을 채택함으로써 우 리 본연의 인간성을 회복할 수 없다."[37]

남부 자영농들의 농경적 생활양식은 이러한 "올바른 관계들"의 경제 적 기반이었으며, 이는 법인자본주의, 소비주의 문화와 금권주의적 엘 리트, 중앙집권화된 국가, 그리고 사회주의라는 위협적 존재의 침공에 대항하는 방어벽이었다.[38] 『나는 내 입장을 취하겠소』의 출간 이후 정식 화된 남부 농본주의자들의 정치경제적 강령은 보수주의적 농경사회의 경제적 기반을 수립하기 위한 급진적 조치들로 구성되어 있었다.[39] 도널드 데이비슨에 의하면 산업주의체제하에서 개인의 행위는 도덕적 행위에서 경제적 거래로 전환되었다. 데이비슨은 경제체제가 근대 산업체제로 발전하면서 모든 활동은 그 결과들로부터 동떨어지게 되었고, 이는 모든 것이 추상적 시장을 위해 생산되고 그 명령을 따르게 만든다고 설명했다. 이러한 경우에 개인들은 어떤 추상적인 것을 위해 생산하고, 많은 측면에서 그들 스스로 추상적인 존재들이 된다. 데이비슨은 그와 같은 생산관계가 개인의 도덕적 충동, 사회적 의지, 도덕적 선택을 앗아간다고 주장했다. 모든 것은 금전관계로 전환되며 "결국 인간은 심지어 자신에게 가까운 결과들에 대해서도 냉담해진다".[40] 이러한 비인격적 관계들은 가부장적인 관계를 가능하게 했던 자애로움과 공감의 의지를 근절시켰다. 라일 H. 래니어는 법인자본주의가 초래한 인간 소외의 문제에 대한 남부 농본주의자들의 비난을 다음과 같이 포착했다.

> 노예제 혹은 어떤 형태의 지배체제는 역사에서 두드러지는 사실 가운데 하나다. 오늘날 우리의 방식은 아마도 노골적인 소유권의 완전하고 잔인한 지배일 것인데, 이 지배형태에는 근대 산업의 변덕에 의존하여 살아가는 개인의 신체적인 행복에 대해서조차 어떤 책임감이란 것이 없기 때문이다.[41]

이러한 방식으로 남부 농본주의자들은 존 C. 칼훈, 제임스 헨리 하몬드, 조지 피츠휴, 그리고 노예제 옹호론자들이 펼친 가장 강력한 비판 가운데 하나를 다시 제기했다. 그들은 사적 소유와 인격적 관계들을 토대로 하지 않는 경제는 사회적으로 우월한 자들이 자비심을 보이고 열등한 자들은 복종해야 한다는 도덕적 의무감, 또는 남부 농본주의자들의 용어로 말하자면 "인간과 인간의 올바른 관계들"을 상실한다고 주장했다. 노예제 옹호론자들이 보기에 이러한 "올바른 관계들"은 노예제 경제에서 뿌리내리고 구현되었다. 노예제 옹호론자들은 아니었지만 남부 농본주의자들은 남북전쟁 이전 남부의 가부장적 관계들에 가치가 있다고 보았다. "사회 전체로 보았을 때 근대체제는 아마도 노예제보다 열등할 것이다. 계급들 간의 유대는 그리 긴밀하게 짜여 있지 않다. 고용주들은 법이 아닌 자신의 욕망에만 책임감을 느낀다"라고 테이트는 논했다.[42] 남부 농본주의자들은 옛 남부를 그리워했을지 모르나 그들은 그러한 복고가 가능하지도 바람직하지도 않다는 상식을 충분히 가지고 있었다.

명확한 것이 있다면 우리는 절대 과거로 돌아갈 수 없다는 점이다. 이 에세이도, 그리고 남부에서 내가 아는 한 그 어떤 현명한 사람도 옛 남부의 삶을 문자 그대로 복원하길—설령 그것이 가능할지라도—희망하지 않는다. 지나간 날들은 지나가버린 것이며, 행여 그러한 시간이 돌아온다고 하더라도 우리는 이를 용인하지 말아야 한다. 그러나 문명의 어떤 시대에서든 가치 있는 것들은 부상하기 마련이며, 이는 그 시대에 피어나는 꽃과 같다. 이 가치 있는 것들이 아직 살아서 숨 쉬고 있을 때 다른 시대가 도래했다고 이들을 포기하는 것은 오로지 바보 같은 짓일 뿐이다. (…) 한 지역에서 다른 지역으로, 모든 곳으로—그 정도는 각기 다르나—퍼져나가는 산업주의와 진보의 번드르르한 편협함, 잡음, 영향력에 남부가 우르르 휩쓸려가거나 자신의 특징을 팔아버

리는 것은 철없고 위험한 일이다.[43]

  남부 농본주의자들은 경제적 기초가 도덕성의 토대이며, 자본주의 경제는 기독교적 또는 도덕적 행동에 반대되는 체제라는 점에서 노예제 옹호론자들의 견해에 동의했다. 남부 농본주의자들에 의하면 전통 사회의 도덕성은 소유권과 통제권을 동일한 인물에게 귀속시키는 일정한 형태의 재산관계를 필요로 했다. 테이트에 의하면 이러한 재산관계는 "경제적 특권뿐만 아니라 도덕적 의무를, 권리만이 아니라 책임을, 물질적 안녕만이 아니라 도덕적 기준을" 구성했다.[44] 테이트와 남부 농본주의자들은 그러한 사회적·경제적 체계를 "전통 사회"라고 불렀다. 법인 산업자본주의는 경제적 활동 또는 "생계를 유지하는 일"을 도덕적 활동 또는 "삶의 방식"으로부터 단절시켰다.[45] 남부 농본주의자들의 이상향은 그들에게 영향받은 저명한 보수주의 사상가 리처드 위버가 훗날 "사회적 유대의 개인주의"라고 표명한 것이었다. 이는 가족·공동체·정치적 질서뿐만 아니라 자연의 웅장한 설계와 신성한 질서 속에서 개인이 각자의 자리를 차지하는 사회·경제체제의 산물이었다. 데이비슨의 표현에 의하면 그것은 경제적·사회적·정치적·문화적인 것이 상호의존하는 "통합된 삶"이었다. 테이트, 데이비슨과 나머지 남부 농본주의자들은 경제생활의 요구와 도덕적 삶이 일관되며 서로를 강화하는 정치경제를 원했다. 도덕적으로 통합된 삶을 회복하기 위해서는 재산관계의 급진적인 재조직화가 필요했다. 테이트가 이해했듯이 "재산은 전통이 전수되는 구체적인 매개물이다".[46] 남부 농본주의자들이 옹호했던 농경재산의 급진적인 재분배는 보수주의적 도덕과 전통이 새롭게 태어나고 미래 세대에게 전수되는 올바른 경제적 관계로의 복귀를 뜻했다. 이렇게 남부 농본주의자들은 노예제 옹호론자들의 엘리트주의와 전사-귀족들이 말하는 (국가와 자본의— 옮긴이) 담합주의를 거부하고, 자영농을 부흥의 사회적 주체이자, 금권주의 및 좌파와 우파의 전체주의에 맞서는 방벽으로서 내세우는 새로운 보수주의적 담론을 구상해냈다.

보수적 위계: 포퓰리스트 스타일의 남부 농본주의자들

남부 농본주의자들의 전망은 비자본주의적인 경제계급의 경제적·정치적·사회적·문화적 우위를 복권하려는 시도였다. 자영농은 비자본주의적 경제계급이었는데, 이는 남부 농본주의자들이 환금작물 생산보다 자급자족을 위한 생산을 강조했기 때문이다.[47] 남부 농본주의자들에 의하면 시장을 위한 생산은 미국 농민들이 단일경작체제에 의존하게 만들었고, 이는 과잉생산, 농산물 가격의 붕괴, 그리고 파산으로 이어졌다. 실제로 1920년대 농업위기에서부터 제2차 세계대전까지 미국 농민들이 경제적으로 회복하는 데 실패했던 이유는 제1차 세계대전 이후 유럽의 농업부문이 회복되면서 뒤이어 옥수수와 면화 가격이 하락했고, 아울러 캐나다, 호주, 아르헨티나, 브라질 산 농산물이 국제 시장을 휩쓸었기 때문이었다.[48] 융자금과 대출을 상환하기 위해 미국의 소농들은 더 많은 작물을 심었으며, 이는 1920년대와 1930년대 내내 시장을 포화 상태로 만들고 농산물 가격을 곤두박질치게 만들었다. 본질적으로 미국 농민들은 시장의 명령에 종속되었으며, 시장의 부침은 농민의 경제적 안정을 보장해주지 못했다. 남부의 농본주의적인 자영농공화국은 그러한 시장 변동과는 현저하게 대조적인 안정적이고 경제적으로 독립적인 농민계급에 의지했다. 그리하여 남부 농본주의자들은 자본주의적 국제시장을 위한 생산을 강조하는 자본주의적 경제관에서 벗어나 가족농과 지역공동체가 필요로 하는 소비량에 의거해 생산을 제한하는 체제를 대안으로 옹호했다. 농본주의적인 자영농의 이상향은 상품 세계에서의 일상생활의 의미와 시장에서의 상품 교환에서 시장관계가 차지하는 비중이 축소되는 세계를 가정하고 있었다.

　보수주의자이자 남부의 옹호자인 남부 농본주의자들은 노동운동과 인민전선Popular Front 내부의 급진파들, 그리고 1930년대 초반 스코츠보로 소년들 사건Scottsboro boys•에서 공산당을 지지하는 그룹이 법적 변호에 나선 사례들을 보면서 하층계급의 프롤레타리아화와 공산주의 이데올로기가 미국인들을 사로잡고 있다며 매우 두려워했다.[49] 남부 농본주의자들은 정치적 중앙집권화가 공산주의의 전조라고 우려했지만, 그들은 소유 문제와 경제학에 있어서 자유지상주의적인 반국가주의자도 아니었다. 1920년대와 1930년대 미국 경제는 대규모 법인기업이 지배했으며, 남부 농본주의자들은 국가와 더불어 이를 사유재산에 대한 위협이라고 보았다. 자영농의 재산이 박탈당하고 법인기업으로 경제력

•　1931년 흑인 소년 9명이 앨라배마 주를 지나던 화물열차 안에서 백인 남성들과 싸움을 벌이다 보안관들에게 붙잡혔는데, 같이 있던 백인 여성 2명이 흑인 소년들에게 성폭행을 당했다고 거짓 진술을 하면서 사형 및 종신형을 선고받은 사건이다. 당시 재판에 참여했던 배심원들은 전원 백인이었고, 사건 발생 15일, 재판이 시작된 지 4일 만에 명확한 증거 없이 사형이 선고되자 인종차별 논란이 일었다. 미국 공산당이 변호에 나서고, 전미 유색인종지위향상협의회National Association for the Advancement of Colored People, NAACP와 함께 무죄석방운동을 벌이면서 이 사건은 전국적 인종차별주의 반대 캠페인의 도화선이 된다.

이 집중되면서 테이트가 "미국을 지배하는 2000개의 법인기업 우두머리들"이라고 묘사했던 금권주의적인 법인자본가계급의 수중에 정치권력이 집중되는 결과가 발생했다.[50] 8명의 남부 농본주의자들— 허버트 아거Herbert Agar, 영국 분배론자들English Distributists, 가톨릭 농본주의자들— 이 출간한『누가 미국을 소유하는가』라는 에세이 모음집에서 라일 래니어는 법인기업이 "미국의 민주주의를 위협하는 경제적 파시즘의 도구"이며, 남부 농본주의자들이 피하고자 했던 "공산주의 또는 파시즘을 필연적으로 야기한다"라고 논했다.[51] 농본주의자들이 보기에 사유재산은 자유로운 시민에게 필수적이었다. 프랭크 오슬리가 「민주주의의 토대들The Foundations of Democracy」에서 논했듯이 "생계를 유지하는 데 충분한 생산적 재산의 소유와 관리는 한 남성과 그의 가족에게 경제적 안정감을 주었다. 이는 그를 독립적으로 만들어주었다. 자신의 투표권을 어떤 두려움 없이 행사하고 자기 정부의 기본 원칙들을 보호할 수 있었기 때문에 그는 진정한 시민이었다".[52] 그러나 농본주의자들은 모든 사유재산이 정부의 규제 범위 바깥에 있다고 생각하지 않았다. 사실 자영농의 이상향에는 사유재산의 영속성을 보증하는 정부의 중요한 역할이 전제되어 있었다.

남부 농본주의자들은 남부와 그 주민들이 북부의 금융업과 법인자본주의로부터 착취당하고 억압받는다고 주장했다. "새로운 남부"라는 교리를 전파하는 남부의 대리인들은 이러한 착취와 억압을 거들었다. "새로운 남부"라는 아이디어는 1870년대 이래로 유포되어왔다. 재건기 이후 일부 남부 엘리트들은 오랜 기간 농업 플랜테이션 경제에 기초해 이어져온 지역의 경제적 저발전을 탈피하려고 노력했다. 그 방식은 북부와 비슷한 대안적인 발전 모델을 구축하는 일이었으며, 자본주의적 산업발전·도시화·전국적인 시장으로의 철저한 통합에 기반을 두었다. 이는 남부의 사업체들을 위한 경제적 조건을 형성하는 것뿐만 아니라, 경제적 근대화의 주체로서 북부 기업들의 남부 진출을 환영한다는 것을 의미했다.[53]

비록 20세기에도 남부는 여전히 미국에서 가장 빈곤하고 경제적으로 저발전된 지역이었지만 점차 도시화가 진전되고 농업에 대한 의존도 줄어갔다. 은행과 보험회사들은 소규모 농장 지대를 구입해 대규모 농장과 결합시켰고, 북부 도시의 법인기업 본사들은 거대한 기업식 영농을 경영했다. 남부 농본주의자들의 관점에서 보았을 때 자본주의적인 금권주의 엘리트들을 만들어내고 보수주의적인 공화국의 경제적 토대를 파괴하는 것은 바로 이러한 법인자본주의체제의 현실이었다.[54] 그들은 개혁을 위한 구체적인 단계들을 제시함으로써 사태를 변화시키고, "새로운 남부"라는 사상에 입각해 지역을 변모시키려는 시도를 저지하기로 결정했다. 남부 농본주의자들의 정치적·경제적 강령은 사유재산권에 대한 침해를 주장했다는 측면에서 보수적인 경제적 자유방임주의에서 이탈했다. 그들의 강령은 1935년 출간된 오슬리의 글 「농본주의의 기둥들Pillars of Agrarianism」에서 가장 명확하게 표현되었는데, 여기서 그는 "20세기 강도남작들robber barrons *"은 "몰락하고 문명화되어야"한다고 주장했다.[55] 그는 정부가 거대 기업들을 해체하고 부재지주, 보험회

---

* 19세기 미국에서 과점·불공정 행위·카르텔 형성·정치적 결탁 등 부정한 사업 방식을 통해 산업을 지배하고 거대한 부를 축적한 사업가 또는 은행가를 경멸적으로 일컫는 말이다.

사, 그리고 그들이 생산적으로 사용할 수 있는 것 이상의 땅을 소유한 지주들로부터 토지를 사들여야 한다고 촉구했다. 오슬리는 정부가 구매한 이후 이 재산은 즉각 재분배되어야 하며, 자격을 갖춘 사람들에게는 80에이커의 땅과 함께 "견고하게 지은 통나무집과 외양간 (…) 20에이커의 목초지 (…) 2마리의 노새와 2마리의 젖소, 그리고 (…) 1년에 300달러의 생활비"를 지급해야 한다고 제안했다.[56]

기업들이 소유한 토지를 전용하고 재분배하려는 그들의 계획은 급진적인 것처럼 보이지만, 남부 농본주의자들은 명백히 급진적 평등주의자가 아니었다. 사실 농본주의자들의 계획에는 그들의 보수적인 본성을 드러내는 몇 가지 특징이 있었다. 이 계획은 남부의 계급적 위계나 인종적 관계들에 이의를 제기하지 않았다. 오슬리는 농장주와 대농가가 자신들의 토지를 여전히 지켜낼 수 있을 것이며, 땅 한 뙈기를 가질 자격이 모든 사람에게 있지는 않으므로 농장주와 대농가들은 "여전히 그들의 감독 아래 열심히 일할 충분한 소작인들을 보유하게 될 것"이라고 장담했다.[57] 토지 재분배 혜택에서 배제되는 이들 가운데에는 흑인 소작인과 농업 임금노동자들이 있었다. 남부 농본주의자들은 (남부의 짐 크로법Jim Crow laws*에서 전형적으로 드러나듯) 이들이 "토지를 어떻게 경작하는지 알고 있고, 가축과 소를 소유한 진정으로 책임감 있는 농민들"이라는 사실을 입증하는 데 실패했다고 믿었다. 마찬가지로 "가축을 소유하지 않고, 정원도 가꾸지 않으며, 닭도 기르지 않고, 아마도 많은 경우 가난

• 짐 크로법은 1876년부터 1965년까지 미국에서 주 혹은 지방 단위로 시행된 법령과 규정이다. 대표적으로 '분리하되 평등하다'는 원리에 따라 공공기관이 인종 분리와 차별을 합법적으로 시행하는 근거로 사용되었다. 이는 아프리카계 미국인에 대한 투표권 박탈, 교육 및 취업 기회의 제한을 낳았다.

한 백인 빈곤층이라고 묘사하는 게 정확할" 하층계급 백인 소작농들 역시 토지 재분배 혜택에서 배제당했다. 그 결과 남부 농본주의자들의 강령에서 주로 이익을 보는 사람들은 오슬리가 남부의 다수자들이라고 여겼던 "품격 있는 백인 소작농"들이었다. 이들은 "가축과 소를 소유하고, 정원과 텃밭을 가꾸"며 "한때 남부의 자영농 계층에 속했던" 사람들을 의미했다.[58]

이처럼 토지 재분배 방식과 관련된 농본주의자들의 계급적 한계는 그들이 농본주의라는 상표를 붙인 포퓰리즘을 대단히 보수주의적으로 만들었다는 데서 분명히 드러난다. 그들의 방식은 분명히 평등주의적인 강령이 아니었으며, 남부의 인종적·계급적 상황을 무너뜨리려고도 하지 않았다. 1930년대 중반 이후 기계화가 남부 농업에 침투하기 시작했지만, 중요한 점은 노동력이 매우 풍부하고 저렴했기 때문에 대부분의 농사일은 여전히 인간 노동에 의해 수행되었다는 사실이다. 실제로 조나단 위너Jonathan Wiener가 말했듯이 남부 농업은 제2차 세계대전—높은 농업 임금으로 인해 지주들이 트랙터와 여타의 농기계들에 투자를 할 수밖에 없었던—까지 아프리카계 미국인과 가난한 백인들의 강제노동에 여전히 의존적이었다. 그 이전까지 남부 향촌은 농업노동자들이 경제적·법적으로 토지소유주들에게 묶여 있는, 위너의 표현에 의하면 "노동 억압적인 농업체제"였다. 이러한 체제에는 소작과 빚을 갚기 위한 노역, 주정부가 지역 지주들에게 임대해주는 죄수 노동, 부랑자 단속법, 이미 다른 고용주와 계약 상태에 있는 노동자에게 일자리를 제공하는 고용주는 범죄자가 되는 유인 처벌법, 타주의 노동력 모집원을 막는 이민자 중개법, 노동자들이 노동계약을 위반하면 범죄자가 되는 계약이

행법 등 다양한 법령들이 포함되어 있었다.[59]

부재지주가 소유한 자산의 재전유와 국가에 의한 재분배 이외에 오슬리는 자영농의 재산을 보호하기 위해 정부가 기업식 영농으로부터, 그리고 토지를 소유하지 못한 빈민들의 수중으로 토지가 들어가지 못하도록 미래 세대를 위해 토지를 지켜내야 한다고 주장했다. 이에 부응해 남부 농본주의자들은 재산, 특히 농지 사용 및 이전과 관련해 중대한 규제들을 옹호했다. 오슬리가 제안했듯이 남부 농본주의자들은 토지를 담보로 설정하고 투기적으로 매각하며, 부동산업자나 보험회사·은행에 판매하는 일을 금지하는 여러 규제 조치들에 찬성했다.[60] 게다가 만약 토지소유주가 자신의 토지를 적절히 관리하지 못하면—"배수가 잘 안 되거나, 계단식으로 잘 구획되어 있지 않거나, 단일작물 재배 농지이거나, 또는 풀을 깎지 않고 내버려두는 경우"—그럴듯한 경고장을 보내 토지를 압류할 수 있었으며, 국가에 귀속시켜 다른 "자격이 있는 가족"에게 줄 수도 있었다.[61] 짐작컨대 이러한 조건은 자신들의 토지가 압류되어 보다 부유한 소유주 또는—비록 여전히 자영농이지만—더욱 "자격이 있는" 소유주에게 이전되는 사태를 조만간 보게 될지 모를, 가장 빈곤한 토지소유주들에게 부정적인 영향을 미쳤을 것이다. 오슬리가 스스로 진술했듯이 이러한 강령은 "이론적으로 왕 또는 국가가 엄청난 규모의 토지에 권리를 가졌던 봉건적 토지보유제의 변형된 형태"를 의미했다.[62]

남부 농본주의자들의 사고가 진화하고 경제·사회정책이 보다 구체화되자 그룹 내에 균열이 발생했다. 1932년과 1936년 대통령 선거에서 대부분의 남부 농본주의자들은 공화당의 알프레드 M. 랜던Alfread M.

Landon보다 민주당의 프랭클린 델라노 루스벨트를 지지했다. 테이트는
『뉴리퍼블릭New Republic』 기사에서 농본주의자들의 정서를 정확하게
담아냈다.

> 나는 루스벨트에게 한 표를 던질 것이다. (…) 루스벨트 대통령의 정책
> 중에서 내 마음에 드는 건 별로 없지만, 그는 위기가 존재한다는 사실
> 을 인지해왔고, 두 번째 임기에서는 최소한 그가 더욱 강건하고 일관된
> 토대 위에서 특권과 거대 기업들에 맞설 가능성이 높다고 본다. 만약
> 랜던이 당선된다면 그는 금융자본주의의 좋았던 옛 시절로 복귀하려
> 는 노력들을 펼쳐 유혈 혁명을 야기할 것이다. 만약 내가 공산주의자라
> 면 나는 랜던에게 투표해야 한다고 생각했을 것이다.[63]

　루스벨트의 개혁적 전망에 거대 기업의 해체나 정부의 분권화 혹은
가족농을 자영농으로 복권시키는 과제가 포함되어 있지 않다는 점이
명백해지자, 루스벨트에 대한 농본주의자들의 미약했던 지지는 곧 흔들
렸다. 그러나 농본주의자들은 반국가주의자들이 아니었다. 위에서 언급
된 조치들에 덧붙여 남부 농본주의자들은 공공시설의 공적 소유, 법인
기업에 고율의 과세 부과, 기업에 대한 정부 규제, 수정헌법 제14조에
의거해 법인에 제공되는 법적 보호* 폐지를 지지했다.[64] 루스벨트의 정
책이 경제력의 분권화를 낳았을 때 남부 농본주의자들은 그를 지지했
다. 그러나 루스벨트의 정책 의도와 효과가 권력의 집중에 ― 특히 기업

•　　법인의 인격성을 인정함으로써 법인기업의 사유재산을 보호하는 데 기여했던 조항을 말한다.

문제에 관련된—관한 것이 되자 남부 농본주의자들은 감당하기 어려운 비판자들로 남게 되었다.

그들은 부유세에 대한 누진적 세제 개혁에 반대했는데, 이는 그들이 누진적인 과세구조에 반대했기 때문이 아니라 이러한 세제 개혁이 충분히 누진적이지 않았기 때문이다.[65] 일부 농본주의자들은 테네시강유역개발공사Tennessee Valley Authority, TVA와 같은 사업, 향촌 지역 전력 공급, 도로나 학교 건설처럼 공공사업 계획을 지지했다.[66] 그렇지만 이러한 조치들에 대한 지지가 보편적이지는 않았다. 농본주의자들이 그러한 조치들에 반대했을 때 이는 보다 현대적인 보수주의자들이나 할 만한 주장처럼 그들이 억압적인 국가를 두려워했기 때문이 아니었다. 대신에 그들의 반대는 미국의 북동부가 남부를 예속시킬지 모른다는 분파적인 우려에 바탕을 두고 있었다. 더욱 중요하게 그들의 반대는 법인자본주의가 국가를 이용해 훨씬 더 강력해질 것이라는 우려에 뿌리를 두고 있었다. 전형적인 농본주의적 입장에서 뉴딜을 비판한 래니어는 "산업 공정에 대한 정부 규제와 정치권력의 중앙집권화—진정한 사회주의적 경향들과는 거리가 먼—는 정부기관들이 산업적 이익에 따라 비교적 쉽게 통제되기 때문에 경제적 지배의 가능성이 더욱 커질 수 있다"고 주장했다.[67]

남부 농본주의자들은 생산을 제한하고 농산물 가격을 상승시켜 농업 위기와 미국 향촌 인구의 빈곤을 해결하고자 했던 루스벨트의 농업조정법The Agricultural Adjustment Act, AAA(1933)(이하 AAA)에 반대했다. 그러나 대농장 소유주와 기업농은 소규모 농가, 소작농, 소작인들보다 많은 혜택을 받았다. 이러한 대규모 사업체들은 작물 생산량을 대규모로 감소시켜 더 많은 보상금을 받을 수 있었기 때문이다. 이론상 토지소유주들은 AAA를 통해 받은 보상금을 경작 비중에 따라 소작인들과 나눠가져야 했다. 그러나 실제로 토지소유주들은 소작인들과 계약 맺기를 거부했고, 그들을 농장에서 쫓아내 보상금 지불 문제에서 자유로워질 수 있었다. 대신에 토지소유주들은 필요할 때 소작인들을 임금노동자로 고용했다. 그리하여 위너가 언급했듯이 1935년에서 1940년 사이 남부 소작인의 수는 20% 감소했으며, 임금노동자의 수는 50% 증가했다.[68] 프랜시스 폭스 피번Frances Fox Piven이 지적했듯 남부 농업의 근대화는 또한 남부의 인종적 계급제도에 광범위한 경제적·인구적·정치적 파문을 불러일으켰다.[69] 농업 부문의 고용 기회가 축소되면서 아프리카계 미국인들은 남부 도시들로 이주하기 시작했고, 특히 제2차 세계대전 중, 그리고 이후에는 전시산업 공장에서 일하기 위해 북부로 이주했다. 짐 크로법과 인종차별이 여전히 존재했지만 이 지역들은 더 많은 사회적·경제적·정치적 기회가 주어진 곳이었다. 민권운동의 주체들—다수의 민권운동 지도자들이 배출된 도시 지역의 흑인 중산층—은 대개 쫓겨난 소작인들과 지방의 노동자들과는 거의 관련이 없는 세대였다.[70]

남부적 삶의 방식에 대한 옹호와 경제적 근대화—그것이 자본주의, 국가 또는 그 두 가지 모두에 의한 것이든—에 대한 반대로 남부 농본주의자들은 인종주의와 인종분리 문제에 직면하지 않을 수 없었다. 인종 문제는 남부의 모든 제도와 관계에 스며들어 있었고, 그리하여 스스로를 남부의 지지자라고 자임하는 사상가들은 이를 간과할 수 없었다. 남부는 아프리카계 미국인들의 참정권을 박탈하고 괴롭히며, 폭행을 가하고 공포에 떨게 만드는 인종차별적 분리를 특징으로 한 사회였다. 이는 남부 전역에서 많은 흑인 소작인들을 유사 노예 상태로 만들었고 흑인들과 많은 가난한 백인들의 빈곤을 영속화했다. 남부 농본주의자들의 대안은 여기에 이의를 제기하지 않았다. 앞서 언급했듯이 사실 그들의 대안을 자세히 살펴보면 이는 계급적 위계와 미국 내 인종차별적 분리 체제를 보존하고 강화하려는 시도였다. 데이비슨이 진술했듯이 "흑인 문제에 대한 남부의 견해는 (…) 인종분리, 사회적 평등의 부재, 그리고 아마도 오랜 시간 동안 이어질 경제적 예속화를 의미한다".[71] 데이비슨과 다른 남부 농본주의자들의 농본주의가 당시 미국의 경제적 현 상태에 대해 어떤 이야기를 했건, 거기에는 당시의 인종차별 상황을 바꾸려는 의도가 없었다. 사실 남부 농본주의자들의 농본주의적 전망은 이를 강화하겠다는 의미였다.

인종과 인종분리에 대한 남부 농본주의자들의 견해는 다양했으나 대부분은 온건한 인종분리 옹호론과 노골적인 인종주의 사이에 있었다. 랜섬은 노예제가 이론상으로는 끔찍하지만 실제로는 그렇지 않다고 주장했으며, 노예제 옹호론자들이 과거에 논했듯이 노예제가 보다 인간적이며 덜 노동 착취적이라고까지 주장했다.[72] 테이트와 오슬리는 흑인들이 오히려 노예제 시절에 대우를 더 잘 받았다고 믿었다.[73] 로버트 펜 워런은 보다 온건한 입장을 취했다. 그는 남부 농본주의자들로부터 일찍이 이탈해 더 이상 농본주의에 관련된 글을 쓰지 않았고, 흑인들이 법 앞에 동등하게 보호받아야 한다고 호소했다. 하지만 그는 백인과 흑인 간의 인종 갈등을 방지하기 위한 최선의 해법은 인종분리라는 주장에 동의했다. 『나는 내 입장을 취하겠소』에 실린 「해결하기 어려운 문제The Briar Patch」라는 제목의 글에서 온건한 인종분리자인 워런은 늘 그렇듯 흑인들의 동등한 권리를 옹호하는 일이 인종 간의 갈등을 초래한다고 주장했다. 그는 훗날 이러한 입장을 후회했으며 결국에는 자신의 견해를 철회했다.

테이트, 데이비슨, 오슬리의 인종주의는 보다 노골적이었다. 그들은 아프리카계 미국인을 인종적으로 열등하고, 식인종보다 별로 나을 것이 없으며, 통치를 받아야 할 존재로 묘사했다. 그러므로 백인과의 사회적·정치적 평등은 논할 필요가 없는 문제였으며, 이는 오직 인종 간의 전쟁과 사회적 무질서를 야기할 뿐이었다.[74] 오슬리는 심지어 흑인들을 통제하기 위한 필수적인 조치로 폭력행위를 옹호했다.[75] 데이비슨은 KKK단Ku Klux Klan을 미화했고, 테네시백인시민협회Tennessee White Citizens Council의 핵심 인물이었으며, 남부의 정체성을 인종분리와 인종적 순수성의 유지와 결부시켰다. 데이비슨이 "인종 문제"라고 부른 남부의 인종차별적 분리정책은 남부의 본질적인 특징이었으며 "남부 사람들"을 단결시키는 유일한 쟁점이었다.

> 백인들의 남부는 흑인들이 백인 사회에 동등하게 참여하는 것을 거부한다. 이는 단지 흑인들이 평등함을 누릴 자격이 없다고 생각하기 때문이 아니다. (흑인과 백인의—옮긴이) 사회적 교제는 점차 생물학적 교제로 이어질 것이 확실하고, 현 세대와 후대를 위해 반드시 이를 막아야 하기 때문이다.[76]

남부 농본주의자들은 인종주의·인종분리·인종적 테러를 본질적 특징으로 하는 남부라는 실제적인 역사적 공동체를 옹호하고 있었다. 따라서 데이비슨이 보기에 두 인종으로 구성된 사회인 남부에서 사회적·법적·정치적 평등—그가 생각하기에는 오직 동질적인 사회에서만 가능했던—으로 정의되는 민주주의는 불가능할뿐더러 바람직하지 못했다.

대부분의 남부 농본주의자들이 결국에는 인종과 인종분리에 대한 이러한 입장을 철회했지만, 데이비슨과 오슬리는 1960년대에도 줄곧 헌신적인 인종차별주의자와 분리주의자로 남아 있었다. 두 사람은 흑인들의 민권을 북부가 남부의 내부 문제에 강압적으로 부과한 부담이라고 여겼다. 마찬가지로 그들은 경제적 근대화가 지방 향촌의 토지보유권을 변질시키고, 인종 억압 기능을 수행하는 수단이자 그 결과이기도 한 노동규율체제를 바꿔놓았기 때문에 짐 크로법과 남부의 인종적 위계가 결국 전복될 것이라고 믿었다.[77] 이러한 믿음은 잘못되었지만 이례적이지는 않았다.

남부 농본주의자들은 인종 전체에서 인간성을 말살하고, 그들의 자유와 재산, 그리고 많은 경우 생명을 강탈했던, 그리하여 결국 자영농이라는 남부 농본주의자들의 전망을 약화시킨 인종주의적 위계체제의 옹호자들로 이해해야 한다. 토지를 소규모 농가들에 재분배한다는 농본주의적 계획은 아프리카계 미국인들에게 지지를 받았을 것이다. 왜냐하면 이는 최소한 재건기 이후부터 오랜 동안 추구해온 흑인들의 토지 소유라는 목표를 달성해줄 것이기 때문이다. 북부로의 대이주 Great Migration North가 시작되기 이전인 1930년대에 대부분의 아프리카계 미국인들은 여전히 남부의 향촌 지역에 살고 있었다. 또한 데이비슨이 한때 스스로 고백했듯이 향촌의 흑인들은 농본주의적 전망이 말하는 문화와 전통주의를 체현했다. 그는 "근대 교육에 의해 이단으로 타락하기 전까지 흑인들은 가장 전통적인 남부인이었다. 그들은 한때 거의 모든 남부인들이 한목소리로 천명했던 특성들을 충실하고 사랑스럽게 비춰주는 거울이다"라고 적었다.[78] 역사학자 에밀리 S. 빙햄Emily S. Bingham과 토머스 A. 언더우드Thomas A. Underwood가 지적했듯이 "농본주의자들 대부분은 흑인을 공화국의 완전한 시민이라고 생각하기를 거부했을 뿐만 아니라 지각이 있는 존재라고도 거의 생각하지 않았다. 그들이 흑인 소작농들의 삶을 개선시킬 방안을 제시했을 때조차 그 목적은 인종적으로 분리된 사회를 보존하는 데 있었다".[79]

남부 농본주의자들에게 뉴딜 시기 연방정부의 성장은 정치적 기득권층이 남부의 인종적 위계에 위협이 된다고 여겼던 경제적 근대화를 지지함을 의미했다. 농본주의자들, 특히 데이비슨과 오슬리는 마침내 "남부적 삶의 방식"을 지켜낼 통치구조를 생각해냈다. 두 사람은 모두 지방주의와 주의 권리들을 지지하는 인물이었다. 데이비슨은 현재의 연방주의체제는 지나치게 많은 권력을 연방정부에 집중시켰기 때문에 실패작이라고 주장했다. 나아가 법인자본주의와 북부의 인종문제 급진파들이 이 권력을 이용해 남부를 예속시키려 한다고 보았다. 오슬리와 데이비슨, 이 두 분리주의자는 남북전쟁과 재건기에 뒤이은 남부의 군사적 점령과 이후의 관세제도 등 연방정부의 경제정책뿐 아니라 훗날 "새로운 남부"의 주창자들이 제안한 근대화 계획을 거론하면서, 이 모든 것들로 인해 남부는 북부 자본과 산업의 식민지 영토에 지나지 않게 될 것이라고 믿었다. 아주 오랫 동안 그들은 남부 기업과 정부에 자리 잡은 북동부 자본의 대리인들이 남부와 다른 지역들을 착취하고 강탈하며 억압한다고 주장했다. 두 사람은 모두 미국 헌법이 여기에 일정 부분 책임이 있다고 믿었다.

데이비슨과 오슬리는 칼훈의 공동다수결제와 남북전쟁 이전 남부 무효론자들Southern nullifiers*로부터 영감을 받아 현 연방구조의 대안으로 지역주의를 옹호했다.[80] 오슬리와 데이비슨의 지역주의는 미국을 입법 지역과 행정 지역으로 나누고, 연방정부의 국내 권력 대부분을 지역정부에 이양하는 아이디어를 포함했다. 여기에는 경제개발, 과세, 그리고 무역과 관세 등의 관련 쟁점들을 무효화할 수 있는 권한이 포함되어 있었다. 미 연방하원은 폐지되고 오직 연방상원만이 존재하며, 상원의원들은 주가 아니라 지역 단위로 선출되고 이를 대표할 것이다. 연방대법원 판사들은 지역정부가 임명하며, 각 지역은 동등하게 대표될 것이다. 이처럼 미국 헌법에 대한 근본적인 부정을 옹호하면서, 오슬리와 데이비슨은 각 지역이 문화적·사회적·경제적·정치적으로 상이하기 때문에 지역체제가 다양성을 유지하고 자치정부의 민주주의 원리를 보존하는 데 적합하다고 주장했다. 그러나 지역의 자율성과 자치정부라는 요구의 표면 아래에는 무엇보다도 남부의 특징을 규정했던 인종차별적 분리와 억압이라는 비민주적이고 비인간적인 체제가 자리를 잡고 있었다.

남부 농본주의자들은 자신들이 보기에 자유방임주의와 법인자본주의보다 인간적이며 도덕적인 삶에 부합하는 자영농의 전통과 문화를 부흥시키고자 했다. 그들은 남부의 문화와 전통, 편견을 장려하고 옹호하는 사람들이었는데, 이는 그들이 미국 내 다른 어떤 지역보다 남부가

• 1832~1933년 사우스캐롤라이나 주는 연방의 관세법이 위헌적이라고 주장하며 주 내에서 이 법이 유효하지 않다고 선언했다. 남부 무효론자들은 이 선언을 주도한 그룹이었다.

과거 미국 자영농들의 경제적·사회적·정치적·문화적 요소들을 구현하고 있다고 믿었기 때문이다.

이러한 정신에 입각해 남부 농본주의자들은 1920년대와 1930년대에 법인자본주의에 대한 선견지명이 있는 비판을 제시했다. 자급자족적인 자영농의 공동체라는 그들의 대안은 당시 현존했던 자본주의로부터 크게 벗어나는 구상이었다. 실제로 그들의 대안은 자본주의의 팽창과 경제적·사회적 삶의 상품화를 중단시키는 것뿐만 아니라 이를 후퇴시키는 것이었다. 남부 농본주의자들의 대안은 급진적으로 보일 수도 있으나 사실은 보수적이었다. 그것은 매우 편협하고 위계적이며, 궁극적으로 미국의 정치 지형에서 급격히 사라지고 있던 사회적 토대를 전제로 하고 있었다. 그들이 구상했던 전망, 즉 개인들이 경제적 안정과 공동체 속에서 진정한 정치적 주권을 누리며 살아가는 인간적이고 비착취적인 사회체제는 향촌의 백인 중산층에게만 한정되었다. 결국 그들의 전망은 백인 중산층과 상층계급 토지소유자들을 격상시키는 계급구조를 유지하고, 남부의 아프리카계 흑인들을 일상적으로 공포에 떨게 만들며 비인간화하는 인종주의적 체제를 보호하는 것이었다.

자본주의에 대해 비판적이었던 보수주의 전통에서 남부 농본주의자들은 자본주의체제에 대한 대안과 근본적인 비판을 마지막으로 제기했던 집단이다. 전쟁과 제국을 통해 정치적 부흥을 모색했던 브룩스 아담스와 시어도어 루스벨트와는 대조적으로, 남부 농본주의자들은 평범하고 매일 반복되는 일상을 영위하는 남부 자영농들의 삶에서 부흥을 모색했다. 아담스와 루스벨트와 마찬가지로 남부 농본주의자들은 자유방임 자본주의와 파시즘, 그리고 사회주의와 공산주의를 거부했다. 그들은 자신들의 대안이 다른 선택지들, 특히 사회주의와 공산주의를 저지하는 일이라고 분명하게 말했다. 비록 원칙적으로 반국가주의자들은 아니었지만, 남부 농본주의자들은 아담스와 루스벨트가 옹호했던 정치적·경제적 권력의 집중과 중앙집권화에 거부감을 가졌으며 경제적·정치적 제도의 분권화를 선호했다.

남부 농본주의는 결코 대중적인 정치운동이 아니었으며 단명한 지적 운동에 불과했다. 1930년대 후반에 이르러 이 집단은 해체되었다. 반유대주의자이자 파시스트이며, 남부 농본주의자들이 대대적으로 글을 기고했던 『아메리칸 리뷰American Review』의 발행인이었던 시워드 콜린스Seward Collins와 남부 농본주의자들의 협력은 그들의 평판과 신뢰성을 손상시켰다.[81] 데이비슨은—자신은 파시스트가 아니었지만—콜린스와 거리를 두지 않았던 반면, 랜섬과 테이트는 콜린스와 절연하고 파시즘을 거부했다. 그러나 이 시기에 이르러 데이비슨을 제외한 모든 이들은 정치적 강령으로서의 농본주의를 거부했다. 미국에서 일어난 정치적·경제적 전환으로 인해 의기소침해진 이들은 시와 문학, 문예 비평을 쓰는 일로 돌아갔다.[82]

그러나 남부 농본주의자들은 20세기 미국 보수주의 사상에 중대한 영향을 미쳤다.[83] 남북전쟁 이전의 노예제 옹호론자들과 마찬가지로 그들의 자본주의 비판은 종교적 신념과 전통을 특징으로 하는 사회질서는 자본주의에 대한 급진적인 구조조정을 필요로 한다는 인식이었다. 종교에 대한 남부 농본주의자들의 강조와 중앙집권화된 권력, 근본 없는 개인주의·소비주의·물질주의에 대한 반발은 남부의 전통과 유산, 문화에 대한 옹호—바꿔 말해 자본주의에 대한 독특한 문화적 비판—와 함께 많은 전통주의적 보수주의자들에게 영감의 원천이 되었다. 이들 가운데에는 리처드 위버와 러셀 커크, M. E. 브래드포드와 같은 신농본주의자들, 토머스 플레밍Thomas Fleming과 새뮤얼 프랜시스Samuel Francis 같은 고보수주의자들이 있다.[84] 세계대전 이후의 시대에 커크는 남부 농본주의자들의 반산업주의를 부활시켰으며, 프랜시스의 사상은 소비주의와 상품화를 남부의 문화와 유산을 무너뜨리는 파괴자라고 비난했던 농본주의자들의 비판을 되풀이했다. 그러나 폴 V. 머피Paul V. Murphy가 『역사의 문책The Rebuke of History』에서 입증했듯 훗날 이러한 보수주의자들은 남부 농본주의자들의 견해를 왜곡했다. 특히 위버와 데이비슨은 남부 농본주의자들의 사상을 재구성해 전후 시기의 전통주의적 보수주의에 끼워 맞췄다. 이러한 전통주의적 보수주의는 보수적 사회질서의 운영 요소인 사유재산, 사회적 위계, 전통 문화와 가치, 종교적 신실함, 반공주의에 기반을 두고 사회와의 유대관계를 강조하는 반국가주의적 개인주의를 특권화하는 사상이었다.[85] 산업주의와 정도는 덜하지만 경제적 중앙집중화에 대한 남부 농본주의자들의 비판은 전후 전통주의적 보수주의 서사에서 자기 자리를 찾았다. 전형적인 전후 전통주의자인 위버는 산업주의·법인자본주의·금권주의적 엘리트·소비주의 문화에 비판적이었다. 1950년대까지 그는 법인·산업자본주의에 대한 보수주의적 대안으로 농본주의를 지속적으로 옹호했다. 그러나 남부 농본주의자들과 달리 그는 어떠한 구체적인 경제적 개혁 시도에도 반대했다.[86] 결국에 가서 그는 자본주의를 물질적 풍요와 안락을 "가져다주는 전달자"로서 받아들였다.[87]

위버의 사상을 제외하고 대부분의 전후 보수주의 사상에는 농본주의자들의 사상에서 핵심적인 요소들이 결여되어 있었다. 그중에서 가장 눈에 띄는 점은 농본주의자들의 사회적·문화적 보수주의의 토대인 자본주의에 대한 농본주의적 비판, 그리고 경제생활에서 국가의 역할에 대한 농본주의자들의 다소 복잡한 견해들이 빠져 있다는 사실이다. 남부 농본주의자들이 분권화론자이자 암묵적으로 경제적 자유지상주의자였다는 주장은 그들의 사상을 왜곡한다. 이러한 재해석은 급진적인 경제 강령에 토대를 두었던 남부 농본주의자들의 사상을 사회적·도덕적 전통주의로 탈바꿈시켜 사회적·문화적 비판을 경제적 비판과 그 정치적 결과들로부터 분리시킨다. 그러나 이러한 재해석은 남부 농본주의자들의 사상을 제2차 세계대전 이후 보수주의 지적 운동의 구미에 더욱 맞게 만들어주었다. 냉전이라는 정치경제적 환경에서 보수주의의 지적 운동은 자본주의를 수용하고 최소한 담론상으로 반개입주의적 입장을 취하게 되었다.

남부 농본주의자들은 쓸모없는 사람들이 아니었다. 1970년대 이후 보수주의의 인기가 높아지고, 주로 미국 남부와 중서부에 분포한 유권자세력이 포퓰리즘을 수사적으로 수용하면서 역사적으로 남부에서 발현되었던 보수주의적 급진주의에 대한 관심이 다시 일어났다. 실제로 농본주의가 없었다면 오늘날 많은 고보수주의자들의 사상은 남부 농본주의자들의 사상과 유사했을 것이다. 그러나 하나의 집단으로서 남부 농본주의자들은―20세기 보수주의자들 가운데 유일하게―미국 보수주의 내부에서 자본주의와 전통주의 사이의 중대한 긴장에 정면으로 맞섰다. 그들은 자본주의를 (국가에 의한 통제를 포함해) 대대적으로 통제해야 한다는 주장을 통해 이를 해결했다. 남부 농본주의자들과 자본주의에 대한 전후 보수주의 비판자들—다음 장에서 살펴볼 피터 비에렉, 러셀 커크, 로버트 니스벳—사이에는 논조뿐 아니라 내용에서도 극적인 전환이 있었다. 이 두 가지 전환의 핵심은 보수주의자들이 현대 사회의 문제를 어떻게 규정했는가, 그리고 누가 혹은 무엇이 그들이 제기하는 비판의 대상이었는가이다. 첫째, 남부 농본주의자들은 전통적 노선에 따라 문화를 개혁하려면 사회의 경제적 토대가 바뀌어야 한다고 믿었다. 둘째, 남부 농본주의자들의 비판에서 주요 관심사는 자본주의였다. 국가에 대한 비판은 부차적이었으며, 국가에 대한 그들 비판의 대부분은 금권주의, 국가가 지원하는 경제적 근대화·중앙집중화에 대한 그들의 공포를 배경으로 삼고 있었다. 남부 농본주의자들의 사상에서 핵심적이었던 이 두 가지 요소는 전후 보수주의의 지적 담론에서 간과되었다. 의심할 여지 없이 전후 시대에 뉴딜과 냉전은 보수주의자들이 자본주의와 국가, 그리고 이들과 미국 보수주의의 관계를 사고하는 방식에 영향을 주었다.

CONSERVATIVES AGAINST CAPITALISM

4장

새로운 보수주의자들:

냉전과 정통 보수주의의 탄생

"인간은 자유롭게 태어났으나"(루소는 인간의 자연적 선함에 대한 신념을 담아 이렇게 말했다) "도처에서 사슬에 묶여 있다." 사슬에 묶여 있기에, 그는—사려 깊은 보수주의자들에게 응수하며—전통과 역사적 연속성에 뿌리를 둔, 선하고 현명하며 필요한, 시민적 자유가 의존하는 사슬을 옹호해야 했을 것이다. (…) 혼란을 방지하고, 무의식을 제약하는 Id-chaining 뿌리 깊은 가치들의 유산이 없다면, 인간이 아이히만Eichmann*이나 네차예프Nechayev**가 되도록 방지하는 일—즉 자유를 "자유"로부터 지켜내는 것은 무엇이란 말인가?

피터 비에렉, 『보수주의에 대한 재고찰 Conservatism Revisited』

• 오토 아돌프 아이히만Otto Adolf Eichmann은 제2차 세계대전 당시 나치 정권하에서 유대인을 대량 학살한 홀로코스트의 실무 책임자였다.

•• 세르게이 겐나디예비치 네차예프Sergey Gennadiyevich Nechayev는 19세기 후반 러시아의 혁명가로 '혁명을 위해서는 어떠한 수단과 방법도 가리지 않는다'라는 원칙을 강조한 인물로 알려져 있다.

제2차 세계대전 이후의 시대는 미국 보수주의에서 중요한 순간이었다. 전사-귀족과 남부 농본주의자 같은 20세기 보수주의자들은 전쟁 이전에 자유방임 자본주의에 대해 다양한 비판과 대안들을 제시했다. 이 두 가지 대안에서 국가는 경제생활에서 적극적인 역할을 수행했다. 그들의 차이에도 불구하고 전사-귀족과 남부 농본주의자들의 변형된 보수주의는 자신들의 보수주의적 전망이 경제적 자유방임주의와 반국가주의를 옹호하는 보수주의자들과 대립한다는 견해를 공유했다. 실제로 자본주의에 비판적이었던 전사-귀족 및 남부 농본주의자들의 보수주의는 하나의 타당한 "보수주의적" 입장이었으며 냉전 이전까지는 이례적인 보수주의 담론이 아니었다.

냉전은 보수주의자들이 자본주의에 대해 이야기할 수 있는 방식과 그들을 여전히 "보수주의자"라고 부를 수 있는 방식을 극적으로 바꿔놓았다. 제2차 세계대전 이후에도 자본주의에 대한 보수주의적 비판은 보수주의 담론 안에 여전히 존재했지만, 이는 실제 존재하는 자본주의에 대한 비판이라기보다 정치적 우파들 사이에서 통용되기 시작했던 하나의 이념적 구성물로서 자유방임 자본주의에 대한 비판이었다. 전후 보수주의적 자본주의 비판자인 피터 비에렉, 러셀 커크, 로버트 니스벳은 보수주의가 경제적 자유와 분방한 개인주의를 우선시하고 다른 가치들을 희생해 무제한적인 부의 축적을 용납하는 것에 불과하다는, 당시 대중이 가지고 있던 통념에서 벗어나 보수주의를 재정의하고자 했다. 그들이 보기에 보수주의는 일련의 다양한 원칙과 가치, 전통들―규제되지 않는 개인주의를 제지할 수 있는― 을 기반으로 삼고 있었다. 이들은 이러한 규제 없는 개인주의가 자유와 자본주의를 파괴하고 전체주의를 야기할 수 있다고 믿었다. 허버트 스펜서와 윌리엄 그레이엄 섬너가 자유방임 자본주의를 옹호했던 것과 완전히 달리 그들은 에드먼드 버크의 보수주의와 그것이 강조하는 전통·점진적 변화·신중함·경험·종교의 복원을 추구했다.[1] 비에렉은 "윌리엄 그레이엄 섬너의 자본주의 학파가 이야기하는 변증론은 오래되거나, 혹은 미국적 전통의 한 부분에 뿌리내리고 있지도 않으며, 오히려 비교적 최근인 남북전쟁 이후 도금시대의 산물이다"라고 적었다.[1] 커크가 주장했듯 전통적 보수주의자들은 "새로운 산업적이고 탐욕적인 이익이 보수주의적 이익이며, 보수주의는 단지 사유재산의 방대한 축적을 옹호하기 위한 정치적 논변에 불과하고, 팽창·집중·축적이 보수주의의 교리라는 [미국 내에서의] 인상"에서 벗어나려고 노력했다.[2] 더욱이 비에렉은 생각이 비슷한 사상가들에게 "보수주의를 잘못된―오로지 경제에만 관심을 쏟는― 보수주의

자들로부터 떼어놓아야" 한다고 호소했다.[3]

전후 보수주의적 비판자들은 자본주의를 지나친 자유방임 자본주의로부터 구해내려 했던 시어도어 루스벨트의 목표와 보수적인 시민사회의 전통적 제도들을 보존하려는 남부 농본주의자들의 우려를 결합했다. 뉴딜의 보수주의와 관련해 보수주의적 비판자들 간에 상당한 의견상의 불일치—비에렉이 지적하듯이—가 있었지만 커크, 니스벳, 비에렉은 모두 자유로운 사회와 자본주의를 가능하게 만든 사람들의 행위에 가치를 부여하고, 필요한 규제를 가했던 전통적 제도들의 기능과 권위를 높이 평가했다. 자본주의를 비판한 전후 보수주의적 비판자들이 보기에 시장은 국가나 그 자체의 경제적 논리보다 가족·교회·지역공동체와 이들의 관습에 종속되어야만 했다.

질서·전통적 가치·제도에 대한 전후 보수주의자들의 강조는 남부 농본주의자들의 견해와 유사해 보이지만 그들 사이에는 중대한 차이점이 있었다. 가장 중요한 차이는 이전 장에서 논했던 남부 농본주의자들 특유의 남부적이고 분권적인 경제 강령이었다. 전후 보수주의자들은 남부적 지향을 가지고 있지 않았으며, 이러한 강령을 경계했다. 대신에 그들은 보수적 가치와 원칙을 명확히 밝히는 데 더욱 초점을 맞추었다. 커크의 '보수주의자들을 위한 강령Program for Conservatives'조차 보다 포괄적인 보수주의적 전망을 채택했으며, 구체적인 정치적·경제적 정책 처방은 빈약했다.[4] 남부 농본주의자들의 전망과 이를 시행하는 데 필요한 강령은 자본주의 경제에 개입하는 정부의 중요한 역할을 개척해냈다. 남부 농본주의자들처럼 전후 보수주의자들 역시 전통적인 제도들이 복원되어야 한다고 믿었으며 이는 그들이 폭넓게 동의했던 바였다. 전후 보수주의자들이 남부 농본주의자들과 견해를 달리하고 서로 간에도 의견이 갈라진 지점은 이러한 복원 프로젝트에서 자유주의적 복지국가가 차지하는 역할이었다.

냉전으로 전후 보수주의자들은 다른 무엇보다 공산주의의 확산을 우려하게 되었고, 그들의 사상은 자본주의와 자본가에서 국가에 초점을 맞추는 방향으로 신속하게 재설정되었다. 냉전의 반공주의는 미국의 사회적·문화적·정치적 생활의 많은 부분을 구조화했다. 실제로 자본주의 또는 자유시장은 자유 및 민주주의와 이데올로기적으로 결합되어 있으므로 반공주의의 이데올로기적 영향은 분명히 강조할만하다. 경제체제에 대한 비판이 종종 비미국적인 정신 또는 공산주의에 대한 동조와 동일시되었기 때문에 자본주의 비판을 위해 허용된 담론적 공간은 극도로 협소해졌다. 그 결과 자유 및 민주주의와 자본주의의 결합, 그리고 반공주의가 전후 시대 미국의 보수주의를 정의하게 되었다.[5] 실제로 규제된 복지국가 자본주의와 소수 인종 및 민족들의 민권에 대한 관심으로 구성된 20세기 자유주의는 공산주의의 초기 단계와 동일하다고 간주되었다.[6]

냉전이라는 상황에서 한때 활발했던 자본주의에 대한 비판은 보수주의자들이 자본주의와 화해하기 시작하자 온건해지고 중요하지 않아졌다. 틀림 없이 전후 보수주의자들은 지속적으로 자본주의를 비판했지만, 그들의 비판은 더 이상 경제체제의 내막을 문제 삼지 않았다. 오히려 이들은 자본가들을 사회 변동의 주체로서 탈정치화했으며, 그리하여 냉전 이전 보수주의적 비판의 핵심 요소였던 금권정치에 대한 비판은 폐기되었다. 또한 그들은 미국 정치경제에 대한 관심을 자유주의적 복지국가로만 거의 국한시켜 재설정했다. 이로써 그들은 시어도어 루스벨트가 처방책으로 제시하고, 비에렉이 뉴딜을 보수주의적으로 옹호하며 계승해온 경제적 국가주의에 대한 보수주의적 방어 논변을 중요하지 않은 것으로 만들었다.[7] 이러한 담론의 이행 과정에서 보수주의자들은 뉴라이트New Right와 신보수주의자들의 사상에 등장할, 경제적 자유방임주의와 자유주의적 복지국가에 맞선 "보수주의적" 대안의 이론적 토대를 다졌다. 제2차 세계대전 이후 20년간 진행되었던 미국 정치경제에 대한 보수주의적 서사의 이러한 패러다임적 전환은 국가·경제·시민사회 사이의 복잡한 관계를 다루는 보수주의적 사고를 바꾸어놓았다.

제2차 세계대전이 종결된 지 얼마 지나지 않아 추축국들•을 격퇴했던 소련과 미국의 동맹은 두 나라가 각자의 경제체제와 정치체제를 채택할 세력권을 개척해나가자 무너지기 시작했다. 동유럽이 소련의 영향권 아래 놓이고 이탈리아, 프랑스, 그리스에서 공산주의자들이 권력을 장악할 조짐을 보이기까지는 오랜 시간이 걸리지 않았다. 전쟁 이후 5년도 지나지 않아 중국의 공산주의자 마오쩌둥Mao Zedong은 미국과 동맹 관계였던 우익 민족주의자들을 장제스Chiang Kai-shek의 지배하에 있던 대만으로 추방했다. 그리고 미국은 한국에서 공산주의 확산에 맞서는 피비린내 나는 대리전 한가운데 있었다. 아시아와 아프리카의 민족주의적 지도자들— 인도, 베트남, 알제리, 가나를 포함해 — 은 제2차 세계대전으로 인해 쇠락해진 유럽의 제국주의 열강들에 맞서 민족해방투쟁을

• 제2차 세계대전 당시 독일, 이탈리아, 일본을 중심으로 연합군(영국, 프랑스, 소련, 미국, 중국)에 맞섰던 국가들을 지칭한다.

시작했다. 미국의 냉전 반공주의 외교정책 또한 순전히 방어적이지만은 않았다. 미국은 자신의 지도력 아래 전 지구적 자본주의 시장을 확장하는 데 전념했다. 핵심은 미군의 전 세계적 주둔, 마셜 플랜과 브레튼우즈 체제, 거대한 미국 소비자 시장에 대한 외국인들의 접근 확대를 통해 유럽을 재건하는 일이었다.[8] 전후 미국 정치는 증대하는 이윤에 대한 미국 자본가들의 관심, 실업과 지난날 자본과 노동의 폭력적인 투쟁을 피하려는 국내 정치 지도자들의 관심, 대외정책 주류세력의 국제적 반공주의 집착이 서로 연결되어 있었다.[9]

1991년 소련이 붕괴하기까지 대략 50여 년간 반공주의는 미국 대외정책과 국내정책의 중대한 특징이었다. 국내 전선에서, 특히 제2차 세계대전 이후 20년 동안 감지된 공산주의의 위협은 노동조합, 시민운동단체, 엔터테인먼트 산업, 정부가 기소한 급진주의자들의 숙청을 정당화하는 데 이용되었다. 수많은 사람들의 삶이 공산주의자들과 연관되어 있거나 동조했다는 단순한 혐의만으로 조셉 매카시Joseph McCarthy(위스콘신 주) 상원의원과 비미국조사위원회House Un-American Committee의 비호 아래 펼쳐진 대중 전시용 재판을 거쳐 파괴당했다. 공산주의에 대한 공포는 방위산업·고속도로 시스템·우주 프로그램·공립 고등교육에 대한 대규모 공적 투자뿐 아니라, 충성 서약과 핵 공격 대피훈련─핵 공격 상황에 대비해 어린학생들이 책상 아래로 몸을 숨기는─과 같은 공적 행사들을 낳았다.

보수적이든 자유주의적이든 전후 지식인들이 보기에 시장은 자유주의 복지국가에 종속되었으며, 경영혁명은 사회의 구조를 빚어내는 힘이었다.[10] 뉴딜 복지국가와 결합된 규제된 법인자본주의 경제는 생활수준을 향상시키고 상대적으로 국내를 평화롭고 안정되게 만들었으며, 혹은 그렇게 했다고 여겨졌다. 자유주의자들이 전후 질서를 대체로 긍정적인 발전으로 바라보았던 반면, 보수주의자들은 연방정부라는 "리바이어던"*의 성장을 우려했다.

제2차 세계대전 이전에 프랭클린 루스벨트 대통령은 뉴딜하에 중요한 사회적·경제적 프로그램을 창설했다. 이 가운데에는 사회보장, 실업급여, 부양아동가족부조Aid to Families with Dependent Children, AFDC, 향촌 전력화 및 인프라 건설, 그리고 농가, 은행, 산업생산에 대한 규제와 더불어 법인기업을 대상으로 한 엄청난 양의 공공보조금 지급이 있었다. 와그너법은 노동자들이 노동조합을 조직하고 단체협상을 맺을 권리를 부여했으며, 이는 노동조합 가입자가 증가하는 데 유리한 법적 환경을 조성했다. 그러나 1938년에 이르러 더 이상의 개혁은 공화당과 남부 민주당 세력 사이의 반反뉴딜 연합에 의해 저지되었으며, 미국은 다시 공황에 빠졌다. 이후 실업 문제는 전시 동원으로 곧 해결되었는데, 이는 전쟁에서 승리하기 위해 추진된 정부의 유례없는 팽창을 통해 이루어졌다. 자유주의자들과 진보주의자들은 전쟁과 동원 해제 이후에 연방정부가 빈곤, 실업, 경제적 불평등 문제를 다룰 것이라고 확신했다. 실제로 루스벨트 대통령은 이러한 희망을 1944년 연두교서에서 제시한바 있다. 여기서 그는 사회적 지위와 인종 혹은 신념에 관계없이 고용될 권리, 온당한 임금과 제대로 된 주택, 적절한 의료보호, 모두에게 유용한

• 『구약성서』「욥기」에 나오는 괴물로서, 인간의 힘으로 대적하기 어려운 거대한 존재를 지칭한다. 17세기 철학자 토머스 홉스의 저작 『리바이어던Leviathan』 이래로 이는—거대화되는—국가를 비유하는 표현으로 사용된다.

교육을 보장하겠다는 "두 번째 권리장전"의 윤곽을 그려냈다.[11] 그러나 1945년 루스벨트가 사망하고 전후에 정부 각 층에서 보수주의가 득세하면서 그의 약속은 실현되지 못했다.

린든 B. 존슨Lyndon B. Johnson 대통령이 "위대한 사회" 기획에 착수한 1960년대 중반까지 연방정부는 제대군인원호법GI Bill — 교외화와 고등교육의 성장을 보조했던 — 을 포함해 국방과 관련되지 않은 새로운 주요 프로그램들을 기피했다. 그러나 군비 지출은 전후 시기 내내 초당파적 지지를 받았으며,[12] 이는 상당 부분 직접·간접 고용을 책임졌던 남부와 서부에 요긴했다.[13] 경제사가 리처드 B. 두보프Richard B. Duboff가 주장하듯 군사 케인스주의 또는 수요를 촉진시키기 위한 방위사업 관련 정부 지출은, 제2차 세계대전과 한국 전쟁의 종결에 따른 동원 해제와 이후 수십 년에 걸쳐 완전 고용을 유지하고 경기 침체를 피하기 위한 편리한 정치적 수단이었다.[14] 대규모 정부 지출, 단체 임금 인상 협상을 할 수 있는 조직노동의 힘, 그리고 결정적으로 전쟁의 폐허에서 탈출한 유일한 주요 경제권으로서 미국이 누린 비교우위 덕택에 신화적인 미국 중산층은 기하급수적으로 성장했다. 종종 미국 자본주의의 "황금기"라고 간주되는 1945~1970년대 중반에 빈곤은 감소하고, 노동자들의 소득은 증가했으며, 경제적 불평등은 대폭 줄어들었다.[15] 이러한 전후체제는 두 정당 모두가 대체로 용인했다. 로버트 A. 태프트Robert A. Taft의 지도 아래 공화당이 의회를 제어하고, 공화당 대통령 드와이트 D. 아이젠하워Dwight D. Eisenhower가 8년간 재임을 했어도 뉴딜의 주요 성과들은 뒤집어지지 않았다.

냉전이라는 상황에서 보수주의자들은 거대한 부의 집중 혹은 보수적 사회질서에 대한 자본주의의 위협보다 국가의 성장과 조직노동의 힘을 더 깊이 우려하게 되었다. 과거에 이러한 쟁점들은 보수주의자들 사이에서조차 사소한 것이었다. 그러나 1950년대에 이르러 다수의 전후 보수주의자들은 뉴딜 자유주의와 공산주의 사이에 "공동의 대의"가 있다고 믿었다.[16] 전후 자유주의적 질서를 반전시킨 보수주의자들의 선거운동이 일어나기까지 아직 수십 년이 남아 있었지만, 이러한 운동에 영향을 준 보수주의 사상들은 1940년대 후반과 1950년대 비에렉, 커크, 니스벳과 다른 이들 사이에서 구체화되었다.[17]

이후 내가 논할 그들 간의 차이점에도 불구하고 현대 사회에 대한 보수주의자들의 비판에서 핵심은 복지국가를 뒷받침하고 있는 자유주의 사상, 특히 인간의 진보와 성선설에 대한 믿음이 전통적 문화와 제도에 분명하게 드러난, 실재하는 가치와 계급 및 사회적 위계라는 초월적 질서에 도전했기 때문에 전체주의가 야기되었다는 그들의 신념이었다. 게다가 보수주의 전통에서 전후 사상가들은 "원죄", 즉 불평등과 위계는 자연적이고 정당하며 필수적이고, 전통적 제도는 "구제할 수 없는 결함이 있는" 인간의 본성을 억제시켜 인간이 사회 속에서 타인들과 함께 살아갈 수 있게 만드는 수단이라는 믿음에 찬동했다. 커크와 니스벳은 뉴딜이 지역적 위계의 권위와 기능을 약화시키고, 권력의 소재지를 중앙집권화된 국가로 이전시켰기 때문에 혁명이라고 주장했다. 전후 시대에 이처럼 중앙집권화된 국가는 노동자들의 요구를, 이후에는 지배와 통제의 전통적 위계에 도전하는 인종적 소수자들의 요구를 보다 잘 수용하는 것처럼 보였다. 전통적 위계의 약화를 정치적으로 가장 분명하게 보여주는 사건은 민권과 주의 권한을 두고 벌어진 싸움이었다. 보수주의 사상가들은 시민사회의 지역적 위계와 연방정부 사이의 관계가 대대적으로 재조정됨으로써 지나치게 많은 권력이 중앙집권화된 국가, 그리고 지역적 통제의 위계와 지역의 문화 및 전통의 결속에서 자유로워진 개인들에게 집중되었다고 믿었다. 전후 보수주의자들은 이러한 흐름을 홀로코스트와 소련의 노동교화소를 만들어낸 20세기 전체주의와 직접 연결 지었다.

하지만 모든 전후 보수주의자들이 보수주의 "융합"의 창시자 프랭크 메이어나 보수주의 잡지 『내셔널 리뷰』의 창간자이자 편집자인 윌리엄 F. 버클리 주니어처럼 뉴딜이 보수주의 주류를 파괴하는 전체주의적 힘이라고 생각하지는 않았다.[18] 보수주의 지식인 집단 내부에서 아우구스트 헥셔, 클린턴 로시터, 그리고 특히 피터 비에렉은 지나치게 강력한 국가라는 동료들의 묵시론적인 예언에 반대했다. 제2차 세계대전이 종결된 후 거의 20년 동안 비에렉과 로시터는 경제적 자유방임주의에 대한 비판적 성향을 유지하면서 뉴딜에 내재한 보수주의를 옹호했다.[19] 『보수주의에 대한 재고찰』을 집필하면서 비에렉은 "보수주의는 규제되지 않는 자본주의의 원자론적 분열과 현대 사회주의의 관료제적인 기계적 통일성에 맞서는 두 개의 전선에서 싸운다"라고 선언하며 이러한 정서를 전형적으로 보여주었다.[20] 내가 이후에 설명하듯이 비에렉의 보수주의는 1950년대 『내셔널 리뷰』의 편집인들을 중심으로 형성되기 시작한 보수주의 운동권movement conservatism*의 이데올로기적 지향과 곧바로 갈라섰다. 이후 그의 "이단적" 입지로 인해 프랭크 메이어는 비에렉을 보수주의 운동에서 쫓아냈다.[21]

피터 비에렉(1916~2006)은 퓰리처상을 받은 시인이자 러시아 역사 전문가이며, 마운트홀리요크 대학교Mount Holyoke College의 명예교수이자 "새로운 보수주의를 자기의식을 갖춘 지성적 세력으로 만든"『보수주의에 대한 재고찰』을 저술한 정치사상가이다.[22] 실제로 조지 내쉬는 부활한 보수주의 운동에 "이름을 붙이고" 이를 "대중화한" 비에렉의 공로를 인정했다. 2006년 비에렉이 사망하기 얼마 전에 퓰리처상 수상 작가이자 잡지『뉴요커New Yorker』의 기고자인 톰 레이스Tom Reiss는 비에렉이 과거지향적인 남부 농본주의자들과 자유연맹의 경제적 자유지상주의로부터 스스로를 구별하고자 했던 초기 "새로운 보수주의" 운동에 "영감을 주었지만 동시에 이를 지켜내지 못했다"라고 지적했다.[23] 그의 보수주의는 개혁은 허용했지만 민주주의의 과잉은 억제했던, 보수주의와 자유주의의 미국식 종합에 담긴 보수적인 귀족적 본성을 강조했다. 비에렉의『보수주의에 대한 재고찰』(1949)은 전후 보수주의에 관한 최초의 성명서 가운데 하나였다. 이 책은 20세기 복지국가의 자유주의, 그리고 20세기 보수주의―고전적 자유주의와 크게 다르지 않았던― 와도 확연히 구별되는 합리적인 보수주의적 입장이라고 환영을 받았다. 그러나 1950년대 중반에 이르러 부분적으로는 매카시즘에 대한 비에렉의 비판과 뉴딜의 보수주의에 대한 그의 지지 때문에 비에렉과 다른 전후 보수주의 사상가들 사이의 입장 차이는 더욱 커져갔다. 러셀 커크는 비에렉을 "매카시에 대항하는 매카시즘"이라고 비판했으며, 윌무어 켄달Willmoore Kendall과 같은 보수주의 정치철학자는 비에렉이 "모든

• 역사학자 조지 H. 내쉬는 융합론을 기반으로 형성된 미국 보수주의 세력의 연합을 '보수주의 운동권'이라는 용어로 묘사했다. 자세한 내용은 Nash, G. H.(1976), Nash, *The Conservative Intellectual Movement in America Since 1945*를 참조하라.

사안에 대해 자유주의자들에게 동의한다"면 과연 그를 보수주의자라고
할 수 있는지라며 의문을 제기했다.[24] 『보수주의에 대한 재고찰』과 더불
어 비에렉의 중요한 정치적 소책자로는 『메타정치학Metapolitics』(1941),
『지식인들의 수치와 영광Shame and Glory of the Intellectuals』(1953), 『순응
하지 않는 인간The Unadjusted Man』(1956), 그리고 보수주의의 역사를 다
룬 『보수주의: 존 애덤스에서 처칠까지Conservatism: From Johan Adams to
Churchill』(1953)가 있다. 덧붙여 이 저서들에서는 비에렉의 많은 에세이
도 찾아볼 수 있다.

러셀 커크(1918~1994)는 스코틀랜드의 세인트앤드류스 대학교University of St. Andrews에서 수학했으며 그곳에서 에드먼드 버크의 사상에 몰
두했다. 그는 『내셔널 리뷰』(1955)와 전통주의 저널인 『모던에이지Modern Age』(1957)를 창간했고, 헤리티지재단Heritage Foundation의 특임연구
위원으로 근무했으며, 1964년 배리 골드워터Barry Goldwater 대통령 후
보를 지지하며 융합론을 둘러싸고 메이어와 논쟁을 벌였다. 그 당시 다
른 많은 보수주의자들과 마찬가지로 그는 보수주의 "운동권"이 되었다.
하지만 그는 전체주의에 물들어가는 국가와 공산주의에 맞선 보수주의
자들과 자유지상주의자들의 공통된 반대를 넘어서 전통적 보수주
의―자신이 가장 중요한 주창자였던―는 자유지상주의자들과 아무런
공통점이 없다고 일관되게 믿었다. 신랄한 비판적 기사에서 커크는 다
음과 같이 썼다.

그리하여 사안들의 본성상 보수주의자와 자유지상주의자는 결코 우호
적인 협정을 맺을 수 없다. 보수주의자들은 사회주의자들과 타협할 뜻

이 없다. 하지만 그러한 동맹은 아무리 터무니없을지라도 보수주의자와 자유지상주의자들 사이의 연합보다는 대체로 상상 가능하다. 사회주의자들은 적어도 어떤 일정한 도덕적 질서가 존재한다고 분명하게 말한다. 하지만 자유지상주의자들은 정말 근본이 없다. 미국 보수주의자들이 자유지상주의자라고 불리는 비뚤어진 나부랭이들과 전적으로 절연하는 일은 실로 매우 중요하다.[25]

비에렉과 마찬가지로 커크는 "진정한" 보수주의의 전통을 경제적 자유방임주의를 우선시하는 보수주의와 떨어트려놓고자 했다. 1953년에 초판이 출간된 커크의 『보수의 정신The Conservative Mind』은 20세기 보수주의에서 가장 영향력 있는 저서 가운데 하나로 평가받는다. 커크의 부고 기사에서 『뉴욕 타임스』는 이 책을 "보수주의 운동의 지적 성경"[26]이라고 불렀으며, 커크는 이 책을 통해 버크에서부터 존 애덤스, 새뮤얼 테일러 콜리지Samuel Taylor Coleridge, 존 랜돌프John Randolph, 존 C. 칼훈, 벤저민 디즈레일리, 브룩스 아담스, 폴 엘머 무어로 이어지는 영미권 보수주의의 지적 전통을 확립하고자 했다. 커크의 서술에서 보수주의는 초월적 질서에 대한 믿음, 전통과 오랜 관습에 대한 신뢰, 질서와 계급의 필요성에 대한 믿음, 사적 소유, 신중함, 그리고 인간 세계의 "다양성과 신비로움"을 포함하는 몇 개의 원칙들로 정의되었다. 이러한 원칙들은 "사회 계획" 또는 "사회공학"을 통해 세계를 "개선"하려는 자유주의자들과 급진주의자들의 기획이 대단히 의심스러운 시도라는 점을 보수주의자들에게 납득시켜야 했다.

보수주의의 원칙들을 명확하게 규정했지만 보수주의 전통에 관한 커크의 본보기들은 다양했다. 케빈 맷슨Kevin Mattson이 지적하듯 커크의 보수주의 전통에는 다양한 원칙과 정책 처방에 따라 움직였던 사상가와 정치가들의 융합이 포함되었다. 커크의 전통에는 맷슨이 논하듯 "분권화보다 국가 통합을 위해 싸웠던 연방주의자들, 그리고 국가 통합보다 주의 권리와 지역정부를 위해 싸웠던 남부인들이 망라되어 있었다".[27] 실제로 커크는 뉴딜을 낳은 정부의 중앙집권화에 착수했다는 이유로 보수주의자들로부터 오랜 기간 미움을 받아온 우드로 윌슨에 대해서도 호의적으로 기술했다.[28] 특히 『보수의 정신』이 서술하는 보수주의 전통에서 제외된 인물은 사회다원주의자 허버트 스펜서와 윌리엄 그레이엄 섬너 등 경제적 자유방임주의의 주요 사상가들이었다.[29]

커크는 다작을 하는 저자였으며, 30권의 책과 수천 편의 정치적·사회적 논평을 썼다. 『보수의 정신』이외에 다른 주요 정치 저작들로는 『보수주의자들을 위한 강령A Program for Conservatives』(1954), 『학문적 자유: 정의내리기Academic Freedom: An Essay in Definition』(1955), 『탐욕의 꿈을 넘어서Beyond the Dreams of Avarice』(1956), 『미국의 대의The American Cause』(1957), 『신중함의 정치Politics of Prudence』(1993)가 있다. 그러나 배리 골드워터와 로널드 레이건Ronald Reagan을 비롯해 그를 마땅히 다수의 보수주의자들에게 영감을 준 인물로 기억하게 만든 저작은 『보수의 정신』이다. 레이건은 커크를 "우리 사상의 너무나 많은 부분을 형성한 지적 지도자"라고 부르기까지 했다.[30]

로버트 A. 니스벳(1913~1996)은 에드먼드 버크, 알렉시스 드 토크빌, 에밀 뒤르켐Emile Durkheim으로부터 깊이 영향을 받은 보수주의적 사회학자였다. 그는 캘리포니아-버클리 대학교University of California at Berkeley와 컬럼비아 대학교Columbia University에서 교편을 잡았으며, 미국기업연구소American Enterprise Institute in Stanford의 상근연구원이자 캘리포니아에 있는 스탠포드 대학교 후버연구소Hoover Institution in Stanford의 연구원이었다. 니스벳 역시 다작을 하는 작가였으며, 수많은 기사와 12권 이상의 책을 출간했다. 이들 가운데에는 『전통과 반란: 역사학적 및 사회학적 논고들Tradition and Revolt: Historical and Sociological Essays』(1968), 『사회철학자들: 서구 사상에서 공동체와 갈등The Social Philosophers: Community and Conflict in Western Thought』(1973), 『진보 관념의 역사History of the Idea of Progress』(1980), 『선입견: 철학적 사전Prejudices: A Philosophical Dictionary』(1983), 『보수주의: 꿈과 현실Conservatism: Dream and Reality』(1986)이 있다. 1953년에 출간된 가장 영향력 있는 최초의 저작 『공동체를 향한 추구The Quest for Community』는 1962년에 『공동체와 권력Community & Power』이라는 제목으로 재출간되었다. 『공동체를 향한 추구』에서 처음 시작된 그의 평생에 걸친 작업은 공동체에 대한 인간의 욕구와 전통적인 "중재"기관 중요성에 초점을 맞추었다. 비에렉과 커크, 그리고 다른 보수주의자들과 마찬가지로 니스벳은 평등이 자유와 사회적 진취성에 위협이 된다고 믿었던 반평등주의적 인물이었다. 그는 자연적 불평등이 결과의 불평등을 낳는다고 믿었다.[31] 따라서 그는 인간 진보와 사회 계획에 대한 자유주의자들과 급진주의자들의 신념에 대단히 회의적이었으며, 국가가 전통적 제도에 가장 큰 위협이므로 개인적 자유에도 가장 위협적인 존재라고 생각했다. 반국가주의와 중재기관의 양성은 니스벳이 전개한 사상의 주요 기둥이었으며, "공동체주의적 전통주의자"로서 그의 명성은 이에 기초를 두고 있다.[32] 니스벳은 커크의

『보수의 정신』으로부터 큰 영향을 받았으며, 두 저자는 서로의 저작을 높이 평가하며 권장했다.[33] 『뉴욕 타임스』는 니스벳의 부고 기사에서 "그는 미국 우익의 지적 스승으로 불렸다"라고 적었다.[34] 니스벳의 전기를 집필한 브래드 로웰 스톤Brad Lowell Stone이 그의 사상은 "지난 수십 년간 사회 문제와 그 해법들에 대해 미국인들이 생각하고 말하는 방식을 건전하게 바꾸는 데 크게 기여했다"라고 지적한 바와 같이 그의 사상은 영향력이 있었다. 스톤은 이어서 뉴딜의 부양아동가족부조가 빌 클린턴Bill Clinton 대통령의 분권화된―주와 지역당국이 프로그램과 수급자에 대해 더 많은 재량을 갖게 된― 빈곤가정일시부조제도Temporary Assistance for Needy Families(1996)로 전환된 사례처럼 니스벳의 영향력은 공공정책에도 닿아 있을지 모른다.[35]

피터 비에렉: 뉴딜 보수주의

미국의 정치적 스펙트럼 전반에 걸쳐 1940년대와 1950년대 많은 정치적 저작들이 그러했듯이, 피터 비에렉의 정치적 저작들은 어떻게 전체주의가 유럽에서 등장하게 되었는지, 그리고 어떻게 전체주의가 미국에 뿌리내리지 못하도록 막을 수 있는지를 설명하는 데 초점이 맞추어져 있었다. 몇 가지 차이는 있지만 비에렉, 커크, 니스벳과 다른 전후 보수주의자들도 소련 공산주의의 부상과 나치즘의 일시적 승리에 대해 해명했다. 그들은 전체주의의 원천을 좌익 저술가들처럼 인민의 물질적 조건과 경제 또는 정치에서가 아니라 사상과 이데올로기의 영역에서 찾았다. 이러한 보수주의자들에게 가장 큰 비난의 대상은 당연히 계몽주의적 자유주의 사상가— 토머스 홉스Thomas Hobbes, 존 로크John Locke, 특히 장-자크 루소Jean-Jacque Rousseau — 였다.[36] 비에렉, 커크, 니스벳에 의하면 자유주의 사상가들은 합리적이고 자유로우며 평등하고 자기이익을 좇는 개인을 사회적·정치적 세계의 중심에 두었다. 그러나 그들의 자유는 종교를 기반으로 하는 우주의 질서에 자리 잡은 다양한 사회적·문화적·정치적·제도적 합의에 의해 도처에서 방해를 받았다. 자유주의적 개인의 자유라는 사상이 강력해지면서 이러한 다양한 사회적·정치적·경제적 제약은 약화되었으며, 이는 개인들을 사회적 본성과 그들이 속했던 사회적 제도로부터 자유롭게 해줌과 동시에 멀어지게 만들었다. 이러한 사회적 제도가 부재한 상태에서 개인은 다른 이와의 사회적·경제적 관계 속에서 자신의 이기적인 이익을 자유롭게 추구했다. 보수주의자들의 주장에 의하면 자유방임 자본주의는 보수주의적인 전통적 제도에 맞서 자유주의가 이념적 승리를 거둔 산물이었다.

보수주의자들의 시각에서 자유주의적인 사회계약론은 만족스럽지 못하다. 인간은 사회적 본성을 가지고 있기 때문이다. 말하자면 인간은 그들 자신보다 더 커다란 무언가에 속할 필요가 있으며, 사회적으로 강제되는 도덕성과 윤리에 뿌리를 박고 있어야 한다. 또한 개인은 특히 자기이익을 추구하면서 잠재적으로 사회적 해악을 끼칠 수 있는 타인의 경제적 추구로부터 보호되어야 한다. 자유주의적 개인주의가 약화시킨 전통적 제도의 권위와 기능이 부재한 상황에서 속할 곳을 찾는 원자화된 개인은 좌파의 사회주의든 공산주의든, 우파의 파시즘이든 나치즘이든 국가를 집단적 구원으로 간주하는 급진적인 교리에 의존한다. 따라서 전후 보수주의자들은 자유주의가 전체주의에 문을 열어준다고 보았기 때문에 이를 특히 경시했다. 실제로 각각의 보수주의자들이 20세기 자유주의를 얼마나 거리낌 없이 비판하는지의 정도는 보수주의자란 무엇인가를 판단하는 리트머스 시험이었다.

비에렉의 보수주의는 미국 유대-크리스트교 유산의 윤리와 가치로부터 영향을 받은 점진적 개혁에 대한 신념에 기초를 두고 있었다. 그는 건국의 아버지들Founding Fathers* 시기로 거슬러 올라가는 미국의 전통은 자유주의적이고 보수주의적이었다고 주장했다. 전후 시대에 그는 보수주의자들이 온건한 자유주의와 온건한 보수주의를 전체주의에 맞서는 방벽으로서 통합해야 한다고 호소했다. 전후 보수주의 운동을 고무시킨 공로를 인정받았지만 비에렉은 이 운동으로부터 독립성을 유지했다. 수년간 그는 확립된 미국의 전통—비에렉이 부분적으로 자유주의적이라고 믿었던—을 발전시키는 데 실패하고, 조셉 매카시를 지지했다는 점에서 러셀 커크, 윌리엄 F. 버클리 주니어, 프랭크 메이어의 보수주의에 환멸을 느끼게 되었다. 자유주의자들은 비에렉을 "새로운" 보수주의의 대변인으로 간주했으며, 1950년대 중반에 이르러 그는 자유주의와 뉴딜을 수용했다는 이유로 많은 보수주의자들로부터 경멸의 대상이 되었다.[37]

비에렉과 다른 전후 보수주의 사상가들, 특히 클린턴 로시터와 아우구스터 헥셔는 이론적으로 버크주의자였다. 그들은 보수주의적 정치체

● 　미국 독립전쟁 당시 헌법을 기초한 8명의 위인(조지 워싱턴, 알렉산더 해밀턴, 벤저민 프랭클린, 존 애덤스, 새뮤얼 애덤스, 토머스 제퍼슨, 제임스 매디슨, 존 제이)을 지칭한다.

는 추상적인 이론이나 외부에서 도입된 사상으로 구성될 수 없으며, 반드시 기존의 전통·문화·제도들 속에서 오랜 시간에 걸쳐 발전되고 유기적으로 성장해야 한다고 믿었다. 미국적 맥락에서 이러한 전제는 전후 미국을 위한 보수주의적 전망은 무엇이 되어야 하는가라는 문제뿐만 아니라, 보수주의자들이 미국 보수주의를 정의하는 데 있어서도 많은 문제를 야기했다. 보수주의적 전망이란 현재 존재하는 것을 보존하는 것인가? 전후 보수주의자들은 대기업, 강력한 노동조합, 자유주의 복지국가라는 현재의 상태를 유지하는 과업을 수행해야 하는가? 혹은 보수주의적 전망은 미국의 자유주의를 거부하고 보수주의적 정치체를 위한 토대를 재건하는 데 있는가? 그리고 만약 "전통"에 기초한 정치체를 재건하고 수복해야 한다면 어떤 전통이 회복되어야 하는가? 결국 당시 가장 영향력 있는 정치사상가들 일부가 주장했듯이 미국적 전통과 그것의 한층 더 보수주의적인 요소들조차 핵심은 자유주의적이었다.[38] 한편으로는 비에렉과 로시터, 다른 한편으로는 커크와 니스벳의 논쟁이 증명하듯이 심지어 버크주의적인 보수주의자들조차 미국 보수주의가 의미하는 바에 대한 견해가 서로 달랐고, 하물며 나아가야 할 길에 대해서는 더욱 의견이 일치하지 않았다.

전후 미국을 조망하면서 비에렉은 지켜내야 할 것이 많다고 믿었다.[39] 그는 법인자본주의를 "당연히 필요한 것"으로 보았다. 아울러 그는 "국내의 생활수준을 향상시키고 외국의 침략자들에 맞서는 방어책을" 만들어내는 자본가들의 역할에서 기인하는 "자유에 대한 헌신"의 대가로 자본가들은 "물질적 이익을 얻을 도덕적 자격이 있다"고 적었다.[40] 그러나 그는 효용이 경제체제 혹은 그 무엇을 평가하는 유일한 기준이 되어서는 안 된다고 믿었으며, 애덤 스미스Adam Smith의 보이지 않는 손이라는 "신비주의적인 자율적 완벽함"은 여전히 납득하지 못했다.[41] 뉴딜이 그러했듯 비에렉은 고삐 풀린 자본주의에 대한 개혁이 사회혁명을 막는 데 필수적이고 필연적이라고 믿었다. 오직 소수의 전후 보수주의자들과 비에렉만이 자유방임 자본주의의 파괴적인 잠재력과 사회의 질서와 안정을 보장하지 못하는 자본가들의 무능함에 민감했다. 약 반세기 이전의 시어도어 루스벨트와 브룩스 아담스의 주장과 유사하게 비에렉은 "극우old guard 기업인을 몰아냄으로써" 프랭클린 루스벨트 대통령이 나라를 계급전쟁으로부터 구해냈고, 자본가들을 그들 자신으로부터 구제했으며, 이 과정에서 그들의 배당은 두 배로 늘어났다고 주장했다.[42] 전사-귀족들과 마찬가지로 비에렉은 정부의 통치권이 소수 귀족주의적 정신을 갖춘 엘리트들의 손에 놓여 있을 때 국가는 자본주의의 파괴적 효과들을 완화시키기 위해 책임감 있게 행동하고, 자유방임주의가 파괴했던 유형의 공동체를 형성할 수 있도록 지원할 책무를 수행할 수 있다고 믿었다. 비에렉의 보수주의는 변화에 고집스럽게 저항하지 않았다. 그는 "멈추라고 소리치며 역사를 거스르"라고 주장하는 윌리엄 F. 버클리 주니어의 보수주의를 거부했다.[43] 대신 비에렉이 보기에 보수주의의 참된 과업은 점진적인 개혁을 통해 현 세계에도 역사적 뿌리가 살아 있는 전통과 제도― 전통적인 가족·교회·노동조합·상조회·지역공동체―들을 보존하는 데 있었다. 비에렉에게 이러한 종류의 보수주의적 개혁은 미국의 자본주의를 구원하려는 뉴딜과 그 노고에 의해 구현되었다.

비에렉은 맨체스터 자유주의자들의 "유사-보수주의", "아동노동과 빈민가 환경에 대한 온당한 동정심에 적대적인” 철학을 가진 자유방임 자본주의의 옹호자들, 남부 농본주의자들의 반근대적인 농본주의와 자신의 보수주의를 구별했다.[44] 그는 “경제적인 생산지표들에 난리법석을 떨며 몰두하는” 미국 자본가들을 보고 질색했다.[45] 비에렉이 보기에 자본주의적 유물론은 초월적 가치들과 신성한— 비록 타락했지만— 인간 본성을 거부하는 마르크스주의적 유물론과 지나치게 공통점이 많았다. 그러나 그는 또한 자유방임 자본주의를 노골적으로 지지한 프랭크 메이어와 같은 보수주의자들도 비판했다. 그는 (메이어의 주장이 — 옮긴이) “사하라 사막과 같은 잔혹한 무미건조함, 즉 경제적 인간에 대한 믿음으로의 회귀. 사적인 경제적 자유— 단지 빙산의 일각에 불과한— 라는 불완전한 자유로의 회귀. 두뇌 꼭대기 아래에 있는 인간 자유의 9할, 즉 상상력, 예술, 종교라는 9할을 무시한다”라고 지적했다.[46] 미국 자본가들과 자유방임 자본주의를 옹호하는 사람들의 문제는 그들이 다른 모든 가치보다 경제적 자유를 우선시하며, 그리하여 “우리에게 실업과 굶주릴 부정적인 자유만을 선사한다”는 데 있다.[47] 자유방임주의의 옹호자들은 “폭정에 맞서 자유를 지키는 심리적·도덕적·전통적 방패를 간과했다”.[48] 자본주의는 본래 비경제적인 문화적·전통적 버팀목을 필요로 했지만 자유방임 자본주의가 파괴했던 것이 바로 이 문화적 가치와 제도적 지지대였다.

비에렉은 자유방임주의에 비판적이었지만 마찬가지로 그는 “구체적으로 현존하는 역사적 토대 위에 구축된” 버크주의적 교의를 무시하는 보수주의도 용납하지 못했다. 비에렉은 스스로를 버크, 새뮤얼 테일러 콜리지, 벤저민 디즈레일리로 계승되는 “점진적 보수주의자”로 규정했다. 그가 보기에 남부 농본주의자들의 보수주의는 "유토피아적 망상"이나 다름없었으며, "상실된 귀족주의적 농본주의의 교양 있는 인간적 가치들을 갈망하고 이를 북부의 상업주의 및 자유주의적 물질주의와 대조시키지만, 진정한 보수주의의 살아 있는 뿌리들을 결여하고 낭만적 노스탤지어가 고안해낸 (…) 오직 생기 없는 뿌리만을 가지고 있는" 추상적인 보수주의였다.[49] 비에렉은 남부 농본주의자들이 근대 국가의 발전과 산업혁명으로 인해 이전 시대에 쇠퇴한 전통, 가치, 제도들을 재창조하고자 했다고 주장했다. 그들의 보수주의는 "실제로 존재하는" 뿌리들을 보존하고 이를 토대로 해야 한다는 버크주의적 가르침을 무시했다. 비에렉은 이러한 유형의 보수주의에 대한 책임이 그의 동시대 인물들, 특히 러셀 커크에게 있다고 생각했다. 비에렉은 커크의 보수주의를 "근본 없고 추상적이며 (…) 역사에 대한 비역사적인 호소이자 전통에 대한 전통 없는 숭배"라고 불렀다.[50]

비에렉의 뉴딜 지지는 규제되지 않은 자유방임 자본주의가 고통과 불행을 만들었으며, 이는 사회적 혼란을 낳을 수 있다는 믿음에서 나왔다. 그는 연방예금보험회사Federal Deposit Insurance Corporation, 증권거래위원회Securities and Exchange Commission, 사회보장제도를 창설한 뉴딜 입법과, 그리고 훗날 존 F. 케네디 대통령John F. Kennedy의 뉴프론티어 프로그램New Frontier Programs*을 "과도한 자유방임적 경제 환경과 탐욕스러운 폭리행위"로 인해 발생하는 원자화를 해결할 방안이라고 보았다.[51] 비에렉에 의하면 대공황은 "단 하나의 불꽃만으로도 혁명이 일어날 수 있는 일촉즉발의 상황"이었으며,[52] 뉴딜은 미국에서 혁명이 더 이상 논의에 오르지 않게 만들었다. 뉴딜은 미국의 정치제도들뿐 아니라 자본주의와 계급적 위계를 사회주의와 계급전쟁으로부터 구해냈다.[53] 뉴딜과 제2차 세계대전 당시의 재정확장정책은 잠재적으로 혁명적인 미국 노동계급에게 미국 자본주의의 "현상유지를 지지할 실질적인 지분"을 수여했다.[54] 이는 자본주의체제의 전면적인 변화를 향한 노동계급의 열망을 흡수했다. 실제로 비에렉은 기성 사회질서를 공고히 한다는 이유로 경제를 규제하는 연방정부의 확대된 역할을 지지했다. 개혁은 노동자들의 불만이 적법한 채널을 통해 표출되도록 방향을 재설정했으며, 종종 미국 노사관계의 전형이라고 여겨졌던 폭력적인 대립을 최소화했다.[55] 시어도어 루스벨트와 상당 부분 유사하게 비에렉은 노동자들의 정당한 불만을 대하는 자본가들의 비타협적인 태도가 혁명을 야기하는 요소라고 믿었다.

비에렉이 보기에 전후의 현실은 복합적이었다. 그는 중앙집권화된 정부가 자유에 위협이 된다고 경고했지만, 이러한 위협은 정치적·경제적 원천들에서도 분명하게 나타난다고 믿었다. 실제로,

> (자유주의적 인권에 대한 추상적인 종이쪽지만이 아니라 이러한 권리들을 구체적으로
> 만드는 데 적합한 전통들을 의미하는) 적절한 헌법적 견제가 없다면, 노동자들은
> 통나무 왕King Log(그의 고용주)의 사회적 무관심뿐만 아니라 황새 왕King

Stork(그의 정부)*의 사회적 진보에 의해서도 으스러지게 될 것이다.[56]

국가와 경제행위자들의 권력을 견제하기 위해 비에렉은 보수주의적인 사회정책 모델로서 정부 입법을 통한 노동조합 등 시민사회기관의 강화를 지지했다. 그러한 입법은 "연방 관료조직의 무분별한 지출이나 확대"가 아니라 "자발적인 참여를 장려"했다. 이는 또한 중요한 중재기관인 노동조합의 기능과 공동체 의식, 권위를 강화했다.[57] 비에렉이 보기에 노동조합은 사회에서 보수적인 세력이었는데, 이는 그들이 다원주의 사회의 필수요소인 권력 분산에 기여했기 때문이다. 그러나 더 중요하게 노동조합은 "원자화된 프롤레타리아를 유기적인 통일체로 회복시켰다."[58] 노동조합은 조합원들에게 소속감과 연대감을 부여했으며, 국가 외부에 존재하는 목적과 의미를 제시했다. 이는 노동자들을 대중에서 개인으로 전환시키기 위한 조건이었다.[59] 근대 역사는 중재기관의 잇따른 약화와 붕괴로 홍역을 치르고 있으며 이러한 연쇄는 귀속적 지위에 기초한 봉건적 기관·종교기관·핵가족에서부터 시작되었다. 그는 노동조합이 산업주의가 발전시킨 유일하게 "진정한 사회"라고 주장했다.[60] 노동조합은 실질적인 권위, 정의된 목적, 기존의 뿌리를 갖춘 하나의 기관이었으며, "인간의 존엄성에 본질적인 자유와 안전의 가능성"을

---

* 이솝 우화 「왕을 원한 개구리들」에서 제우스는 왕을 달라는 개구리들에게 '통나무 왕'을 내려주지만, 개구리들은 통나무가 움직이지 않자 자기들을 지배할 힘이 있는 왕을 보내달라고 간청한다. 이에 제우스는 다시 황새를 개구리들의 왕으로 보내주었지만 개구리들은 이내 황새에게 잡아먹히게 된다. 이 이야기에서 통나무는 국민들에게 아무것도 해주지 못하는 무능하고 어리석은 지도자를, 황새는 국민들을 잔혹하게 탄압하는 지도자를 의미한다.

모두 구현했다.[61] 비에렉과 같은 보수주의자들이 자유방임 자본주의의 과도한 개인주의와 국가의 대중전체주의에 맞서는 가장 위대한 보호물이라고 묘사했던 것은 바로 이러한 종류의 기관들이었다. 비에렉이 보기에 뉴딜 자유주의는 질서와 자본주의적인 경제적 자유를 보존했으며, 위험한 이데올로기들―개인이 모든 것이며 "전체"는 아무것도 아니라는 고전적 자유주의 혹은 "전체"가 모든 것이며 개인은 아무것도 아니라는 좌파와 우파의 전체주의 이데올로기―에 의해 활성화된 혁명으로부터 미국을 구제했다.

다른 보수주의자들은 혁명을 예방하기 위한 방안으로 사회적 유대의 중요성과 이를 증진해야 한다는 비에렉의 견해 가운데 일부를 공유했으나, 뉴딜에 대해서는 여전히 강력하게 반대했다. 그러나 비에렉은 뉴딜이 자유주의 흐름에서 미국의 "구체적이고 현존하는 역사적 토대" 위에 구축된 신중한 개혁이라고 옹호했다.[62] 동시대 좌우 진영의 많은 이들에게는 당황스럽게도 비에렉은 미국의 유산이 로크주의적 자유주의와 버크주의적 보수주의의 종합에 기초해 있다고 주장했다.[63] 그는 "봉건적 유산이 부재하므로 미국의 보수주의는 비교적 보수주의적이라고 드러난 자유주의 이외에 보존할 것이 거의 없다는 점을 인정해야 한다"라고 기술했다.[64] 이처럼 통찰과 신중한 개혁에 대한 버크주의적 믿음에 기초해 비에렉은 뉴딜이 미국의 자유주의적·귀족주의적 유산이 낳은 자연스러운 산물이라고 주장했다. 게다가 1950년대에 이르러 뉴딜은 "우리 생활의 일부가 된 보수적이고 뿌리 깊은 전통"이 되었다.[65] 그는 전통주의적 보수주의 동료들이 미국의 자유주의적 유산을 거부한다고 꾸짖었다.

미국적 삶의 양식을 그 자유주의적 과거와 뉴딜로부터 떼어내려고 하면서 과거로부터의 연속성이라는 보수주의적 원칙들을 거부하는 우파의 반혁명적 이데올로그들을 보수주의자라고 부르는 것은 정확하지 않다. 유토피아주의와 강압의 결합인 그러한 폭력적 왜곡은 구체적인 역사적 경험보다 추상적인 선험적 청사진에 기초하고 있다. 이는 프랑스 혁명을 대규모 개혁에서 잔인한 폭정으로 타락시킨 요인이었다. 이것이 『지식인들의 수치와 영광』에서 극우 공화당원들과 그들의 지적 옹호자들을 "자코뱅 당파"라고 정의했던 이유이다. (…) 내가 의미했던, 그리고 의미하는 바는 다음과 같다. 북부의 애덤 스미스식 자본가 선험주의, 그리고 공화주의의 추상적이고 교조적인 지도자들―그리고 비슷하게 더욱 교조적인 귀족주의적 남부인들― 은 프랑스 혁명을 특징지었던 것과 동일한 폭력적 왜곡, 과거로부터의 절연, 유토피아적 청사진과 강압적인 순응의 결합을 (현실에―옮긴이) 적용하고 있다. 버크의 분석에 따르면 이는 불가피한 재앙을 맞이하게 되어 있다.[66]

비에렉은 동시대 보수주의자들이 보수주의의 올바른 역할에 관한 버크의 가르침을 무시하는 데 당혹스러워했다. "자유주의 국가에서" 비에렉이 보기에 "융합"이라는 동시대 보수주의의 변종은 "지켜내는 사람이라기보다 파괴자였다."[67]

자본주의와 국가의 관계에 대한 비에렉의 사상에서 중요한 마지막 주제는 금권주의자들과 평등주의적인 대중의 요구에 대항할 귀족주의적 지도자계급이 필요하다는 그의 믿음이었다. 비에렉은 평등주의자가 아니었으며 민주주의자도 아니었다. 기실 그는 다른 모든 보수주의자들처럼 질서·계급·사회적 위계를 믿었고, 이들이 없다면 구별이란 존재하지 않으며 모든 사람들은 범속한 수준으로 가라앉게 된다고 굳게 믿었다. 그는 연방주의자들의 탁월함은 민주주의적인 다수의 권력에 제한을 부과하는 미국 헌법의 귀족주의적이고 보수주의적인 요소에 있다고 믿었다. 『지식인들의 수치와 영광』에서 비에렉은 "민주주의는 오직 여과되고 전통을 따르며 간접적인 대의代議를 통해 헌법으로 시행된 이후에야 사회적으로 용인되며, 관용적이고 인간적이며 시민의 자유를 지상으로 보장할 수 있게 된다"고 적었다.[68] 그는 그러한 헌정제도가 프랭클린 루스벨트와 애들레이 스티븐슨Adlai Stevenson과 같은 오늘날의 귀족들로 하여금 잠재적으로 급진적인 대중의 요구를 여과하고 통치할 수 있게 만들어준다고 보았다. 비에렉은 "우리 민주주의를 지탱하는 귀족주의 정신은 부동산 가치가 아니라 진정한 가치, 금본위제가 아니라 문화적 기준을 보존하는 것이다"라고 적었다.[69] 이러한 귀족주의적 정신을 그는 "의무를 다하는 공공에의 봉사, 자질과 규범에 대한 고집, 예의범절과 노블리스 오블리주라는 윤리적인 내적 점검"으로 특징지었다.[70] 가족과 교회가 가르치고, 지역공동체와 같은 단체에서 경험한 친밀한 개인적 관계들 속에서 숙련된 윤리와 가치—유대-크리스트교 유산에 뿌리내린—의 회복은 귀족적 정신을 확산시켜 "모든 인간을 귀족으로" 만들 수 있게 해줄 매체였다.[71] 이를 수행하는 방식은 "경제를 문화적 가치에 복속시키고, 외부적 강제를 내면적 자기규율에 복속시키"고, 사회개혁에 필요한 이러한 정신과 연민 어린 전통적인 기독교 윤리의 가치들을 함양시키는 중재기관들을 강화하는 것이었다. 확실히 다른 이들은 문화를 둘러싼 국가의 입법행위를 옹호했다. 그러나 비에렉의 사상을 다른 대다수 보수주의자들과 구별 짓는 요소는 그가 이러한 제도들을 강화하려면 경제에 대한 국가의 적극적인 개입이 필수적이라고 보았다는 점이다.[72] 그는 국가와 시민사회기관의 관계를 권위와 기능을 둘러싼 제로섬zero-sum이 아니라 사회질서를 지탱하며 강화하는 관계로 보았다.

비에렉이 보기에 메테르니히 공작Prince von Metternich, 벤저민 디즈레일리, 윈스턴 처칠, 프랭클린 루스벨트 같은 인물들이 국가를 운영했을 때 국가는 전통적 제도의 가치 있는 파트너로서 복무했다. 이는 비에렉, 커크, 니스벳 모두가 가장 큰 사회적 가치라는 데 동의했던 가족, 지역 공동체, 중재결사체와 같은 버크주의적인 "작은 소대들"을 강화했다. 그러나 비에렉의 분석은 국가를 이용해 자본을 규제하고, 자본의 가장 파괴적인 효과들을 완화하며, 자본가들이 노동자들과 사회 전반에 대한 자신들의 의무를 다하도록 강제할 가능성을 시사했다. 비에렉에게 핵심은 중재기관들의 강화였지만, 그는 이것만으로 법인자본의 권력을 억제할 수 없다고 생각했다. 그는 자유방임적인 법인자본주의가 촉발한 불안과 고통을 인식했고, 이는 도덕적인 가르침, 전통과 중재결사체들의 권위, 그리고 마찬가지로 중요하게 국가권력의 선택적 사용을 통해 억제되어야만 한다고 믿었다.

1950년대 중반에 이르러 미국 자유-보수주의 전통에 대한 비에렉의 해석과 "사활적인 중도"*를 강조하는 그의 보수주의는 보수주의 운동에

서 비주류가 되었다. 노동조합과 애들레이 스티븐슨, 뉴딜에 대한 옹호와 조셉 매카시에 대한 반대로 인해 비에렉은 프랭크 메이어가 "보수주의의 주류"라고 불렀던 흐름을 더 이상 대표하지 않게 되었다. 자유방임 자본주의를 전통주의와 혼합시켰던 메이어의 보수주의 융합론은 당시 가장 영향력 있는 보수주의 출간물 『내셔널 리뷰』에서 지배적인 이데올로기적 위상을 차지하고 있었고, 따라서 전후 미국에서 승리를 거둔 보수주의 해석이었다. 자유지상주의자들과 보수주의자들 사이의 선천적인 긴장에도 불구하고, 보수주의 주류세력이 뉴딜을 수용한 비에렉에 대해 가졌던 강한 반감은 그를 달갑지 않은 인물로 만들기에 충분했다. 러셀 커크, 윌무어 켄달, 그리고 다른 보수주의자들로부터 비판을 받은 피터 비에렉은 메이어가 『내셔널 리뷰』에 쓴 신랄한 기사를 통해 비공식적으로 보수주의로부터 파문당했다. "문법, 수사법, 논리를 더 이상 가르치지 않는 시대에 모조품의 대량생산이 빠른 속도로 계속되고 있다. 비에렉은 그의 평범한 자유주의적 감성을 보수주의로 포장하는 데 성공한 첫 번째 인물도 마지막 인물도 아닐 것이다."[73] 비에렉의 파문은 전후 보수주의의 정통을 수립하려는 시도였다. 그러나 이는 보수주의란 무엇인가를 정의 내린 정통이 아니라 무엇이 보수주의가 아닌지를 정의 내린 정통이었다. 이는— 적어도 전후 20년간은— 뉴딜에서 보존할 가치는 아무것도 없다고 보았던 정통이었다.

러셀 커크: 낭만적 반자본주의의 탈급진화

피터 비에렉은 전후 시대에 자유방임 자본주의를 비판하고, 보수주의를 전통주의적 계보에서 재정의하려고 시도했던 유일한 보수주의자가 아니었다. 그러나 비에렉은 복지국가가 규제하는 법인자본주의를 "점진적 보수주의"의 일부로 수용했던 반면, 러셀 커크는 그 두 가지를 모두 거부했다.

남부 농본주의자들과 상당 부분 유사하게 커크는 대도시·큰 정부·거대 노동단체·거대 기업을 혐오했다. 대신에 그는 분권화된 경제를 지지했으며 "전원적 삶을 향한 요구에 관심을" 더 많이 기울여야 한다고 호소했다.[74] 그는 텔레비전을 "전자계산기"라며 거부했고, 자동차를 "기계로 작동하는 자코뱅"이라고 부르며 운전을 하지 않았다. 커크는 남부 농본주의자들과 마찬가지로 산업주의에 맞선 매서운 비판가였지만, 그의 자본주의 비판은 남부 농본주의자들보다 훨씬 더 제한적이었다.[75]

남부 농본주의자들과 많은 부분 유사하게 커크는 산업시대 이전 과거의 소규모 자급자족적인 가족 농가와 상점을 미화했다. 마찬가지로 커크는 평등주의자가 아니었으며, 불평등이 사회의 보존에 필수적이라고 여겼다. "세계에는 불평등이 있어야만 한다. 불평등이 없다면 계급도 없다. 계급이 없다면 법도와 아름다움도 없다. 그렇게 되면 사람들은 공적으로나 사적으로 추악한 것에 빠져들게 된다."[76] 다른 보수주의자들이 규범으로 삼았던 것과 마찬가지로 커크가 보기에 불평등은 우수함과 탁월함의 필요조건이자 선결조건이었다. 커크가 보기에 장인과 소상인들은 "전통적인 인간 본성이 가장 건강하게 뿌리내린" 곳에 자리해

있으며, 그들은 초월적인 신화들을 근간으로 삼는 분권화된 경제라는 그의 계획에서 핵심 집단이었다.[77]

커크의 자본주의 비판에서 기초는 문화적인 것이었다. 그에 의하면 자본은 전통과 종교의 이데올로기적 지지 없이도 충성을 유지할 수 있다고 가정한다는 점에서 근시안적이었다.[78] 자본주의는 종교, 도덕철학 혹은 일련의 도덕적 관습이 아니라고 그는 주장했다. "자본주의적 교리들에 충성하는 행위 그 자체가 우리를 선하고 행복하며 부유하게 만들어주지 않는다."[79] 커크는 『보수주의자들을 위한 강령』에서 자본주의는 효용에 대한 경제적 논변들과 이성 또는 물질적 소비 수준만이 아니라 신성한 목적·전통·자연법이라는 "신화들"로 뒷받침된다고 주장했다. 커크에 의하면 이러한 신화들은 사람들이 평화롭고 서로 이익이 되는 방향으로 상호작용할 수 있게 만드는 사회적 행위의 척도를 제공한다. 자본주의는 본질적으로 이러한 신화들에 의존했는데, 이는 그것이 개인에게 경제체제에 대한 근원적인 아이디어들—사유재산, 사적 권리, 질서—을 존중하도록 가르치기 때문이다.[80] 이 신화들은 합리주의, 자유주의, 중앙집권화된 국가, 산업자본주의에 의해 공격받고 있는 전통적 제도 속에서 교육되고 구체화되었다. 중앙집권화된 정치적 국가가 이러한 신화와 제도들을 약화시킴으로써 자본주의의 도덕적·제도적 기반들이 무너졌다.[81] "초자연적이고 전통적인 제재들이 사라져버리면 경제적 이기심은 경제체제를 유지하는 데 턱없이 부적합하며, 질서를 유지하는 데에는 더욱 적합하지 못하게 될 것이다."[82]

그러나 자본주의의 토대를 약화시킨 것은 중앙집권화된 국가만이 아니었다. 루트비히 폰 미제스와 같은 자유방임 자본주의 옹호자들은 오직 순수한 합리주의에만 초점을 맞추어 경제체제를 옹호했으며, 인간의 기본적 욕구인 공동체의 중요성을 간과함으로써 자본주의를 위협하는 무정한 개인주의에 기여했다. 커크는 자본주의를 절대적인 선으로 간주하는 사람들이 "근대 산업적 존재의 추악함, 단조로움, 권태감"을 인식하는 데 실패하고, 자본주의가 의존하고 있는 전통적인 이데올로기적·제도적 토대들을 간과함으로써 "불만족의 진정한 원인"을 무시했다고 주장했다. 정치경제학의 합리주의적이고 공리주의적인 논변들로는 기성 질서 안에서 종속적 지위를 받아들이라고 노동계급을 설득할 수 없었다. 커크는 노동계급이 선천적으로 보수적이기 때문에 그렇다고 믿었지만 그들의 보수주의는 "산업주의가 야기한 혼란들과 공동체의 파괴로 약화되었다".[83] 『보수의 정신』에서 커크는 다음과 같이 썼다.

> 이러한 인격적 관계들의 그물망과 현지의 좋은 풍속들은 증기, 석탄, 방적기, 조면기, 빠른 운송수단, 그리고 진보의 목록에 있는 다른 품목들에 의해 뒷전으로 밀려났다. (…) 자본주의는 세계를 뒤집어놓았다. (…) 인격적 신의는 금전적 관계로 대체되었다. (…) 부유한 인간은 더 이상 지역의 치안판사*와 후견인 노릇을 하지 않는다. 그는 빈곤한 인간의 이웃이 되기를 그만두었다. 대부분의 경우 그는 자기 출세 이외에 삶의 다른 목적이 없는 대중사회의 전형적 인간이 되어버렸다.[84]

이러한 진술은 자본주의의 혁명적 성격에 대한 커크의 인식과 그가

---

* 사소한 일들의 시비를 가려 마을 단위에서 판사 역할을 담당했던 지역의 유지를 말한다.

노예제 옹호론자, 전사-귀족, 남부 농본주의자들이 제기한 비판을 되풀이하고 있음을 보여준다. 산업자본주의는 사회적 관계들을 효용의 기초 위에 놓음으로써 이를 변형시켰다. 이는 또한 노동을 인격적인 의미와 성취의 활동에서 사회적으로 지루한 단조로운 운동으로 바꾸어놓았다. 그러나 커크가 보기에 자본주의는 이러한 형태를 취할 필요가 없었다. "우리는 (필요하다면 효율성을 희생시켜) 단조로움에 대항해 다양한 업무와 기술에 대한 자긍심으로 산업체제를 인간적으로 만들 수 있다. 이는 과도한 산업화를 경계하고, 산업노동자들에게 공동체의 진정한 면모, 그리고 월급보다 나은 것들에 대한 경험을 되돌려줌으로써 가능하다."[85] 커크는 자본주의를 "인간화"하고 개인적 자유를 복구하기 위한 최선의 방안은 농민·장인·소상인·중소기업인들이 "주인"인 사회에서 경제적 독립을 증진하는 것이라고 믿었다.[86] 이를 위해 커크는 "자본주의와 집산주의의 딜레마"에서 벗어나 "제3의 길"을 모색하라고 제안했다.[87] 그는 자율적 집단들의 자유방임주의라는 로버트 니스벳의 아이디어와 경제적 분권화 계획이라는 빌헬름 뢰프케의 아이디어를 지지했다.[88] 커크는 경제적 생활양식을 중앙집권화되고 산업화된 형태에서 벗어나 그가 "지역적 가부장주의"라고 부른 형태로 전환시키기를 바랐다.[89] 대중을 시장의 부침으로부터 보호하는 데 있어서 커크는 사람들이 소득과 생계를 시장에 전적으로 의존하지 않고 비시장 생산활동을 통해 시장활동을 보완하는 방식에 주목했는데, 이는 남부 농본주의자들을 연상시켰다. 뢰프케를 인용하며 커크는 "사람들이 직면한 금융교란이라는 영역에서 벗어나 자신의 생계를 유지해나가도록, 그리하여 점심거리는 마당에서, 저녁거리는 호수에서 찾고, 자기 형제의 토지 개간을 도와주고 가

을에 감자를 얻어올 수 있도록" 만들어야 한다고 충고했다.[90] 비에렉과 니스벳에 비해 커크는 남부 농본주의자들의 지적 계승자에 가장 가까운 인물이었다. 그러나 자본주의에 대한 그의 비판은 훨씬 약하고 덜 직접적이었다. 커크의 전망은 남부 농본주의자들의 전망— 농본주의는 아니라 하더라도 분권을 주장했다는 점에서—과 유사했으나, 남부 농본주의자들은 자본주의적 이윤과 금권주의적인 정치체제를 비판했던 반면 커크는 그렇지 않았다. 그는 법인기업과 엘리트의 경제적 부와 권력을 그들의 정치적 권력과 거의 연결 짓지 않았다. 나아가 그는 "효율성"에 집착하는 기업의 비인간성을 비판했다. 그가 보기에는 이러한 집착이 사회 무질서와 디트로이트의 몰락과 같은 모든 종류의 부정적인 사회적 결과들을 낳았다. 그러나 커크는 효율성을 수단으로 삼는 자본주의 경제의 목적인 이윤에 대해서는 대체로 아무런 말도 하지 않았다.

러셀 커크의 분권화된 소부르주아적 경제라는 "복원된" 전망은 아마도 30년 전 남부 농본주의자들이 자세하게 설명했던 것보다 더욱 반동적이었는지 모른다. 커크가 보수주의 운동의 입문서인 『보수주의자들을 위한 강령』을 집필한 1962년에 미국 경제는 제너럴모터스, 제너럴 일렉트릭General Electric, 웨스팅하우스Westinghouse, 듀퐁DuPont, 포드, J.P. 모건J.P. Morgan이 장악하고 있었다. 게다가 고속도로 시스템으로 대다수의 미국인들에게 자동차는 필수품이자 그들의 문화와 정신에 자리를 잡았다. 미국 도심지들의 인구는 이제 향촌 인구를 왜소해 보이게 만들었다.[91] 명백히 커크의 경제적 전망은 현대 국가에서 실현 가능한 정치적 강령이 아니었지만, 현대 보수주의자들 사이에서 여전히 그러하듯 상당한 문화적 호소력이 있었다. 커크는 오늘날 자본주의에 대한 보수주의적 논의에서 핵심인 "효율성"과 "경제성장"이라는 언어를 거부했지만, 그의 소부르주아적 자본주의는 보수주의적 담론 내에서 여전히 자본주의를 설명하는 주된 방식이다. 자본주의를 완전히 밀폐된 소부르주아적 관계들로 그린 커크와 다른 이들의 묘사는 보수주의자들이 자본주의를 어떻게 생각하는지와 관련해 중대한 전환점을 의미했다. 이러한 재해석은 군림하려 들고 주제넘게 참견하는 국가가 없다면, 자본주의는 권력관계가 부재하고 자유를 번성하게 만드는 인자한 힘이라고 생각하게 만들었다. 이러한 서사가 보수주의의 담론을 지배하게 되자 노예제 옹호자들부터 전사-귀족들, 남부 농본주의자들, 그리고 일부 "새로운" 보수주의자들에 이르기까지 자본주의에 대한 보수주의적 비판이라는 전통은 완전히 사라져버렸다. 자본주의에 대해 그가 품었던 모든 양가적인 생각에도 불구하고 커크는 이러한 허구적 관념을 대중화하는 데 기여했다.[92]

로버트 니스벳: 사라져가는 자본주의적 혁명성

로버트 니스벳은 가혹한 뉴딜 비판자였으며 커크와 더불어 정치적·경제적 분권화를 지지했다.[93] 영향력 있는 저작 『공동체에 대한 추구』에서 니스벳은 경제적 자유방임주의와 특히 국가권력을 견제하는 전통적 제도의 중요성을 기술했다. 다수의 전후 보수주의자들처럼 그의 사상은 전체주의의 부상으로 인해 촉발되었다. 국가에 대한 다른 보수주의적 비판자들과 마찬가지로 니스벳은 유럽에서 전체주의의 승리가 "자유주

의의 자식이며, 그 실패의 결과"라고 믿었다.[94] 버크의 영향을 받아 그는
루소의 자유주의로부터 영감을 받은 프랑스 혁명이 20세기 전체주의의
전조라고 지적했다.[95] 개인을 전통적인 속박들로부터 자유롭게 한다는
구실 아래 자유민주주의 국가는 개인과 국가 사이에 존재하는 중재기
관을 파괴했다. 전통적 제도가 제공하는 공동체가 없었기 때문에 개인
들이 국가에서 공동체를 찾았고, 이것이 전체주의를 낳았다고 니스벳은
주장했다. 그가 보기에 전체주의에 대항하는 가장 확실한 방벽은 그가
"중재기관들의 보수주의적 다원주의"라고 부른 것이었다.

  계몽주의적 자유주의 사상가들에 의해 고무되고 대중적 지지를 통해
정당성을 획득하면서 국가권력은 19세기와 20세기에 기하급수적으로
증대했다. 니스벳이 이론화했듯 국가는 그 권력을 전통적 기관들의 권
위와 기능을 박탈하고 파괴하는 데 사용했다.[96] 국가의 권력이 성장하면
서 시민사회기관의 권위는 쇠락했다. 그리고 개인이 전통적인 기관들로
부터 자유로워지면서 자본주의 경제체제는 가족·공동체·교회에 대한
의무로부터 구속받는 형태에서 개인이 자유롭지만 뿌리 뽑히고 외로워
지는 경제체제로 변모했다. 이는 이윤을 이기적으로 극대화하고, 사회
적 가치들의 위계에서 최상위로 올라가기 위해 축적의 자유를 추구하
는 인간적 열정만을 남겨놓았다. 더 이상 유기적인 사회적 단위들의 가
치·관습·전통에 얽매이지 않게 되면서 자본은 더욱 커지고 더욱 집중
되었으며, 더욱 산업화되고 오직 이윤 동기에 의해서만 움직였다. 자본
주의적 기업이 성장하고, 재산이 농장과 공장, 건물에 있는 물질적 자산
이 아니라 점점 주식, 배당금, 얼굴 없는 거대 법인기업의 형태를 취하
게 되면서 거대 자본은 개인의 불행·불안·무규범 상태를 가속화시켜

전통적인 기관을 완전히 궤멸시켰다. 경제적 경쟁이 격화되고 경제위기가 심화됨에 따라, 물질적 불안정과 고난에서 벗어나 안정을 구하려는 사람들이 국가 외에는 의지할 곳이 없게 되었다는 것이 이러한 경제적 상태의 사회적 결과였다. 니스벳에 의하면 "전권을 가진 국가의 성장을 전혀 견제하지 못하고 낡은 자유방임주의는 실제로 국가의 성장을 가속화했다. 모든 형태의 공동체와 결사체에 대한 자유방임주의의 무관심은 국가를 개혁과 안정을 담당하는 유일한 부문으로 남겨놓았다".97 니스벳이 보기에 정치화된 대중의 평등주의적인 요구가 자본주의와 기성의 계급적·인종적 위계에 가하는 위협은 자유주의라는 독단(주로 개인주의와 추상적 자유에 대한 믿음), 중앙집권화된 정치국가, 자유방임주의라는 삼두괴물이 전통적 제도를 파괴한 결과였다.

중앙집권화된 정치권력을 비판하고 그것이 인간의 자유에 가했던 잠재적 위협을 우려했지만 니스벳은 경제적 자유방임주의에 대해서도 회의적이었다. 그의 자본주의 비판은 시민사회기관들에 존재했던 경제적 시스템의 제도적 기반을 자본주의가 약화시킨다는 점에 초점이 맞추어져 있었다. 니스벳에 의하면 소위 자유시장이란 결코 존재한 적이 없었다. 즉 자유방임주의 지지자들이 19세기에 존재했다고 말하는 진정한 자유시장이라는 관념은 역사적으로 부정확했다. 대신에 니스벳이 주장하듯이 계획된 "자연적 경제질서"의 기원은 "제도들, 특히 자본주의와는 아무런 관련이 없었던 가족과 지역공동체의 토대 위에 존재하는 정치적 통제와 면책의 특수한 결합"으로 거슬러 올라갈 수 있다.98 이러한 "비자본주의적"인 정치적 통제와 제도들은 19세기 자본주의에 안정이라는 외관을 제공했고, 자본주의의 메커니즘을 "번창할 수 있게 해주는 계약의 자유, 자본의 유동성, 노동의 이동성, 완전한 공장체제"와 같은 조건을 만들어냈다.[99] 자본주의 혁명이 보다 "완성"—자본주의적 시장 관계가 확장되고 사회적 관계의 더 많은 측면들이 포섭된다는 의미—되어감에 따라 물리적 공동체, 공동체 의식, 사회 및 경제체제 전체에 대한 개인의 충성심은 파괴되었다.

전후 보수주의자들의 자본주의 비판에서 핵심은 문화적인 것이었으며 니스벳의 작업도 예외는 아니었다. 커크의 견해에 동의하며—그리고 신보수주의자들이 10년 후에 주장했듯—니스벳은 개인주의, 비인격적인 법인기업화, 물질주의에 바치는 추상적인 송가에 불과한 사람들의 상상만으로는 자본주의가 스스로를 지탱할 수 없다고 주장했다. 대신 자본주의의 상징과 규범적 측면은 사람들이 체제에 충실할 수 있도록 그들의 삶에 대해 명백한 의미를 가져야만 했다. "만약 그 목적이 인간의 삶에 유의미한 상징과 관계로부터 분리되어 비인격적이고 동떨어지게 된다면, 대량생산과 법인기업의 거대화와 관련해 주장된 어떠한 장점도 자본주의를 구원하지는 못할 것이다."[100] 이러한 이유로 니스벳은 보수주의적인 동료들에게 현대의 노동조합과 협동조합은 "실제로 자본주의를 강화"하기 때문에 이를 지지해야 한다고 촉구했다. "그러한 결사체들에서는 생산·분배·소비의 목표가 사회질서에 대한 인격적 소속감과 결합될 수 있다. 결사체에서 개인은 문화 전체와 연결되어 있다는 감각을 발견하며, 따라서 (그와 같은 문화 전체에 대한—옮긴이) 열렬한 지지자가 되기 때문이다."[101]

니스벳에 의하면 중앙집권화된 국가권력이 이미 자유주의적 사상으로 약화된 봉건적 제도들을 파괴하면서 증대하자, 부상하는 부르주아지는 봉건적 속박에 맞서기 위해 국가와 동맹을 맺었다. 국가의 하급동료로서 부르주아지는 법률적인 인정과 보조금 및 지원을 받았다. 이 모든 것을 통해 자본은 산업화되고 새로운 시장과 영토로 팽창하면서 그 어느 때보다 더욱 거대해지고 집중될 수 있었다. 니스벳은 다음과 같이 적었다.

> 우리는 19세기 중반 자유방임주의적 개인주의가 단순히 자연의 유산, 다시 말해 인간이 천부적으로 지니고 있는 욕구와 동기의 자유로운 발현에 지나지 않는다고 추측해서는 안 된다. 자유방임주의는 (…) 만들어진 것이다. 그것은 오랜 관습, 결사체, 마을, 그리고 다른 보호 수단들에 대한 계획적인 파괴를 통해, 그리고 빠른 속도로 발전하는 행정체계의 영향력을 인구 가운데 새롭게 등장한 경제적 부류를 위해 사용하는 국가의 힘을 통해 만들어졌다. 마찬가지로 그것은 사회적·문화적 통일성을 무시하고 외곬으로 추상적 개인만을 예측과 계획에 적합한 단위로 확정하는 경제적·정치적·심리적 사상의 체계들을 지배함으로써 만들어졌다.[102]

자본주의의 발전, 시장, 부의 창조에 있어서 국가의 역할은 칼 폴라니Karl Polyani가 속속들이 설명한 바와 같이 매우 잘 확립되어 있다. 다시 말해 자본은 국가의 법적·강제적 권력의 도움 없이는 성장과 승리를 성취할 수 없었다.[103] 그러나 니스벳이 "자본주의는 단지 주권 국가의 필요에 맞게 경제적 생활을 강제적으로 조정한 것이라고 간주하는 데에는 그럴만한 이유가 있다"라고 결론지었을 때, 그는 시장사회의 경제적 환경을 조성하는 데 있어서 자본가의 결정적인 역할을 축소하고 있었다.[104] 이는 냉전 이전 시어도어 루스벨트, 브룩스 아담스, 알렌 테이트의 저작들에서 발견할 수 있는 보수주의적인 자본주의 비판의 주요 요소 중 하나인 금권주의에 대한 비판을 간과하는, 보수주의 담론의 또 다른 결정적 전환점이다. 이러한 전환은 니스벳 자신의 역사 서술에서, 그리고 국가의 정치적·경제적·사회적 제도의 역사적 발전 속에서 자본가들을 탈정치화하고 그들의 역할을 과소평가한다. 전후 보수주의자들의 서사는 강력한 정치적 주체인 자본가계급의 역할을 폄하하며, 자본주의적 경제관계의 강압적 성격과 그로 인해 발생되는 불평등을 축소해서 말한다. 불평등을 인정하는 경우에도 이는 대개 어떤 조치도 취해서는 안 되는 자연적 불평등 탓으로 여겨지거나, 경제 및 정치 영역에서 부유층과 법인기업이 행사하는 권력과 영향력보다는 국가, 특히 세금과 규제 탓으로 돌려진다.

전후 보수주의자들은 자본의 무자비한 착취를 지적으로 정당화했던 허버트 스펜서와 윌리엄 그레이엄 섬너의 개인주의적 자유방임 자본주의에 반대했다. 사회다윈주의자들은 자본주의의 경쟁적 투쟁 속에서 일부는 더 강력해지고 더 커지며 집중되는 반면, 다른 이들은 실패하고 파산하며 사라진다는 점—기실 그들은 이것이 진보의 동력이라고 보았다—을 인정했다. 그러나 니스벳과 커크는 경제적 집중이 경쟁적 시장의 자연스러운 결과가 아니라 중앙집권화된 정치적 국가의 소행이라고 보았다. 그들이 보기에 자본은 이 과정에서 권위와 기능이 박탈되고 공동화空洞化된 전통기관과 중재기관의 부재를 메우는 부차적인 역할을 주로 담당했다. 니스벳의 저작을 읽으면 독자는 중앙집권화된 국가가 전통적인 제도들—국가와 자본의 팽창을 억제한다고 간주된—을 파괴할 때 자본가는 단지 이를 방관하며 응원하고 있다는 인상을 받게 된다.

니스벳과 커크는 다른 대부분의 전후 보수주의자들과 마찬가지로—경제학자 조지프 슘페터가 표현하듯—하나의 경제체제로서 본성상 "절대 정체되어 있을 수 없는" 자본주의의 혁명적 특성을 박탈했다. 그들은 국가라는 매개뿐 아니라 시장 메커니즘을 통해서도 전통의 속박에 맞섰던 자본가들의 결정적 역할을 최소화했다. 자본주의적 금권주의에 대한 비판은 조지 피츠휴, 전사-귀족들, 남부 농본주의자들의 사상에서 하나의 핵심적인 요소였다. 반면 자본가에 대한 전후 보수주의자들의 고발은 전통기관이 자본가들의 정치적 동맹이자 자본주의적 생산양식의 토대가 된다는 점을 깨닫지 못하는 자본가들의 무지에 초점이 맞춰져 있는 듯 보인다. 커크와 니스벳 같은 보수주의자들이 보기에 자본가들의 가장 큰 죄악은 전통기관이 행사했던 지배와 통제의 관계에 국가가 도전을 제기함으로써 자본주의 존재 자체에 필수적인 비경제적 토대 역시 약화시키고 있다는 사실을 인식하기에 그들이 지나치게 근시안적이며 이윤과 생산통계에만 집중한다는 점이었다.

보수주의적 복지국가의 기초

전후 보수주의자들에게 전통기관의 복구는 권력을 국가로부터 다양한 권위의 중심들로 분산시키려는 하나의 시도였다. 그러나 전통기관과 중재기관의 기능 회복은 국가의 권력을 견제하는 것뿐만 아니라, 개인을 개인주의와 이기주의로부터 구출해내며 전통적인 종교적 가치의 구심성을 회복하는 데에도 목적이 있었다. 보수주의 전통의 선배들과 마찬가지로 비에렉, 커크, 니스벳은 전통기관이 소외와 무규범 상태를 막아주는 친족관계, 지역성, 유대-크리스트교의 가치와 유대감을 고취시켰기 때문에 개인주의를 개선했다고 믿었다. 이러한 기관들은 사회적으로 우월한 이들에 대한 존중을 가치 있게 생각하고, 그리하여 불평등하고 위계적이며 자연적인 질서를 강화하여 사회적 안정을 낳을 수 있도록 개인을 사회화했다. 비에렉은 와그너법과 공정노동규준법Fair Labor Standards Acts과 같은 법률을 통해 국가가 중재기관을 강화할 수 있다고 믿었던 반면, 커크와 니스벳은 뉴딜 전체를 거부했으며, 커크는 "공동체는 실정법이 내세우는 어떠한 프로그램으로도 복구할 수 없다"라고 썼다.[105] 커크와 니스벳은 뉴딜을 반대했지만, 자신들의 전망이 어떻게 성취될 수 있는지에 대한 구체적인 정책 제안이나, 혹은 그러한 사회가 현대 상황에서 어떤 모습을 띨 것인지에 대해서는 거의 이야기하지 않았다. 커크는 반근대적이고 낭만화된 불평등한 소부르주아 경제를 제안했다. 니스벳은 수많은 교회, 자발적 결사체, 상조회들이 "사회 전체에서 중요한 기능과 역할을 맡았던" 제1차 세계대전 이전의 나날을 이상화했다.[106]

커크와 니스벳은 모두 뉴딜 복지국가에 적대적이었지만, 두 사람 중 누구도 국가가 사회복지를 제공하는 데서 물러나면 전통기관의 권위가 즉각 회복되리라고 믿지는 않았다. 대신에 그들—특히 니스벳—은 중재기관과 국가 사이의 새로운 관계라는 우회로를 만들어냈다. 니스벳에 의하면,

정부의 역할은 민주주의에서 명확해진다. 전체국가처럼 기능의 선취와 권위의 박탈, 충성심의 독점을 통해 결사체들의 정상적인 권위를 빈약하게 만들지 않고, 단일한 권위나 종교 혹은 경제적인 것이 억압적이고 독점적인 영향력을 획득하지 못하도록 하는 일정한 법적 환경, 그리고 경계들 내에서 상이한 집단들이 정상적인 경쟁을 벌일 수 있는 수단을 행정적으로 제공해 이러한 결사체들을 강화하는 일—이것이 민주주의에서 정부의 역할이다.[107]

니스벳과 커크가 마음에 품고 있던 종류의 사회적 균형과 다원주의는 적극적인 정부를 필요로 했다. 『공동체에 대한 추구』에서 니스벳은 "개인적 자유와 결사체의 권위"를 보장하는 정부의 역할에 관한 프랭크 타넨바움Frank Tannenbaum의 주장에 찬성하며 다음과 같이 전했다.

[타넨바움이 쓴] 사회적 평화에 이르는 길은 사회제도들의 균형이며, 현명한 정치인은 그 토대가 상실되고 있는 것처럼 보이는 이러한 제도들—그 자신이 이 제도들에 푹 빠져 있지 않더라도—을 강화할 것이다. 오류를 범하기 쉬운 인간의 본성으로 구성된 이 세계에서 평화로 나아가는 유일한 길은 인간의 모든 제도들을 강력하지만 지나치게 강력하지는 않게, 상대적으로 약하지만 그 생존을 체념할 정도로 지나치게 약해지지 않게 유지하는 데 있기 때문이다.[108]

"토대가 상실되고 있는 것처럼 보이는 이러한 제도들을 강화"하는 "정치인"의 역할이 꼭 뉴딜에 대한 지지를 의미하지는 않지만, 이는 단순히 자유주의 복지국가를 해체하고 중재결사체들이 자립할 수 있도록 해야 한다는 정책이 아님을 시사한다. 오히려 이는 정부가 지원이나 규제를 통해 사회집단 간의 건전한 경쟁 환경을 유지하고, 불안정하게 표류하는 사회기관들이 더 이상 공적 충성심의 수혜자*가 되지 않도록 지켜내는 것을 뜻했다. 중재기관의 강화라는 미국 보수주의를 위한 니스벳의 정치적 기획은 자유방임주의 논리에서 벗어나 시민사회의 제도들과 협력하는 국가의 적극적인 역할을 개척해냈다. 게다가 이는 국가의 역할에 대한 보수주의 담론을 자유방임주의 혹은 전체주의라는 유일한 두 가지 선택지로부터 벗어나게 만들었다. 이는 또한 연방정부로부터 주와 지역정부로 권위와 기능이 이양되는 보수주의적 복지국가란 무엇인가에 대한 이론적 토대가 되었으며, 1996년 빌 클린턴 대통령의 빈곤가정일시부조제도, 그리고 일부 사회복지 프로그램을 지역 종교단체들로 이양한 조지 W. 부시George W. Bush의 신념 기반 정책 발의faith-based initiative programs로 나타났다.

비에렉, 커크, 니스벳이 공공정책과 공화당에 영향을 미쳤건 아니건 그들의 중요성은 공화당이 시행했던—그 성공의 정도가 다양한—보수정치의 정치적 프로그램들을 그들이 수립했다는 데 있지 않았다. 그들의 흔적은 단순한 부의 옹호와 구별되는 일련의 가치와 전통에 기반해 지적으로 보수주의를 정당화함으로써 고전적 자유주의와 보수주의를 구별했다는 데 있다. 종전 직후에 보수주의자로 불리는 것은 일반적으로 조롱거리였기 때문에 이들이 거둔 성공의 의미는 중대한 지적 승

---

* 중재기관들이 국가의 후원에 의존하는 경향을 의미한다.

리였다. 비에렉, 커크, 니스벳은 스스로를 보수주의적 원칙들로부터 영향을 받은 사상가라고 생각했고, 따라서 "사회 계획"과 그러한 교만함이 야기하는 전체주의에 매혹된 사회과학자와 정책 관련 지식인들을 대단히 불신했다.

전후 시대에 자본주의에 대한 보수주의적 비판은 냉전 이전 한 세기와는 그 모습이 판이하게 달랐다. 냉전 이전의 비판은 존 C. 칼훈과 조지 피츠휴로부터 시작되어, 또 다른 차원을 제시했던 브룩스 아담스와 시어도어 루스벨트를 거쳐 남부 농본주의자들에 의해 재정립되었다. 그들 모두는 서로 매우 달랐지만 자유방임 자본주의에 대한 비판으로 결집했으며, 이는 순전히 이론에만 그치지 않았다. 구체적으로 세계대전 이전의 보수주의자들은 노동자들과 가족이 겪는 불행과 착취를 국가가 아니라 규제받지 않는 자본주의의 탓으로 돌렸다. 그들은 경제를 정치화하고, 자본가를 국가의 사회적·정치적·경제적 전환에 적극적인 혁명적 주체로서 정치화했다.

보수주의 비판자들 사이에서 자본주의에 대한 사고는 전후 시대에 진전되었으며, 그 비판의 내용과 논조의 변화는 아마 전후 미국의 이데올로기적·정치적 맥락에 기인했는지도 모른다. 첫째로, 전후 보수주의자들은 보수주의 전통과 유산을 회복시켜 스스로를 이데올로기적으로 정의하고자 했다. 커크의 『보수의 정신』과 비에렉의 『보수주의에 대한 재고찰』이 그 전형이다. 보수주의자가 된다는 것이 무엇인지를 정의하는 과정에서 그들은 자유방임주의 옹호와 경제적 자유지상주의의 신봉자들로부터 보수주의를 구분했다. 전후 보수주의자들의 자본주의에 대한 비판의 원천은 상당 부분 원칙에 입각해 자유지상주의자들과의 구별을 강조한다는 데 있다. 두 번째 맥락은 두 경제체제 사이의 냉전 경쟁이었다. 보수주의자들은 자본주의와의 친화성을 발견했고, 뉴딜이 미국의 정치 및 경제체제를 안정화시켜 혁명의 가능성과 계급갈등을 감소시켰음을 알게 되었다. 혁명, 특히 자본과 노동 간의 폭력적 대립에 대한 우려는 보수주의적인 자본주의 비판에서 항상 중요한 요소였다. 그러나 전후 시대 상대적인 경제적 안정 덕분에 보수주의적인 자본주의 비판자들은 국내에서의 혁명에 대해 덜 우려했다. 이는 비에렉이 믿었던 것처럼 역설적으로 뉴딜이 자본주의의 가장 착취적이고 궁핍화를 초래하는 측면들을 수습했고, 그리하여 미국 노동자들에게 전무후무한 경제적 안정과 번영을 제공했기 때문이었는지도 모른다. 실제로 비에렉 자신은 자본주의에 대한 물질주의적·경제적 비판들이 "구식"이 되었다고 적었다. 이제 유효한 비판은 정신적 혹은 문화적 비판이었다.[109] 바로 이러한 맥락에서 전후 보수주의적 자본주의 비판자들의 사고가 진화한 방식을 설명할 수 있다. 비에렉, 커크, 니스벳의 비판에는 그 이전 비판자들과 달리 자본주의의 작동방식을 변화시키려는 의도가 없었다. 대신 그들의 목표는 자본주의를 다양한 형태의 자유방임주의로부터 해방시키고, 이를 문화적·제도적 버팀목으로 복무했던 비경제적인 가치 및 제도들과 공생적으로 결부시켜 자본주의를 강화하는 데 있었다.

　그 이후로 보수주의자들은 더 이상 자본주의를 초월하거나, 노예제 옹호론자 또는 남부 농본주의자들처럼 현재의 지배적인 정치경제에 대한 대안을 수립하고 이를 보수주의와 화해시키려 하지 않았다. 대신에 그들의 자본주의 비판은 점차 더 문화적인 것이 되었고, 재화와 서비스를 분배하고 생산관계를 구조화하는 메커니즘은 거의 완전하게 논의에

서 배제되었으며, 그 결과 자본주의의 물질적 기반과 메커니즘은 온전
하게 유지되었다.

전후 보수주의자들은 냉전 이전에 제시된 강도 높은 자본주의 비판
과 결별했으며, 오늘날 우파들로부터도 여전히 들을 수 있는 문화적 용
어들로 자본주의에 대한 담론을 재정식화했다. 이러한 지적 발전은 미
국 보수주의자들이 초기의 보수주의 사상가들과 얼마나 거리가 있는지,
미국 보수주의가 어떻게 자본주의와 평화적인 관계를 맺었는지를 보여
준다. 냉전 초기에는 원리적인 반공주의와 자본주의에 대한 확고한 지
지가 보수주의자를 판별하는 시금석이었다. 전사-귀족과 남부 농본주
의자들이 지지했던 다양한 형태의 규제된 자본주의는 비에렉이 보수주
의 운동에서 추방된 사례에서 볼 수 있듯 전후 보수주의자들 사이에서
이단이 되었다. 이는 오늘날에도 그러하다. 비에렉을 보수주의 운동에
서 추방했던 1950년대의 적개심이 사라지고 나서 한참 뒤에 쓰인 『내
셔널 리뷰』 기사에서 존 J. 밀러는 "비록 비에렉은 강고한 공산주의 비
판자였지만 (…) 그의 보수주의가 가지고 있던 근본적인 취약점은 자본
주의에 대한 [그의] 무시였다. (…) 그는 개인적으로 자유시장보다 혼합
경제를 선호했다"라고 적었다.[110] 자본주의에 대한 문화적 비판은 여전
히 보수주의 담론에 남아 있지만, 현재 미국 보수주의는 그 어느 때보다
근본적으로 자본주의를 옹호하고 있다.

1960년대와 1970년대는 미국의 정치와 경제, 그리고 사회적·문화적
구조에 광범위한 전환을 가져왔다. "위대한 사회" 기획을 통한 복지국
가의 팽창은 수백만 명을 빈곤에서 벗어나게 했고, 경제생활에서 연방
정부의 역할을 확대했다. 소수 인종과 여성들의 운동은 오랜 기간 뿌리

내리고 있던 인종·성별 위계와 이를 지탱했던 관습과 제도들에 일격을 가했다. 그러나 1960년대의 경제적 호황— 대체로 "위대한 사회"와 베트남 전쟁과 관련한 막대한 정부 지출의 결과였던—에도 불구하고 미국 자본주의에는 구조적으로 대단히 큰 결함이 있었고, 이는 곧 스태그플레이션 위기로 드러났다. 자본주의는 정당성 위기의 한가운데 놓여 있었다. 정치적·경제적 위기에 대한 대응은 미국과 전 지구적 경제에서 패러다임적 전환을 낳을 것이며, 이는 미국의 계급 및 권력관계를 급격하게 변화시키고 다가올 더 큰 위기로 향하는 길을 열어놓을 것이다. 보수주의자들은 이러한 역사적 전환의 이데올로기적 전선에서 선봉으로 나설 것이다. 새로운 쟁점 및 신보수주의자들의 중대한 기여와 더불어 우파는 자본가들을 담론 안으로 다시 불러왔고, 자본주의에 대한 보수주의적 옹호를 새롭게 정식화했으며, 자유주의 복지국가를 비판했다. 그리고 이 과정에서 우파는 뉴딜 이후로 미국에서 볼 수 없었던 수준의 경제적 불평등과 계급화를 만들어냈다.

5장

신보수주의적 비판과
자본주의와의 화해

대부분의 미국인들은 이제 "거대 기업들"이 경제 및 정치체제를 조종하기 위해 비밀리에, 그러나 가장 효과적으로 음모를 꾸미고 있다고 쉽게 믿는다— 진부한 사실이지만 기업 임원들은 무언가를 심사숙고하기엔 너무 산만하며 상상력 또한 부족하다.

어빙 크리스톨, 『자본주의를 위한 두 가지 응원 Two Cheers for Capitalism』

1960년대와 1970년대 초반은 미국에서 20세기 자유주의의 절정이자 그 몰락의 시초라고 정확하게 불려왔다. 대략 15년의 번영기 동안 인종적 소수자들과 여성들은 전례 없는 성취를 거두었고, 경제적 불평등 역시 20세기 가장 낮은 수준을 기록했다.[1] 그러나 이 시기는 또한 1960년대의 진보주의, 특히 린든 B. 존슨 대통령의 '위대한 사회'와 아프리카계 미국인과 라티노, 여성들이 만들어낸 통합과 평등을 향한 성취들—보수주의자들이 국가의 사회적·문화적·정치적 전통과 제도들에 대한 공격이라고 여겼던—에 대한 전면적인 반격이 시작된 시기이기도 했다. 정치적 스펙트럼 반대편에서는 베트남 전쟁 반대운동과 아시아 및 아프리카의 탈식민지운동에 영감을 받은 급진주의적 활동가들이 자본주의체제에 이의를 제기했다. 1960년대와 1970년대 미국 자본주의에 대한 이러한 도전은 실천보다 이론에서 더 많은 주목을 끌었지만,

이는 보수주의자들로 하여금 자본주의체제가 위태로운 상황에 처해 있다고 걱정하게 만들었다. 체이스맨해튼 은행Chase Manhattan Bank에 보낸 보고서에서 뉴욕 주지사 넬슨 록펠러Nelson Rockefeller는 "우리 사회의 구조 전체가 도전을 받고 있다는 사실이 내게는 명백해 보입니다"라고 적었다.[2] 훗날 미 연방대법관으로 임명된 루이스 파웰Lewis Powell은 미 상공부와 재계가 "체제 그 자체를 보존하기 위해 그들의 위대한 능력을 적극적으로 발휘"할 것을 촉구했다.[3] 자본주의체제가 공격받고 있다고 여긴 보수주의자들은 자본주의에 대해 품고 있던 그들의 상반된 감정을 일소하고, 자본주의체제를 지키기 위해 이데올로기 전선에서 기업의 이익에 동참했다.[4]

1970년대는 보수주의 사상에서 중요한 시점이었다. 그 이유는 지난 40년간 가장 영향력 있는 보수주의 사상가들이었던 신보수주의자들이 미국 보수주의의 주류를 법인자본주의, 그리고 개혁되었지만 억제된 복지국가와 화해시켰기 때문이다.[5] 신보수주의자들의 법인자본주의 옹호는 법인모델과 거대 기업—남부 농본주의자들과 20세기 중반 러셀 커크, 로버트 니스벳과 같은 사상가들에게 핵심이었던—에 대한 비판을 거부한다는 것을 의미했다. 자본주의 비판은 현대 보수주의 사상에서도 발견할 수 있지만, 1970년대에 일련의 사건이 지나간 후 그것은 오직 껍데기에 불과하게 되었으며, 한때 보수주의적 비판의 중요한 요소였던 공동체에 대한 위협과 자본주의의 착취적이고 비인간적인 측면을 강조하는 역사적 비판이라는 핵심 요소를 결여했다. 이후 수십 년간 신보수주의자들의 자본주의 비판은 전적으로 문화적인 것이었으며, 자본주의 이데올로기와 그 경제체제를 약화시키기보다는 강화하는 데 의도가 있었다.

　자본주의에 대한 신보수주의적 비판은 두 가지 부분으로 구성되어 있었다. 첫 번째 비판은 어빙 크리스톨과 대니얼 벨Daniel Bell이 제시했으며, 어떻게 자본주의가 프로테스탄트 윤리와 연관된 근면·절약·만족지연이라는 "부르주아적 덕목들"을 저해하고 있는지에 초점을 맞춘다.[6] J. 데이비드 호에블러 주니어J. David Hoeveler Jr.가 지적했듯이 1세대 신보수주의자들에게 가장 중요한 문제는 자본주의가 자신이 만들어낸 세계에서 문화적 정당성을 수호하는 데 실패했다는 점이었다.[7] 신보수주의자들이 보기에 "자본주의를 실질적으로 방어하려면 상업문명이 기반을 두고 있는 문화적 전제들을 옹호해야 할 필요가 있었다".[8] 그 문화적 기반은 인생에 도덕과 의미를 부여하는 유대-크리스트교 유산과 자본주의 사회를 정의로운 것으로 정당화하고, 근면함과 덕성 있는 삶을 보상해주는 프로테스탄트 윤리에 뿌리를 두고 있었다. 벨과 크리스톨이 본래 명징하게 밝힌 바와 같이, 자본주의는 한때 자신을 도덕적으로 옹호해주고 문화적으로 정당하게 만들어주었던 잃어버린 가치들을 회복할 필요가 있었다.[9] 현대 자본주의에 대한 그들의 비판은 자본주의의 무도덕주의와 그것이 미국의 경제 및 정치체제를 위협하는 문화적 허무주의에 어떻게 기여했는지에 초점을 맞추고 있었다. 자본주의적 축적과 경제적 불평등을 정당화했던 프로테스탄트 윤리의 도덕적 기반으로 돌아가기 위해 그들은, 자기중심적 소비주의와 즉각적인 만족을 강조하는 현대 자본주의를 거부하는 문화적 부흥을 호소했다. 특히 어빙 크리스톨에게 자본주의를 정당화했던 윤리를 회복하는 데 있어 핵심은 공급중시 경제학이었다.[10] 그가 보기에 이는 부르주아적 덕목의 정수이자 경제체제를 정당화했던 특성인 근면·생산성·절약을 경제적으로 보상하는 모델을 제공했다. 실제로 신보수주의자들은 자본주의와 1970년대에 시작되어 오늘날 미국의 정치경제를 규정한 경제적 불평등의 재정착화를 옹호하는 이데올로기적 최전선에 서 있었다.

보다 집요하고 문화에 기반을 둔 두 번째 자본주의 비판이 신보수주의자들 사이에 등장하기까지는 오랜 시간이 걸리지 않았다. 1991년 소련의 몰락은 미국만이 유일한 초강대국이 된 단극적 세계를 낳았다. 신보수주의자들은 이러한 국제 환경을 미국이 민주적 자본주의에 기초한 새로운 세계질서를 건설할 기회로 바라보았다. 기실 신보수주의자들 가운데 일부는 "역사의 종언"이 도래했다고 결론 내릴 정도로 이러한 질서가 갖는 전 지구적인 매력을 대단히 확신했다.[11] 미국 정치지도자들이 그와 같은 전 지구적 전환 기획에 참여하기를 주저했기 때문에, 일부 신보수주의자들은 자본주의의 물질주의적 문화가 미국이 세계를 재편하길 꺼리게 만들고 있지는 않은지 의문을 가졌다. 어빙 크리스톨과 데이비드 브룩스 같은 보수주의적 사상가들과 칼럼니스트들이 보기에 20세기 후반의 자본주의는 오직 개인의 물질적 관심사에만 몰두하는 타락한 대중을 만들어냈다.[12] 부르주아적 덕목들은 비록 자본주의에는 필수적이었지만 "따분한 것"이었고, 미국이 세계를 변화시키는 역할을 수행하는 데 필요한 용기와 애국주의, 그리고 국가를 위한 희생을 고무하는 데 실패했다. 미국은 전 지구적 헤게모니라는 운명을 오직 간헐적으로만 실현하고자 할 뿐이었다. 신보수주의자들은 이 실패의 원인이 부분적으로는 돈벌이·소비·물질주의·개인적 만족을 우선시하는 자본주의 문화에 있다고 보았다.

현대 보수주의자들은 제국으로서의 미국이라는 전망이 복지국가에 대한 의존과 자본주의의 이기적 소비주의가 만들어낸 문제들을 해소해주는 해결책이라고 여긴다. 신보수주의자들은 미 제국이라는 기획이 미국 소비자들을 윌리엄 크리스톨이 명명한 "자비로운 전 지구적 헤게모니"를 지지하는 시민들로 변화시킴으로써 미국의 사회·정치·문화를 퇴폐와 타락, 이기주의로부터 구원하리라 기대한다.[13] 신보수주의자들은 미국 정치문화의 이러한 혁명이 "우리의 자유민주주의적 원칙과 안전에 이익이 되는 세계질서의 윤곽을 그려내는 데" 있어 무엇보다 중요하다고 주장했다.[14]

자본주의와 복지국가에 대한 보수주의적 사고에는 다양한 이데올로기적 설계자들이 있었지만, 그들 가운데 가장 중요한 이들은 신보수주의자들이었다. 배리 골드워터의 실패한 1964년 대통령 선거 캠페인은 보수주의 운동권들에게 이데올로기적 기반이었던 자유방임 자본주의와 복지국가의 완전한 해체라는 주장이 선거에서 대중적인 호소력을 갖지 못한다는 사실을 보여주었다. 유권자들은 사회보장이나 실업급여와 같은 뉴딜 프로그램들을 지지했다. 신보수주의자들, 특히 어빙 크리스톨은 복지국가를 무력화하는 데 열중하는 이데올로기와 정치운동이 선거를 막다른 지경에 이르게 했다고 생각했다. 그러므로 골드워터의 패배 이래 수십 년 동안 보수주의적인 지적·정치적 지도자들은 보수주의를 추종하는 더 많은 유권자들과 지적인 엄밀함—특히 공공정책 분야에서—을 가져다줄 이데올로기와 정치운동을 고안해냈다. 이는 자유주의의 이데올로기적 헤게모니와 뉴딜 민주당을 지지하는 선거세력에게 던진 성공적인 도전이 되었다.[15]

많은 학자들이 1970년대 미국에서 발생한 경제적·문화적·정치적 변동에 대한 글을 저술했다.[16] 자본주의에 대한 신보수주의자들의 사고는 이러한 경제적·정치적 변화들을 추동하는 데 기여했으며, 미국인들이 자본주의와 복지국가에 대해 생각하고 논의하는 방식을 바꾸어놓았다.[17] 1980년에 이르러 복지국가, 각종 규제체계, 조직노동에 대한 비난은 하나의 규범이 되었으며, 뉴딜 민주당 지지자들의 선거연합은 산산조각 났다. 로널드 레이건의 당선으로 시장·시민·국가의 관계를 재정의하는 신보수주의적 이데올로기의 설계자들이 등장했다. 감세· 공세적 반공주의·군사적 케인스주의·통화주의·조직노동에 대한 공격·정부의 규제를 포함한 레이건의 보수주의적 정책은 소득과 부를 부자와 법인기업에게 재분배했다. 40년 넘게 공화당뿐 아니라 민주당 행정부에서도 시행된 이러한 정책들은 미국 정치에 심대한 영향을 주었다. 이들은 가장 빈곤하고 도움이 필요한 사람들을 지원하는 프로그램들을 대폭 축소하고, 경제 불평등을 심화시키며, 상층으로의 사회이동을 제한하고, 더 많은 이윤이라는 이익을 위해 노동을 통제하고 규율하는 경제적 위계의 권력을 재건함으로써 복지국가가 보수주의적 목적에 복무하도록 방향을 재설정했다.[18]

신보수주의자들만큼 공공정책에 지대한 영향을 미친 보수주의적인 자본주의 비판자들도 드물다. 그들의 영향력 있는 존재감은 미디어, 워싱턴의 싱크탱크, 기업이사회, 비정부기구Non-Governmental Organization, NGO, 정부간국제기구Intergovermental Organization, IGO, 연방정부에서 확실하게 나타났다. 프랜시스 후쿠야마Francis Fukuyama, 네이던 글레이저Nathan Glazer, 거트루드 힘멜파브Gertrude Himmelfarb, 진 커크패트릭Jeanne Kirkpatrick, 세이무어 마틴 립셋Seymour Martin Lipset, 대니얼 패트릭 모이니한Daniel Patrick Moynihan, 노만 포드호레츠Norman Podhoretz, 제임스 Q. 윌슨James Q. Wilson, 폴 월포위츠Paul Wolfowitz와 같은 많은 신보수주의자들은 지적으로나 정치적으로 영향력이 있었다. 그러나 여기에서 나는 대니얼 벨, 어빙 크리스톨, 윌리엄 크리스톨, 데이비드 브룩스의 사상에 집중할 것이다.

대니얼 벨(1919~2011)은 사회학자이자 하버드 대학교Harvard University 교수였으며, 그의 『자본주의의 문화적 모순들The Cultural Contradictions of Capitalism』(1976)은 부르주아적 덕목들의 몰락을 가장 명확하고 철저하게 기술한 책이다. 벨은 특히 『탈산업사회의 도래The Coming of the Post-Industrial Society』(1973)와 『이데올로기의 종언The End of Ideology』(1960)이라는 제목의 편저를 비롯해 다른 중요한 몇 권의 책을 저술했다. 어빙 크리스톨과 함께 벨은 최초의 신보수주의적 저널인 『퍼블릭 인터레스트Public Interest』의 창간인이었다.

어빙 크리스톨(1920~2009)은 많은 이들에게 신보수주의의 창건자로 여겨진다. 그의 부고 기사에서 『뉴욕 타임스』는 그를 "누구 못지않게 현대 보수주의를 명확하게 정의한 정치논평가"라고 칭했다.[19] 크리스톨은 『퍼블릭 인터레스트』, 『코멘터리Commentary』, 그리고 그가 창간한 『내셔널 인터레스트National Interest』를 포함해 보수주의 잡지들에 자주 글을 기고했다. 그의 사상은 『월스트리트 저널』에 자주 실린 기고문들을 통해 대중들에게 다가갔다. 그는 뉴욕 대학교에서 교편을 잡았으며, 보수주의 싱크탱크인 미국기업연구소의 선임연구원이었다. 그는 재계 지도자들과 잭 캠프Jack Kemp, 로버트 H. 보크Robert H. Bork, 윌리엄 E. 사이먼William E. Simon과 같은 공화당의 유력인사들에게 영향을 주었다. 2002년에 조지 W. 부시 대통령은 그에게 대통령 자유훈장을 수여했다.

『월스트리트 저널』과 『뉴욕 타임스』 오피니언 지면의 정기 기고자였던 윌리엄 크리스톨과 데이비드 브룩스는 보수주의 정책 서클에서도 중요한 인물이 되었다. 단언컨대 그들의 정책 영향력이 절정에 달했던 때는 조지 W. 부시 행정부와 "테러와의 전쟁" 시기였다. 『월스트리트 저널』에 자주 기고한 논평 외에도 어빙의 아들인 윌리엄 크리스톨은 폭스 뉴스 채널의 고정 출연자였으며, 『타임』 지와 『뉴욕 타임스』에 사설을 썼다.[20] 그는 로널드 레이건의 교육부 장관이었던 윌리엄 베넷William Bennet, 전직 부통령 댄 퀘일Dan Quayle, 2008년 공화당 대통령 선거 후보 지명자였던 존 매케인John McCain을 비롯한 다수의 공화당 고위인사들에게 자문을 제공했다. 윌리엄 크리스톨은 또한 신보수주의 잡지인 『위클리 스탠다드Weekly Standard』의 창간인이었으며, 새로운 미국의 세기를 위한 기획Project for a New American Century과 맨해튼연구소Manhattan Institute 등 여러 보수주의 싱크탱크의 회원이었다.

보수주의 서클 내부에서 두각을 나타내지는 않았지만 데이비드 브룩스(1961~)는 『뉴욕 타임스』에 정치 논평을 실었으며, PBS와 NPR 방송국은 그를 유명인사이자 『낙원에 사는 보보스: 그들은 어떻게 신흥 상류층이 되었나Bobos in Paradise: The New Upper Class and How They Got There』(2000), 『낙원으로의 여정: 우리는 어떻게 현재를 살고 있으며 항상 미래시제로 살아왔는가On Paradise Drive: How We Live Now and Always Have in the Future Tense』(2004)를 출간한 베스트셀러 저자로 만들었다.*

자본주의의 정당성 위기

1960년대와 1970년대에 글을 집필할 당시 신보수주의자들은 열렬한 자유시장 옹호자가 아니었다. 오히려 그들은 자본주의에 대한 사회주의라는 대안이 소련에서의 실험 실패로 신뢰성이 떨어졌으며, 프리드리히 하이에크와 밀턴 프리드먼의 자유방임주의적 대안 역시 마찬가지로 문제가 있다는 전제하에 움직였다. 대니얼 벨과 어빙 크리스톨이 보기에 자본주의의 주요 문제—그리고 자본주의가 정당성 위기를 겪게 된 이유—는 그것이 프로테스탄트 윤리의 문화적·도덕적 계율로부터 멀어졌다는 점이었다.[21] 막스 베버를 따라 벨은 자본주의가 프로테스탄트적 금욕주의에 기원을 두고 있다고 주장했다.[22] 어빙 크리스톨은 프로테스탄트 윤리란 그가 "부르주아적 덕목들"이라고 부르는 근검·자립·근면·냉철·자기규율 등이며, 이 덕목들은 가족·교회·이웃·민족과 같은 전통적 권위구조에 뿌리를 내리고 있다고 보았다. 게다가 이러한 부르주아적 덕목들은 불평등을 정당화하는 윤리와 자본주의적 축적을 연계시켰다.[23] 열심히 일한 자, 신중하게 투자한 자, 무책임하게 써버리기보다 절약하는 개인적 인내심을 갖춘 자가 사회경제적으로 가장 부유할 뿐만 아니라 영원한 구원이라는 신의 가장 고귀한 은총을 받게 될 것이었다. 이러한 덕목들은 개인이 도덕적 제약의 한계 안에서 자신들의 경제적 이익을 더욱더 추구하게 만들었다. 다시 한 번 베버를 따라 벨은

• 한국에서는 『보보스: 디지털 시대의 엘리트』(형선호 옮김, 동방미디어, 2001), 『보보스는 파라다이스에 산다: 보보스는 어떻게 세계의 경제, 사회, 문화혁명을 이끌고 있는가』(김소희 옮김, 리더스북, 2008)라는 제목으로 번역·출간되었다.

노동에 대한 프로테스탄트적 헌신과 축적, 그리고 "소명"으로서의 직업에 대한 신념은 주로 부에 대한 축적 욕구가 아니라 스스로의 구원을 위한 수단으로서 동기를 부여받는다고 주장했다.[24] 자본주의가 이러한 종교적·윤리적 척도를 따른다면 개인의 방탕함과 욕심은 억제될 것이며, 자본주의적 축적으로 인한 불평등들은 대개 마땅하다고 받아들여질 것이다.

신보수주의자들에 의하면 1970년대에 이르러 이 덕목들은 더 이상 최상층의 사회경제적 계급들 사이에서 찾아볼 수 없게 되었다. 『자본주의를 위한 두 가지 응원』(1978)의 에필로그에서 크리스톨은 "그 누구도 이러한 전통적 가치들이 기업권력의 중심으로 진출할 길을 누구에게나 열어준다거나, 회사의 중역을 맡고 있는—또는 그렇게 되고 싶어 하는—사람이 부르주아적 덕목의 전형을 보여주는 이들이라고 주장하지 않는다"고 선언했다.[25] 자본주의와 거대 기업들이 그 어느 때보다 많은 사람들에게 물질적 안정과 풍요를 가져다주긴 했지만, 성공한 기업 중역에 대한 대중의 인식은 그들이 탐욕스럽고, 극악무도하며, 오직 이윤에만 관심이 있는 자들이라는 것이었다. 경제적 불평등, 자본주의, 거대 기업에 대한 좌파의 비판이 대단히 호소력 있다는 사실은 전혀 놀랍지 않다고 크리스톨은 믿었다. 어찌 되었든 누가 그러한 체제를 옹호하고 싶어 하겠는가?

프로테스탄트 윤리는 자본주의에 대한 유일한 승인도, 불평등에 대한 유일한 정당화도 아니었다. 크리스톨이 「자본주의, 사회주의, 허무주의 Capitalism, Socialism, and Nihilism」(1973)라는 에세이에서 지적했듯이 자본주의의 불평등은 다양한 여러 관점을 통해 옹호되었다. 몇몇 사상가들은 축적과 이윤 극대화는 그 자체로 가치가 있다고 정당화했다. 다른 이들은 불평등을 사회다원주의의 시각에서 옹호했다. 자본주의와 불평등에 대한 이러한 설명은 종교적으로 영감을 받은 프로테스탄트 윤리에서 변화한 것이었다. 크리스톨에 의하면 이는 프로테스탄트적 정당화를 퇴색시켰으며 자본주의의 정당성을 위태롭게 만들었다.

> 맨더빌과 흄이 전파한 [분배적 정의에 관한] 이러한 정의는 철학적이거나 종교적이기보다 순전히 실증적이며 세속적이다. 이는 자본주의 하에서는 그것이 무엇이든 정당하다는 의미이다 — 모든 자유주의-부르주아 사회의 불평등은 필수적인 것임에 틀림없는데 만약 그렇지 않다면 자유시장은 이를 만들어내지 않았을 것이며, 그러므로 이는 정당화되어야 한다는 것이다. 이러한 관점은 투기꾼과 부르주아-기업가를 구별하지 않는다. 양자 모두 사적 악덕(욕심, 이기심, 탐욕)을 추구함으로써 결과적으로 공익을 창출하는 이기적인 생명체이다.[26]

자본주의와 그 불평등에 대한 이러한 재개념화는 점진적으로 전개되었으며, 물질적이고 철학적인 원인들을 가지고 있었다. 자본주의가 발전하고 산업화가 진전되며 집중이 이루어지자 프로테스탄트적 정당화는 지반을 잃기 시작했다. 소수의 강도남작과 뉴욕 은행 및 투자회사들의 손아귀로 집중된 막대한 부는 신을 두려워하는 프로테스탄트적 자본가의 인격적 특성을 더 이상 반영하지 않았다. 머지않아 자본주의에 대한 종교적·도덕적 정당화는 공리주의와 사회다원주의, 그리고 월터 리프만Walter Lippmann, 반 윅 브룩스Van Wyck Brooks, 존 리드John Reed,

해롤드 스턴Harold Sterns과 같은 20세기 초 젊은 지식인들에 의해 대체되었다. 그들은 프로테스탄트 윤리와 소규모 마을의 삶이라는 낭만주의 같은 미국의 문화적 가치들이 현실을 반영하지 않는다고 주장했다. 미국은 더욱더 종교적·민족적·인종적으로 다양한 사회가 되어 있었다. 미국이 한층 더 범세계주의적으로 변화하고 도시 인구가 새로운 사상들을 접하게 되면서 미국인들은 프로테스탄트 가치가 개인의 행동에 부과한 제약들에 저항하기 시작했다. 그 결과 축적과 소비의 제약을 정당화하는 프로테스탄트 윤리의 도덕적 정당화는 약화되기 시작했다.[27]

자본주의의 종교적 토대를 침식한 것은 프로테스탄트 윤리에 대한 지적 공격만이 아니었다. 자본가들은 이러한 문화적 전환을 이용해 자신들의 이윤을 증대시킬 방안을 고안해냈다. 예컨대 벨과 크리스톨은 자본가들이 더 많은 이윤을 거두는 데 필수적인 수단인 할부판매와 소비자 신용의 발명을 강조했다. 그 과정에서 이러한 금융·신용 수단들은 부르주아 윤리의 보다 온건한 가치들보다 즉각적인 만족을 영예롭게 여기는 문화에 기여했다.[28] 벨에 의하면 할부판매는 "프로테스탄트 윤리를 약화시킨 가장 '파괴적인' 수단"이었다.[29] 할부판매와 더불어 자본가들은 즉각적인 자기만족적 수요를 확대해주는 효율적이고 수익성 있는 광고산업을 발명함으로써 미국 자본주의의 문화적 토대를 더욱 약화시켰다.[30] 궁극적으로 어빙 크리스톨은 자본이 작동하는 방식의 변화와 더불어 19세기 후반에서 20세기 초반 사이에 일어난 문화적·이데올로기적 전환의 결과로 "자본주의는 그 부르주아적 기원에서 벗어나게 되었으며, 부를 창출하는 동력인 몰인격적 해방과 욕구를 만족시키는 체제가 되었다"라고 주장했다.[31]

이론과 실천의 측면 모두에서 도덕적 토대와 점진적으로 분리된 자본주의의 정당성은 어떤 대안보다도 높은 수준의 생활을 제공할 수 있는 쾌락적이고 물질주의적인 이득에 달려 있었다. 순전히 물질주의적인 토대에 의존하게 되면서 자본주의는 벨의 말을 빌리자면 "그 무엇도 신성하지 않은" 체제가 되었다.[32] 크리스톨에 의하면 자본주의의 경제적 옹호자들이 자본주의의 문화적 위기를 야기했다. 그가 보기에 프로테스탄트 윤리로부터 탈피한 자본주의는,

> 실제로 더 많은 음식, 더 좋은 주거 환경, 더 나은 건강, 그리고 말할 것도 없이 모든 종류의 쾌적한 편리함을 제공한다. (…) 그러나 요컨대 그러한 것들만으로도 사회경제적 체제가 충분히 정당화된다고 순진하게 믿는 사람들은 인간의 마음과 영혼에 대해 거의 아무것도 알지 못한다. 사람들은 심지어 그러한 체제의 이득을 향유하면서도 이를 경멸하는 방식을 배울 수 있다.[33]

따라서 크리스톨이 보기에 경제구조의 급진적 변혁을 요구했던 1960년대 사회적 정의추구 운동들은 착취와 자본주의 경제의 비민주적인 구조의 산물이 아니라, 자본주의의 무도덕성에 대한 항의였다. 크리스톨은 자본주의의 불평등은 "사소한 것"이라고 일축했다.[34] 대신에 그가 보았듯이 문제는 자본주의에 대한 기본적인 사회도덕적 관념—즉 시장의 보이지 않는 손이 사적인 악덕을 사회적인 이득으로 전환시킨다는 생각—이 현대 자유주의적 자본주의 사회에서는 더 이상 유효하지 않다는 점이었다. 그것은 "자본주의의 세속적인 자유지상주의적 전통이

만들어낸 악덕에 관한 상상력"의 실패였다.[35] 더욱이 크리스톨이 보기에 이는 루트비히 폰 미제스, 프리드리히 하이에크, 밀턴 프리드먼, 그리고 자유지상주의적 보수주의자들도 만족스러운 해답을 갖고 있지 못한 실패였다. 크리스톨은 다음과 같이 적었다.

> 애덤 스미스의 후예들에게는 무척이나 자연스러웠던 경제학과 경제성장에 대한 열정적 관심은 경제적 비판과는 달리, 자본주의에 대한 문화적 비판에 있어서는 그들을 무력하게 만들었다. 애덤 스미스 자신은 경제사상에 있어서는 창조적인 천재였지만 문화적 태도와 견해들, 그리고 종교적인 생각들은 개인적인 취향의 문제이고, 합리적인 사람은 이에 특별히 들뜨지 않을 것이며 그렇지 않아야 한다고 믿는 속물이었다. 두 세기 동안 서구 문명은 이처럼 엄청난 판단 오류에 시달렸으며 오늘날과 같은 결과를 맞이했다. 시장경제는 최소한 원리상 다른 것들에 비해 우월하다고 용인되지만, 시장경제가 기초를 두고 있는 부르주아 사회는 전례 없이 대담하고 성공적인 도전에 직면해 있다.[36]

도덕적 제약과 도덕적 나침반이 없는 자본주의적 자유는 자본가들이 이윤을 실현할 가능성이 있는 것에는 무엇이든 투자하고 판매할 수 있게 만들었다. 신보수주의자들이 보기에 문제는 여기에 자본주의의 이데올로기적 적들의 아이디어가 포함되어 있다는 점이었다. 자본주의의 무도덕주의는 시민들의 품성을 저해하고, 서구 문명의 사회적·문화적·정치적 제도들을 위협하는 포르노그래피, 외설행위, 마약 등 위험한 문화적 허무주의[37]에 기여했으며, 이로부터 이윤을 얻을 수 있게 만들었다.[38]

1960년대 후반과 1970년대 신보수주의자들은 자본주의의 정당성 위기가 위태로운 지경에 이르렀다고 우려했다. 크리스톨에 의하면 "한 때 견고한 부르주아적 토대처럼 보였던 것 위에 우리가 건설한 영적으로 빈곤한 문명은" 도덕적 전망을 "간절히 필요로 하고 있다". 그는 "자유주의적 자본주의는 부르주아 시대에 물려받은 문화적 자본에 의지해 살아가고 있으며, 더 이상은 요구조차 하지 않는 도덕적 구속력으로부터 이득을 얻어왔다. 근면함·지연된 만족·절약을 강조하는 유산은 이제 고갈되었으며, 문화적 환경은 급격히 적대적인 방향으로 전환되었다"라고 선언했다.[39]

공급중시 경제학과 프로테스탄트 윤리의 회복

크리스톨과 신보수주의자들에게 문제는 어떻게 자본주의를 다시금 정당화할 수 있는가였다. 크리스톨이 보기에 그 해답은 이중적이었다. 미국 법인기업들은 반드시 대중과의 관계를 쇄신해야 하며, 공공정책은 자본주의를 정당화했던 부르주아적 덕목들을 장려할 인센티브를 창출하는 방향으로 전환되어야 할 필요가 있었다. 미국 법인기업들, 특히 기업의 엘리트들은 새로운 관점에서 자신들을 보여주어야 하며, 자신들의 권위와 부를 정당화할 근거들을 새롭게 개발해야 했다.[40] 크리스톨이 보기에 법인기업은 개인의 자유에 필수적인 경제적·정치적 권력을 분산시키기 때문에 자유민주주의의 미래에 무엇보다 중요했다. 아울러 그는 기업의 엘리트들이 허레이쇼 앨저Horatio Alger*의 신화처럼 자신들의 출신 배경을 홍보하고, 기업의 공익사업을 증진함으로써 스스로를 드러내야 한다고 촉구했다. 그는 기업 엘리트가 스스로를 지켜내고 자본주의의 위계적 사회질서를 옹호하기 위해 법인기업을 다시금 정당화하고 정치적 지지자들을 만들어내는 과업을 강조했다.

기업의 대중적인 캠페인 이상으로 부르주아적 덕목들을 새롭게 하는 동력은 공급중시 경제학이었다. 공급중시 경제학은 프랑스의 경제학자 장-바티스트 세Jean-Baptiste Say의 『정치경제론A Treatise on Political Economy』(1803)으로까지 거슬러 올라가는 경제성장에 대한 오래된 아이디어다. 공급중시 경제학은 공급이 자체의 수요를 창출하며, 그로 인해 경제가 성장한다고 여긴다.[41] 대공황과 케인스주의 경제학에 의해 1930년대 신임을 잃었지만 이 이론은 1970년대에 "래퍼 곡선Laffer curve"**이라는 형태로 새로운 기회를 얻었다. 1970년대는 실업과 인플레이션이 급등하던 시기였다. 이는 케인스주의의 논리적 사고에서는 불가능하다고 생각되던 시나리오이자 정부가 해결하기에 불가능해 보였다. 공급중시론자들은 기업에 대한 낮은 세율이 민간부문의 고용을 확장시키며 국가에 더 많은 조세수입을 가져다주리라고 주장했다. 그 결과 투자와 경제성장이 활발해지고, 현대 국가를 운영하고 그 자금을 조달하는 데 필요한 정부의 조세 수입을 유지할 수 있게 될 것이다. 이 이론은 보수

●   19세기 미국의 아동문학가로 소년이 근면함과 정직함 같은 미덕을 바탕으로 자수성가하는 성공담식 소설들을 썼다.

●●   세율에 따라 조세수입이 변화하게 되는 관계를 이론적으로 나타낸 곡선으로 1974년 미국의 경제학자 아서 래퍼가 제시했다. 이 이론에 따르면 일반적으로 세율이 증가하면 조세수입도 늘어나지만, 세율이 일정 수준을 지나면 아무도 열심히 일하려 하지 않을 것이기 때문에 세금을 부과할 수 있는 소득이 줄어들어 조세 수입이 감소한다. 이 이론은 레이건 행정부의 감세 정책의 근거가 되었다.

주의자들 중에서도 영향력 있는 사람들의 지지를 받았으며, 특히 아서 래퍼Arthur Laffer를 비롯한 많은 공급중시 경제학자들을 경제정책자문 기구의 위원으로 임용했던 로널드 레이건으로부터 지지를 받았다. 그 후 1981년에 레이건은 미국 역사상 가장 거대한 규모의 감세를 밀어붙였으며, 이는 부자와 기업에 불균등한 이득을 가져다주었다.[42]

크리스톨과 같은 신보수주의자들이 보기에 공급중시 경제학은 잠재적인 경제적 이득보다 이데올로기 측면에서 더욱 중요했다. 공급중시 경제학은 미국의 소비자본주의에서 사라져버린 성실함·정직함·근면함이라는 프로테스탄트 윤리와 자본주의를 다시 융합해야 한다는 그의 작업에 부합했다.[43] 크리스톨은 공급중시 경제학이 부르주아 윤리 특유의 성격들을 회복하는 데 필요한 올바른 인센티브들을 제공한다고 믿었기 때문에 이를 선호했다. 공급중시 경제학은 기업가 정신을 고취했던 혁신과 생산에 보상을 제공했다. 이 이론에 의하면 고소득자에 대한 높은 과세는 더 열심히 일하고 더 많은 소득을 벌고자 하는 사람들의 의욕을 꺾는다. 대신에 부자에 대한 과세는 그들의 노동과 추가적인 투자에 정부가 과세를 하지 않는다는 사실을 확신시키고, 더 열심히 일하고 더 많은 투자를 격려할 수 있을 만큼 낮아져야 한다. 공급중시 경제학의 전달자들은 이러한 세금정책이 일자리를 창출하는 경제에 대한 더 많은 민간투자와 납세 시민의 수 증가, 더 많은 조세 수입을 포함해 수많은 이득을 제공한다고 주장한다. 크리스톨이 보기에 가장 중요한 점은 공급중시 경제학이 노고와 신중한 투자의 가치를 보상하며, 문화적 전환의 메커니즘을 제공한다는 것이었다.

공급중시 경제학은 20세기 후반 보수주의자들이 어떻게 보수적 가치들과 자본주의를 화해시켰는지에 관해 주요한 전환점이었다. 과거 보수주의자들이 제시한 자본주의와의 화해는 자본주의와 보수적 가치 및 전통 간의 긴장을 강조했다. 그들은 가족과 교회와 같은 전통적인 제도의 강화가 시장이 주입한 이기적 가치에 맞서 균형을 잡아주는 평형추 역할의 가치들을 가르친다고 강조했다.[44] 크리스톨, 그리고 조지 길더와 마이클 노박 같은 다른 신보수주의 사상가들이 보기에 공급중시 경제학에 기반을 둔 자본주의는 시장 참여를 통해 보수주의적 가치들을 배우고 보상받는 장을 만들어냈다. 그들의 분석에서 전통적 제도들은 여전히 중요하나, 이들은 더 이상 미국 자본주의의 과도함을 견제하는 "가치들"이 아니었다. 신보수주의자들은 자본주의 시장과 전통적 제도가 가치를 공유하는 영역들이라고 주장함으로써 보수적 가치들과 자본주의를 융합했으며, 보수주의 담론에서 이데올로기적 긴장은—그들이 보기에—제거되었다. 이는 자본주의에 관한 중대한 재고찰이자 오늘날에 이르기까지 보수주의자들의 사상에 영향을 주고 있다.

공급중시 경제학은 공화당의 공식적인 세금 및 규제정책이 되었으며, 레이건 대통령의 부자들을 위한 규제 완화 및 대규모 감세정책의 핵심이 되었다. 신보수주의자들은 자본주의가 마침내 경제체제의 기반을 이루는 특질을 재건하는 메커니즘을 가지게 되었다고 만족해했다. 물론 부르주아적 윤리의 문화적 회복이 하룻밤 사이에 이루어지지는 않겠지만, 공급중시 경제학을 통해 그러한 방향으로 나아가는 커다란 진전이 있었다.

보수주의적 복지국가를 향해:
자격이 있는 빈민과 그렇지 않은 빈민

자본주의 문화의 개혁이 미국의 사회적·문화적·경제적·정치적 재건을 지탱하는 하나의 기둥이었다면 복지국가의 개혁은 또 다른 기둥이었다. 그러나 신보수주의자들에게 존슨 대통령의 '위대한 사회'를 폐기하는 일은 복지국가라는 아이디어 자체를 부정하는 것을 의미하지 않았다. 대신에 '위대한 사회'가 초래할 잠재적인 결과들을 비판하면서 신보수주의자들은 보수주의적 복지국가라는 전망을 정식화했으며, 이는 미국 정치에서 조지 W. 부시 대통령과 같은 인물들에게 큰 영향력을 발휘했다. 이러한 전망은 복지수급권에서 자립을 우선시하고, 기업의 경제엘리트들이 갖는 권력을 복원하는 형태로 복지국가를 약화시켰다.

어빙 크리스톨, 대니얼 벨, 노만 포드호레츠와 같은 다수의 1세대 신보수주의자들은 과거에 뉴딜 자유주의자가 되었던 좌익들이었으나, 뉴딜이 '위대한 사회'로 변해가자 '위대한 사회'의 가장 만만치 않은 비판자가 되었다. 그들은 '위대한 사회'의 복지국가가 너무나 많은 의도하지 않은 결과들을 낳았고, 존슨 대통령의 노동부 장관 대니얼 패트릭 모이니한이 "빈곤의 악순환"이라고 부른 상태를 영속화했기 때문에 역효과를 불러일으켰다고 주장했다.[45] 부양아동가족부조, 메디케이드Medicaid*, 푸드 스탬프Food stamps**, 정부 보조 주택 같은 프로그램과 자산조사 결

---

* 65세 미만의 저소득층과 장애인을 위한 국민의료 보조제도로 연방정부와 주정부가 공동으로 재정을 보조하고, 주정부에서 운영한다.

과에 따라 지급 여부를 결정하는 여타의 프로그램은 수급 자격을 빈곤 수준의 소득과 연결 지음으로써 양친가족과 같은 전통적 제도들을 약화시켰다.[46] 일자리를 얻거나 소득이 빈곤선을 약간이라도 상회하는 경우에는 모든 공공부조를 잃어버릴 가능성에 직면했기 때문에, 신보수주의자들은 공공부조가 일할 의욕을 꺾는다고 주장했다. 이러한 프로그램과 정책들은 의존성을 부추겨 인격을 타락시켰고, 혼외 출생과 여성 한부모가구를 조장함으로써 가족구조에 유해했으며, 개인적 책임감—프로테스탄트 윤리 혹은 부르주아적 덕목의 속성인—을 저하시키는 빈곤의 문화를 강화했다.

'위대한 사회'를 반대했지만 신보수주의자들은 복지국가의 즉각적이고 완전한 파괴를 옹호하지 않았다. 그들은 정부로 사업이 집중되는 것에 반대하고 '위대한 사회' 프로그램의 대부분을 폐지하는 복지국가 개혁을 지지했지만, 보다 전통적인 보수주의자 동료들과는 달랐다. 신보수주의자들은 대중이 경제공황 속에서 분투하며 느끼게 된 불안감에서 복지국가가 출현했다고 믿었다. 복지국가, 특히 뉴딜은 자본주의적 경제 순환의 부정적인 효과들을 완화하려는 시민과 정부의 염원에 대한 하나의 응답이었다. 어빙 크리스톨이 보기에 '사회보장제도'와 실업급여 같은 정책적 조치들은 "자유주의적 자본주의 사회가 자본주의를 반대하는 자들의 부활에 맞서 스스로 예방주사를 놓는" 정치적 처방책이었다.[47] 그는 "보수주의적 복지국가에서 만약 미국인들이 노인들에게

•• 저소득층 등 취약계층에 쿠폰이나 전자카드 형태로 식료품 구입비를 지원하는 제도로 2008년 영양보충지원프로그램Supplemental Nutrition Assistance Program으로 명칭이 변경되었다.

다소 낭비스러울 정도로까지 관대해지고자 한다면, 나는 그것이 매우 좋은 일이라고 생각한다. (…) 그리하여 나의 복지국가에서 우리는 사회보장제도―아마도 조금 더 관대할 수도 있겠지만―를 그대로 둘 것이다"라고 적었다.[48]

1세대 신보수주의자들이 보기에 자유시장과 복지국가는 대립되는 극단이 아니었다. 오히려 극단은 두 가지 형태의 복지국가였다. 첫 번째 형태는 시어도어 루스벨트의 '공정 정책Fair Deal'과 프랭클린 D. 루스벨트의 뉴딜과 연관된 "보다 오래되고 남성적이며 가부장적인 형태의 복지국가"였다. 두 번째 형태는 존슨의 '위대한 사회'와 연관된 "보다 새롭고 단단하게 공고화되어 있는 여성적이고 어머니다운 복지국가 개념"이었다.[49] 크리스톨이 보기에 사회보장제도 및 실업급여와 같은 프로그램은 사회의 "생산적인" 구성원들을 위한 사회 안전망이었다. 뉴딜의 제한적인 복지국가는 도움을 받을만한 빈민과 받을 자격이 없는 빈민을 구별했다. 남편을 잃은 어머니와 일을 할 수 없는 장애인들은 도움을 받을만한 빈민이었으며, 그리하여 공적 부조를 받을 자격이 있었다. 마찬가지로 일시적으로 실업 상태에 놓인 사람들처럼 노인들도 원조를 받을 자격이 있었다. 크리스톨은 첫 번째 형태의 복지국가가 자립성을, 그리고 "연민"보다는 "공감"을 길러주기 때문에 오래되고 보다 제한된 형태의 복지국가를 재현하고자 했다. 그에 의하면 공감은 "스스로를 도우려 하고 도움의 손길을 필요로 하는" 사람들에게 마음을 기울이는 남성적인 자질이다.[50]

크리스톨은 이와 대조적으로 '위대한 사회'는 연민이라는 여성적인 자질에 입각해 있다고 주장했다. 크리스톨의 표현에 따르면 '위대한 사회' 프로그램은 단지 "도움의 손길을 필요로 하는" 사람만을 도우려 하지 않았으며, 어려움에 처한 모든 사람을 원조하려 했다. 그가 느끼기에 연민은 다른 어떤 가치보다 보호를 중요하게 여기기 때문에, 도움받을 자격이 있는 자들과 자격이 없는 자들을 차별하지 않으며 잠재적으로 한계가 없다. 이러한 정서는 무한한 원조를 요청하는 대중의 호소를 정부가 만족시켜 주기를 요구한다. 그리하여 개인은 스스로를 도우려 노력하기보다 정부가 그들의 모든 문제를 해결해 줄 것이라 기대한다.

1970년대 복지국가에 대한 이러한 비판들 중에는 어느 하나 새로운 것이 없었다. 사실 이러한 아이디어들은 대공황 시기를 포함해 19세기와 20세기 내내 이어진 경제 호황기와 불황기 동안 보수주의자들 사이에 널리 퍼져 있었다. 그렇다면 복지국가에 대한 보수주의자들의 비판과 시장의 잠재성에 대한 그들의 찬양이 1970년대 초반에 그랬던 것처럼 미국의 대중들에게 반향을 불러일으킨 이유는 무엇인가?

해답은 당시 경제적·정치적 환경에서 찾아볼 수 있다. 그 시대를 다루는 많은 역사학자와 논평가들이 적었듯이 1973년은 이른바 미국의 전후 황금기가 종말을 고한 시기였다.[51] 이 시기(1945~1973)는 미국의 경제적 우위가 독보적이었던 시기 중 하나였다. 이 시기의 특징은 국내 제조업자들의 생산성 향상, 낮은 실업률, 생산성 향상에 보조를 맞춘 임금 상승, 강력한 산업별 노동조합, 사회적 복지국가, 주택 소유 및 교육에 대한 보조금, 비정기적이고 일시적인 실업의 고난을 완화시켜준 공공정책, 오랜 기간 진행된 수요 부진을 가려준 케인스주의적 경제정책을 통해 주로 유지한 장기간의 경제성장으로 묘사되었다.[52] 케인스주의적 경제정책, 상승된 임금 또는 노동자들이 복지 혜택을 받는 대가로 중단 없는 생산을 보장해준 제도화된 산업별 노동조합, 경쟁자가 거의 없는 국제 시장이 결합되어 노동자와 자본가 간의 평화와 광범위한 경제적 번영의 환경이 조성되었다. 그러나 이 경제적 번영과 뉴딜의 최소복지국가는 다수의 미국 빈민들— 일방적으로 아프리카계 미국인과 라티노—을 배제했다.

1960년대 중반에 이르자 사태가 변화하고 있음이 명백해졌다. 미국의 번영과 그것이 제공한 기회들에서 오랜 기간 배제되어왔던 아프리카계 미국인과 라티노, 여성들이 마침내 백인 남성과 동등하게 정치적·경제적 시스템에 점진적으로 편입되기 시작했다. 그사이에 과거 폐허가 되었던 일본과 독일의 경제가 회복했고, 미국 기업들은 더 이상 전후 20여 년간 누려왔던 국제 시장에서의 우위를 기대할 수 없었다. 미국 기업들이 국내외 극심한 경쟁에 직면하게 되면서 기업들은 기계와 기술에 막대한 투자를 했고 비용이 덜 드는 노동시장을 찾았다. 처음에 미국 기업들은 조직노동에 적대적이었던 미국 남부의 무노조 공장과 상점들로 사업을 이전했다. 이후 이 기업들은 인건비가 훨씬 낮은 외국으로 옮겨갔다. 민간부문에서 노동조합이 보장하는 일자리는 계속 감소했으며 임금은 정체되기 시작했다. 미국 경제가 탈산업화되어가면서 북동부와 중서부의 산업벨트, 특히 도시들에서 실업이 증가하기 시작했다. 기업들은 생산시설과 설비 투자에서 기대한 만큼 이윤을 거두지 못하자 금융, 자사주 매입, 기업 합병으로 관심을 돌리기 시작했고, 이는 인플레이션을 끌어올리고 실업을 악화시키는—스태그플레이션이라고 알려진 시나리오— 데 일조했다.[53] 가장 중요한 점은 금융 및 이와 연관된 경제부문들—총괄해서 FIRE Finance, Insurance, Real Estate(금융·보험·부동산)이라는 약어로 알려진— 이 그 어느 때보다 전체 경제 활동에서 큰 부분을 차지하게 되면서 미국 자본주의의 구조가 바뀌었다는 사실이다. 이는 미국 경제에서 제조업보다 금융이 우위를 차지했음을 알리는 신호였다.

1960년대와 1970년대 미국 경제의 이러한 변화와 갈수록 많은 희생이 발생하고 잔혹해지는 베트남 전쟁을 위한 정부 지출, 존슨의 '빈곤과의 전쟁'에 소요되는 비용의 확대, 그리고 1973년 석유 파동이 합쳐져 전후 경제의 구조적 취약점이 노출되었다. 베트남 전쟁의 전비로 국가 채무가 급작스레 팽창했고 국내의 빈곤퇴치프로그램에 지출될 비용은 고갈되었다. 통합과 평등을 향해 나아가는 중대한 발걸음이었지만, 1964년의 민권법Civil Rights Act*과 1965년의 투표권법Voting Rights Act** 만으로는 사회경제적 지위의 상승 가능성은 물론이고 인종적 평등이라는 전망조차 실현할 수 없었다. 마틴 루터 킹 주니어가 1967년 암살당하기 몇 개월 전에 적었듯이,

---

• 1960년대 민권운동의 산물로 미국의 어떤 사람도 인종·피부색·종교·국적에 의한 차별을 받지 않아야 한다는 목적으로 제정되었다. 특히 공공시설과 장소에서의 차별, 고용 차별, 선거 참여 관련 차별을 개정하는 데 초점을 두었다.

•• 1964년 제정된 민권법은 유권자 등록에 관한 각 주의 차별 관행을 불법화했지만 남부의 일부 주에서는 이러한 차별 관행이 여전히 지속되고 있었다. 이러한 상황에서 흑인 유권자의 등록을 돕기 위해 미시시피 주로 온 3명의 민권운동 자원봉사자들이 백인우월주의 단체 KKK에 살해당하는 사건이 벌어지는 등 폭력사태가 발생하자, 존슨 대통령은 1965년 연두교서에서 흑인의 투표권을 보장하는 투표권법안을 통과시켜줄 것을 의회에 호소했다. 같은 해 3월 마틴 루터 킹 주니어 목사가 주도한 셀마–몽고메리 행진 (투표권법의 통과를 요구하기 위해 앨러배마 주 셀마 시에서 몽고메리 시까지 걸어간 비폭력 거리 행진)에 힘입어 투표권법안은 1965년 8월에 통과되었다.

이 나라가 여기까지 변화하는 데 든 실질적인 비용은 보잘것없었다. 제한적인 개혁은 헐값에 얻어졌다. 흑인들이 간이식당, 도서관, 공원, 호텔, 여타의 시설들을 백인들과 공유하는 데는 어떤 비용도 어떤 세금도 필요하지 않다. 심리적인 적응도 엄청난 일이 아니다. (⋯) 유권자 등록과 관련된 중대한 변화조차 막대한 금전상의, 혹은 심리적인 희생을 필요로 하지 않는다. (⋯) 진정한 비용은 앞으로 치르게 될 것이다. 더욱 격렬해지고 있는 백인들의 반대가 그러한 사실을 보여주는 표상이다. 양질의 교육을 실현하고자 한다면 흑인들에게 헐값으로 주어진 교육은 미래에 제값을 주고 구매해야 할 것이다. 투표인 명부를 만드는 일보다 일자리를 만드는 일이 더 고되고 더 많은 비용이 든다. 수백만 명이 거주하고 있는 빈민가를 완전히 없애는 일은 버스와 간이식당을 통합하는 일보다 훨씬 더 복잡하다.[54]

흑인, 히스패닉, 여성, 그리고 복지수급자들은 차별 금지나 적극적 우대조치 이상의 요구를 국가에 제기하기 시작했다. 그들은 자기 집단—특히 이전의 경제적 번영과 백인 중산층을 만들어냈던 복지국가로부터 배제된 흑인들— 이 겪고 있는 심각한 경제적 곤경을 해결할 실질적인 경제적 변화를 요구하기 시작했다.[55]

제퍼슨 코위Jefferson Cowie가 『살아남기Staying Alive』에서 설명했듯 '빈곤과의 전쟁'이라는 형태로 복지국가가 확대되고, 더불어 탈산업화 시기 이전에는 배제되었던 집단들과의 경쟁이 노동시장에서 증대하자 백인 중산층·노동계급은 몹시 분노했다.[56] 많은 사람들이 보기에 국가는 백인 중산층·노동계급의 점증하는 경제적 불안은 무시하고 비백인들의 이익에 복무하는 것처럼 보였다. 지속적인 저고용 및 실업 상태에 놓인 흑인들과 생활보조금을 지급받는 어머니들에 대한 지원은 복지국가가 감당할 수 있는 범위를 넘어서는 것이라고 하는, 신보수주의자들과 (다음 장에서 상세하게 논할) 고보수주의자들의 서사는 자신들이 무시당하고 있다고 느끼는 백인 중산층·노동계급에게 반향을 일으켰다.[57] 빈민을 지원하는 사회복지 프로그램의 혜택을 받는 백인들이 흑인들보다 많았지만, 이 프로그램은 인종적 성격을 띠었다.[58] 남성적인 뉴딜 대 여성적인 '위대한 사회'라는 크리스톨의 복지국가 구분은 백인 노동계급으로부터 공감을 불러일으켰다. 1976년 공화당 대통령 선거 후보 경선 당시 로널드 레이건은 무분별하며 낭비가 심한 복지프로그램의 상징으로 "복지 여왕"이라는 흑인 여성 캐리커처를 이용했다. 여기에는 증세·정부의 낭비·위험스러운 인플레이션·탈산업화·실업의 위협에 대한 백인 노동계급의 분노가 반영되어 있었다.[59] 그들은 "비노동" 인구—흑인과 생활보조금을 지급받아 사는 어머니들—가 복지국가로부터 가장 많은 혜택을 받고 있다고 생각했다.

어빙 크리스톨과 같은 신보수주의자들에 의하면 최소한의 복지국가에 맞서는 보수주의적 반대는 보수주의의 정수와 뉴딜의 인기를 이해하는 데 실패했다는 점에서 정치적 오판이었다. 실제로 백인 중산층·노동계급은 아무리 좋게 보려 해도 그들의 이익이 무시되고 있으며, 최악의 경우에는 '빈곤과의 전쟁' 같은 사회복지 프로그램으로 인해 혜택이 줄어들었다고 느꼈다. 그러나 '위대한 사회'의 이런 측면에 대한 그들의 적대감이 복지국가 전체에 대한 반대로 옮아가지는 않았다. 어빙 크리스톨은 "국가 재정에 병적으로 집착하는 전통적 보수주의자들로부터 유래한 사회보장에 대한 보수주의적 적대감이 정치적 무력감과 사회정책의 파산을 야기했다는 것이 내가 오랫동안 가져온 생각이다"라고 적었다.[60]

조지 W. 부시가 대통령으로 재임하던 시절 국민적인 주목을 받았던 온정적 보수주의는 자유주의적 복지국가와 최소주의적 "야경"국가 모두에 대한 대안이었다. 이는 복지국가의 완전한 해체란 정치적으로, 또는 선거 전략상으로도 적합하지 않다는 자각과 더불어, 종교적 전통주의와 시장 승리주의의 혼합에서 영향을 받은 보수주의적 세계관을 전제로 복지국가를 구성하려는 보수주의자들의 시도였다. 당시 하원의장이었던 뉴트 깅그리치Newt Gingrich가 보기에 그것은 "복지국가를 어떻게 대체할 것인가에 대한 해답"이었다.[61] 조지 W. 부시 대통령은 온정적 보수주의가 사회적 문제를 해결하는 데 있어 "거대 정부 또는 무관심한 정부"와는 다른 접근법을 제시하며, "정부가 모든 문제를 해결할 수는 없지만 사람들과 공동체가 스스로를 돌보고 서로 돕도록 장려할 수는 있다"라고 보았다.[62] 온정적 보수주의는 그리하여 사회 문제를 해결해야 한다는 부담을 국가로부터 개인과 시민사회로 이전시켰지만 국가가 완전히 물러난 것은 아니었다.[63]

보수주의자들이 보기에 빈곤·실업·범죄·약물 남용은 대체로 경제적 문제라기보다 문화적인 문제들이었다. 어빙 크리스톨이 자본주의가 만들어낸 경제적 불평등은 "사소한 것"이라고 믿었다는 점을 상기해보라. 즉 빈곤 문제는 개인적 책임감·만족지연·근면함·진지함·자제력과 같은 특정한 성격적 특질들을 개인이 결여하고 있기 때문에 발생한다. 바꿔 말하면 빈곤은 경제적 문제 또는 자본주의적 문제가 아니라 빈곤한 사람들이 부르주아적 덕목들을 결여하고 있기 때문에 발생한다.

보수주의자들이 보기에 온정적 보수주의는 프로테스탄트 윤리를 회복시킬 수 있는 수단이었다. 따라서 온정적 보수주의는 사회적·문화적 가치들을 변형시킬 책임이 있는 시민사회의 조직과 제도들을 강화하고자 노력했다. 부시 대통령의 말에 의하면 그러한 조직들은 "정부가 절대로 할 수 없는 방식으로 희망을 고취시키며 (…) 그리고 종종 정부가 절대 해서는 안 되는 방식으로 인생을 바꾸는 신념을 고취한다".[64]

그러나 시민사회의 강화와 문화에 대한 강조는 사회 문제들을 해결하는 데 있어 국가의 역할이 전혀 없다는 것을 의미하지 않았다. 실제로 전 인디애나폴리스 시장이자 신념 기반 쟁점들*과 관련해 부시의 조언자였던 스티븐 골드스미스Stephen Goldsmith와 같이 온정적 보수주의에 대해 확고한 신념을 가진 사람들조차, 국가의 역할을 축소한다고 해서 그 공백을 시장이 메워야 함을 의미하지는 않는다고 말했다. 번영을 이룩하는 경쟁적 시장의 덕목을 찬양하면서도 골드스미스는 "시장이 만들어낸 번영은 많은 미국인들을 버려둔 채로 남겨놓았다"라고 인정했다.[65] 온정적 보수주의의 전망에서 정부는 시장 경쟁의 희생자를 보호해줄 수 있는 가족·교회·공동체 집단·자선단체와 같은 전통적인 시민사회기관들을 강화하는 프로그램들을 통해 도움을 필요로 하는 사람들을 지원하는 역할을 수행해야 한다.

---

* 일정한 신념이나 신앙심을 기반으로 뭉친 민간부문의 조직 또는 활동가 집단이 특정한 가치와 원칙을 사회에 전파하기 위해 벌이는 활동 전반을 지칭한다. 종교단체 역시 이 범주에 속한다. 조직 운영은 풀뿌리 활동과 모금에 기반을 두고 있으나 정부 또는 국제기구와의 협력 또한 빈번하게 이루어진다. 예컨대 미국의 비군사적 해외원조를 총괄하는 정부 조직인 국제개발처United States Agency for International Development, USAID는 신념에 바탕을 두고 운영되는 세계 각지의 민간단체들과 협력을 모색하고 지원하고 있다.

온정적 보수주의자들은 도움을 필요로 하는 사람들을 지원하는 정부의 역할을 인정한다. 그들은 정부 스스로 그러한 서비스를 제공해야 할 필요가 있다는 점은 믿지 않는다. 소규모의 지역적인 시민 결사체와 종교기관은 개별 시민에게 적합한 엄격한 규율과 애정 어린 동정심을 적절하게 조합해 운영하는 데 필요한 상세한 지식과 유연성을 가지고 있다.[66]

온정적 보수주의는 그 옹호론자들이 개념화했던 것처럼 빈민을 도와주어야 한다는 생각을 거부하지 않았다. 그러나 이들은 복지의 운영을 연방정부로부터 주·지자체·민간기관들로 위탁하는 방식으로 목표를 달성하고자 했다.[67]

실제로 조지 W. 부시의 신념 기반 정책 발의는 복지국가를 급진적으로 변형시키지 않았다.[68] 복지국가의 방향 재설정은 로버트 니스벳과 같은 전후 보수주의자들이 희망했던 것과 달리 전통적인 결사체에게 권위를 되돌려주지 않았다. 대신에 보수주의적 복지국가는 그러한 방향 전환에 있어서 최소한의 노력만을 기울였다. 실제의 방향 전환은 기업이 지배하는 시장을 통해 민간부문에서 사회복지를 제공하는 쪽으로 이루어졌다. 부시의 메디케어현대화법Medicare Modernization Act*과 버락 오바마Barack Obama의 부담적정보험법Affordable Care Act**은 공공보험이 부재한 채 비용 통제를 통해 국가가 제공하는 의료서비스를 제한하고 민간시장에 의존한다는 점에서 이러한 접근법의 좋은 사례이다. 자본주의와 복지국가에 대한 이러한 이데올로기적 사고의 변화에도 불구하고 세금정책과 복지정책은 사회의 가치들을 변화시키는 데 한계가 있었다. 어빙 크리스톨이 보기에 공급중시 경제학과 개혁된 복지국가가 부르주아적 윤리를 부활시켰지만, 20세기 후반 미국의 자본주의는 정치체가 생존하기 위해 필요한 덕목들을 길러낼 역량이 없었다. 부르주아적 덕목들은 자본주의를 하나의 경제체제로서 옹호할 수 있게 해주었지만 이들은 "완전한 도덕률"이 되지 못했다.[69] 사라져가고 있는 덕목들은 관용·신체적 용기·애국적 자기희생 등이었으며, 이를 부활시키는 데에는 경제정책의 변화와 복지국가의 개혁 이상이 요구되었다. 이를 위해서는 국가적인 정치적 기획이 필요했다. 신보수주의자들은 소련을 "악의 제국"으로 바라보는 레이건의 종말론적인 시각, 그리고 훗날 조지 W. 부시의 "테러와의 전쟁"이 그러한 전환 기획을 추진할 기회들을 제공했다고 생각했다.

자본주의적 문화 대 '팍스 아메리카나'

신보수주의자 윌리엄 크리스톨과 데이비드 브룩스가 제기한 자본주의에 대한 새로운 문화적 비판은 1970년대 1세대가 중요시한 가치체계와

●   2003년 통과된 이 법은 메디케어의 '현대화'를 목표로 삼았다. 1965년 처음 메디케어가 도입된 이후 처방약에 대한 수혜자의 수요가 증대하자 부시 행정부와 공화당은 이 비용을 절약하기 위해 감세 및 보조금 지급을 통해 개인이 민간보험회사에서 제공하는 처방약보험에 가입하도록 유도하는 방식 등으로 민관 협력을 추구했다.

●●   2010년 통과된 이른바 '오바마 케어'로 불리는 이 법은 건강보험 미가입자 및 기업에 대한 벌금 부과, 민간 건강보험 가입을 위한 정부 보조, 메디케어 확대, 보험 가입 대상 차별 금지 등을 주 내용으로 하며, 전 국민 건강보험 가입 의무화를 통한 의료 접근성 확장을 목표로 추진되었다.

는 근본적으로 다른 토대에 기반을 두고 있었다. 대니얼 벨과 어빙 크리스톨은 자본주의 문화가 프로테스탄트 윤리와 관련이 있는 "세속적 가치들"을 약화시키고 있다고 우려한 반면, 현대 신보수주의 비평가들은 이러한 가치들을 더 이상 자본주의의 피해자로 간주하지 않았다. 벨과 어빙 크리스톨의 비판이 퇴색했다고 논하면서 토드 린드버그Tod Lind-berg는 "자본주의의 '도덕적 자본이 고갈되었다는' 증거를 찾기란 더욱 어려워졌다. (…) 이 체제가 자기영속적일 잠재적 가능성은 더욱 명백해졌다"라고 평했다.[70] 대신에 자본주의에 대한 현대 신보수주의자들의 비판은 영웅적 덕목들이 전무하고 위대한 목적을 가진 기획에 착수할 정치적 의지가 부족한, 정신적으로 취약하며 유순한 대중을 양산해내는 물질적 타락을 강조한다.

1989년 베를린 장벽이 붕괴된 이후 신보수주의자들은 미국이 로마와 대영제국의 전통을 뒤이어 위대한 제국으로 부상하기를 간절히 바랐다. 이러한 희망은 곧 산산조각 났다. 미국이 유일한 초강대국이었던 1990년대에 신보수주의자들은 선출된 공직자들이 정치적으로 사소한 문제들에 주저하고 있으며, 국제적으로나 국내적으로나 무기력하다고 보았다. 데이비드 브룩스가 적었듯이,

한 세기 전 미국인들이 상상했던 것 이상으로 미국은 세계에서 가장 강력한 나라이다. 그러나 우리는 오늘날 우리가 누리고 있는 위상을 꿈꿨을 시절에 미국인들이 지녔던 전 지구적인 목적의식을 거의 아무도 가지고 있지 않다. 국내적으로 우리의 대통령과 의회가 공유하고 있는 공통의 목적이란 (…) 예산을 견주어보는 일이다.[71]

타락하고 있는 대중의 성격과 임박한 국가의 쇠퇴를 자본주의 문화와 연결했던 시어도어 루스벨트와 브룩스 아담스, 그리고 다른 19세기 전사-귀족들만큼이나 1990년대 신보수주의자들은 미국이 제국적 의지를 결여했다는 점에 좌절했다. 그들에게 1990년대는 "개인의 사소한 일에 집착"하도록 부추기는 기풍이 지배적인 시기였다.[72] 이 시기는 순응·물질주의·경박함·파벌주의의 시대였다. "우리는 지난 수십 년 중 상당한 시간을 우리 자신을 위한 작고 개인적인 낙원을 건설하는 데 쏟았다"라고 브룩스는 불만을 표했다. "우리는 주방을 개조하고, 홈 엔터테인먼트 시스템을 새롭게 단장하며, 테라스에 놓을 가구, 자쿠지Jacuzzis 욕조, 가스그릴에 투자해왔다. 우리는 공적인 삶에서 이탈했고, 심지어는 종종 투표조차 귀찮아했다."[73] 자본주의적 번영이 만들어낸 방종한 물질적 타락과 결합된 세속성의 승리는 미국이 제국적 운명을 실현하지 못하게 가로막는 주요한 장애물이었다. 부르주아 사회는 어빙 크리스톨이 주장한 것처럼 "따분한 것"이었으며,

> 그 형태에서뿐만 아니라 본질적으로도 그러하다. (…) 이는 평범한 남성과 여성의 편의와 안락을 위해 조직된 사회이지, 영웅적이고 기억할 만한 인물을 만들어내기 위한 사회가 아니다. 자본주의는 이 세계를 최대한 이용하는 데 관심이 있는 사회이지, 비극을 통해서건 경건함을 통해서건 어떠한 종류의 변용에도 관심이 있는 사회가 아니다.[74]

자본주의에 가장 유리하고 번성하는 이러한 "편의와 안락"의 세계는 평화와 안정을 필요로 한다. 그러나 풍요롭고 평화로운 자본주의 세계

에는 자기희생·전투력·용맹함·신체적 용기라는 영웅적 덕목들이 들어설 문화적이고 실제적인 자리가 없다.

　레이건이 정계에서 은퇴한 이후 미국 정치권과 시민들 사이에 제국을 향한 정치적 열망이 부재하다는 사실은, 미국이 자비로운 패권국가로서의 역할을 수행할 기회를 놓쳤다는 것에 그치지 않았다. 신보수주의자들이 보기에 그것은 또한 공통의 목적의식을 가지고 국내의 정치체를 정치적·문화적으로 쇄신하는 문제이기도 했다. 제국적 전망은 단순한 사적 이익들의 결합이 아니라 목표를 단일화하는 것과 관련이 있었다. 『보스턴 리뷰Boston Review』에 기고한 글에서 코리 로빈은 "세계를 창조하는 일, 이는 돈과 시장이 전부가 아닌 그 이상의 것에 관한 일이다"라고 적었다.[75] 한 세기 이전 전사-귀족들이 그러했던 것처럼 신보수주의자들은 미국의 헤게모니라는 국제적인 목표와 국내의 쇄신이 상호의존적이라고 믿는다. 「신레이건주의적 대외정책을 향하여Toward a Neo-Reaganite Foreign Policy」— 대외정책에 대한 신보수주의자들의 선언문이자 부시 독트린Bush Doctrine의 상당 부분을 개략적으로 보여준다고 널리 알려져 있는— 라는 글에서 윌리엄 크리스톨과 로버트 케이건Robert Kagan은 "미국인 절대 다수가 미국의 국제적 사명을 사실상 이해하지도, 이에 관여하고 있지도 않은 상황에서 미국이 세계를 실질적으로 주도할 수 있으리라고 상상하는 것은 바보 같은 일이다"라고 선언했다.[76] 그러나 소련과 같은 거대한 적이 없는 세계에서 무엇이 산만하고 자기만족과 물질적 안락함에 집착하는 대중들의 주목을 끌 수 있겠는가? 크리스톨과 케이건은 미 제국과 전사다운 정신을 부활시키는 데에는 위협적인 적수가 필요하며, 따라서 하나를 찾아내야 한다고 믿었다.[77]

시어도어 루스벨트가 미 서부개척 시대의 종결을 애석해 했듯이 신보수주의자들은 소련의 몰락을 안타까워했다. 어빙 크리스톨은 다음과 같이 적었다.

냉전의 종결과 더불어 우리가 진정으로 필요로 하는 것은 명백히 이데올로기적이고 위협적인 적—우리의 패기에 어울리는, 그에 맞서 우리를 통합시킬 수 있는— 이다. 이것이 올해 가장 성공한 영화인 「인디펜던스 데이Independence Day」(1996)가 말해주는 바 아닌가? 우리가 가장 필요로 할 때 우리의 외계인들은 어디에 있단 말인가?[78]

신보수주의자들은 소련을 그리워했다. 이는 소련이 미국 대중에게 공포(그것이 실제이건 상상이건 간에)를 불러일으켰고, 이 공포가 애국주의라는 의식을 고양시키고 집단적 목적—공산주의의 격퇴—에 대한 헌신으로 전환되었기 때문이었다. 그러나 소련이 사라진 뒤 등장한 신출내기 "괴물들"—소말리아, 이라크, 세르비아, 북한— 은 어떤 웅대한 포부를 고취하지도 정당화해주지도 못했다.

2001년 9월 11일의 테러는 신보수주의자들이 미국 대중을 설득해 전 세계에서의 미국의 헤게모니적 역할을 지지하게 만드는 데 필요하다고 믿었던 마니교적* 투쟁의 세계를 재형성할 기회를 제공했다. 로빈은 "보수주의자들은 불가사의한 악과 헤아릴 수 없는 증오의 세계 위에서 번성한다. 이 세계에서 선은 항상 방어적이고, 시간은 부패와 쇠락과

---

*　세계는 선과 악으로 나뉘어져 있다는 이원론적 세계관을 뜻한다.

의 싸움에서 귀중한 재화이다"라고 주장했다.[79] 신보수주의적 정치지도
자들이 대중에게 끊임없이 상기시켰듯이 9·11 이후의 세계는 악과 모
호한 적들로 가득 차 있다.[80] 신보수주의자들은 이처럼 위험한 환경에
서는 미국이 제국적 권력처럼 행동하는 일이 정당화된다고 주장했다.
미국은 스스로와 그 이익을 지키고, 중동에 민주적 거버넌스를 확산시
켜야 하는 위대한 인도주의적 사명과 세계를 테러의 위협으로부터 지
켜내야 할 책임이 있었다. 일찍이 2002년 1월에 윌리엄 크리스톨은 부
시 행정부가 이라크를 침공하고 점령해 사담 후세인 대통령을 제거해
야 한다고 촉구했다. 크리스톨과 케이건은 "보다 근본적인 차원에서,
9월 11일 일어난 모든 사태에도 불구하고 사담을 제거하지 못한다면,
이는 하나의 국가로서 우리가 우리 자신을 보호하는 것은 물론, 전 지구
적인 지도력이라는 책임을 짊어질 의지가 여전히 없음을 의미한다"라
고 적었다.[81] 국방부 장관 도널드 럼스펠드Donald Rumsfeld는 "안다고 알
려진 것, 즉 우리가 알고 있음을 아는 것 (…) 모른다고 알려진 것, 다시
말해 우리가 모르고 있음을 아는 것 (…) 그리고 모른다고 알려지지 않
은 것, 즉 우리가 모르고 있음을 모르는 것"으로 가득 찬 세계에서 불가
사의, 예측 불가능성, 모험이 정치의 세계로 다시 복귀했다고 설명했
다.[82] 이는 1990년대와는 매우 다른 지정학적 환경이다. 이러한 환경에
서는 부르주아적이지 않은 사고방식과 성격이 요구된다. 불안과 공포를
낳는 전 지구적 환경에서 "파괴할 괴물을 찾아 해외로 나아갈"때 미국
은 국제공동체는 물론이고 미국 대중에게조차 해명할 필요가 없을 것
이다.[83] 이 새롭고 침침하며 불가사의한 전 지구적 환경에서 "괴물들"
또는 "악인들"은 모든 대도시의 지하철 시스템 어딘가에 도사리고 있

고, 모든 사막에서 음모를 꾸미고 있으며, 모든 건조한 산악지대에서 훈련을 진행하고, 일군의 비우호적인 정권들로부터 원조를 받고 있으며, 기습적으로 (미국을— 옮긴이) 타격할 준비가 되어 있음이 틀림없다.

실제로 이러한 변화된 환경은 신보수주의자들을 희망에 차고 열정적이게 만들었다. 신보수주의자들은 9·11을 국내에서 정치체를 문화적으로 쇄신하고, 오랫동안 좌절되었던 전 지구적인 미국의 헤게모니를 실현 가능하게 만들 기회로 보았다. 9월 11일 습격의 결과로 "자신들의 개인 정원으로 떠나버렸던 미국인들은 오랜 기간 비워져 있던 광장으로 복귀했으며, 모든 사람에게 이를 확실히 알리기 위해 광장을 붉은색·흰색·파란색*으로 물들였다"라고 토드 린드버그는 설명했다.[84] 변화한 전 지구적 환경은 다시 한 번 세계를 정복되거나 해결되지 않은 개척지로 만들었다. 신보수주의자들은 제2차 세계대전이 종결된 이래 국제무대를 지배했던 원칙·철학·규제들을 일소하고 새롭게 출발할 기회를 잡아야 한다고 부시 행정부를 설득했다. 이러한 방식으로 그들은 미래 지도자들이 외교적·국제적 규범을 무시할 근거를 마련했다.[85] 자유와 민주주의의 확산이라는 사명을 도덕화하고 예방적 전쟁에 면책을 부여한 부시 독트린은 전후 국제적 합의에 대한 명백한 부정이었으며, 도덕적 일방주의로 특징지어진 신보수주의자들의 제국적 전망을 과감하게 수용한 것이었다.

비록 덜 호전적인 수사를 취하고 테러와의 전쟁에서 약간의 전술적 변화가 있기는 했지만, 버락 오바마 대통령하에서조차 미국의 대외정책

---

*　미국 성조기를 의미한다.

은 과거 행정부와 크게 다르지 않았다. 오바마의 역대 최대 국방예산 편성 요구, (해외에 있는 미국 시민과 비미국 시민을 대상으로) 드론을 사용한 초법적 살인, 관타나모 수용소 폐쇄 실패, (온두라스, 리비아, 시리아의) 정권 교체 지지는 "분명합니다. 악은 이 세계에 실재합니다"[86]라고 선언한 그의 노벨평화상 수락 연설과 더불어 양 정당의 미국 정치엘리트들이 신보수주의적인 세계관과 그에 상응하는 미국의 특별한 지위를 인정했음을 의미한다.[87]

오바마 대통령과 보수주의자들의 통치 시절 신보수주의자들은 워싱턴의 정책결정자들 사이에서 총애를 잃었다. 그러나 현대 공공정책과 정치적 담론에 신보수주의자들이 미친 영향력은 여전히 중대하다. 1970년대 이래로 자본주의·복지국가·대외정책에 대한 신보수주의자들의 서술은 정치적 논쟁을 지배해왔다. 1960년대 후반 시작되어 1970년대까지 이어진 자본주의에 대한 신보수주의자들의 사고 전환은 21세기 미국의 이데올로기와 공공정책, 그리고 정치경제를 이해하는 데 핵심적이다. 자본주의에 대한 맹렬한 문화적 비판에서 시작되었던 주장이 낮은 세금, 규제 및 복지국가의 약화, 프로테스탄트 윤리의 외피에 가려진 시장의 재량권이라는 보수주의의 표준적인 정책 처방으로 변모했다.

공급중시 경제학은 더 이상 인기 있는 용어가 아니며, 9월 11일의 습격은 전쟁과 제국주의가 공적인 문제들과 방종한 소비주의에 대한 해독제로서 한계가 있음을 입증했다. 그러나 대내외적으로 신보수주의자들이 공공정책에 미친 영향은 지대했다. 이른바 자본주의를 무력화하는 효과들은 미국이라는 제국을 약화시키지 않았다. 2008년 금융붕괴와 뒤이은 전 지구적 금융위기가 명백하게 입증하듯이 퇴폐적인 소비자본주의에서 벗어났다면 미국의 정치 문화는 급진적으로 전환되지 않았을지 모른다. 그러나 경제적 불평등과 미국 재계의 정치적·이데올로기적 힘은 그 어느 때보다 강력해졌다.[88]

지난 약 40년간 자본주의의 정당성은 의심받지 않았다. 신보수주의자들은 자본주의가 문화적으로나 정치적으로 단단한 기반 위에서 회복되었다고 믿었다. 그러나 어쩌면 그들의 낙관은 다소 성급했을지 모른다. 선출된 공직자들은 21세기를 위한 뉴딜에서 정부의 역할이 확대되는 것을 꺼렸지만 대중은 자본주의에 매우 회의적이다. 2011년 12월 퓨리서치센터Pew Research Center가 실시한 "자본주의"와 "사회주의"에 대한 대중의 인식 설문조사에서 미국인 중 오직 50퍼센트만이 "자본주의"에 긍정적인 견해를 표했으며, 40퍼센트는 부정적인 입장을 보였다. 18세에서 29세 사이의 응답자는 47퍼센트가 "자본주의"에 대해 긍정적인 견해를 보였으며, 동일한 수가 부정적으로 답했다. 신보수주의자들이 가장 불안해하는 점은 스스로를 보수주의자라고 답한 사람들 가운데 39퍼센트가 "자본주의"에 대해 부정적인 입장을 보였다는 사실이다.[89]

2008년 시작된 "대불황"과 신보수주의자들의 복지국가 비판이 대중의 마음속에 자본주의와 국가를 의심하게 하는 새로운 정당성의 위기 조건을 창출했는지도 모른다. 최근 몇십 년간 시장이 기록적인 경제적 불평등과 파괴적인 금융위기를 양산하고 있었지만, 이에 대처하는 국가의 노력이 무력하다고 입증된 만큼 그러한 대중적 신뢰의 위기는 믿을 만한 근거가 있다. 자본주의 제도와 국가의 정당성에 대한 이러한 위기는 자유주의와 신보수주의의 이데올로기적 정당성을 약화시켰다. 버니 샌더스Bernie Sanders 상원의원의 사회민주주의적 메시지와 2016년 공화당 대통령 당선자 도널드 트럼프의 우익 민족주의 포퓰리즘이 선거에서 대중적인 인기를 얻은 것은 미국 경제와 정치가 지난 40년간 걸어온 방향, 다시 말해 신보수주의자들이 많은 힘을 기울여 만들어낸 방향에 대해 미국인들이 깊은 불만을 가지고 있음을 보여준다. 다음 장에서 나는 신보수주의에 가장 비판적이었던 보수주의의 조류를 다룰 것이다. 이는 현대 자본주의에 대해 고유한 비판을 제시하며, 현재 보수주의 선거정치에서 부상하고 있는 백인 종족의 포퓰리즘적 민족주의이다.

CONSERVATIVES AGAINST CAPITALISM

6장

글로벌 자본주의에 대한 고보수주의적 비판

글로벌 자본가와 진정한 보수주의자는 카인과 아벨이다.

패트릭 뷰캐넌, 「서구의 죽음 The Death of the West」

매일 나는 이 나라 전역에서 만나왔던, 방치되고 무시당하고 버려진 사람들을 위해 일하겠다는 마음을 굳게 먹으며 깨어납니다. 이들은 우리 조국의 잊힌 남성과 여성들입니다. 열심히 일하지만 더 이상 목소리를 내지 못하는 사람들입니다. 내가 바로 당신의 목소리입니다.

도널드 트럼프, 2016년 공화당 전당대회 대통령 후보 지명 수락연설

5장에서 지적했듯이 1960년대와 1970년대는 미국 보수주의의 분수령이 되는 시기였다. 자유주의 복지국가가 과대 팽창했다는 인식, 미국 도시와 대학 캠퍼스들에서의 소요, 민권운동의 상대적인 성공, 여성해방과 동성애 권리운동의 시작은 미국 보수주의에 생기를 불어넣었다.[1] 보수주의적인 아이디어들은 1970년대부터 미국 정치 담론에서 통용되기 시작했고 다수는 공공정책, 특히 경제 및 사회복지정책으로 전환되었다. 자본의 이해관계에 의해 주도된 신자유주의적 정치·경제질서는 백악관의 공화당과 민주당 행정부 모두로부터 지지를 받았고, 주요 정치 담론에서 시장 승리주의를 낳았으며, 미국의 가장 긴급한 과제들을 해결하는 데 있어 정부의 역량이 제한적이라고 믿게 만들었다.

그러나 이러한 담론적·정책적 성공에도 불구하고 일부 우파들은 미국의 보수주의가 그 원칙과 전통들을 포기해왔기 때문에 패배했다고 걱정한다.[2] 특히 고보수주의자들은 현대 보수주의와 미국의 경제·정치·문화의 상태에 대해 가장 몸서리를 쳤던 인물들이다. 고보수주의자들은 지난 40년간 탈산업화와 임금 정체, 그리고 미국 정치경제의 다른 구조적 변화들로 인해 경제적 지위와 안정이 점차 취약해진 백인 중산층과 노동계급— 리처드 닉슨Richard Nixon, 그리고 오늘날 도널드 트럼프가 말하는 "침묵하는 다수"— 의 가치·유산·이익·우려를 대변한다고 주장한다. 민권운동과 여성해방운동이 낳은 기존의 인종 및 성별 위계에 대한 도전은 더욱이 백인 중산층과 노동계급의 삶의 방식을 위협하는 요소로 간주되었다.

고보수주의자들은 이러한 운동들과 자본주의 모두에 대해 비판적이다. 그러나 그들의 비판은 경제체제로서 자본주의 그 자체에 대한 거부가 아니었다. 실제로 고보수주의의 창시자인 클라이드 윌슨Clyde Wilson이 지적했듯이 자본주의는 "미국인들이 가진 천재성의 일부"이며, 민간 기업의 활동은 개인의 자유와 정치적 자유, 그리고 재화와 서비스의 효율적인 분배에 있어 가장 중요하다고 여겨진다.[3] 신보수주의자들의 비판은 착취 혹은 경제적 불평등에 대한 비난도 아니었다. 오히려 그들의 비판은 초국적 법인기업과 공화당 및 민주당 진영에 포진해 있는 이들의 동맹세력이 주도한 전 지구적 자유무역 자본주의에 초점을 맞추고 있다. 고보수주의자들은 전 지구적 "자유무역"이라는 변형된 형태의 자본주의는 국익으로부터 벗어나 있고 궁극적으로는 국익에 적대적이라고 문제를 제기한다. 전 지구적 자본주의에 대한 그들 비판의 핵심은 초국적 자본의 자유무역체제가 요구하는 바에 따라 미국의 문화와 정치적 전통, 경제적 독립성을 희생시킴으로써 미국의 국가적 정체성을 타락시킨다는 데 있다. 정치논평가들은 도널드 트럼프의 정치적 지향이 좌익과 우익이라는 이데올로기적 범주나 정당 명칭에 꼭 들어맞지는 않는다고 지적해왔다. 그러나 이 장에서 보게 되듯 트럼프의 정치는— 비록 그가 스스로 그러한 명칭을 사용한 적은 없지만— 고보수주의와 상당히 유사하다. 고보수주의 사상은 항상 보수주의 전통의 주변부에 머물러 있었으나 트럼프와 함께 선거정치의 주류로 진출하면서 보수주의 담론의 최전방에 자리를 잡게 되었다. 고보수주의는 이 때문에 특별한 의미를 갖는다.

고보수주의 사상, 특히 전 지구적 자본주의 비판의 가장 중요한 창시자이자 전파자들 가운데에는 새뮤얼 프랜시스(1947~2015)와 패트릭 J. 뷰캐넌(1938~)이 있다. 프랜시스는 중요한 신보수주의 이론가였으며, 『내셔널 리뷰』, 『크로니클Chronicles』, 『워싱턴 타임스Washington Times』, 『브이데어VDARE』를 비롯한 보수주의 간행물과 저널에 폭넓게 글을 발표했다. "미국적 정체성"에 대한 그의 정의, 그리고 보수주의에 반하는 전 지구적 자본주의와 초국적 법인기업의 경영엘리트에 대한 그의 비판은 고보수주의 정치사상의 핵심이었다.[4] 프랜시스는 또한 대중적으로 가장 많이 알려진 고보수주의 인사 패트릭 뷰캐넌에게 영향을 주었으며, 두 사람은 서로의 저작을 자주 인용했다. 뷰캐넌은 글을 많이 쓰는 영향력 있는 작가였으며, 리처드 닉슨, 제럴드 포드Gerald Ford, 로널드 레이건의 공화당 행정부에서 일을 했던 정치실천가에 가까웠다. 지난 수십 년간 정치평론가로 TV에 출연했으며, 그가 공동으로 창간한 『아메리칸 컨서버티브American Conservative』 와 『크로니클』 같은 고보수주의 출판물에 정기적으로 글을 기고했다. 뷰캐넌은 또한 1992년과

1996년에 공화당 대통령 선거 후보 경선에 출마했으며, 2000년에는 개혁당Reform Party 후보로 출마했다. 그는 1996년 공화당 경선에서 우승 문턱까지 갔으나, 결국 로버트 돌Robert Dole(캔자스 주) 상원의원에게 패했다. 뷰캐넌에게 중요한 정치적 순간은 1992년 8월 17일 공화당 전당 대회였는데, 이곳에서 그는 "문화전쟁"이라고 알려진 연설을 했다. 묵시론적인 용어들로 뷰캐넌은 미국이 클린턴(빌 클린턴은 그의 첫 번째 대통령 임기를 노리고 있었다), 급진 페미니스트들(차별 없는 군 복무를 원했던 여성들), 동성애자들에 맞서 벌이는 국가의 "영혼을 위한 (…) 종교적 전쟁" 한복판에 놓여 있다고 주장했다.[5] 이 연설은 뷰캐넌이 표면상 미국의 생존을 위해 정치적 반대파를 "전쟁"의 적으로 규정했다는 점에서 중요하다. 뷰캐넌의 발자취를 따르는 트럼프가 다양한 개인들과 집단들─ 버락 오바마 대통령, 힐러리 클린턴Hillary Clinton, 라티노 이민자, 전란에 휩싸인 나라들에서 온 난민들을 포함해─에 대해 사용하는 언어는 뷰캐넌의 표현 양식과, 그리고 내가 아래에서 주장하듯이 고보수주의자들의 사상과 공공정책에 대한 입장을 반영하고 있다.[6]

고보수주의자들은 현대 미국 자본주의 경제에 대해 우익 진영에서 가장 통렬한 비판을 일부 제시했으며, 고보수주의자들의 구호인 "미국 우선주의America First"는 도널드 트럼프의 캠페인 "미국을 다시 위대하게Make America Great Again"로 그 생명력을 연장했다.[7] 트럼프와 고보수주의자들은 "제국의 건설자들 (…) 국제적인 공상적 박애주의자들 (…) 외국 로비스트의 동맹세력들 (…) 경력에 '불이익을 받는 사람들career victims'* (…) 관료들 (…) 특수한 이해관계들 (…) 대중에게 마냥 퍼주는 정치인들 (…) 재계·전문직·경영엘리트들로부터 미국을 되찾아오고"

싶어 했다.[8] 실제로 뷰캐넌은 트럼프를 칭찬하면서 고보수주의와 트럼프주의 사이의 유사성을 설명했다. "애국주의, 우리 조국과 우리 국민의 독특한 성격을 보존하고 수호하는 것, 경제적 민족주의, 미국 우선주의, 다른 국가들의 전쟁에 개입하지 않는 것—이는 미국 노동계급과 중산층의 몰락처럼 트럼프주의의 연료이다."[9] 전 지구적 자유무역 자본주의에 대한 고보수주의자들의 대안은 백인·기독교도·영어를 사용하는 미국인들에게 뿌리내리고 있는 경제적·문화적 민족주의에 기반을 둔 우익 포퓰리즘이다. 고보수주의의 선도적인 이론가 새뮤얼 프랜시스가 인정했듯 오늘날 미국에서 고보수주의는 "반혁명"이나 다름없다.[10]

고보수주의자라는 명칭은 신보수주의에 대한 대응에서 유래했다.[11] 1970년대 후반에 시작된 고보수주의 사상은 느슨하게 결속되어 있던 일군의 보수주의 사상가, 언론인, 학자, 정치실천가들의 집단에 의해 형성되었다. 이들 가운데에는 패트릭 뷰캐넌과 새뮤얼 프랜시스, 클라이드 윌슨, 토머스 플레밍, 폴 고트프리트Paul Gottfried, 조셉 소브란Joseph Sobran, 그리고 닉슨과 포드 대통령 시절 공화당 지도부의 온건함에 혐오감을 가졌던 다른 많은 이들이 포함되어 있었다.[12]

레이건이 고보수주의자들이 선호했던 남부 전통주의자 M. E. 브래드포드 대신 신보수주의자 윌리엄 베넷을 국립인문재단National Endowment for the Humanities의 의장으로 임명하자, 그들은 이를 배신의 징후이자 신보수주의가 보수주의 주류에서 우세해졌다는 표시로 여겼다. 공화

●   범죄 경력, 인종, 성적 차별 등으로 인해 취업을 비롯한 경력상의 불이익을 지속적으로 경험하며 계층 상승에 제약을 받는 집단을 지칭한다.

당의 자유주의 복지국가 수용에 환멸을 느끼고, 미국 보수주의가 "신보수주의 도당"과 초국적 기업에 장악되었다고 인식한 고보수주의자들은 제한된 정부, 주의 권한, "문화적 보수주의", 기독교적인 유럽-미국 전통의 우위, 그리고 경제적 민족주의에 특별한 지위를 부여하는 "진정한 보수주의"를 재건하는 데 전념했다. 고보수주의자들은 조지 W. 부시에 대해 극도로 비판적이었는데, 이는 신보수주의자들이 부시 행정부를 장악했다고 믿었기 때문이었다. 조지 W. 부시의 보수주의에 대한 고보수주의자들의 비판을 보여주는 조지 캐리George Carey는 다음과 같이 공언했다.

> 어쩌면 우리 역사상 가장 보수적이라고 대체로 묘사되고 있는 공화당 행정부가 재정적으로 무책임하고, 정부의 규모를 확장하는 정책들을 장려하며, 연방정부 권한의 중앙집중화를 진행하고, "예방적" 전쟁을 개시―즉 자유주의적인 민주당 행정부에게나 기대할 법한 방식으로 행동―할 때 무언가 단단히 잘못되었다고 믿을만한 충분한 이유가 있다. 무슨 이유에서인지, 그리고 어느 시점에선가 보수주의의 핵심을 형성했던 원칙과 교리들이 변질되고 버려졌다.[13]

고보수주의자들이 보기에 현대 보수주의라고 불리는 것은 전혀 보수적이지 않으며 단지 "좌파 정권에 동화된" 이데올로기일 뿐이다.[14] 실제로 그들의 시각에서 현대 미국은 근본적으로 너무나 기형화되어 있어서 지켜야 할 게 거의 없었다. 프랜시스는 미국 주류 보수주의가 미국의 타락에 책임이 있을 뿐만 아니라 가치가 있는 무언가를 지키고 있다는 환상 아래에서 유지되고 있다고 주장했다. 프랜시스는 좌파와 그들의 "정권"을 보존하는 대신 고보수주의자들의 "반혁명"에 동참할 것을 보수주의 운동의 나머지 세력에게 촉구했다.[15]

고보수주의자들은 기독교 사상과 민족주의적인 포퓰리즘을 결합한 뉴라이트의 일부이자 그 파생물이다.[16] 미국이 기독교 국가라는 고보수의자들의 믿음, 낙태·동성 결혼·문화전쟁의 다른 요소들에 대한 반대, 자유주의 복지국가에 대한 적대감 등 많은 요인이 뚜렷이 구별되는 이 두 개의 사상(기독교 사상과 민족주의적 포퓰리즘—옮긴이)을 통합시킨다. 자유지상주의자들과 달리 고보수주의자들은 다른 모든 사회적 재화와 가치들보다 규제 없는 시장을 우선시하지 않는다. 패트릭 뷰캐넌이 설명했듯이 "시장을 숭배하는 일은 국가를 숭배하는 일과 다르지 않은 일종의 우상숭배이다".[17] 기독교 우파와 고보수주의자들은 둘 다 기업 활동규제 완화, 낮은 세율, 사회복지의 사유화와 분권화를 지지하지만, 이들 가운데 그 어느 집단도 자유지상주의자들처럼 정부를 경제적·사회적 영역에서 축출하고 최소주의적 "야경" 국가를 구성해야 한다고까지는 주장하지 않는다.

고보수주의자들은 자유지상주의자와도 기독교 우파와도 다르다. 예컨대 대외정책에 있어서 고보수주의자들은 대체로 고립주의자들이고, 미국을 여러 국제협정으로부터 탈퇴시키려 노력하며, 미국의 이익과 주권을 직접적으로 방어하는 데 관련이 있지 않은 한 미국의 대외적인 군사 개입에 부정적이다. 많은 기독교 우파는 조지 W. 부시 행정부하에서 기독교(대개 복음주의적인)의 사명을 전 세계에 전파하기 위한 수단으로 미국의 단호한 행동을 반겼다. 고보수주의자들과 기독교 우파는 모두 미국의 기독교 제도·문화·유산이 공격당하고 있다고 믿지만, 또 다른 차이점은 고보수주의자들은 최근 미국 이민자들의 다인종적 특성과 다문화주의로 인해 야기되는 국가 정체성의 위기를 강조한다는 점이다. 에드워드 애쉬비Edward Ashbee가 주장하듯 고보수주의는 기독교적 정체성을 넘어서는 미국의 종족적 민족주의를 부흥시키는 데 초점을 맞춘다는 점에서 기독교 우파와 다르다. 이러한 차이를 강조하면서 프랜시스는 아래와 같이 적었다.[18]

> 만에 하나 그들이 낙태를 종식시키고, 학교에서 기도시간을 부활시키며, 남색을 불법화하고, 포르노그래피를 금지한다면, 나는 그들[종교적 우파]의 추종자 대부분은 그저 승리를 선언하고 뒤로 물러날 것이라고 의심한다. 그러나 바로 이 모두를 성취했기 때문에 기독교 우파는 20세기 내내 연방정부가 움켜쥐고 있던 권력을 해체하거나, (…) 유서 깊은 미국인들에 대한 문화적·인종적 약탈을 중단시키거나, 혹은 미국 국민들이 다문화적이고 다인종적인 세계화주의 정권에 흡수되지 않도록 저항하는 데 있어 어떤 일도 하지 않을 것이다.[19]

기독교 우파와 고보수주의자들의 최종적인 차이는 자본주의와 관련되어 있다. 기독교 우파는 조지 길더, 마이클 노박, 데이비드 칠튼David Chilton, 로날드 내쉬Ronald Nash 등과 같이 시장의 기독교화에 대체로 만족해왔다.[20] 그들이 보기에 자본주의는 열심히 일하고 저축하며 신중하게 투자하는 사람들의 "자유의지"에 대한 보상(부)과 처벌(빈곤)에 근간을 둔 윤리적인 체제다. 보수주의적 관점에 맞게 빈곤은 개인의 실패,

빈곤 문화, 정부의 보조금 지급에 의존한 결과이다. 기독교 우파가 보기에 이윤 추구란 타락한 인간을 생산적으로 일하게 만드는 신의 섭리이다. 이와 대조적으로 고보수주의자들은 자본주의가 만들어낸 불평등을 자연적이고 당연한 것이라고 옹호하면서도 전 지구적인 자유무역 자본주의와 그 부속물들— 예컨대 미국의 관대한 이민정책—이 미국의 문화적 유산과 정치적·경제적 주권에 위협이 되며, 미국의 경제적 지위와 미국 본토 태생 인구의 안전을 저해하는 원인이라고 보았다.[21]

고보수주의의 핵심은 명백히 백인과 유럽계, 기독교를 지향하는 열렬한 민족주의다. 고보수주의자들은 다문화주의와 범세계주의가 국가 정체성과 주권을 손상시키고, 그로 인해 민족과 그들의 문화 간에 생사를 건 투쟁을 야기한다며 거부한다. 프랜시스가 보기에 고보수주의자들의 목적은 "오늘날 엘리트들을 타도하고 스스로 이들을 대체하려고 하는" 백인 "중도층 급진파 미국인들Middle American Radicals, MAR"*을 중심으로 국민적 연대감을 성취하는 데 있다.[22]

고보수주의자들은 국가를 거부하지 않는다. 대신에 어빙 크리스톨이 제안하고 고보수주의자들이 솔직하게 말했듯이, 그들의 반혁명은 "자격이 있다"고 밝혀진 사람들을 돌보고 보호하는 방향으로 국가의 역할

---

* 사회학자 도널드 워런Donald Warren은 『급진적 중도The Radical Center』(1976)라는 저작에서 스스로를 좌파나 우파 또는 진보나 보수로 생각하지 않는 정치 성향을 가진 미국인 집단을 중도층이라고 정의했다. 당시의 여론조사에서 이러한 성향의 중도층은 인구의 약 20%를 차지하는 것으로 나타났다. 이들은 경제적으로는 중산층 또는 중하류층에 가까우며, 자신들이 정치 참여에서 배제되었고 정부의 과세 및 무역정책으로부터 가장 큰 불이익을 받고 있다고 생각했다. 자세한 내용은 다음 저작을 참조하라. Warren, D. I. (1976). *The Radical Center: Middle Americans and the politics of alienation*. University of Notre Dame Press.

을 전환하고자 한다.²³ 패트릭 뷰캐넌의 말에 의하면 문화전쟁은 "권력에 관한 것이며, 우리가 살아가고 우리를 규정하며 우리 스스로를 다스리는 규범을 누가 결정하느냐에 관한 것이다". 그것은 "무엇이 옳고 그른지, 무엇이 도덕적이고 비도덕적인지, 무엇이 아름답고 추한지, 무엇이 건강하고 병약한지를 누가 결정하는가 (…) 그리고 누구의 신념이 법의 토대가 되어야 하는가"에 대한 것이다.²⁴ 따라서 고보수주의자들에게 현대 미국에 대한 그들의 문화적 비판은 미국의 국가 정체성을 훼손하고 있는 전 지구적 자본주의에 대한 고발과 결합되어 있다.

고보수주의자들의 자본주의 비판은 민족주의와 포퓰리즘 정서의 결합에 기초해 있다. 고보수주의자들에 따르면 미국의 거대 기업과 정치 기관들을 통제하는 경영엘리트의 구성원들은 이윤 극대화와 평등주의·국제주의·다문화주의라는 교리를 지침으로 삼는다.²⁵ 이 엘리트들은 미국의 국가적·문화적 정체성을 공격하는 주요 선동가들로 구성되어 있다. 재계·정부·언론·학계에 자리를 잡은 그들의 지지자들과 사상은 공통의 미국 문화·언어·유산, 그리고 결정적으로 미국의 경제적 독립과 주권이 외국의 이해관계와 국제 시장에 휘둘리지 않는 경제적 프레임에 반대한다. 본질적으로 고보수주의자들의 비판은 기업 주도의 자유무역 자본주의에 대한 포퓰리즘적 비난이며, 그들은 자유무역 자본주의가 미국 국가 주권의 경제적 토대를 약화시키고 문화적 정체성을 타락시킨다고 본다.

전 지구적 자본주의와 미국의 국가 정체성: 고보수주의적 비판

고보수주의자들에 의하면 경영엘리트, 자유주의 복지국가, 전 지구적 자본주의 등 몇몇 요인들이 미국의 타락에 기여했다. 경영엘리트는 프랜시스가 제임스 번햄James Burnham의 책 『경영자 혁명The Managerial Revolution』(1960)에 기술되어 있는 경영자 혁명 이론에서 채용한 개념이며, 거대한 관료적 법인기업과 행정국가의 성장·발전과 나란히 발전했다.[26] 법인기업의 엘리트들은 정치엘리트들과 공모해 그들 각자의 권력 범위를 제한하는 오래되고 전통적이며 지역적이고 가족적인 제약들을 파괴했다.[27] 그러고 나서 정치엘리트들은 진보적 저항운동의 평등주의적 요구들에 따라 세계를 재편해나갔다. 이러한 움직임은 1930년대 노동자들의 시위와 뉴딜에서 시작해 1960년대 민권운동, 여성해방운동, 베트남 전쟁 반대운동으로 이어졌다. 그러나 프랜시스가 보기에 국가만이 평등주의의 선동가는 아니었다. 자본주의의 논리와 거대 법인기업 또한 잘못이 있었다. 더 높은 효율성, 이윤 증대, 시장 점유율 확대에만 편협하게 전념하는 거대 기업들은 국가가 전통적인 제도적 장치들을 파괴했던 것 못지않게 특정한 유형의 평등주의를 실현하는 주체가 되었다. 실제로 법인기업들은 경제적·정치적 평준화라는 이념에 사로잡혀 있지는 않았지만, 그들은 지역의 문화와 제도들에 가장 파괴적인 세력 가운데 하나였다. 이윤 추구와 확대된 시장에만 주의를 기울이는 법인기업들은 신용구매로 인해 가능해진 "보편적 소비라는 평등주의적 윤리"를 주입함으로써 동질적인 욕구와 기호를 만들어냈다. 이 과정에서 그들은 전통적 사회질서와 미국의 사회적·문화적·정치적 유산의 경제적 방벽인 소규모 사업자들을 파멸시켰다. 자본주의에 대한 과거의 보수주의적 비판자들과 마찬가지로, 프랜시스는 이윤을 향한 자본가들의 욕구가 경제체제 자체를 약화시킨다고 믿었다. 그러나 자본주의를 이데올로기적으로 방어하는 데 진지하게 생각하지 않는다며 미국 자본가들을 나무랐던 신보수주의자들과 달리, 프랜시스와 고보수주의자들은 자본주의체제는 스스로가 만들어낸 창조물, 즉 초국적 법인으로 인해 약화되고 있다고 보았다.

> 그리하여 거대 법인기업의 이익은 사회적·문화적 다양성을 약화시키고 평등주의적 획일화를 촉진할 뿐만 아니라 정치적 평등주의를 지지하고 이에 협력하는 데 바탕을 둔다. 노동조합 조직화의 증대, 노동력의 보호, 규제, 민권법 제정, 경제적 환경보호주의economic environmentalism*라는 비용은 법인기업의 소규모 경쟁자들에게는 파괴적이지만, 그러한 비용을 흡수하고 소비자에게 전가할 수 있는 거대 규모의 법인기업에는 덜 해롭다.[28]

전통과 공동체를 파괴하고 있는 것은 법인기업의 구조만이 아니다. 사우스캐롤라이나 주의 하원이 남부연합기를 주 의사당에서 없앨지를 투표로 결정하기로 하자, 이를 비판하는 글 「자본주의라는 적Capitalism, the Enemy」(2000)에서 프랜시스는 거대 기업에 대한 포퓰리즘적 비판을

---

* 환경 보호를 실현하기 위해 자유시장의 메커니즘을 이용해야 한다는 주장을 말한다. 탄소배출권 거래 등이 대표적인 사례다.

확장해 자본주의에는 지역공동체와 전통 제도들에 적대적인 범세계주의적이고 평등주의적인 윤리가 내재해 있다고 서술했다.

> 자본주의—자체 이론에 따르면 오직 이윤 축적에 의해서만 작동하는—는 적어도 전미유색인지위향상협회National Association for the Advancement of Colored People, NACCP 혹은 공산주의만큼이나 전통의 적이다. (…) 전통에 대한 자본주의의 적대감은 모든 사회적 쟁점들을 경제적인 것으로 환원하려 한다는 면에서 명백히 드러난다. 게다가 공산주의와 마찬가지로 자본주의는 어떤 소비자의 돈을 다른 소비자의 돈과 구별하기를 거부한다는 점에서 본질적인 평등주의에 기반을 두고 있다. 자본주의에 내재한 환원주의와 평등주의는 자본주의가 사회제도들에 가하는 파괴적인 충격의 원인을 해명해준다.[29]

고보수주의자들은 거대 법인기업에 혜택을 부여하는 규제정책과 전통적인 사회조직들의 위계를 무너뜨리는 사회복지정책을 통해 기업과 정치엘리트들 사이의 동맹이 공고해진 것은 뉴딜 시기였다고 주장한다. 기업과 정치엘리트들의 이러한 동맹은 "경영자 자본주의"의 내재적인 역동성에 의해 수년간에 걸쳐 강화되어왔다. 프랜시스는 "경영자 자본주의의 동력은 그것이 추동하는 혼란, 사회이동, 대량 소비와 향락주의를 통해 동시에 사회적·문화적 구조를 지속적으로 침식시킨다"라고 논했다.[30] 그러한 정치적·경제적 권력에 직면해 기존의 경제적·인종적 위계들을 보존하고 중앙집권화된 정치적·경제적 권력을 견제했던 중재기관과 지역공동체들은 무너졌다.

국내 시장이 전 지구적 시장으로 변하자마자 국내 경영엘리트들은 "초국적 엘리트"가 되었다. 국내 경영엘리트들이 지역의 위계·문화·기호·전통··이익을 짓밟았다면, 전 지구적 자유무역 자본주의 시대의 초국적 엘리트들은 미국의 인종적 위계와 국가 문화·유산·주권적 이익을 똑같은 방식으로 짓밟았다.[31] 프랜시스가 보기에 미국은 소비자들의 나라가 되었고, 사람들을 하나로 묶어주는 공유된 문화적 정체성이 없는 이방인들의 무리가 되어가는 방향으로 위태롭게 접근해갔다. 뷰캐넌과 프랜시스는 그와 같이 분열된 미국은 자신을 "특출하고" 선망의 대상이 되는 나라로 만들었던 문화와 제도들을 위태롭게 하는 종족적·인종적 갈등의 한복판에 자신이 놓여 있음을 필연적으로 깨닫게 될 것이라고 믿었다.[32]

고보수주의자들이 주장했던 미국의 힘과 독립, 그리고 국가가 시민들에게 제공했던 기회들은 대부분 건국의 아버지들이 빚어낸 공통의 문화적 정체성과 유산에 기반을 두고 있다. 초기 미국에 존재했던 지역적 다양성과 경제적 차이에도 불구하고, 공통된 기독교·유럽 혈통과 자립적인 중산층이 미국이라는 정치체의 사회적 토대를 형성했다.[33] 대인관계와 공통의 문화 및 유산 사이의 밀접한 관계는 중앙집권화된 권력을 불신하고 개인의 자립과 자급자족을 진중하게 여기는 공화주의적 시민을 길러냈다. 이러한 공유된 문화적·정치적 지향들은 소규모 생산자들로 이루어진 경제적 환경에서 작동했으며, 독특한 미국적 정체성을 구성하는 개인주의, 포퓰리즘적 공화주의, 프로테스탄티즘의 혼합을 촉진하는 데 기여했다.

미국을 미성숙하고 취약한 과거 식민지에서 고유한 정체성을 가진,

궁극적으로 탁월한 세계 권력으로 전환시킨 것은 인종적·종교적·계급적 동질성만이 아니었다. 뷰캐넌과 프랜시스는 건국 세대의 계몽된 지도력과 그 뒤를 이어 고유의 국가 정체성을 토대로 강력한 국가를 만들어낸 헨리 클레이, 에이브러햄 링컨, 시어도어 루스벨트와 같은 정치엘리트들에게도 그 공을 돌렸다.[34] 그들은 경제성장·발전·번영의 기반인 경제적 민족주의 정책에 헌신했기 때문에 적지 않은 부분에서 이를 해냈다.[35] 뷰캐넌은 「제조업 보고서Reports on Manufactures」에 제시된 알렉산더 해밀턴Alexander Hamilton의 아이디어와 이후 행정부들이 100년 넘게 유지하고 시행한 보호정책들이 미국의 경제적 독립과 성장·발전의 중추였다고 강조한다.[36] 외국 상품에 관세를 부과하고 국내 생산자들에게 보조금을 지급하는 해밀턴의 계획은 미국 제조업자들이 국제 시장에서 영국, 프랑스와 경쟁하기 위해 발전하고 성장하는 데 필수적이었다. 뷰캐넌은 우드로 윌슨 대통령 이전까지 미국 엘리트들은 19세기 내내 유럽 대륙 관련 정책에 영향을 미쳤던 자유무역주의에 현혹되지 않았다고 주장한다. 『국부론Wealth of Nations』에 대한 뷰캐넌의 해석에 따르면 애덤 스미스조차 데이비드 리카도David Ricardo, 프레데릭 바스티아Frederic Bastiat, 리처드 콥던Richard Cobden, 장-바티스트 세의 유토피아적 자유무역 전망 바로 앞에 멈추어 서서는 국익이라는 관점에서 전 지구적 자유무역을 지지하길 꺼렸다.[37] 이러한 "외국의 교리들"에 반대하면서 미국 경제는 미국을 경제적·군사적 강대국으로 만들어준 국내의 자유무역 지대와 보호주의라는 "미국적 시스템"의 두 기둥에 의존했다. 그러나 뷰캐넌의 해석에 의하면 미국 역사는 자유무역을 통해 평화를 달성할 수 있다고 확신하고 이를 14개조 평화 원칙Fourteen Points에 포함시킨

우드로 윌슨의 자유주의에 의해 근본적으로 변화했다.

뷰캐넌의 역사 서술에 의하면 미국의 기업 지도자들 역시 보호주의를 옹호하면서 전 지구적인 자유무역주의를 반대했다. 그들은 경제적 이익이 여전히 국내 시장을 확장하는 데 달려 있고, 수입 상품에 대한 관세가 제거되는 경우 직면하게 될 외국과의 경쟁을 두려워했기 때문에 그러했다. 뷰캐넌은 도금시대의 재계 거인들—존 D. 록펠러John D. Rockefeller, 코넬리우스 밴더빌트Cornelius Vanderbilt, 헨리 포드Henry Ford—은 스스로를 "미국의 애국자"[38] 라고 여겼으며, 그 시대에 대한 역사적 기록들에서 잘못 묘사되어왔다고 지적했다. 강도남작들—시어도어 루스벨트와 브룩스 아담스가 강력한 중앙집권 국가를 통해 민족주의적 목표로 이끌어야 한다고 믿었던 착취적이고 탐욕스러운 "어마어마한 재산을 소유한 악당들"—은 뷰캐넌이 보기에 오히려 헌신적인 애국자이자 자기 노동자들의 복지를 돕는 인물이었다.[39] 1900년대 초 헨리 포드는 노동자들에게 5달러의 일당을 지급한 것으로 유명했는데, 이는 당시 평균적인 자동차공장 노동자가 받는 임금의 두 배였다.[40] 그러나 전 지구적 자유무역주의가 자유주의 지식인과 보수주의 지식인 집단들에 침투하고 점차 공공정책에서 실현됨에 따라, 기업체를 소유하고 경영했던 대호황기의 옛 부르주아들은 그들이 감독하는 사람들과 공간에 대한 애착심이 거의 없는 새로운 유형의 기업엘리트들과 경영엘리트들에게 자리를 내주었다.[41]

도금시대 산업가들에 대한 장밋빛 묘사와는 대조적으로 뷰캐넌은 전 지구적 자본주의의 기업엘리트들은 오직 이윤에 의해서만 움직인다고 주장했다. 그는 새로운 기업엘리트에 대해 "만약 최종적인 정산 결과가 수년간의 노고를 다한 충성스러운 노동자들을 해고하라고 지시한다면, 이들은 더 이상 쓸모없어진 장비를 폐기처분하는 것처럼 무자비하게 효율적으로 이를 행할 것이다"라고 적었다.[42] 국민 기업들은 초국적 기업이 되었으며, 산업계의 "애국적" 지도자들은 "사람들을 가족·친구·이웃·동료시민이 아니라 '소비자'와 '생산요소'로 보며, 감정은 없고 적자適者만이 살아남은 뿌리 없는 초국적 엘리트들"로 대체되었다.[43] 초국적 기업에 대해 뷰캐넌은 아래와 같이 말했다.

> 본성상 전통에 대한 적대자다. 적응력은 있고 도덕관념은 없어서 그들에게는 뿌리가 없으며, 어떤 체제하에서나 작동한다. 효율성을 지배적인 원리로 삼고 있으므로 그들은 노동자들에게 충실하지 않으며 어떤 국가에도 충성하지 않는다. 주식 가격과 스톡옵션이 존재의 이유인 그들은 모든 것과 모든 이들을 이윤이라는 제단에 희생물로 바칠 것이다.[44]

프랜시스와 뷰캐넌에 의하면 미국 기업엘리트들은 한때 자유무역을 미심쩍어했지만 오늘날에는 이를 받아들인다. 재화와 서비스, 그리고 저렴한 노동력을 위해 시장을 확대하고 편협하게 이윤에만 전념하는 새로운 기업엘리트들은 자유무역과 대규모 이민을 지지한다. 마찬가지로 국가의 정치적·문화적 엘리트들은 평등주의·다문화주의·범세계주의에 몰두해 있다. 그 결과 국익은 미국 소비자들의 이익이 무엇인지에 따라 정의되었으며, 이들의 이익과 기호는 기업에 의해 조작되고 정의되었다.[45]

고보수주의자들은 국가란 단순히 제품과 서비스를 사고팔며 수입된 소비주의적 사치품을 즐기는 소비자들의 집합이 아니라고 믿는다. 오히려 국가는 자유주의적 자본주의의 자기탐닉적 목적보다 고귀한 목적을 동기로 삼는 보다 큰 규모의 집단에 속해 있다는 소속감을 개인들에게 부여한다. 뷰캐넌은 "국가의 경제체제는 국민적 통일성이라는 유대감을 강화해야 한다. (…) 국가는 유기적이며 살아 있는 존재이다. 국가는 고동치는 심장을 가지고 있다. (…) 국민 또는 국가는 경제적 이익보다 더 높은 가치들을 공유해야만 하는 도덕공동체이며, 그렇지 않다면 국가는 유지되지 않을 것이다"라고 썼다.[46] 그러나 전 지구적 자본주의에는 국민적 충성심이란 존재하지 않는다. 뷰캐넌은 계속해서 "전 지구적 경제는 경제적 인간이라는 신화에 뿌리를 두고 있다. (…) 그것은 경제적 측면을 다른 무엇보다 우위에 둔다"라고 논했다.[47] 그 결과 초국적 기업들—국가에 대한 충성심이 없는 기관들—은 국가의 적들과 거래를 하고, 노동자들을 해고하며, 외국에 외주를 맡겨 생산하고, 노동력의 공급을 증대시키는 개방적 이민정책을 펼치면서 임금 인하를 압박해 백인 노동자들을 보다 저렴한 이주 노동자들로 교체한다.[48]

고보수주의자들이 보기에 미국 제조업 부문의 몰락은 전 지구적 자본주의의 승리를 보여주는 징후이며, 특히 미국의 힘과 자립에 엄청난 타격이 되고 있다. 제품을 제조할 역량이 없는 국가는 스스로를 방위하지 못하는 상태에 위태로울 정도로 근접해 있다. "제조업은 국력의 핵심이다"라고 뷰캐넌은 설명했다.[49] 국가가 자유를 지키고자 할 때 중요한 점은 "생계수단, 주거, 의류, 방위"를 국가가 제공할 수 있어야 한다는 것이다.[50] 뷰캐넌은 자유무역정책으로 인해 기업들이 저렴한 노동시장을 찾아 미국에서 해외로 달아났고, 이는 미국의 안보를 위태롭게 만들었다고 주장한다. 자유무역 때문에 미국은 주권을 양도했으며, 그 과정에서 무역 파트너들에게 의존하게 되었고, 그들의 정치적 변덕과 국제 시장의 변동에 취약하게 되었다. 경기를 악화시키지 않으려는 노력의 일환으로 미국은 걸프전에서 그랬던 것처럼, 또는 1995년 멕시코에 긴급구제금융을 지원했던 것처럼 외국에 어쩔 수 없이 개입을 해야만 했다. 뷰캐넌이 『거대한 배반The Great Betrayal』에서 주장했듯 미국은 더 이상 자신의 경제적 운명도 정치적 운명도 통제하지 못하고 있다.

전 지구적 자본주의가 낳은 또 다른 결과는 미국의 공화주의적 전통이 위태로워졌다는 점이다. 고보수주의자들은 백인 중산층·노동계급이 미국의 공화주의 제도에 가장 중요하다고 여겼다. 미국의 오래된 공화주의 전통, 특히 미국 헌법 비준을 둘러싼 논쟁 당시 고보수주의자들은 반연방주의자들의 입장에 기대어 공화국에는 강력하고 상대적으로 동질적인 중산층이 사회적 토대로서 필요하다고 주장했다. 복지국가와 전 지구적 자본주의의 성장을 통해 경영엘리트들은 노동계급을 황폐화했다. 자본과 노동이 이곳저곳을 비교적 자유롭게 이동할 수 있는 경제체제는 노동자들의 경제적 지위를 하락시킨다. 자본은 해외에서 저렴한 노동시장을 찾고 해외로부터 저렴한 노동자들을 수입하지 않으면 안 된다. 카리브 해 지역, 라틴아메리카, 아시아, 아프리카의 개발도상국 출신 이민자들이 미국으로 들어오면서 많은 사람들이 미국의 복식과 기호·언어·관습·전통, 국민적 정체성에 동화되지 못했을 것이다. 고보수주의자들이 생각하기에 그들은 오히려 자신의 인종적·문화적 관습들을 미국에 이식하고 있으며, 미국 백인들은 어쩔 수 없이 여기에 적응해야 한다. 오직 영어만을 사용해야 한다는 보수주의자들의 고집과 미국에서 샤리아Sharia*가 확산되고 있다는 상상과 관련된 공포감 조성은 미국의 문화적 정체성이 위협받고 있다는 인식을 가장 명백하게 보여준다.

이른바 백인 중산층·노동계급의 경제적·정치적·문화적 박탈에 격분한 프랜시스는 "외주, 그리고 이에 수반되는 세계화라는 정글은 (백인 중산층·노동계급의) 반동화를 가속화할 뿐이다. 왜냐하면 세계화를 강요당하면서 살아가는 사람들은 경제적 강탈만이 아니라 정치적·문화적·인종적 강탈도 경험하기 때문이다"라고 주장한다.[51] 고보수주의자들은 북미자유무역협정North American Free Trade Agreement, NAFTA(이하 NAFTA)과 여타의 자유무역협정에 특히나 비판적이었다. 그들에게 NAFTA는 경제적·문화적 엘리트들이 미국의 경제적 독립과 문화적 유산을 배반했음을 보여주는 명백한 표현이다. 미국과 캐나다, 그리고 몹시 당황스럽게도 멕시코 간의 무역을 자유화함으로써 자유무역협정은 미국 제조업체들이 외주 제작을 하거나 국경 밖으로 시설을 이전하도록 만들었다. 실제로 많은 제조업, 특히 조립작업은 미국-멕시코 국경에서 멕시코 쪽에 위치해 있는 마킬라도라Maquiladoras**의 저임금과 작업장 및 환경 보호에 대한 최소한의 규제를 이용해 이익을 취했다.[52] 미국에 있는 공장

• 　이슬람 문화권의 법체계로 개인과 국가의 관계뿐 아니라 종교부터 가족, 사회, 경제 전반에 걸쳐 생활방식을 규정하고 의무를 부과한다는 특징이 있다.

•• 　마킬라도라는 멕시코의 저렴한 인건비를 이용할 수 있는 이점을 외국기업에 제공해 고용을 창출하고, 외화를 획득할 목적으로 멕시코 정부가 1965년에 도입한 제도이다. 마킬라도라 산업단지에 입주한 기업들은 주로 미국에서 원자재와 중간재를 수입한 뒤 멕시코의 노동력을 이용해 이를 조립·제조한 후 다시 미국으로 재수출하며, 관세를 면제받는다. 마킬라도라는 1990년대 NAFTA가 출범한 이후 본격적으로 성장했다.

들이 문을 닫거나 해외로 이전하지 않은 경우에는, 공장주들이 자신의 노동자들에게 임금과 복지혜택을 양보하라고 강요하기 위해 공장을 이전하겠다는 위협을 했다. 이는 미국 제조업 부문의 위축뿐 아니라 미국 노동시장 대부분에서 중위임금이 하락하는 데 기여했다. 백인 노동계급과 영세 사업자들의 대변자라고 자처하는 고보수주의자들의 말에는 분명히 일리가 있다. 1970년대 초 이후 미국 경제의 거대한 구조적 변동, 그중에서도 NAFTA는 백인을 포함해 모든 인종의 노동계급에게 처참한 충격을 가했다.[53] 인플레이션을 반영해 조정하자 1970년대 초 이후로 임금과 중위소득이 정체되었다는 사실은 고보수주의자들이 대변한다고 주장하는 노동계급의 실망과 분노에 타당한 근거가 있음을 보여준다.[54] 그들이 보기에 공화주의적 시민의 경제적 자립을 위협하는 요인들은 빈부격차 확대, 작업장 민주주의 결여, 그리고 그로 인한 지배와 종속의 관계가 아니다. 고보수주의자들에게 경제적 자립은 정부 규제와 강력한 노동조합으로부터 자유롭고, 값비싼 복지비용과 규제에 대한 부담이 없으며, 외국 노동자들과의 경쟁으로부터 보호받는 국내 경제에서 백인 노동계급이 일자리를 찾는 것을 의미한다. 고보수주의자들이 보기에 자본과 노동 간에, 혹은 국내 경제 내부의 주종관계에 본원적 적대성이란 존재하지 않는다. 계급적대는 오히려 전 지구적 자유무역이 초래한 경쟁의 심화, 자유주의적인 이민정책, "자격이 없는" 이들에게 혜택을 주는 정부의 재분배정책에 기인한 결과다.[55] 경제적 민족주의로 방향을 전환한 정부가 미국의 경제적 주권과 공화주의적인 문화적 유산들을 복원할 것이다. 고보수주의자들은 보호주의를 제외하고 정부의 다른 개입이 없다면 시장은 완전고용을 위한 조건들을 창출하며, 그리하여 공화주의적 시민에게 필수적인 경제적 자립이 이룩된다고 믿는다.

범세계주의적인 경영엘리트가 지배하는 전 지구적 자본주의에 대한 하나의 대안으로 고보수주의자들은 보호주의·보조금·재분배를 포함해 국가가 경제생활을 위해 중대한 역할을 수행하는 경제적 민족주의 정책을 구상하고 있다. 조셉 스코치Joseph Scotchie에 의하면 고보수주의자들의 과업은 "보수주의 운동을 장악하고 공화당을 탈취한 우익 사회민주주의자들에 대한 근본적이고 긍정적인 대안을 제시하기 위해 자유시장 및 자유로운 사회에 필요한 조건들과 미국적 민족주의 간에 균형을 맞추는 것"이다.[56] 뷰캐넌은 "시어도어 루스벨트의 애국주의"와 분권적이고 공동체주의적인 "빌헬름 뢰프케의 인도적 경제관"이 결합된 경제적 전망을 통해 이러한 균형이 실현될 수 있으리라 믿는다.[57] 이러한 전망은 복지 및 규제국가뿐 아니라 자유시장과 "야경"국가 역시 대부분 거부한다.

주된 목적은 고보수주의자들이 백인 중산층·노동계급 혹은 중도층 미국인들과 동일시하는 국가를 강화하는 데 있다. 스스로를 전 지구적 자본주의와 고압적인 행정국가의 희생자로 여기며 자신의 사회적 지위가 하락하고 있다고 생각하는 중도층 미국인들은 개인주의와 자립, 그리고 기독교·백인·유럽이라는 공통된 유산을 강조함으로써 경영엘리트들에 맞서기 시작했다고 고보수주의자들은 주장한다. 위로부터 민족주의를 발전시키려 했던 시어도어 루스벨트의 시도들과 달리 고보수주의자들의 전망은 평범한 "중도층 급진파 미국인들MAR"을 동원하는 데 초점을 맞춘 아래로부터의 대중운동이다.

자유지상주의자들과 달리 프랜시스는 고유한 미국적 정체성을 유지하려면 중도층 미국인들이 국가권력을 장악하고 난 뒤 이를 약화시키는 것이 아니라, 그들의 이익을 위해 사용해야만 한다고 믿었다— 오늘날 경영엘리트들이 그렇게 하는 것과 마찬가지로 말이다.

> 선벨Sun Belt트의* 기업가 정신이 살아 있는 지역들에서 MAR 연합과 그 동맹자들이 이 고전적 자유주의 원리(자유시장)에 계속 초점을 맞출지는 의문스럽다. (…) MAR-뉴라이트가 주목하는 정치경제의 핵심은 경제성장일 것이다. 그 가치는 자유시장과 혼동되고 간혹 자유시장을 포함하기도 하지만 동일하지는 않다.[58]

프랜시스는 중도층 급진파 미국인들이 "엄격한 자유방임 이데올로기를 고수하는 일은 거의 가치 없다"고 본다는 점을 인정했다.[59] 실제로 고보수주의적인 정치경제는 반기득권 세력인 포퓰리즘적 중도층 미국인들을 위해 경제성장을 촉진하는 국가의 적극적인 역할을 기대한다. 뷰캐넌에 의하면 고보수주의적인 경제정책의 목표에는 완전고용, 보다 중대하고 광범위한 번영과 재산의 분배, 생활수준의 향상, 한 부모가 대가족을 먹여 살리고 의복과 주거를 제공하며 교육시킬 수 있는 생활임금이 포함될 수 있다. 여기에는 또한 산업화된 어떤 민주주의 국가들보다 미국인들이 자기 노동의 가장 커다란 과실을 누리도록 만드는 세금제도, 해외 무역—특히 생활필수품에 대한—의존성 약화, 상실한 미국

---

* 캘리포니아 주에서 텍사스 주, 앨라배마 주를 거쳐 사우스캐롤라이나 주에 이르는, 북위 36도 밑에 분포한 광범위한 미국 남부 지역을 말한다. 온난한 기후, 경제적 기회를 찾아 온 이주민들, 은퇴자들 등으로 인해 1960년대 이후 상당한 인구 증가세를 보였다.

주권의 회복, 국가 안보에 필수적인 기술력과 모든 산업부문의 자급자족, 도덕 공동체와 공공선에 부합하는 민간기관들과 시민들을 위한 최대의 자유가 포함되기도 한다.[60]

프랜시스가 지적했듯이 고보수주의자들의 "복지, 온정주의, 규제에 대한 분노는 시장에 대한 깊은 신념이 아니라 단순히 공정하지 못한 복지 프로그램, 조세, 규제가 낳은 부당함이라는 느낌에 기반을 두고 있다".[61] 고보수주의적인 정치경제는 경제성장에 초점을 맞추고 있는데 이는 정부 관료제 해체와 규제 철폐, 그리고 경제력의 분권화와 사유화를 필요로 한다.[62] 고보수주의자들은 20세기의 경제적 규제는 경쟁을 억제하고 기업의 국내 시장 지배를 보장하는 수단으로서 대기업들로부터 환영을 받았다고 주장한다. 고보수주의자들의 시각에서 이러한 규제들은 경쟁 의욕을 꺾고, 굳건히 자리 잡고 있는 대기업들에게 혜택을 줌으로써 소규모 기업들에 가장 부담이 된다. 탈규제는 기업가들과 소기업들이 대기업 경쟁자들과 경쟁하는 것을 방해하는 부담스러운 규칙과 세금이 없는 국내 자유시장을 재건하려는 조치이다. 그러나 고보수주의자들은 복지국가 전체를 해체하는 일은 바람직하지 않을 수 있다고 인정한다. 중도층 급진파와 미국인들의 이익에 부합하는 요소들, 예컨대 "노인과 (오늘날 존재하는) 노동조합에 가입한 노동자들의 경제적 특권"과 대서양 연안의 은행 및 금융기관에 대한 강력한 규제는 유지될 것이다.[63]

중도층 미국인들의 이익에 맞게 세법을 대대적으로 개혁하고, 자유주의적 복지와 규제국가를 축소시킨 다음 고보수주의자들은 해밀턴의 「제조업 보고서」를 모델로 이용해 전 지구적 자유무역을 비판하고 세계무역기구World Trade Organization, WTO와 NAFTA를 비롯한 전 지구적이고 지역적인 무역협정과 기구들에서 탈퇴할 것이다. 그들은 수입품에 관세를 부과하고 국내 생산자들에게 보조금을 지급할 것이다. 프랜시스는 이러한 보조금이 중도층 미국인들이 강력한 지지 기반인 지역들, 즉 남부와 서부의 특정 산업들을 대상으로 지급될 것이라고 설명했다. 항공우주·방위·에너지산업과 농업에 보조금을 지급함으로써 고보수주의자들은 미국의 경제적 활력과 번영의 중심을 동부와 프로스트벨트Frost Belt*에서 중도층 미국인들과 선벨트로 이전하려고 할 것이다.[64] 이러한 조치들은 기업들이 해외의 저임금 노동시장으로 이전하는 일을 막고, 그리하여 미국에서 중산층의 제조업 일자리를 지켜내는 데 크게 공헌할 것이라고 그들은 주장한다. 고보수주의자들의 경제적 민족주의에서 핵심은 보호주의이다. 미국이 다른 국가들과의 경제적 상호의존성을 줄이게 되면, 미국 기업들을 위해 필요한 보호주의나 보조금이 복원되어 미국 중산층의 경제적 토대가 만들어질 것이라고 그들은 생각한다.

백인 노동계급의 경제적·문화적 우위를 재건하기 위해 고보수주의자들이 지지하고 계획한 마지막 핵심적인 공공정책은 제한적인 이민정책이다. 프랜시스와 뷰캐넌은 모두 칩 버릿Chip Berlet과 매튜 라이온스Matthew Lyons가 "백인 인종적 민족주의"라고 부른 사상을 옹호한다.[65] 뷰캐넌에 의하면 "오늘날 물밀듯이 몰려오는 서류미비(이민)자들에 대한 반대의 골자는 그들이 영어를 사용하는 서유럽 출신 백인들이 아니라는 데 있다. 그들은 멕시코, 라틴아메리카, 카리브 해 연안에서 온 스

• 위스콘신 주, 미시건 주, 오하이오 주를 비롯한 미국 동북부 오대호 연안의 한랭지대를 지칭하며 스노우벨트Snow Belt라고도 불린다. 석탄과 철광석을 비롯한 풍부한 자원을 바탕으로 제조업·중공업을 발전시켜 20세기 초중반 미국 경제성장의 한 축을 담당했다.

페인어를 사용하는 갈색 혹은 검은색 피부를 가진 사람들이다".[66] 국가 엘리트들이 시행한 자유주의적 이민정책은 임금을 억제했고, 본토 태생의 미국 백인 중도층 노동력을 "대체"하고 "쫓아냈다".[67] 고보수주의자들의 서사에서 더 많은 이윤을 창출하는 데에만 열중한 비애국적 기업들은 관대한 이민정책을 입법하고, 국경 통제 단속을 완화하기 위해 정부 내 자유주의적이고 범세계주의적인 엘리트들과 공모했다. 그 결과 주로 멕시코와 라틴아메리카 출신의 서류미비 이민자들이 대거 미국으로 몰려들어왔다. 이러한 이민자들은 영미식 규범과 관습에 동화되지 않았을 뿐만 아니라, 영어를 사용하는 미국인 공동체들은 이들을 수용하기 위해 예전 자신들의 관습과 언어를 바꿀 수밖에 없었다. 고보수주의자들이 보기에 이것은 미국에 대한 멕시코인들의 문화적 "재정복"이자 미국의 유럽 백인 유산에 대한 직접적인 공격과 다르지 않다. 게다가 비백인 이민자들은 미국 문화를 바꾸는 데 특히나 성공적이었는데, 이는 그들이 정부와 기업의 지원을 받아 미국 백인 노동자들을 몰아내왔기 때문이다.

제조업이 해외로 이전하고 미국 경제가 더욱 서비스 지향적이게 되면서 특히 건설, 호텔, 레스토랑 부문에 점점 더 많은 서류미비 이민자들이 고용되었다. 이민자들은 미국 노동자들보다 낮은 임금을 감수하며 일하기 때문에, 뷰캐넌은 그들이 임금을 하락시킬 뿐만 아니라, 지난 40년간의 임금 정체에 책임을 져야 할 주요 세력이라고 비난한다. 고보수주의자들에 의하면 제한적인 이민정책 및 (최근 집계에 의하면 1200만 명 이상인) 서류미비 이민자들에 대한 추방정책과 결합된 뷰캐넌의 경제적 민족주의가 임금 하락 압박을 완화하고, 실업률을 낮추며, 증가하는 사회보장제도와 메디케어 비용을 줄이고, 중산층 미국인들의 경제적·문화적 안녕을 회복할 것이다.[68] 그리하여 고보수주의자들이 보기에 그들이 구상하는 미국 문화의 반혁명은 적극적이고 보다 광범위한 정부의 역할과 더불어 현대 자본주의의 구조와 작동방식의 반혁명에 뒤이어 등장할 것이다. 현재 진행 중인 미국인들의 급격한 정체성 타락을 되돌리기 위해 고보수주의자들은 오늘날 경제·사회·이민정책을 둘러싼 과감한 대안들을 제시하고 있다.

주류로 진출한 고보수주의적 전망: 도널드 트럼프

전 지구적 자본주의와 자유시장에 대한 고보수주의자들의 대안은 포퓰리즘적인 경제적 민족주의이며, 이는 분노와 미국 역사에 깊이 뿌리내리고 있는 인종주의, 토착민주의nativist, 민족주의적 사상에 의거한다. 세금, 탈규제, 사유화, 복지국가의 침식, 군사력, 공적 영역에서 종교와 애국주의의 중요성이라는 쟁점과 관련해 고보수주의자들과 다른 유형의 현대 보수주의자들의 사고에는 겹치는 지점들이 많다. 하지만 자유지상주의자들과 신보수주의자들 혹은 기독교 우파들에게 경제적 민족주의는 고보수주의자들과 달리 필수요소가 아니었다. 다수의 고보수주의자들이 보기에 현대 보수주의자들은 자유무역 자본주의가 야기한 미국의 문화적 토대 침식과 다양한 방식으로 화해한 이들이었다. 실제로 자유무역과 이민은 고보수주의자들·신보수주의자들·공화당을 갈라놓는 가장 중요한 쟁점들 가운데 하나이다.[69]

수십 년간 고보수주의자들은 공화당을 장악하거나, 선거에서 보수주의적 선택지로서 이들의 자격을 박탈하는 운동을 불러일으키는 데 성공하지 못했다. 비록 명시적으로 고보수주의적인 운동은 아니지만, 티파티Tea Party는 이러한 맥락에서 프랜시스가 고보수주의의 기반으로 간주했던 백인 중산층·노동계급으로 구성되어 있다.[70] 마찬가지로 뷰캐넌은 티파티가 "세계화주의globalism"에 맞선 투쟁에서 "우리의 마지막 희망"이었다고 믿는다.[71] 비록 공화당 "기득권층"을 몰아내는 데는 성공하지 못했지만, 티파티는 공화당을 우파적인 방향으로 밀어붙이는 데 성공했다.[72] 최근 몇 년간 공화당에 거대한 영향력을 행사해온 티파티에 힘입어 고보수주의자들의 사상은— 비록 티파티라는 외연을 둘러쓰고 있기는 했지만— 주변부에서 출현해 주류에 합류했다.

고보수주의자들과 티파티가 공유하는 논점들은 티파티가 동일한 불만을 갖고 있는 사회적 지지층의 우익 포퓰리즘에 의존하고 있다고 주장하기에 충분할 정도로 많다. 실제로 팻 뷰캐넌과 티파티의 이데올로그 글렌 벡Glenn Beck의 역사적 서술에서 미국 몰락의 기원은 진보시대Progressive Era*와 우드로 윌슨 행정부이다.[73] 마찬가지로 두 집단은 외견상 거대 기업들에게는 유리하고, 소규모 사업자들에게는 불리한 경제적 규제, 특히 정부의 월스트리트 금융구제가 그 실례인 정실자본주의에 비판적이다.[74] 두 집단은 규제제도, 최저임금, 그리고 "자격이 없다"

---

* 1890년대부터 1920년대까지 미국에서 정치 개혁 시도와 사회운동이 성장했던 시기를 말한다. 남북전쟁 이후 산업화가 급격히 진전되면서 빈곤과 부의 집중, 부정부패가 만연해지자 이를 개혁하려는 대중적 열망이 고조되었다. 이는 대기업의 부당거래와 독점을 규제하는 1890년 셔먼 반독점법 등의 입법으로 구체화되었다.

고 여겨지는 사람들에게 혜택을 주는 요소들을 포함해 자유주의적 복지국가에 반대한다. 그들 중 누구도 복지국가의 완전한 해체는 원하지 않으며 혜택을 받을만한 일을 했다고 생각하는 사람들에게 이익이 되는 방향으로 복지국가를 재조정하고자 한다.[75]

이민으로 미국의 문화적 유산이 위협받고 있다는 고보수주의자들의 서사는 티파티의 서사와 중첩된다. 미닛맨Minutemen운동*과 티파티의 관계 또한 백인 종족 민족주의를 암시한다.[76] 실제로 시다 스코치폴The-da Skocpol과 바네사 윌리엄슨Vanessa Williamson, 그리고 이들과 별개로 크리스토퍼 파커Christopher Parker 등이 입증했듯이 티파티 구성원들은 대다수의 미국인들보다 분명하게 흑인들을 부정적으로 바라보는 인종차별적 시각을 견지하고 있다.[77] 예를 들어 티파티는 인종차별적인 내용을 간접적으로 표현하는 방식으로 많은 고보수주의적인 생각들을 드러낸다. 외부자들이 미국을 "장악하고" 있으니 "우리나라를 되찾자"라는 주장, 도널드 트럼프가 앞장서서 주장한 버락 오바마 대통령의 출생증명서를 보여달라는 집요한 요구는 고보수주의자들의 인종적 불안이 티파티 서사의 요체임을 보여준다.

고보수주의를 보수주의의 주류에 끼워 넣은 후 티파티는 도널드 트럼프의 정치를 탄생시켰다. 고보수주의, 티파티, 그리고 지금의 도널드 트럼프는 모두 보수주의 지식인들과 정치권이 미국 태생의 백인 노동계급—미국 경제의 중추이자 고유한 문화적 정체성의 보고인—을 팔

---

* 2004년 미국-멕시코 국경 지역으로 들어오는 서류미비 이민자들을 감시한다는 목적으로 창설된 자경단 조직 및 이들의 활동을 지칭한다. '미닛맨'은 본래 미국 독립전쟁 당시 민병대를 가리키는 명칭이었다.

아버린 정실자본주의, 자유무역, 이민자에 대한 국경 개방이라는 "조작된 시스템"을 만든 주역들이라는, 미국 우파들 사이에서 오랜 기간 심화되어온 믿음의 결과다. 부분적으로 티파티는 조지 W. 부시의 제왕적 대통령제와 큰 정부론에 대한 반발이었다. 그러나 티파티가 2009년 버락 오바마 대통령이 취임한 지 불과 몇 주 후에 창립되었고, 2016년 대통령 선거 이전인 2011년부터 시작해 5년간 지속된 트럼프의 떠들썩한 정계 진출 시도가 오바마 대통령이 미국 시민권자가 아니며, 따라서 대통령 자격이 없음을 입증하려는 운동이었다는 이 두 가지 사실은 우연의 일치가 아니다.[78] 고보수주의자들과 티파티 구성원들에게 흑인 남성이 미국 대통령이라는 사실만큼 자신들의 경제적 지위 하락과 자신들이 인지한 미국 문화의 정체성 상실을 상징적으로 보여주는 사건은 없었다.[79]

동성결혼과 임신중절에 대한 트럼프의 입장(과거에는 임신중절 합법화에 찬성했지만 지금은 반대한다)을 예외로 하면, 경제 문제에 관한 그의 정치적 입장은 대부분 고보수주의자들 및 티파티의 견해와 상당히 유사하다. 실제로 뷰캐넌은 트럼프를 "중도층 미국인들의 전령"이라고 칭송했다.[80] 트럼프가 미국-멕시코 국경에 장벽을 건설하겠다고 공약하기 훨씬 이전에 뷰캐넌은 울타리 설치를 강력하게 요구했다. 마찬가지로 1200만 명에 이르는 서류미비 이민자들을 모두 추방해야 한다는 트럼프의 요구는 뷰캐넌과 고보수주의자들이 오랫동안 견지해왔던 입장이었다. 자유무역협정들의 철회, 보호주의의 제도화, "자격 있는" 이들이 이용하는 프로그램은 보존하되 복지국가는 해체, 대규모 감세, 기업과 산업에 대한 규제 완화, 월스트리트와 금융부문에 대한 미사여구 식의 비판을 포함한 이 모두가 "미국을 다시 위대하게 만들기"라고 주장하는 트럼프의 정치경제적 입장은 고보수주의자들의 수사 및 정책 처방과 일치한다. "조작된 시스템"에 대한 트럼프의 고집, 북대서양조약기구 North Atlantic Treaty Organization, NATO를 비롯해 미국의 동맹국들이 의무를 이행하고 있지 않다는 믿음, 그리고 역대 미국 행정부가 멕시코와 중국이 미국 경제를 극악무도하게 뒤집어놓을 수 있게 만들었다는 트럼프의 비난은 그가 제2차 세계대전 이후의 모든 정치적 규범·제도·협정들을 완전히 무시하고 있음을 잘 보여주며, 정치적·경제적 엘리트들이 의도적으로 미국을 전복해왔다는 고보수주의자들의 견해를 정당화한다. 현대 미국에 대한 트럼프의 모든 비판은 그가 반복적으로 표현하는 믿음인 "우리에게 더 이상 나라는 없다"로 요약할 수 있다.[81] 그러나 이는 트럼프의 독창적인 생각이 아니다. 여기에는 이러한 규범·제도·협정들이 미국의 국경과 국내 안보를 약화시키고, 경제적 주권과 독립성을 저해하며, 문화적 정체성을 침식시키려는 경영엘리트들의 노력의 산물이라는 고보수주의자들의 견해가 반영되어 있다. 트럼프의 포퓰리즘은 정치적·경제적 엘리트들이 그들 자신과 빈민, 그리고 "타인들"— 인종적 소수자, 이민자, 난민, 여성 혹은 그것이 기업이든 국가기구이든 외국의 이익 등으로 다양하게 정의되는— 의 이익을 위해 권력을 사용해왔다는 고보수주의자들의 서사에 부합한다. 게다가 이 모두는 미국 중도층 토박이들을 희생시킨 대가로 이루어졌다.[82] 트럼프는 "미국을 우선시"하며, "더 이상 이 나라와 국민들이 세계화주의라는 거짓된 지저귐에 굴복하지 않도록" 하겠다는 공약을 내세웠다.[83]

이 장에서 보았듯 고보수주의자들의 경제적 민족주의와 포퓰리즘—그것이 뷰캐넌, 프랜시스, 혹은 트럼프 누구의 것이든—은 미국의 계급구조나 자본주의체제에 도전하지 않는다. 그러나 그들은 현대 자본주의에 대해 우파 중에서 가장 급진적인 도전을 제기한다. 고보수주의자들의 견해는 한편에서는 전통과 문화에 대한 보수주의자들의 다양한 우려를, 다른 한편에서는 보수주의자들이 자본주의와 어디까지 화해해왔는지를 보여준다. 하지만 이러한 견해들은 또한 보수주의자들이 시도한 화해의 한계와 그들 사이에 남아 있는 긴장을 보여준다. 아마도 자본주의에 대한 현대의 어떤 보수주의적 비판자들보다 고보수주의자들이 가장 급격하게 국가의 정치경제를 바꾸려고 노력할 것이다. 그들은 자본주의를 부인하지 않지만 월스트리트에 대한 과장된 공격, 그리고 미국이 국제적인 경제기구들에서 철수하고, 자유무역협정을 파기하며, 보호주의적 무역정책을 입안하고, 외국의 노동과 자본으로부터 미국 국경을 봉쇄하며, 미국에 해를 끼치러 왔다고 간주되는 수백만 명의 사람—멕시코 출신 이민자들을 "범죄자와 강간범들"이라고 부른 트럼프의 말에서 분명하게 드러나듯—을 추방해야 한다는 실체적 요구들은 반혁명의 현실적인 조짐이다.[84] 고보수주의자들이 보기에 전 지구적 자본주의는 미국 국민을 타락과 최악의 절멸 직전까지 내몰고 있다. 고보수주의자들은 민간기업을 인정하고 자본주의와 국내에서의 경제적 불평등을 옹호하고 있지만, 현대 자본주의라는 맥락에서 미국의 문화적·실존적 위기에 대한 해법은 찾지 못하고 있다. 대신에 미국 국민의 생존을 보장하는 유일한 방법은 자본주의의 팽창적인 성격을 억제하고, 이를 미국 태생의 백인 미국인들을 위해 이용하는 것이다.

결론

기로에 선 보수주의

남부연합기에 대한 공화당원들의 배신, 그리고 공화당을 현혹한 자본주의의 배신은 어떤 제도도 남부적 또는 국가적·문화적 전통을 수호해주리라 기대할 수 없음을 분명하게 말해준다. (…) 자본주의에 도취된 공화당, 이윤을 얻는 데 방해가 된다고 여겨지는 제도들을 적대시하고 자신들만의 이익을 추구하면서 사회의 다른 모든 제도들과 절연한 자본주의는 이들의 연합을 역사의 쓰레기통에 던져버리는 것이 유용함을 보여준다.

새뮤얼 프랜시스, 「자본주의라는 적」

자유시장은 전진하고 있으며 미국은 패배하고 있다.

부통령 당선자 마이크 펜스 Mike Pence, 『뉴욕 타임스』, 2016년 12월 1일

거의 지난 한 세기 반 동안 다양한 보수주의자들이 자본주의와 경제적 이익을 다른 사회적 선보다 우선시하는 경향에 대해 회의적인 목소리를 내왔다. 이 보수주의자들은 자본주의와 그들이 가치 있다고 여기는 사회적 선—가부장적 가족, 전통적 관습과 풍습, 지역적인 사회 및 경제제도, 미국이라는 국가의 고유성, 미 제국—사이의 긴장을 해결하려 애써왔다. 이 과정에서 그들은 우리 경제체제에 대한 통찰력 있는 비판들을 제시했고, 미국 보수주의 사상에서 가장 중대한 도전에 직면했다. 자본주의는 보수적인 사회질서와 화해할 수 있는가? 조지 피츠휴, 브룩스 아담스, 존 크로 랜섬, 피터 비에렉, 어빙 크리스톨, 패트릭 뷰캐넌과 같은 다양한 보수주의자들이 이 질문에 서로 다른 답변과 대안을 내놓았다. 미국 정치사상의 이러한 흐름 속에서 보수주의자들은 그들의 가치와 제도가 자본주의로부터 지속적으로 도전받고 있다는 점, 그리고

자본주의가 전통·문화·정치·경제·보수적인 사회구조에 불안을 일으
킨다는 점을 항상 인지해왔다. 각각의 사상가들은 자본주의적 가치들이
보수주의적 사회질서의 토대가 되기에 부족하다고 보았다. 그들이 보기
에 자본주의적 가치들은 노예제 플랜테이션, 전사-귀족이 이끄는 국민
국가, 자영농, 중도층 미국인 또는 미 제국으로 구현되는 비자본주의적
가치들에 종속되어야 했다.

　보수주의적 비판은 지난 한 세기 반 동안 자본주의가 성장·발전하면
서 함께 진화했다. 자본주의 내부에 구조적 변동이 있을 때마다 이 비판
은 전통적 엘리트와 기존의 인종적·계급적 위계를 보호하는 사회적 구
조에 대한 위협을 해결하기 위해 변화했다. 각각의 비판자들—노예제
옹호론자이건 전사-귀족이건 고보수주의자이건—에게는 보수주의가
무엇인지, 그리고 무엇이어야 하는지를 구현한다고 여겨지는 구원자 계
급이 있었다. 자본주의가 촉발한 사회적 힘들은 대개 새로운 자본가엘
리트들에 의해 주도되었다. 이들은 경제체제를 보호하며, 노동하는 대
중의 자유·평등·자결권에 대한 요구를 제약하고 억압하는 전통적인
방어벽들의 진가를 알지 못했다. 보수주의적 비판자들의 시각에서 자본
주의는 그들이 더욱 완벽한 형태의 위계와 지배라고 보았던 것, 혹은 보
수주의자들이 종종 완곡한 표현으로 "공동체"라고 부른 것을 파괴했다.
자본주의는 이러한 전통적 구조를 보다 허약한 형태—물질적이고 경
제적인 용어로 정당화되거나 조지 피츠휴가 "금전적 관계"라고 불렀
던—의 지배와 통제로 대체했다.

　말할 필요도 없이 자본주의와 그 가치에 대한 보수주의적 비판은 불
평등에 대한 비판이 아니다. 노예제 옹호자, 전사-귀족, 남부 농본주의

자, 전후 보수주의자, 신보수주의자, 고보수주의자라는 이질적인 보수주의자들을 보수주의자로 한데 묶어주는 우선적인 원칙은 불평등과 위계에 대한 그들의 믿음이다. 실제로 보수주의자들이 보기에—심지어 자본주의에 비판적인 이들조차— 불평등과 그것이 경제적·사회적·정치적 권력으로 구현되는 일은 자연스러우며 필요하다. 더 높은 경제적 보상의 가능성은 어빙 크리스톨과 신보수주의자들이 지칭한 "부르주아적 덕목"을 실천할 유인으로 기능한다. 마찬가지로 진보는 사회가 그 최상의 사람들에 의해 통치될 때 이루어지며 그들은 특권·영향력·권력으로 보상을 받는다. 시장의 팽창은 곧 사적 지배와 통제의 영역이 확장됨을 의미했기 때문에 보수주의자들은 그 의구심에도 불구하고 스스로 자본주의와 화해해왔다. 기업에 대한 탈규제, 사유화, 복지국가의 변형은 모두 공공영역에 대한 그들의 신중한 접근을 보여주는 사례들이다. 말하자면 (그들이 말하는—옮긴이) 시장이 제공하는 무언가를 선택할 자유라고 알려진 것은 부유한 자들이 덜 가진 자들을 통제하고 그들로부터 부를 얻어내는 자신들의 능력을 확장할 자유와 다름없다. 내가 이 책에서 검토한 비판자들이 분명하게 보여주듯 미국에서 발전해온 보수주의가 늘 현상유지를 옹호하지는 않았다. 마찬가지로 보수주의는 경제적 자유방임주의 또는 반국가주의도 아니었다. 오히려 보수주의는—자본주의적 불평등과 위계가 가능하게 만든— 일부 사람들이 다른 이들을 지배하고 통제하며 착취할 수 있는 자유와 능력 관한 것이다. 보수주의자들은 이와 같은 구조들이 자연스러울 뿐만 아니라 필요하다고 주장했는데, 이는 그러한 불평등과 위계가 사회질서와 진보를 좌우하는 탁월함과 특별함을 양성하기 때문이다.

이 책에서 검토한 각각의 사상가들은 자유주의적 복지국가와 경제적 자유방임주의라는 양극단의 선택을 넘어서는 국가의 정치경제를 상상했다. 그리하여 계급구조와 그 동학이 변화할 때마다 비판 역시 변화했다. 경제적 자유방임주의에 대한 보수주의자들의 반복된 비판에서 핵심 요소는 공동체에 대한 강조이다. 더욱이 이 보수주의자들은 공동체를 약화시키는 여러 힘들―국가를 포함해― 을 지적하면서 자유방임 자본주의가 변화의 중요한 힘이자 보수주의적 가치·제도·공동체에 지속적인 위협을 가한다는 사실을 익히 알고 있었다. 보수주의적인 자본주의 비판자들은 반국가주의자가 아니었다. 실제로 그들은 국가에 의지해 자신들이 선호하는 사회질서의 경제적·사회적 관계들을 유지하고, 노예제도와 기업의 소유권을 보호하며, 짐 크로 체제를 수립·보존하고, 조직노동을 탄압하며, 수백만 명의 이민자들을 추방하고, 또는 미 제국을 건설하고자 했다. 사회의 토대를 "남부의 노예제 플랜테이션"이나 "가족농" 혹은 "중도층 미국 국민"에 두었던 보수주의자들은 고삐 풀린 자본주의의 확장과 이윤 추구가 이러한 사회질서의 기반이 되는 경제적 관계들을 위협한다고 인식했다. 반대로 전통적인 사회구조는 노동자들과 소수인종들로부터도 위협을 받았으며, 이는 특히 그들의 운동이 국가에게 권리를 요구할 때 그러했다. 따라서 (자본주의에―옮긴이) 비판적인 보수주의자들은 자유방임 자본주의와 민주적인 국가의 확장을 모두 반대했다.

지난 40년간 미국 보수주의는 비판의 초점이 사회적·정치적인 것에서 문화와 복지국가로 바뀌면서 자본주의 비판이 경시되는 담론의 변화를 겪었으며, 이는 신보수주의자들을 통해 분명하게 표현되었다. 정치경제에 대한 보수주의적 사고들이 지난 40년간 공공정책에 영향을 주었듯이 이러한 담론의 전환은 중대한 정치적 파급효과를 불러일으켰다. 감세·탈규제·사유화·복지국가 축소는 공화당과 민주당 행정부 모두가 지지한 시대적 풍조였으며, 이는 대공황 이전에도 볼 수 없었던 부의 불평등 수준으로 부가 상향 이전되고, 정부에 대한 대중의 신뢰 역시 기록적으로 낮아지는 결과를 낳았다.[1] 오늘날 미국뿐 아니라 다른 나라들에서도 현대 자본주의와 정부는 정당성의 위기와 포퓰리즘적 봉기를 겪고 있으며, 이로 인해 제2차 세계대전 이후부터 전 세계 국가들이 운영해온 정치와 정치경제의 프레임 전체가 전복될지 모른다.

2007년과 2008년 시작된 심각한 경제위기와 8년간의 민주당 행정부 집권은 보수주의 사상가들로 하여금 경제적 방임주의 또는 복지국가 노예제welfare-state serfdom라는 정적인 이분법적 보수주의 담론에서 벗어나, 새로운 자본주의 경제의 "심각한 구조적 문제들"을 재검토하도록 만들었다.[2] 이러한 맥락에서 특히 데이비드 프럼David Frum, 로스 두닷Ross Douthat, 레이한 살람Reihan Salam, 데이비드 브룩스는 공화당이 선거에서 경쟁력을 유지하려면 적극적인 정부론을 거부하지 않는 새롭고 긍정적인 의제들을 제시해야만 한다고 주장했다.[3]

이러한 관점에 따르면 공화당은 규제와 복지국가를 단정적으로 거부하지 않는 실용적인 통치 방식을 수용해야 하며, 경제적·문화적으로 불안정한 중산층과 노동계급의 요구에 부합하도록 이를 개혁하려 노력해야 한다. 데이비드 브룩스와 보수적인 정책 의제를 담은 『성장의 여지Room to Grow』 저자들이 뒤늦게 인정했듯이 사회이동은—"보수주의자들에게는 불편한 사실이었지만"—미국보다 캐나다와 덴마크에서 훨씬 활발하게 일어난다. 이 문제를 바로 잡기 위해 브룩스와 다른 이들은 "지역적 가부장주의를 촉진하는 프로그램"과 "자기들만의 잇속을 차리기 위해 서로 밀착해 제도를 만드는 엘리트들의 지배를 받는" 월스트리트·워싱턴·거대 에너지기업·거대 농기업·거대 대학들 같은 "지역의 과두적 지배층과 전 지구적 독재자들을 분열시킬" 프로그램들을 제안했다.[4]

"지역의 과두적 지배층을 분열"시키고, 지역의 기업과 기관들의 분권화를 촉진하는 데에는 이를 시행할 수 있는 조세 수입과 규제 역량을 갖춘 적극적인 중앙정부가 필요하다. 예컨대 해외로 여행을 떠난 미국인들은 미국의 거대한 체인점과 달리 유럽 도처에 소규모 사업체들이 널려 있는 모습을 보고 놀란다. 그러나 유럽의 중소기업이 대기업과의 경쟁에서 이들을 보호해주는 정부 규제를 통해 혜택을 받고 있다는 사실은 대개 간과된다.[5] 이러한 규제 가운데에는—특정 고용주와 관련이 있는 혜택이 아니라 하나의 권리인—노동자들의 소득 보장 혜택, 중소기업에 특별 지원되는 관대한 보조금, 그리고 "체인점들이 소규모 자영업체들보다 낮은 가격으로 판매하지 못하도록 소매업자들에게 최저 가격을 인상할 수 있는 권한을 부여한 법률"이 있다. 자유시장에서 이와 같은 정부의 개입은 미국 보수주의자들을 불안하게 만들 수도 있지만, 이 정책들은 견고한 자본주의 경제라는 환경에서 지역공동체와 그 문화적 유산을 보호하는 등 우수한 결과들을 내왔다.

브룩스와 다른 이들이 보낸 개혁주의적 신호에도 불구하고, 현대 보수주의 운동의 선거 동력은 미국 바깥의 세계에 공포감을 느끼고 움츠러든 사람들로부터 나오고 있다. 이들은 19세기 자본주의와 같이 외국인 혐오증, 토착민주의, 그리고 계급·인종·젠더 위계로 가득 찬 미래를 기대한다. 코리 로빈이 주장했듯 에드먼드 버크와 조제프 드 메스트르Joseph de Maistre에서부터 세라 페일린Sarah Palin, 패트릭 뷰캐넌, 도널드 트럼프에 이르는 보수주의 전통에는 온건함·신중함·점진적 변화를 거부하고 그 반대의 가치들을 받아들이는 하나의 유력한 흐름이 전해 내려오고 있다.[6]

또한 보수주의적 사고에는 "구체제"의 불평등과 위계를 복권하려는 반혁명적인 조류도 있다. 실제로 내가 논한 많은 보수주의자들도 복원restoration이라는 용어를 사용했지만 이는 새로운 출발을 의미했다. 예컨대 남북전쟁 이전에 조지 피츠휴는 백인 노동계급을 포함하는 노예제의 확장을 요구했다. 미 제국을 만드는 과정에서 시어도어 루스벨트는 수십 년 전 서부 개척기에 느꼈던 활력을 되찾고자 했다. 남부 농본주의자들은 옛 남부의 전통을 재창조하길 원했으나 자영농들의 경제라는 환경에서 이를 달성하기를 바랐다. 온정적 보수주의를 통해 신보수주의자들은 빈민 구제라는 19세기 모델에서 영감을 받은 보수주의적 복지국가를 구상했다. 그리고 2017년 공화당 대통령 도널드 트럼프를 통해 고보수주의자들은 뉴딜과 민권운동 이전 미국의 토대를 구축했던 정치경제와 문화적 정체성으로 구성된 사회를 추구했다.[7]

우리가 자유·평등·민주주의·공동체와 같은 개념들을 단순한 추상물이 아니라 사회를 조직하는 실체적인 가치들로 진지하게 받아들인다면, 경제적 불평등과 이를 야기한 자본주의는 반드시 논의의 중심이 되어야 한다. 시장·경제성장·부의 축적과 이윤을 다른 모든 가치들보다 우선시하는 일은 진보파뿐만 아니라 다수의 보수주의자들에게도 혐오감을 갖게 했다. 실제로 위기 인식과 대안을 바라보는 전망은 서로 근본적으로 다르지만 버몬트주 출신의 상원의원이자 민주당 대통령 선거 경선 후보였던 사회주의자 버니 샌더스나 트럼프를 지지했던 노동계급과 중산층은 불완전 고용, 압류, 임금 정체, 경제적 불안 증가, 사회적 상향 이동 제한, 미래에 대한 깊은 절망감을 야기한 정치적·경제적 질서에 깊은 좌절감을 표했다.

트럼프가 후보자로 지명된 사건은 보수주의자들 사이에서 커다란 불화를 초래했다. 다수의 전현직 공화당 공직자들은 그를 지지하길 거부했고, 몇몇은 전 국무부 장관이자 민주당 후보인 힐러리 클린턴에게 투표하겠다고 선언하기까지 했다. 내가 이 책에서 논했던 보수주의 지식인들 가운데 일부도 마찬가지로 트럼프를 가차없이 비판했다. 로버트 케이건은 트럼프의 대통령직 수행에 대해 다음과 같이 경고했다.

이것이 바로 미국에 파시즘이 도래하는 방식이다. 군홧발과 거수경례 (폭력의 악취와 경수경례가 없었던 건 아니지만)가 아니라 텔레비전 장사치, 억만장자 사기꾼, 대중의 분노와 불안을 "이용하는" 전형적인 이기주의자들, 그리고 전국적 규모를 가진 정당 전체가—야심, 당에 대한 맹목적 충성, 혹은 단순한 두려움에서든—그에게 동조하면서 파시즘이 도래했다.[8]

이와 유사하게 데이비드 브룩스도 다음과 같이 경고했다.

사람들은 이제 그들이 어디에 있었는지에 따라 심판받게 될 것이다. 트럼프와 함께했던 사람들은 규범의 타락과 총선에서의 참패로 영원히 오명을 남기게 될 것이다. 우리 모두— 공화당 지지자·민주당 지지자·무당파—에게 더 나은 길은 한 걸음 물러나 보다 장기적인 시야를 갖고 그것을 건설하기 위한 발걸음을 내딛는 것이다.[9]

미국의 45대 대통령은 우리의 정치체제와 경제체제를 지배하는 기업들에 맞서야만 할 것이다. 정부와 기업 간의 신자유주의적인 현상유지 관계는 좌파와 우파 모두로부터 비난을 받고 있다. 포퓰리즘의 압력은 자유·평등·위계, 그리고 이들과 권력·지배·통제의 연관관계에 대한 의문과 함께 자본주의를 정치적 논의의 주류로 다시 가져왔다. 그러나 보수주의자들에게 이는 현대 보수주의에 내재한 선천적인 긴장— 역동적인 자본주의와 보수주의자들이 보존하길 바라는 공동체와 가치들 사이의— 을 직시할 또 다른 기회이다. 데이비드 브룩스가 썼듯이 "우리에게는 아마도 새로운 국가적 서사가 필요할 것이다. 지금까지 미국의 이야기는 가난뱅이가 자기의 용기와 노력으로 밑바닥에서부터 올라와 부자가 되는 일종의 성공담이었다. 그러나 이런 이야기는 더 이상 사람들, 특히 체제가 조작되고 있다고 생각하는 사람들에게 감동을 주지 못한다".[10] 브룩스에 의하면 미국이나 보수주의 혹은 두 가지 모두에는 새로운 이야기가 필요하며, 도널드 트럼프는 브룩스가 옳았음을 보여주었다.

옮긴이 후기

세간에 떠도는 말 가운데 하나는 '오늘날 진정한 보수를 찾아보기 어렵다'라는 주장이다. 이 말은 회고적이면서 모종의 염원을 담은 표현이다. '진정한 보수'를 대표하는 정치세력은 더 이상 존재하지 않거나 아직 도래하지 않았다. 이 가상의 참조점은 정치 현실을 판단할 잣대로 기능하며 각자가 생각하는 이념적 지향을 반영한다. 요컨대 누구나 '진정한 보수'를 말하지만 그 구체적 내용이 무엇인지는 명확하지 않다. 그렇다면—만약 그런 것이 존재한다면—'진정한 보수'란 무엇인가?

정치학자 피터 콜로지의 『자본주의에 맞서는 보수주의자들』은 이 물음에 답하려 했던 흐름을 탐구하는 하나의 흥미로운 연구서다. 저자의 접근 방식은 보수주의를 규정하려 했던 다양한 역사적 시도들을 귀납적으로 검토하고 그 공통점을 규명해보는 것이다. 19세기 이후 미국사를 중심으로 그는 자본주의 생산양식이 야기한 당대 사회 문제에 보수적 처방책을 제시했던 다종다양한 사상적 조류를 하나의 직물로 구성해낸다. 특히나 저자는 각각의 사상이 위치한 당대의 사회경제적 현실과 이에 조응하는 계급관계에 천착해 특정한 내용의 보수주의가 출현한 맥락을 총체적으로 그려내려는 접근 방식을 택한다.

책 서론에서 언급되듯이, 이 지적 흐름 내부에는 시장, 국가, 공동체의 관계를 비롯한 여러 정치적 쟁점에 관한 상반된 견해들이 공존한다. 그 다양성에도 불구하고 보수주의적 정치사상가 및 정치인들을 관통하는 요소는 자본주의적 발전이 기성 사회질서의 안정에 위협을 가한다는 문제의식이다. 끊임없는 자본의 이윤 추구를 부추기는 자본주의는 '자비로운' 노예체제를 붕괴시키고, 금권정치와 나약함을 낳으며, 자영농을 몰락시키고 남부 경제의 저발전과 종속을 야기했다. 뿐만 아니라 전후 자본주의는 가족과 종교집단을 비롯한 전통적 제도의 권위를 훼손해 사람들 간의 유대를 파괴하고, 기업가 정신의 쇠퇴와 도덕적 타락을 불러일으키며, 백인종의 유산과 정체성을 약화한다. 다양한 세력—노예제 폐지론자, 사회주의자, 거대 기업과 노동조합, 소수 인종, 초국적 엘리트, 이민자 등—의 공모, 지배계급으로서 자본가의 무능함이 국가권력과 결합해 보수적 질서의 위기를 심화한다. 이러한 공통된 인식 아래 반자본주의적 보수주의자들은 자본주의의 병폐를 치유할 복고적인 이상향 또는 '반혁명'을 추구한다.

『자본주의에 맞서는 보수주의자들』은 몇 가지 원리로 환원하기 어려운 보수주의 사상들의 한계와 현재성을 보여준다. 자본주의에 비판적인 보수주의자들의 사상이 항상 일관되거나 지적으로 정교한 체계를 갖춘 것은 아니었다. 당대의 정치적 논쟁 속에 전개되었던 이들의 언어는 현실의 특정한 측면만을 편파적으로 부각시키거나 모순적이었으며, 새로운 질서를 구축할 대안으로서 구체성이 결여된 추상적 강령에 그치기도 했다. 반자본주의적 보수주의가 내세운 대안은 현실 정치에서 종종 실패한 기획으로 드러났으며 부분적인 성공만을 거두어 왔다. 그러나 축적된 성패는 자본주의가 낳은 모순과 불만을 보수주의적으로 해소하려는 정치적 기획에 이념적 자원을 제공하는 저수지가 된다. 20세기 전후 신보수주의자들이 19세기 전사-귀족의 자본주의 비판과 공명하듯, 그리고 21세기 고보수주의자들이 20세기 농본주의자들의 포퓰리즘에서 영감을 얻듯 이 흐름은 단속적으로 계승되며 현재성을 획득한다.

보수주의적 자본주의 비판의 계보를 추적하는 일은 현대 정치의 이념적 지형을 이해하는 데에도 필수적이다. 멀리는 1970년대 장기적인 경제구조 변화로부터 축적되어, 가깝게는 2008년 금융위기 이후 본격적으로 나타나고 있는 경제적 불안은 기성 정치세력에 대한 불신으로 옮아가고 있다. 도널드 트럼프의 대통령직 수행—그리고 전 지구적인 극우-포퓰리즘 정치의 부상—은 보수주의적인 정치적 기획이 어떻게 대중의 불만을 동원해 사회를 위계적으로 재편할 수 있는지를 보여주는 사례다. 불안과 공포를 다스리는 방법은 그 근원에 대한 면밀한 탐구와 합리적 해법을 모색하는 길로 반드시 귀결되지 않는다. 그것은 사회의 위계질서를 공고히 할 권위를 수립하고, 자격 있는 이들과 그렇지 않은 이들을 구분하며, 각자가 자신의 위치를 지키고 서로 '선을 넘지 않도록' 불만과 분노를 정교하게 조직하는 방향으로도 나아갈 수 있다.˙

───────

그리하여 『자본주의에 맞서는 보수주의자들』은 공동의 삶을 위한 정치의 근본적인 가치들을 어떻게 비판적으로 사유할 것인지 돌아보게 한다. 보수주의적 자본주의 비판자들은 자본주의 발전이 제기하는 도전에 그들이 바람직하다고 여기는 가치를 중심으로 보수적인 질서와 권위를 수립하고자 모색했다. 이들과 정치적 지향을 달리한다면, 대안적인 질서의 정치적 원리들과 그 가치를 실현하기 위한 조건이 무엇인지에 대한 고민이 필요하다. 보수주의자들이 옹호했던 것과 다른 자유의 내용과 실현 조건은 무엇인가? 공동체와 국가는 이러한 자유를 기획하고 조직화하는 데 어떤 역할을 수행할 것인가? 어쩌면 역설적으로, 보수주의적 자본주의 비판자들의 사유는 이러한 물음에 답을 찾아가는 데 유용한 길잡이가 될 것이다.

번역은 많은 사람의 도움으로 이루어졌다. 하나의 언어를 다른 언어로 옮길 수 있는 능력과 기회는 가족의 보이지 않는 지원과 격려를 바탕으로 얻어진 것이다. 도서출판회화나무 편집진은 오류를 바로 잡고 더 나은 문장을 만들어내는 데 결정적인 도움을 주었으며, 이들의 출판노동이 없었다면 원고는 완성되지 못했다. 인쇄노동자들의 노고를 거쳐 조판된 원고는 마침내 책으로 만들어질 수 있었다. 이 책이 독자에게 닿을 수 있는 행운 이면에는 운수노동자들의 공이 있다. 공동작업에 참여

지위 하락과 그에 대한 개인의 인식은 우익 포퓰리즘을 지지하는 바탕을 이룬다. 관련하여 다음 문헌을 참조하라. Gidron, N., & Hall, P. A. (2020). Populism as a problem of social integration. *Comparative Political Studies*, 53(7), 1027~1059; Kurer, T. (2020). The Declining Middle: Occupational Change, Social Status, and the Populist Right. *Comparative Political Studies*, 0010414020912283.

한 모든 이들에게, 그들이 마땅히 받아야 할 존경을 담아 깊이 감사를
드린다.

서론 자본주의에 맞서는 보수주의자들

1 Peter Dreier, "Is Capitalism on Trial?" *Dissent Magazine*, January 27, 2012, https://www.dissentmagazine.org/online_articles/is-capitalism-on-trial. Pew Research Center에서 실시한 자본주의에 대한 여론조사에서 스스로를 "보수주의자"라고 규정한 사람들 가운데 39%가 자본주의에 대해 부정적인 시각을 보였다("Little Change in Public's Response to 'Capitalism', 'Socialism'", *Pew Research Center for the People and the Press*[December 28, 2011], http://pewresearch.org/pubs/2159/socialism-capitalism-occupy-wall-street-libertarian-liberal-conservative).

2 이러한 소수의 인물들 가운데 한 명이 2016년 공화당 대통령 당선자 도널드 트럼프였다. 그는 자신의 부를 정치적 영향력을 구매하는 데 사용했다고 인정했다(Lee Fang, "Donald Trump Says He Can Buy Politicians, None of His Rivals Disagree", *The Intercept*[August 7, 2015], https://theintercept.com/2015/08/07/donald-trump-buy/).

3 비록 소수의 보수주의 사상가들을 예외로 취급하고 있지만, 미국 보수주의 연구자들은 대부분의 보수주의자들이 자유시장의 열렬한 지지자라고 간주한다. Charles W. Dunn and J. David Woodward, *The Conservative Tradition in America*(Landham, Md.: Rowman & Littlefield, 2003); Gregory L. Schneider, ed., *Conservatism in America Since 1930: A Reader*(New York: New York University Press, 2003); George H. Nash, *The Conservative Intellectual Movement in America: Since 1945*(Wilmington, Del.: Intercollegiate Studies Institute, 1996); Stephen Eric Bonner, *Ideas in Action: Political Tradition in the Twentieth Century*(New York: Rowman & Littlefield, 1999); Stephen L. Newman, "Liberalism & the Divided Mind of the American Right", *Polity 22*, no. 1(1989): 75~96를 보라.

4 미국의 보수주의적 복지국가라는 아이디어는 복지국가에 대한 유럽적 정식화와 다르다. Gøsta Esping-Andersen은 보수주의 복지국가를 "강력히 코포라티즘적"이며, "복지의 제공자로서 시장을 대체할 수 있도록 국가 조직이 완벽히 준비되어 있다"고 특징짓는다(*The Three Worlds of Welfare Capitalism*[Princeton,

N.J.: Princeton University Press, 1990], 27). 미국의 보수주의적 복지국가는 보수주의적 세계관과 복지를 제공하는 데 있어 시장과 전통적 결사체의 역할이 더욱 크다는 점을 제외하면, Esping-Andersen이 자유주의 복지국가라고 특징지은 것에 훨씬 가깝다. Esping-Andersen에 의하면 자유주의 복지국가는 "자산조사에 기초한 원조, 높지 않은 수준의 보편적 이전 또는 높지 않은 수준의 사회보험 계획이 지배적"(26)이다. 덧붙여 "수당은 주로 저소득 노동계급에게 부여되며, 수급자격 규칙은 엄격하고 종종 낙인효과와 연계되며, 수당은 대개 높지 않고, 국가는 수동적으로는 최소 수준만을 보장하는 방식으로, 또는 적극적으로는 사적복지 제도에 보조금을 지급하는 방식으로 시장을 장려한다"(26).

5   Friedrich A. Hayek, "Why I Am Not a Conservative" in Schneider, ed., *Conservatism in America Since 1930*, 180~94.

6   Angus Burgin, *The Great Persuasion: Reinventing Free Markets Since the Depression*(Cambridge, Mass.: Harvard University Press, 2012), 15.

7   20세기 고전적 자유주의와 그 주창자들, 간헐적인 그들의 조직적 발전, 자유시장에 대한 그들의 양가적 태도, 자유시장에 기초한 사회철학을 재전개하려던 그들의 시도에 관한 대단히 흥미로운 지성사는 Burgin, *The Great Persuasion*을 보라.

8   Burgin, *The Great Persuasion*; Nicholas Wapshott, *Keynes Hayek: The Clash That Defined Modern Economics*(New York: Norton, 2012); Brian Doherty, *Radicals for Capitalism: A Freewheeling History of the Modern American Libertarian Movement*(New York: Public Affairs, 2008); Michael J. Thompson, *The Politics of Inequality: The Political History of the Idea of Economic Inequality in America*(New York: Columbia University Press, 2007), 118~74.

9   Patrick Allitt, *The Conservatives: Ideas and Personalities Throughout American History*(New Haven, Conn.: Yale University Press, 2009), 278(강조는 원문 표기).

10   Kim Phillips-Fein과 다른 이들은 보수주의에 대한 문헌이 지난 20년 간 기하급수적으로 증가했다고 썼다. 오늘날 연구들이 보여주는 풍부함에도 불구하고 Phillips-Fein은 여전히 연구에 공백이 남아 있다고 주장한다. "해석적 기획을 전진시키기" 위한 그의 제안들 가운데 하나는 보수주의의 경제적 아이디어들의 기원과 역할에 관한 연구이다. 보수주의에 대한 최근의 연구들 중 다수는 대공황과 뉴딜 시기의 보수주의, 제2차 세계대전 이후 미국 우익의 부상, 자유방임 자본주의의 부흥에 집중되어 있다. 이와 비교하여 보수주의 연구자들은 1945년 이후 보수주의의 이전 모델들에 대한 연구가 상대적으로 부족하다

고 지적해왔다. 나는 이러한 과제들을 받아들여 보수주의 연구에 대한 새로운 시각을 제시한다. Kim Philips-Fein, "Conservatism: A State of the Field", *Journal of American History*(December 2011): 723~59; Kim Philips-Fein, "A Response", *Journal of American History*(December 2011): 771~73; Julian E. Zelizer, "Rethinking the History of American Conservatism", *Reviews in History* 38(2010): 367~92; Alan Brinkley, "The Problem of American Conservatism", American Historical Review 99(April 1994): 409~29를 보라. 보수주의에서 자유방임주의의 부흥에 대해서는 Kim Philips-Fein, *Invisible Hands: The Businessmen's Crusade Against the New Deal*(New York: Norton, 2009); Philip Mirowski and Dieter Plehwe, eds., *The Road from Mont Pelerin: The Making of the Neoliberal Thought Collective*(Cambridge, Mass.: Harvard University Press, 2009); Donald T. Critchlow, "Rethinking American Conservatism: Toward a New Narrative", *Journal of American History*, December 2011, 752~55를 보라.

11 나는 자본주의를 생산수단이 사적으로 소유되고 이윤을 위해 운영되는 하나의 경제체제로 정의한다. 이는 가격이 수요와 공급의 법칙에 기초하는 자원할당체제이며, 자기이익을 추구하는 개인들이 그들의 재화, 서비스, 노동을 구매하고 판매하는 경쟁적 시장에 참여한다는 아이디어를 전제로 한 체제이다. 애덤 스미스가 『국부론』에서 표현했듯이 "우리가 저녁 식사를 기대할 수 있는 건 푸줏간 주인, 술도가 주인, 빵집 주인의 자비심 덕분이 아니라 그들이 자기이익을 챙기려는 생각 덕분이다. 우리는 그들의 박애심이 아니라 자기애에 호소하며, 우리의 필요가 아니라 그들의 이익만을 그들에게 이야기할 뿐이다"(*The Wealth of Nations*[New York: Modern Library, 2000], 14). 자본주의는 대다수의 사람들이 임금을 위해 그들의 노동력을 생산수단의 소유자들에게 판매함으로써 생계를 유지해나가는 체제이다. 이 체제의 원동력은 이윤 극대화, 자본 축적, 경쟁력을 유지하기 위한 끊임없는 혁신과 확장의 필요성이다. Ellen Meiksins Wood는 자본주의에서 "재화와 서비스의 생산은 자본과 자본주의적 이윤의 생산에 종속된다. 바꿔 말해 자본주의 시스템의 기본적인 목적은 자본의 생산과 자기 확장이다"라고 적었다(*The Origin of Capitalism: A Longer View*[1999; London: Verso, 2002], 2~3).

12 Alan Crawford, *Thunder on the Right: The "New Right" and the Politics of Resentment*(New York: Pantheon, 1980); Jerome L. Himmelstein, *To the Right: The Transformation of American Conservatism*(Berkeley: University of California Press, 1990); Corey Robin, "Endgame: Conservatives After the Cold War", *Boston Review*, February/March 2004, http://bostonreview.net/BR29.1/robin.html; Maurice Isserman and Michael Kazin, *America*

Divided: The Civil War of the 1960s(Oxford: Oxford University Press, 2012); Paul Murphy, *Rebuke of History: The Southern Agrarians and American Conservative Thought*(Chapel Hill: University of North Carolina Press, 2001); Emily Bingham and Thomas Underwood, *The Southern Agrarians and the New Deal*(Charlottesville: University of Virginia Press, 2001); Michael Lind, *Up from Conservatism: Why the Right Is Wrong for America*(New York: Free Press, 1996); Eugene D. Genovese, *The Southern Tradition: The Achievement and Limitation of an American Conservatism*(Cambridge, Mass.: Harvard University Press, 1994); Nash, *The Conservative Intellectual Movement in America; and Allitt, The Conservatives.*

13 Genovese, *The Southern Tradition.*

14 John Bellamy Foster, "Monopoly-Finance Capital", *Monthly Review* 58, no. 7(2006), 1~14; Paul Baran and Paul Sweezy, *Monopoly Capital: An Essay on the American Economic and Social Order*(New York: Monthly Review Press, 1966); John Bellamy Foster, "The Age of Monopoly-Finance Capital", *Monthly Review* 61, no. 9(2010): 1~13.

15 Brinkley, *"The Problem of American Conservatism",* 414.

16 Nash, *The Conservative Intellectual Movement in America,* xiii.

17 Russell Kirk, *The Conservative Mind: From Burke to Eliot*(1953; Chicago: Regnery Gateway, 1978). 다른 철학적 보수주의 학자들 역시 보수주의의 요소들과 관련해 유사한 결론에 도달했다. Stephen Rosskamm Shalom, *Which Side Are You On? An Introduction to Politics*(New York: Longman, 2003), 49~71; Terence Ball and Richard Dagger, *Political Ideologies and the Democratic Idea*(New York: Longman, 1999), 93~121; Lyman Tower Sargent, *Contemporary Political Ideologies*(Fort Worth, Tex.: Harcourt Brace, 1999), 102~10; Godfrey Hodgson, *The World Turned Right Side Up: A History of the Conservative Ascendency in America*(New York: Houghton Miffl in, 1996)를 보라.

18 Russell Kirk, "Conservatism: A Succinct Description", *National Review,* September 3, 1982, 1080~104.

19 John Micklethwait and Adrian Wooldridge, *The Right Nation: Conservative Power in America*(New York: Penguin, 2004), 13~14.

20 Clinton Rossiter, *Conservatism in America*(Cambridge, Mass.: Harvard University Press, 1982); Peter Viereck, *Conservatism Revisited: The New Conservatism— What Went Wrong*(1949; New York: Collier, 1962).

21 John Zumbrunnen and Amy Gangl, "Conflict, Fusion, or Coexistence?

The Complexity of Contemporary American Conservatism", *Political Behavior* 30, no. 2(2008): 199~221.

22 Nash, *The Conservative Intellectual Movement in America*, 160.

23 Robert B. Horwitz, *America's Right: Anti-Establishment Conservatism from Goldwater to the Tea Party* (Cambridge: Polity Press, 2013); Lisa McGirr, *Suburban Warriors: The Origins of the New American Right* (Princeton, N.J.: Princeton University Press, 2001); Jonathan M. Schoenwald, *A Time for Choosing: The Rise of Modern American Conservatism* (Oxford: Oxford University Press, 2001); Nash, *The Conservative Intellectual Movement in America*.

24 Norberto Bobbio, *Left and Right: The Significance of a Political Distinction* (Chicago: University of Chicago Press, 1996), 66~67. 다수의 좌파에게 "평등"은 똑같음 혹은 모두에게 모든 것의 평등을 의미하지 않는다는 점에 주목하는 것이 중요하다. 카를 마르크스의 유명한 격언 "각자의 능력에 따라(일하고), 각자의 필요에 따라(분배한다)"는 이를 분명히 보여준다.

25 Ibid., 66~67.

26 Corey Robin, *The Reactionary Mind: Conservatism from Edmund Burke to Sarah Palin* (Oxford: Oxford University Press, 2011), 16.

27 James Henry Hammond, "Speech of Hon. James Henry Hammond, of South Carolina, On the Admission of Kansas Under the Lecompton Constitution: Delivered in the Senate of the United States, March 4, 1858", *American Antiquarian*, http://www.americanantiquarian.org/Freedmen/Manuscripts/cottonisking.html.

28 Kirk, *The Conservative Mind*, 8.

29 Viereck, *Conservatism Revisited*, 134.

30 Ibid., 20, 134.

31 Ibid., 36~39.

32 Robert Nisbet, *The Quest for Community* (Oxford: Oxford University Press, 1973), 105.

33 Ibid., 68.

34 Ibid., 54.

35 Nash, *The Conservative Intellectual Movement in America*, 142.

36 Lind, *Up from Conservatism*, 54.

37 Ira Katznelson, *When Affirmative Action Was White: An Untold History of Racial Inequality in Twentieth Century America* (New York: Norton, 2005);

Jill Quadagno, *The Color of Welfare: How Racism Undermined the War on Poverty*(New York: Oxford University Press, 1994).

38 Michael Novak, *The Spirit of Democratic Capitalism*(Washington, D.C.: American Enterprise Institute, 1982); George Gilder, *Wealth and Poverty*(New York: Basic Books, 1981).

39 Milton Friedman, *Capitalism and Freedom*(Chicago: University of Chicago Press, 1982). 자본주의 시장에는 강제가 없다고 하는 Friedman의 견해에 대한 날카로운 비판으로는 C. B. Macpherson, "Elegant Tombstones: A Note of Friedman's Freedom", *Democratic Theory: Essays in Retrieval*(Oxford: Clarendon Press, 1973), 143~56를 보라.

40 William Kristol and David Brooks, "What Ails Conservatism", *Wall Street Journal*, September 15, 1997, http://www.wsj.com/articles/SB874276753849168000.

41 William Kristol and Robert Kagan, "Toward a Neo-Reaganite Foreign Policy", *Foreign Affairs*(July/August 1996), https://www.foreignaff airs.com/articles/ 1996 – 07 – 01/toward-neo-reaganite-foreign-policy; David Brooks, "A Return to National Greatness: A Manifesto for a Lost Creed", *Weekly Standard*, March 3, 1997.

42 Robin, "Endgame".

43 Kristol and Kagan, "Toward a Neo-Reaganite Foreign Policy".

44 Patrick Buchanan, "Inequality—Crisis of Scam?" *Human Events*, December 31, 2013, http://humanevents.com/2013/12/31/inequality-crisis-or-scam/.

45 Ibid.

46 John B. Judis, "Right-Wing Populism Could Hobble America for Decades: The Tea Party Is Going Down, Dysfunction Is Not", *New Republic*, October 27, 2013, http://www.newrepublic.com/article/115332/tea-party-going-down-dysfunction-not.

47 David Brooks, "If Not Trump, What?" *New York Times*, April 29, 2016, http://www.nytimes.com/2016/04/29/opinion/if-not-trump-what.html?emc=eta1&_r=0.

48 Richard M. Weaver, *Ideas Have Consequences*(1948; Chicago: University of Chicago Press, 1984).

1   Eugene D. Genovese, *In Red and Black: Marxian Explorations in Southern and Afro-American History*(New York: Pantheon, 1971), 317~18.

2   친노예제 사상의 다양성에 대한 훌륭한 연구들로는 Stanley M. Elkins, *Slavery: A Problem in American Institutional and Intellectual Life*(New York: Grosset & Dunlap, 1963); Eugene D. Genovese, *The Slaveholders Dilemma: Freedom and Progress in Southern Conservative Thought, 1820~1860*(Columbia: University of South Carolina Press, 1992); Drew Gilpin Faust, ed., *The Ideology of Slavery: Proslavery Thought in the Antebellum South, 1830~1860*(Baton Rouge: Louisiana State University Press, 1981); Eric L. McKitrick, ed., *Slavery Defended: The Views of the Old South*(Englewood Cliff s, N.J.: Prentice-Hall, 1963); David Donald, "The Proslavery Argument Reconsidered", *Journal of Southern History* 37, no. 1(1971): 3~18; E. N. Elliot, ed., *Cotton Is King, and Pro-Slavery Arguments: Comprising the Writings of Hammond, Harper, Cristy, Stringfellow, Hodge, Bledsoe, and Cartwright on This Important Subject*(Oxford: Benediction Classics, 2011)를 참조하라.

3   칼훈, 하몬드, 피츠휴가 남북전쟁 이전 남부의 지성적 흐름에서 차지하는 위상에 관한 훌륭한 연구로는 Michael O'Brien, *Conjectures of Order: Intellectual Life and the American South, 1810~1860*(Chapel Hill: University of North Carolina Press, 2004)를 보라.

4   John C. Calhoun, *Disquisition on Government and Selections from the Discourse*(Indianapolis: Bobbs-Merrill, 1953).

5   Eugene D. Genovese, *Roll, Jordan, Roll: The World the Slaves Made*(New York: Vintage Books, 1972); Charles Post, "Social-Property Relations, Class-Conflict and the Origins of the US Civil War: Towards a New Social Interpretation", *Historical Materialism* 19, no. 4(2011): 129~68.

6   1860년에 이르러 북부의 임금노동에 대한 공격은 친노예제 사상가들 사이에서 공통된 견해였으며, 이는 남부의 노예제에 반대하는 노예제 폐지론자들의 주장에 맞서는 대응이었다(Wilfred Carsel, "The Slaveholders' Indictment of Northern Wage Slavery", *Journal of Southern History*, November 1940, 504~20; Richard N. Current, "John C. Calhoun, Philosopher of Reaction", *Antioch Review*, summer 1943, 223~34).

7   George Fitzhugh, *Sociology for the South*(New York: Burt Franklin, 1965), 83~86; James Henry Hammond, "Slavery in the Light of Political Science", in Elliot, ed., *Cotton Is King*.

8   George Fitzhugh, *Cannibals All! or Slaves Without Masters*, ed. C. Vann Woodward(1857; Cambridge, Mass.: Harvard University Press, 1960), 10.

9   Walter Johnson, *River of Dark Dreams: Slavery and Empire in the Cotton Kingdom*(Cambridge, Mass.: Harvard University Press, 2013); 아울러 John Stauffer, "Fighting the Devil with His Own Fire", and Manisha Sinha, "Did the Abolitionists Cause the Civil War?" in *The Abolitionist Imagination*, ed. Andrew Delbanco(Cambridge, Mass.: Harvard University Press, 2012)를 보라.

10 Josiah Nott, "Types of Mankind" and Samuel Cartwright, "The Prognathous Species of Mankind", both in McKitrick, ed., *Slavery Defended*.

11 Peter Kolchin, *American Slavery: 1619~1877*(New York: Hill & Wang, 1993), 191.

12 Faust, ed., *The Ideology of Slavery*, 5.

13 Ibid., 4, 9.

14 Stauffer, "Fighting the Devil with His Own Fire", and Sinha, "Did the Abolitionists Cause the Civil War?", both in Delbanco, ed., *The Abolitionist Imagination*; and Christopher Hayes, "The New Abolitionism", *The Nation* 298, no. 19(2014): 12~18.

15 Eric Foner, *Give Me Liberty! An American History*(New York: Norton, 2006), 340.

16 Sven Beckert, *The Empire of Cotton: A Global History*(New York: Knopf, 2015), 103.

17 Robert E. May, *The Southern Dream of a Caribbean Empire, 1854~1861*(Athens: University of Georgia Press, 1989); Matthew Karp, *This Vast Southern Empire: Slaveholders at the Helm of American Foreign Policy*(Cambridge, Mass.: Harvard University Press, 2016).

18 Albert G. Brown, "Speech at Hazlehurst", in *Speeches, Messages and Other Writings of the Hon. Albert G. Brown: A Senator in Congress from the State of Mississippi*, ed., Michael W. Cluskey(online, Ulan Press, 2012), 595.

19 옛 남부가 과연 자본주의적 북부와 완전히 구별될 정도로 달랐는지, 그리고 이 노예제 사회가 어느 정도로 자본주의적이었는지와 관련해 많은 학술적 논쟁들이 있었다. 관련하여 Barrington Moore, *Social Origins of Democracy and Dictatorship: Lord and Peasant in the Making of the Modern World*(Boston: Beacon Press, 1993); Immanuel Wallerstein, *The Modern World System: Capitalist Agriculture and the Origins of the European World-Economy in*

the Sixteenth Century(New York: Academic Press, 1974); Robert William Fogel and Stanley L. Engerman, *Time on the Cross: The Economics of Negro Slavery*(New York: Norton, 1995); James Oakes, *The Ruling Race: A History of American Slaveholders*(New York: Knopf, 1982); James Oakes, *Slavery and Freedom: An Interpretation of the Old South*(New York: Norton, 1990); Elizabeth Fox-Genovese and Eugene D. Genovese, *Fruits of Merchant Capital: Slavery and Bourgeois Property in the Rise and Expansion of Capitalism*(New York: Oxford University Press, 1983); John Ashworth, *Slavery Capitalism and Politics in the Antebellum Republic*, vol. 1, *Commerce and Compromise, 1820~1850*(Cambridge: Cambridge University Press, 1995); John Ashworth, *Slavery Capitalism and Politics in the Antebellum Republic*, vol. 2: *The Coming of the Civil War, 1850~1861*(Cambridge: Cambridge University Press, 2007); Kenneth Stampp, *The Peculiar Institution: Slavery in the Ante-Bellum South*(New York: Vintage, 1989); Kolchin, *American Slavery*; Johnson, *River of Dark Dreams*를 보라.

20 Kolchin, *American Slavery*, 190~93.

21 Hammond, "Letter to an English Abolitionist", in Faust, ed., *The Ideology of Slavery*, 184.

22 Joseph G. Rayback, *A History of American Labor*(New York: Free Press, 1966), 50.

23 David R. Meyer, *The Roots of American Industrialization*(Baltimore: Johns Hopkins University Press, 2003), 27. 1800년에서 1860년 사이에 뉴욕시의 인구는 79,216명에서 1,174,779명으로 늘어났고, 필라델피아의 인구는 61,559명에서 565,529로 증가했다. 볼티모어 인구는 1800년 26,514명에서 1860년 212,418명으로 늘어났으며, 보스턴 인구는 24,937명에서 1860년에는 177,840명으로 증가했다.

24 Stanley Lebergott, "The Pattern of Employment Since 1800", in *American Economic History*, ed. Seymour E. Harris(New York: McGraw-Hill, 1961), 281~310.

25 Eric Foner, *The Story of American Freedom*(New York: Norton, 1998), 59.

26 경제사학자들은 정확히 어느 연도에 미국에서 산업혁명이 시작되었는지에 대해 견해를 달리한다. 그러나 Louis M. Hacker가 적었듯 1860년에 미국은 이미 산업화된 국가였다는 점에 대해서는 널리 합의가 이루어졌다. 미국에서의 산업 발전을 둘러싸고 경합하는 이론들에 대해서는 Louis M. Hacker, *The Course of American Economic Growth and Development*(New York: Wiley, 1970),

69를 보라.

27 Sven Beckert, *The Monied Metropolis: New York City and the Consolida-tion of the American Bourgeoisie, 1850~1896*(Cambridge: Cambridge University Press, 2001), 85~144.

28 Hammond, "Letter to an English Abolitionist", in Faust, ed., *The Ideology of Slavery*, 194.

29 See Philip Foner, *History of the Labor Movement in the United States*(New York: International Publishers, 1947), vol. 1; Howard Zinn, *A People's History of the United States: 1492~Present*(New York: Harper Perennial, 2003), 211~51.

30 Edward Pessen, *Most Uncommon Jacksonians: The Radical Leaders of the Early Labor Movement*(Albany: State University of New York Press, 1967); Rayback, *A History of American Labor*; Michael J. Thompson, *The Pol-itics of Inequality: A Political History of the Idea of Economic Inequality in America*(New York: Columbia University Press, 2007); Sean Wilentz, *Chants Democratic: New York City and the Rise of the American Working Class, 1788~1850*(New York: Oxford University Press, 1984).

31 Foner, *The Story of American Freedom*, 52.

32 Thompson, *The Politics of Inequality*, 57~98.

33 James Henry Hammond, "A Letter to an English Abolitionist", in Faust, ed., *The Ideology of Slavery*, 176.

34 노예제와 억압에 대한 자유주의적 옹호라는 반직관적이면서도 대단히 흥미로운 역사를 다룬 저작으로는 Domenico Losurdo, *Liberalism: A Counter-His-tory*(London: Verso, 2014)를 보라.

35 Fitzhugh, *Cannibals All!*, 190.

36 Hammond, "A Letter to an English Abolitionist", in Faust, ed., *The Ideolo-gy of Slavery*, 180~81.

37 Quoted in Harvey Wish, *Ante-Bellum Writings of George Fitzhugh and Hinton Rowan Helper on Slavery*(New York: Capricorn, 1960), 9.

38 친노예제 사상가들의 사상에 내재한 자유주의적 사고에 대한 고전적인 저작으로는 Louis Hartz, *The Liberal Tradition in America*(New York: Harcourt Brace Jovanovich, 1955)를 보라.

39 *The Papers of John C. Calhoun*, vol. 13, 1835~1837, ed. Clyde N. Wilson (Columbia: University of South Carolina Press, 1980), 66.

40 *The Papers of John C. Calhoun*, 13:395~96.

41 Calhoun, *Disquisition on Government*, 44.

42 James Henry Hammond, "Speech of Hon. James Henry Hammond, of South Carolina, On the Admission of Kansas Under the Lecompton Constitution: Delivered in the Senate of the United States, March 4, 1858", *American Antiquarian*, http://www.americanantiquarian.org/Freedmen/ Manuscripts/cottonisking.html.

43 다음 문헌에서 재인용. Richard Hofstadter, *The American Political Tradition*(New York: Vintage, 1989), 105.

44 William J. Grayson, "The Hireling and the Slave", in McKitrick, ed., *Slavery Defended*, 60.

45 Edmund Ruffin, "The Political Economy of Slavery", in McKitrick, ed., *Slavery Defended*, 78.

46 Fitzhugh, *Cannibals All!*, 25.

47 Hammond, "Mud-Sill Speech", in McKitrick, ed., *Slavery Defended*, 123.

48 Grayson, "The Hireling and the Slave", in McKitrick, ed., *Slavery Defended*, 61.

49 Fitzhugh, *Sociology for the South*, 38.

50 C. Vann Woodward, *American Counterpoint: Slavery and Racism in the North-South Dialogue*(Boston: Little, Brown, 1971), 114~15.

51 Fitzhugh, *Cannibals All!*, 202~3.

52 Drew Gilpin Faust, "A Slave Owner in a Free Society: James Henry Hammond on the Grand Tour, 1836~1837", *South Carolina Historical Magazine*, July 1980, 189~206.

53 James Henry Hammond, "Slavery in the Light of Political Science—Letter II", in Elliot, ed., *Cotton Is King*, 679; Carsel, "The Slaveholders' Indictment of Northern Wage Slavery", 513.

54 Fitzhugh, *Cannibals All!*, 17.

55 Ibid., 107.

56 Ibid., 17.

57 Fitzhugh, *Cannibals All!*, 15; Post, "Social-Property Relations"

58 노예소유주들의 이윤과 효율성 또는 소위 "이해타산적 마음가짐"을 중시하지 않는다는 식의 이야기는 학자들에 의해 반박되었다(Oakes, *The Ruling Race*).

59 Hammond, "A Letter to an English Abolitionist", in Faust, ed., *The Ideolo-*

gy of Slavery, 184~85.

60 *The Papers of John C. Calhoun*, 13:396.

61 Eric Foner, *Give Me Liberty!*, 343.

62 Hammond, "Letter to an English Abolitionist", in Faust, ed., *The Ideology of Slavery*, 186~87.

63 Fitzhugh, *Cannibals All!*, 20.

64 Eric Foner, "Free Labor and Nineteenth Century Political Ideology", in *The Market Revolution in America*, ed. Melvyn Stokes and Stephen Conway(Charlottesville: University of Virginia Press, 1996), 105.

65 Fitzhugh, *Cannibals All!*, 32.

66 Fitzhugh, *Sociology for the South*, 20.

67 Kolchin, *American Slavery*, 120~27. 아울러 Hammond, "A Letter to an English Abolitionist", in Faust, ed., *The Ideology of Slavery*, 182~83을 보라.

68 Fitzhugh, *Cannibals All!*, 30.

69 Fitzhugh, *Sociology for the South*, 38.

70 Ibid., 115~16.

71 Ibid., 35~36.

72 Genovese, *Roll, Jordan, Roll*, 6.

73 Theodore R. Marmor, "Anti-Industrialism and the Old South: The Agrarian Perspective of John C. Calhoun", *Comparative Studies in Society and History*, July 1967, 377~406.

74 *The Papers of John C. Calhoun*, vol. 24, 1846~1847, ed. Clyde N. Wilson and Shirley B. Cook(Columbia: University of South Carolina Press, 1997), 190.

75 Hammond, "A Letter to an English Abolitionist", in Faust, ed., *The Ideology of Slavery*, 179.

76 Fitzhugh, *Cannibals All!*, 6.

77 Charles M. Wiltse, "A Critical Southerner: John C. Calhoun on the Revolutions of 1848", *Journal of Southern History*, August 1949, 299~310.

78 Calhoun, 다음 문헌에서 재인용. Marmor, "Anti-Industrialism and the Old South", 387.

79 Hammond, "A Letter to an English Abolitionist", in Faust, ed., *The Ideology of Slavery*, 177~78

80 실제로 피츠휴를 포함한 친노예제 사상가들은 자본주의 비판과 관련해 사회주

의자들이 대체로 옳지만, 이들은 사회주의적 가치들과 인간 본성에 대한 견해
들에 기초해 대안적 체제를 건설하려 한다는 점에서 잘못되었다고 주장했다
(Fitzhugh, *Cannibals All!*, 22~24).

81 Fitzhugh, *Sociology for the South*, 178.

82 Fitzhugh, *Cannibals All!*, 24.

83 *The Papers of John C. Calhoun*, 13:138.

84 Calhoun, *Disquisition on Government*, 36.

85 Hammond, "Speech of Hon. James Henry Hammond, of South Carolina,
on the Admission of Kansas Under the Lecompton Constitution: Deliv-
ered in the Senate of the United States, March 4, 1858", *American Anti-
quarian*.

86 Fitzhugh, *Cannibals All!*, 245.

87 Jonathan M. Weiner, "Coming to Terms with Capitalism: The Postwar
Thought of George Fitzhugh", *VaMHB* 87(1979): 438~47.

88 Wish, *Ante-Bellum Writings*, 13~14.

89 Laura F. Edwards, "The Problem of Dependency: African Americans,
Labor Relations, and the Law in the Nineteenth-Century South", *Agricul-
tural History*, spring 1998, 313~40.

90 Eric Foner, *Reconstruction: American's Unfinished Revolution,
1863~1877*(New York: Harper & Row, 1988), 129~35; Beckert, *The Monied
Metropolis*, 160~62; and Beckert, *The Empire of Cotton*.

91 W. E. B. Du Bois, *Black Reconstruction: An Essay Toward a History of the
Part Which Black Folk Played in the Attempt to Reconstruct Democracy in
America, 1860~1880*(New York: Harcourt, Brace & Co., 1935), 30.

2장 전사—정치인을 찾아서

1 Jackson Lears, *Rebirth of a Nation: The Making of Modern America,
1877~1920*(New York: Harper, 2009), 4.

2 Robert H. Wiebe, *The Search for Order, 1877~1920*(New York: Hill & Wang,
1967).

3 Steven J. Diner, *A Very Different Age: Americans of the Progressive Era*(New
York: Hill & Wang, 1998); Eric Foner, *The Story of American Freedom*(New

York: Norton, 1998); Martin J. Sklar, *The Corporate Reconstruction of American Capitalism, 1890~1916: The Market, the Law, and Politics*(1988; New York: Cambridge University Press, 1997); Wiebe, *The Search for Order*; Howard Zinn, *A People's History of the United States:1492~Present*(1980; New York: Harper Perennial, 2003).

4 Zinn, *A People's History*, 277; Richard B. DuBoff, *Accumulation and Power: An Economic History of the United States*(Armonk, N.Y.: Sharpe, 1989), 71.

5 James A. Henretta, Rebecca Edwards, and Robert O. Self, *America: A Concise History*, vol. 2, *Since 1865*, 3rd ed.(New York: Worth, 1997), 665.

6 Ibid.

7 역사학자들과 보수주의자들은 브룩스 아담스와 시어도어 루스벨트를 보수주의자로 명확히 규정할 수 있는지에 대해 수년간 논쟁을 벌여왔다. 루스벨트를 보수주의자로 간주하는 역사학자들과 미국 보수주의 연구자들로는 Daniel Aaron, *Men of Good Hope*(1951; New York: Oxford University Press, 1961); John Morton Blum, *The Republican Roosevelt*(Cambridge, Mass.: Harvard University Press, 1977); Melvyn Dubofsky, *The State and Labor in Modern America*(Chapel Hill: University of North Carolina Press, 1994); *The Writings of Theodore Roosevelt*, ed. William H. Harbaugh(Indianapolis: Bobbs-Merrill, 1967); Richard Hofstadter, *The American Political Tradition*(1948; New York: Vintage, 1989); Gabriel Kolko, *The Triumph of Conservatism*(1963; New York: Free Press, 1977); Clinton Rossiter, *Conservatism in America*(1955; Cambridge, Mass.: Harvard University Press, 1982)가 있다. 브룩스 아담스의 보수주의에 관해서는 Aaron, *Men of Good Hope*; Timothy Paul Donovan, Henry Adams and Brooks Adams: *The Education of Two American Historians*(Norman: University of Oklahoma Press, 1961); Charles W. Dunn and J. David Woodard, *The Conservative Tradition in America*(1996; Lanham, Md.: Rowman & Littlefield, 2003); Allen Guttmann, *The Conservative Tradition in America*(New York: Oxford University Press, 1967); Ronald Lora, *Conservative Minds in America*(Chicago: Rand McNally, 1971); Russell Kirk, *The Conservative Mind*(Chicago: Regnery, 1953); Jay A. Sigler, *The Conservative Tradition in American Thought*(New York: Putnam, 1969)를 보라.

8 이러한 사상을 주창한 다른 명망가들로는 Henry Adams, John Hay, Henry Cabot Lodge, Alfred Thayer Mahan이 있다. John P. Mallan, "Roosevelt, Brooks Adams, and Lea: The Warrior Critique of Business Civilization", *American Quarterly*, autumn 1956, 216~30를 보라.

9   Aaron, *Men of Good Hope*; Arthur F. Beringause, *Brooks Adams: A Biography*(New York: Knopf, 1955); Charles Hirschfeld, "Brooks Adams and American Nationalism", *American Historical Review*, January 1964, 371~92; William Appleman Williams, *History as a Way of Learning*(New York: New Viewpoints, 1973).

10   Mathew Josephson, *The President Makers: The Culture of Politics and Leadership in an Age of Enlightenment, 1896~1919*(1940; New York: Unger, 1964), 61.

11   다음 문헌에서 재인용. Hofstadter, *The American Political Tradition*, 300. 개혁을 통한 보수주의라는 브룩스 아담스의 신념에 대해서는 Brooks Adams, *The Theory of Social Revolutions*(New York: Macmillan, 1913)를 보라.

12   Jackson Lears, *No Place for Grace: Antimodernism and the Transformation of American Culture, 1880~1920*(Chicago: University of Chicago Press, 1994), 100.

13   Lears, *Rebirth of a Nation*; Richard Hofstadter, *Social Darwinism in American Thought*(Boston: Beacon Press, 1959); William Appleman Williams, *The Contours of American History*(Chicago: Quadrangle, 1966).

14   다음 문헌에서 재인용. John P. Mallan, "Roosevelt, Brooks Adams, and Lea: The Warrior Critique of Business Civilization", *American Quarterly* 8, no. 3(1956): 220.

15   갈등을 온건하게 만드는 상업행위의 특성에 대해서는 Albert O. Hirschman, *The Passions and the Interests: Political Arguments for Capitalism Before Its Triumph*(Princeton, N.J.: Princeton University Press, 1977); J. G. A. Pocock, *The Machiavellian Moment: Florentine Political Thought and the Atlantic Republican Tradition*(Princeton, N.J.: Princeton University Press, 1975)를 보라.

16   Patrick Allitt, *The Conservatives: Ideas and Personalities Throughout American History*(New Haven, Conn.: Yale University Press, 2009).

17   미국에서 사회다원주의에 대한 전형적인 서술로는 William Graham Sumner, *What Social Classes Owe Each Other*(New York: Arno, 1972)가 있다.

18   Charles Beard, introduction to Brooks Adams, *The Law of Civilization and Decay*(1896; repr., New York: Knopf, 1943), 3.

19   Frederick Jackson Turner, *The Frontier in American History*(Ann Arbor: University of Michigan Press, 2008).

20   DuBoff, *Accumulation and Power*, 71.

21 헨리 아담스—동생인 브룩스 아담스보다 유명했던—는 문명의 쇠락에 대해 훨씬 더 운명론적이었다. 브룩스 아담스가 헨리 아담스와 시어도어 루스벨트의 작업에 미친 영향에 대해서는 Williams, *History as a Way of Learning*, 25~38; Henry Adams, *The Education of Henry Adams*(1907; New York: Oxford University Press, 1999)를 보라.

22 다음 문헌에서 재인용. Aaron, *Men of Good Hope*, 262.

23 Brooks Adams, *The Law of Civilization and Decay*, 334.

24 Ibid., 326.

25 Theodore Roosevelt, "The Law of Civilization and Decay", *The Works of Theodore Roosevelt*(New York: Scribner, 1926), 13:242~60. 이 에세이는 다음 웹 페이지에서 열람 가능하다. http://www.theodore-roosevelt.com/images/research/treditorials/f6.pdf.

26 Williams, *History as a Way of Learning*, 25~38.

27 다음 문헌에서 재인용. Josephson, *The President Makers*, 98; 아울러 Brooks Adams, *The Theory of Social Revolutions*, 3~6, 31~32를 보라.

28 다음 문헌에서 재인용. Aaron, *Men of Good Hope*, 270.

29 Brooks Adams, *The Theory of Social Revolutions*, 29.

30 다음 문헌에서 재인용. Aaron, *Men of Good Hope*, 258.

31 Brooks Adams, *The Theory of Social Revolutions*, 208.

32 Ibid., 208~9.

33 브룩스 아담스와 루스벨트의 관계, 그리고 아담스가 루스벨트에게 미친 영향에 대해서는 Beringause, *Brooks Adams*, 143~70; Aaron, *Men of Good Hope*; Josephson, *The President Makers*, 26~27, 61~3, 98; William A. Williams, "Brooks Adams and American Expansion", *New England Quarterly* 25, no. 2(1952): 217~32를 보라.

34 Theodore Roosevelt, "The Strenuous Life", in *Theodore Roosevelt: An American Mind,* ed. Mario R. DiNunzio(1994; New York: Penguin, 1995), 185.

35 Roosevelt, "Address at San Francisco", and "The Minimum Wage", in Harbaugh, ed., *The Writings of Theodore Roosevelt*, 180~81, 289.

36 이 파업에 대한 자세한 내용과 중재 과정에서 루스벨트가 수행한 역할에 대해서는 Dubofsky, *The State and Labor in Modern America*; Edmund Morris, *Theodore Rex*(New York: Random House, 2001), 131~37, 150~69를 보라.

37 다음 문헌에서 재인용. Hofstadter, *The American Political Tradition*, 288.

38 Roosevelt, "Manhood and Statehood", in Theodore Roosevelt, *The Strenuous Life: Essays and Addresses*(New York: Century, 1901), 257. 아울러 "Letter to S. Stanwood Menken", in Harbaugh, ed., *The Writings of Theodore Roosevelt*, 383를 보라.

39 브룩스 아담스는 지독히 반유대주의적이었다.

40 Roosevelt, "Brotherhood and the Heroic Virtues", in *The Strenuous Life*, 275~76.

41 Roosevelt, "Letter to S. Stanwood Menken", in Harbaugh, ed., *The Writings of Theodore Roosevelt*, 385.

42 Roosevelt, "America's Part of the World's Work", in DiNunzio, ed., *An American Mind*, 181.

43 Arnaldo Testi, "The Gender of Reform Politics: Theodore Roosevelt and the Culture of Masculinity", *Journal of American History*, March 1995, 1509~33를 보라.

44 Theodore Roosevelt, "Theodore Roosevelt on Motherhood and the Welfare of the State", *Population and Development Review*, March 1987, 141~47.

45 Brooks Adams, *The Law of Civilization and Decay*, 338. 46.

46 David H. Burton, *Theodore Roosevelt: Confident Imperialist*(Philadelphia: University of Pennsylvania Press, 1968), 142~43.

47 Brooks Adams, *America's Economic Supremacy*(1900; New York: Harper Bros., Publishers, 1947), 99.

48 Adams, *The Theory of Social Revolutions*, 207~8.

49 Ibid., 29~31.

50 조지 피츠휴와 같은 보수주의적인 자본주의 비판자들조차 미국 북부에서 혁명적 불화의 씨앗들이 서부 개척으로 소멸되었음을 인정했다.

51 루스벨트는 뉴욕 시민이었다는 점에 주목할 가치가 있다.

52 Lears, *No Place for Grace*, 117.

53 Brooks Adams, *The Law of Civilization and Decay*, 35; Williams, "Brooks Adams and American Expansion".

54 Brooks Adams, *The New Empire*(New York: Macmillan, 1902), xiii.

55 경제적 근거로 미 제국주의를 정당화하는 유사한 논변은 특히 Henry Cabot Lodge, Alfred Thayer Mahan, Albert Beveridge가 제기한바 있다. Matthew

Frye Jacobson, *Barbarian Virtues: The United States Encounters Foreign Peoples at Home and Abroad, 1876~1917*(New York: Hill & Wang, 2001)를 보라.

56 Brooks Adams, *America's Economic Supremacy*, 87, 98.

57 Ibid., 72.

58 다음 문헌에서 재인용. David H. Burton, "The Influence of the American West on the Imperialist Philosophy of Theodore Roosevelt", *Arizona and the West*, spring 1962, 5.

59 Roosevelt, "The Indian Wars, 1784~1787", in DiNunzio, ed., *An American Mind*, 61~62.

60 Roosevelt, "America's Part of the World's Work", in DiNunzio, ed., *An American Mind*, 181; Roosevelt, "National Duties", in *The Strenuous Life*, 293.

61 Roosevelt, "National Duties", in *The Strenuous Life*, 293.

62 다음 문헌에서 재인용 Jacobson, *Barbarian Virtues*, 226.

63 Roosevelt, "National Duties", in *The Strenuous Life*, 286.

64 개혁에 대한 루스벨트의 지지는 일부 학자들이 이 개혁들의 배후에 놓인 보수주의적 원리들을 과소평가하고, 그를 진보주의자 또는 기업자유주의자corporate liberal(거대 기업, 정부, 조직노동 간의 협력을 통해 국가의 주요 의제들을 안정적으로 조정해나갈 수 있다고 믿었던 엘리트 집단—옮긴이)로 규정하게 만들었다. William E. Leuchtenburg, introduction to *Theodore Roosevelt's The New Nationalism*(Englewood Cliffs, N.J.: Prentice-Hall, 1960); Sklar, *The Corporate Reconstruction of American Capitalism*를 보라.

65 그러나 윌슨은 대통령으로서 이내 분권화 모델을 거부하고 중앙집권화된 권력을 받아들였다.

66 Michael J. Sandel, *Democracy's Discontent: America in Search of a Public Philosophy*(Cambridge, Mass.: Harvard University Press, 1996).

67 Ibid., 218.

68 이러한 공화주의적 시각에 대한 고전적인 설명으로는 Herbert J. Storing, *What the Anti-Federalists Were For: The Political Thought of the Opponents of the Constitution*(Chicago: University of Chicago Press, 1981), 15~23를 보라.

69 Roosevelt, "The Duties of American Citizenship", in Harbaugh, ed., *The Writings of Theodore Roosevelt*, 4~5.

70 다음 문헌에서 재인용. H. W. Brands, *T.R.: The Last Romantic*(New York: Basic Books, 1997), 773.

71 Hofstadter, *The American Political Tradition*.

72 Theodore Roosevelt, in *Politics and People: The Ordeal of Self-Government in America*, ed. Leon Stein (New York: Arno, 1974), 384.

73 Ibid.

74 Roosevelt, "First Annual Message to Congress", in DiNunzio, ed., *An American Mind*, 127.

75 Roosevelt, "The Menace of the Demagogue", in DiNunzio, ed., *An American Mind*, 116.

76 DiNunzio, ed., *An American Mind*, 116~17.

77 다음 문헌에서 재인용. Hofstadter, *The American Political Tradition*, 284.

78 Theodore Roosevelt, "Where We Cannot Work with Socialists", in Harbaugh, ed., *The Writings of Theodore Roosevelt*, 309.

79 Roosevelt, "Eighth Annual Message to Congress", in DiNunzio, ed., *An American Mind*, 136.

80 Hofstadter, *The American Political Tradition*, 288.

81 Roosevelt, "Conservation", in *The New Nationalism*, 56. 말년에도 루스벨트는 지속적으로 개혁을 호소했으며, 여기에는 "과도한 이윤에 대한 가파른 누진세, 귀환병들을 위한 권리장전, 모든 남성과 희망하는 여성들을 위한 고등교육, 이윤과 경영을 공유할 노동자들의 권리, 평생 고용, 직장에 다니는 어머니들을 위한 주간 보육시설, 합당한 여가의 권리"가 포함되어 있었다(Susan Dunn, "The TR Show", *New York Review of Books*, February 20, 2014, 28~30).

82 Richard Hofstadter는 *The American Political Tradition*에서 다음과 같이 적었다. "[루스벨트는] 자본의 주인들을 그들의 바보 같은 완고함으로부터 '구해내는' 일에 집착하게 되었다."(286).

83 자본가들이 효과적인 지배계급이 아니라는 이러한 사상은 노예제 비판자들, 남부 농본주의자들, 제2차 세계대전 이후 보수주의적 비판자들, 고보수주의자들의 비판에서도 찾아볼 수 있다. 마찬가지로 이러한 비판은 스스로를 보수주의자로 여기지 않았던 다음과 같은 사람들 사이에서도 흔히 찾아볼 수 있다. Joseph Schumpeter, *Capitalism, Socialism, and Democracy*(1942; New York: Harper Bros., 1950), 135~39; Arthur Schlesinger Jr., *The Vital Center: The Politics of Freedom*(1949; New Brunswick, N.J.: Transaction, 1998), 11~34.

84 Hirschman, *The Passions and the Interests*를 참고하라.

85 Perry Anderson, "Imperium", *New Left Review* 83(2013); Leo Panitch and Sam Gindin, *The Making of Global Capitalism: The Political Economy of*

American Empire(London: Verso, 2013).

3장 자본주의에 대한 농본주의적 비판

1   L. S. Stavrianos, *Global Rift: The Third World Comes of Age*(New York: Morrow, 1981), 320~32.

2   Alfred D. Chandler Jr., *Scale and Scope: The Dynamics of Industrial Capitalism*(Cambridge, Mass.: Harvard University Press, 2009), 4, 47; Hugh Rockoff, "Until It Is Over, Over There: The US Economy in World War I", working paper no. 10580(Washington, D.C.: National Bureau of Economic Research, 2004), www.nber.org/papers/w10580.

3   다음 문헌에서 재인용. James A. Henretta, Rebecca Edwards, and Robert O. Self, *America: A Concise History*, vol. 2, Since 1865 , 3rd ed.(New York: Worth, 1997), 745.

4   위 문헌에서 재인용. ibid., 740.

5   Richard B. DuBoff, *Accumulation and Power: An Economic History of the United States*(Armonk, N.Y.: Sharpe, 1989), 78~81.

6   Chandler, *Scale and Scope*, 86.

7   Stanley Aronowitz, *How Class Works: Power and Social Movement*(New Haven, Conn.: Yale University Press, 2003), 68.

8   DuBoff, *Accumulation and Power*, 88.

9   Christopher Clark, Nancy A. Hewitt, Roy Rosenzweig, and Nelson Lichtenstein(American History Project), *Who Built America? Working People and the Nation's History, vol. 2, 1877 to the Present*, 3rd ed.(Boston: Bedford / St. Martin's Press, 2008), 343~44.

10   1920년과 1930년 사이에 미국 농가 인구는 150만 명 감소했다(*Historical Statistics of the United States: Colonial Times to 1970, Part 1*[Washington, D.C.: U.S. Department of Commerce, Bureau of the Census, 1975], 458).

11   Clark et al., *Who Built America?*, 2:347~48.

12   Clark et al., *Who Built America?*, 343~45; Irving Bernstein, *The Lean Years: A History of the American Worker, 1920~1933*(Baltimore: Penguin, 1966), 66~67.

13   DuBoff, *Accumulation and Power*, 86~92.

14 Kim Phillips-Fein, *Invisible Hands: The Making of the Conservative Movement from the New Deal to Reagan*(New York: Norton, 2009).

15 John Crowe Ransom et al, *I'll Take My Stand: The South and the Agrarian Tradition*(1930: Baton Rouge: Louisiana State University Press, 1977).

16 Paul V. Murphy, *The Rebuke of History: The Southern Agrarians and American Conservative Thought*(Chapel Hill: University of North Carolina Press, 2001), 62~67.

17 John J. Langdale, *Superfluous Southerners: Cultural Conservatism and the South, 1920~1990*(Columbia: University of Missouri Press, 2012).

18 Allen Tate, 다음 문헌에서 재인용. *The Southern Agrarians and the New Deal: Essays After I'll Take My Stand*, ed. Emily S. Bingham and Thomas A. Underwood(Charlottesville: University of Virginia Press, 2001), 8.

19 Frank Owsley, "The Pillars of Agrarianism", in *The Southern Agrarians and the New Deal: Essays After I'll Take My Stand*, ed. Emily S. Bingham and Thomas A. Underwood(Charlottesville: University of Virginia Press, 2001), 202.

20 Ibid., 201.

21 Paul K. Conklin, *The Southern Agrarians*(Knoxville: University of Tennessee Press, 1988); John L. Stewart, *The Burden of Time: The Fugitives and Agrarians*(Princeton, N.J.: Princeton University Press, 1965); and Patrick Allitt, *The Conservatives: Ideas and Personalities Throughout American History*(New Haven, Conn.: Yale University Press, 2009). 남부 농본주의자들이 추상적인 것이 아닌 실제의 공동체를 옹호하고 있었다고 주장하는 반론으로는 Christopher M. Duncan, *Fugitive Theory: Political Theory, the Southern Agrarians, and America*(Lanham, Md.: Lexington Books, 2000)를 보라.

22 Eugene D. Genovese, *The Southern Tradition: The Achievements and Limitations of an American Conservatism*(Cambridge, Mass.: Harvard University Press, 1994); Murphy, *The Rebuke of History*.

23 1935년에 미국 농민 전체의 절반은 토지를 소유하지 못했으며, 남부 목화농장의 대략 3분의 1은 부재지주가 소유하고 있었다. Jess Gilbert and Steve Brown, "Alternative Land Reform Proposals in the 1930s: The Nashville Agrarians and the Southern Tenant Farmers' Union", *Agricultural History* 55, no. 4(1981): 351~69.

24 Ransom et al., "Introduction: A Statement of Principles", in *I'll Take My Stand*, xli.

25 Ibid., xl.

26 산업자본주의하에서 인간의 총제적인 인격 발달이 노동으로 인해 둔화되고 단조로워진다는 비판은 정치적 성향을 막론하고—애덤 스미스, 알렉시스 드 토크빌, 카를 마르크스를 포함해—이미 한 세기도 더 전에 제기된바 있다.

27 John Crowe Ransom, "The South Defends Its Heritage", in *The Superfluous Men: Conservative Critics of American Culture, 1900~1945*, ed. Robert M. Crunden (Austin: University of Texas Press, 1977), 179.

28 Andrew Nelson Lytle, "The Small Farm Secures the State", in *The Southern Agrarians and the New Deal: Essays After I'll Take My Stand*, ed. Emily S. Bingham and Thomas A. Underwood (Charlottesville: University of Virginia Press, 2001), 154.

29 Ransom, "Reconstructed but Unregenerate", in *I'll Take My Stand*, 23; and Ransom, "The South Defends Its Heritage", 181.

30 Allen Tate, "Liberalism and Tradition", in *Reason in Madness: Critical Essays*(1941; Freeport, N.Y.: Books for Libraries Press, 1968), 230.

31 Lytle, "The Small Farm Secures the State", in Bingham and Underwood, eds., *The Southern Agrarians and the New Deal*, 155.

32 Conklin, *The Southern Agrarians*, 54; Murphy, *The Rebuke of History*, 23~24.

33 Ransom, "What Does the South Want?", in Bingham and Underwood, eds., *The Southern Agrarians and the New Deal*, 249.

34 Allitt, *The Conservatives*, 137.

35 Lyle H. Lanier, "A Critique of the Philosophy of Progress", in Ransom et al., *I'll Take My Stand: The South and the Agrarian Tradition*(1930; Baton Rouge: Louisiana State University Press, 1977), 146.

36 Irving Babbitt, 다음 문헌에서 재인용. Clinton Rossiter, Conservatism in America (Cambridge, Mass.: Harvard University Press, 1982), 158; 아울러 Allen Guttmann, *The Conservative Tradition in America*(New York: Oxford University Press, 1967), 135~41를 보라.

37 Ransom et al., "A Statement of Principles", in *I'll Take My Stand*, xliv(강조는 인용자).

38 Ransom, "The South Is a Bulwark", in Bingham and Underwood, eds., *The Southern Agrarians and the New Deal*.

39 Frank Owsley, "The Pillars of Agrarianism", in Bingham and Underwood,

eds., *The Southern Agrarians and the New Deal*, 201.

40 Donald Davidson, "Agrarianism and Politics", *Review of Politics*, March 1939, 114~25.

41 Lanier, "A Critique of the Philosophy of Progress", in *Ill Take My Stand*, 140~41.

42 Allen Tate, *Jefferson Davis: His Rise and Fall*(New York: Minton, Blach, 1929), 43.

43 Stark Young, "Not in Memoriam, but in Defense", in Ransom et al., *Ill Take My Stand*, 328.

44 Tate, "Liberalism and Tradition", in *Critical Essays*, 209.

45 Ibid., 210.

46 Ibid., 209.

47 시장 개념에 대한 나의 이해는 저명한 사회학자 Georg Simmel의 다음과 같은 설명에 기초한다. "생산자들 자신의 실질적인 시야에 절대로 나타나지 않는 알 수 없는 구매자들을 위한 생산"("The Metropolis and Mental Life", in *Sociological Theory in the Classical Era*, ed. Laura Desfor Edles and Scott Appelrouth[Thousand Oaks, Calif.: Sage, 2005], 292).

48 Clark et al., *Who Built America?*, 347~48.

49 앨라배마 주의 페인트 록Paint Rock에서 두 명의 백인 여성을 강간한 혐의로 아프리카계 미국인이었던 9명의 스코츠보로 소년들이 기소되었다. 이들 중 8명은 재판을 거쳤고 사형 선고를 받았다. 미국 공산당과 연계되었던 국제노동변호단 The International Labor Defense이 기소된 소년들의 항소를 맡았다.

50 Allen Tate, "Notes on Liberty and Property", in *Who Owns America? A New Declaration of Independence*, ed. Herbert Agar and Allen Tate(1936; Wilmington, Del.: ISI Books, 1999), 122.

51 Lyle H. Lanier, "Big Business in the Property State", in *Who Owns America?*, 29, 3. 8명의 남부 농본주의자 및 Agar와 더불어 이 책에는 영국 분배론자인 Doulas Jerrold와 Hilaire Belloc, 그리고 가톨릭 농본주의자인 John C. Rawe, 문학비평가 Cleanth Brooks이 필진으로 참여했다.

52 Frank Owsley, "The Foundations of Democracy", in Bingham and Underwood, eds., *The Southern Agrarians and the New Deal*, 223~24.

53 Numan V. Bartley, "In Search of the New South: Southern Politics After Reconstruction", *Reviews in American History* 10, no. 4(1982): 150~63; Howard N. Rabinowitz, *The First New South, 1865~1920*(Arlington Heights, Ill.: Harlan Davidson, 1992); George Brown Tindall, *The Emergence of the New*

South, 1913~1945(Baton Rouge: Louisiana State University Press, 1967).

54 Tate, "The Problem of the Unemployed: A Modest Proposal", in Bingham and Underwood, eds., *The Southern Agrarians and the New Deal*.

55 Owsley, "The Pillars of Agrarianism", in Bingham and Underwood, eds., *The Southern Agrarians and the New Deal*, 202.

56 Ibid., 205.

57 Ibid., 204.

58 Ibid.

59 Jonathan M. Wiener, "Class Structure and Economic Development in the American South, 1865~1955", *American Historical Review* 84, no. 4(1979): 970~92.

60 Owsley, "The Pillars of Agrarianism", in Bingham and Underwood, eds., *The Southern Agrarians and the New Deal*, 206.

61 Ibid.

62 Ibid.

63 다음 문헌에서 재인용. Edward S. Shapiro, "Decentralist Intellectuals and the New Deal", *Journal of American History*, March 1972, 938~57.

64 Idus A. Newby, "The Southern Agrarians: A View After Thirty Years", *Agricultural History* 37, no. 3(1963): 153.

65 Shapiro, "Decentralist Intellectuals and the New Deal", 938~57.

66 Edward Shapiro, "The Southern Agrarians and the Tennessee Valley Authority", *American Quarterly* 22, no. 4(1970): 791~806.

67 Lanier, "A Critique of the Philosophy of Progress", in *I'll Take My Stand*, 142.

68 Wiener, "Class Structure and Economic Development", 989.

69 Frances Fox-Piven and Richard Cloward, *Poor People's Movements: Why They Succeed, How They Fail*(New York: Random House, 1979), 189~92

70 Fox-Piven and Cloward, *Poor People's Movements*, 181~263; Clark et al., *Who Built America?*, 422~23.

71 Davidson. quoted in Murphy, *The Rebuke of History*, 201.

72 Ransom, "The South Defends Its Heritage".

73 Newby, "The Southern Agrarians", 150.

74 Murphy, *The Rebuke of History*, 106~9, 199~201를 보라.

75 Conklin, *The Southern Agrarians*, 150~57.

76 다음 문헌에서 재인용. Murphy, *The Rebuke of History*, 106~7.

77 경제적 근대화가 아니라 정부의 활동이 어떻게 민권운동을 낳았는가에 대한 매우 흥미로운 설명들로는 Gavin Wright, *Sharing the Prize: The Economics of the Civil Rights Revolution in the American South*(Cambridge, Mass.: Belknap Press, 2013); Ira Katznelson, "The Great and Grudging Transformation", *New York Review of Books* 61, no. 6(2014): 58~60. 아울러 Fox-Piven and Cloward, *Poor People's Movements*, 181~263를 보라.

78 Davidson, 다음 문헌에서 재인용, Murphy, *The Rebuke of History*, 200.

79 Bingham and Underwood, eds., *The Southern Agrarians and the New Deal*, 19.

80 Donald Davidson, "That This Nation May Endure—The Need for Political Regionalism", in *Who Owns America?*, 173; Donald Davidson, "Where Regionalism and Sectionalism Meet", *Social Forces* 13, no. 1(1934~1935): 23~31; Donald Davidson, "Political Regionalism and Administrative Regionalism", *Annals of the American Academy of Political and Social Science* 207(1940): 138~43; Donald Davidson, *The Attack on Leviathan: Regionalism and Nationalism in the United States*(Chapel Hill: University of North Carolina Press, 1938). 오슬리가 말한 농본주의의 다섯 번째 기둥(지역주의)에 대해서는 "The Pillars of Agrarianism", in Bingham and Underwood, eds., *The Southern Agrarians and the New Deal*; and Andrew Nelson Lytle, "John C. Calhoun", *Southern Review* 3(1938): 529~30를 보라.

81 Albert E. Stone Jr., "Seward Collins and the American Review: Experiment in Pro-Fascism, 1933~37", *American Quarterly* 12, no. 1(1960): 3~19. 남부 농본주의자들은 파시즘을 거부했으며, 콜린스가 자신의 입장을 공언하자 이들은 저널을 떠났다.

82 남부 농본주의자들과 콜린스를 둘러싼 논쟁과 데이비슨, 랜섬, 테이트가 결별했던 방식에 대한 내용으로는 Langdale, *Superfluous Southerners*를 보라.

83 이후 내가 논의할 뉴라이트의 급진주의는 남부 농본주의자들의 지적 후계자로 인식되나 자본주의 비판과 그 대안이라는 측면에 있어서는 선조들보다 수준이 낮다(Genovese, *The Southern Tradition*, and Murphy, *The Rebuke of History*).

84 현대 담론에 남부 농본주의자들이 미친 영향에 관한 최근 연구로는 Langdale, *Superfluous Southerners*; and Stephanie Houston Grey, "The Gospel of the Soil: Southern Agrarian Resistance and the Productive Future of Food ", *Southern Communication Journal*, November/ December 2014,

387~406를 보라.

85 Davidson, "Agrarianism and Politics", 114~25; Donald Davidson, *Southern Writers in the Modern World*(Athens: University of Georgia Press, 1958); Davidson, "I'll Take My Stand: A History", in Bingham and Underwood, eds., *The Southern Agrarians and the New Deal*; Murphy, *The Rebuke of History*, 146, 168.

86 Richard M. Weaver, *Ideas Have Consequences*(Chicago: University of Chicago Press, 1948); Richard M. Weaver, *Southern Tradition at Bay: A History of Postbellum Thought*, ed. George Core and M. E. Bradford(New Rochelle, N.Y.: Arlington House, 1968); Richard M. Weaver, "Agrarianism in Exile", *Sewanee Review* 58(1950): 586~606; Richard M. Weaver, "The Tennessee Agrarians", *Shenandoah* 3(1952): 3~10; Richard M. Weaver, "The Southern Phoenix", *Georgia Review* 17(1963): 6~17.

87 Murphy, *The Rebuke of History*, 167.

4장 새로운 보수주의자들

1 예를 들어 Robert Green McCloskey, *Conservatism in the Age of Enterprise*(Cambridge, Mass.: Harvard University Press, 1951)를 보라.

2 Peter Viereck, "Will America Prove Marx Right?", *Antioch Review* , autumn 1952, 333.

3 Russell Kirk, *The Conservative Mind: From Burke to Eliot*(1953; Chicago: Regnery Gateway, 1978), 199.

4 Peter Viereck, *Shame and Glory of Intellectuals: Babbitt Jr. vs. the Rediscovery of Values*(Boston: Beacon Press, 1953), 251.

5 Russell Kirk, *Program for Conservatives*(Chicago: Regnery, 1962).

6 경제적 자유지상주의와 전통주의자를 보수주의로 융합하는 데 있어 접착제 역할을 한 반공주의의 중요성에 대해서는 George H. Nash, *The Conservative Intellectual Movement in America: Since 1945*(1976; Wilmington, Del.: Intercollegiate Studies Institute, 1996); Jonathan M. Schoenwald, *A Time for Choosing: The Rise of Modern American Conservatism*(Cary, N.C.: Oxford University Press, 2001)를 보라.

7 A. 필립 랜돌프A. Phillip Randolph와 마틴 루터 킹 주니어를 비롯해 많은 민권운

동 지도자들이 공산주의자라고 고발당했으며, 이는 그들의 지도력과 투쟁을 불신하게 만들려는 수단이었다. 킹 목사에 대한 J. 에드거 후버J. Edgar Hoover의 빨갱이 사냥red-baiting에 대해서는 Taylor Branch, *Parting the Waters: America in the King Years, 1954~1963*(New York: Simon & Schuster, 1989)를 보라.

8 비학술적인 자료들, 특히 재계가 자금을 제공하고 후원했으며 자유주의 복지국가와 공산주의의 친연성을 주장했던 저작들에 대해서는 Kim Phillips-Fein, *Invisible Hands: The Making of the Conservative Movement from the New Deal to Reagan*(New York: Norton, 2009)를 보라. 자유주의 복지국가를 "서서히 진행되는 전체주의"라고 학술적으로 주장한 논자들에는 여럿이 있지만, 아마도 가장 영향력 있는 이는 프리드리히 폰 하이에크와 그의 저작 *The Road to Serfdom*(Chicago: Chicago University Press, 1944)일 것이다.

9 Tony Judt, *Postwar: A History of Europe Since 1945*(New York: Penguin, 2005); Alfred E. Eckes Jr., *Opening America's Market: U.S. Foreign Trade Policy Since 1776*(Chapel Hill: University of North Carolina Press, 1995).

10 Odd Arne Westad, The Global Cold War: Third World Interventions and the Making of Our Times(Cambridge: Cambridge University Press, 2007); Perry Anderson, "Imperium", *New Left Review* 83(2013), http://newleft review. org/ II/83/perry-anderson-imperium; Leo Panitch and Sam Gindin, *The Making of Global Capitalism: The Political Economy of American Empire*(London: Verso, 2013); Warren I. Cohen, *The Cambridge History of American Foreign Relations, vol. 4, America in the Age of Soviet Power, 1945~1991*(Cambridge: Cambridge University Press, 1993); Eric Hobsbawm, *The Age of Extremes: A History of the World, 1914~1991*(New York: Vintage, 1996).

11 Nelson Lichtenstein, *American Capitalism: Social Thought and Political Economy in the 20th Century*(Philadelphia: University of Pennsylvania Press, 2006), 5; Daniel Bell, ed., *The End of Ideology: On the Exhaustion of Political Ideas in the Fifties*(New York: Free Press, 1962); C. Wright Mills, *White Collar: The American Middle Class*(New York: Galaxy, 1956).

12 Franklin Delano Roosevelt, "1944 State of the Union Message to Congress", January 11, 1944, http://www.fdrlibrary.marist.edu/archives/address_text.html.

13 제대군인원호법은 사회 입법의 중요한 사례였으며, 무엇보다 수백만 명의 제대군인들에게 주택과 고용의 기회를 열어주었다. 이 법의 광범위한 사회적 효과에 대해서는 Joshua Freeman, *American Empire: The Rise of a Global Power, the Democratic Revolution at Home, 1945~2000*(New York: Penguin, 2012),

32~35; Ira Katznelson, *When Affirmative Action Was White: An Untold History of Racial Inequality in Twentieth Century America*(New York: Norton, 2005)를 보라.

14 Lisa McGirr, *Suburban Warriors: The Origins of the New American Right*(Princeton, N.J.: Princeton University Press, 2001), 8.

15 Richard B. DuBoff, *Accumulation and Power: An Economic History of the United States*(Armonk, N.Y.: Sharpe, 1989), 99.

16 이 시기 고용과 임금에 관한 통계는 DuBoff, *Accumulation and Power*; Marc Allen Eisner, *The American Political Economy: Institutional Evolution of Market and State*(New York: Routledge, 2011)를 보라. 1945년부터 1970년대 초반에 해당되는 자본주의의 황금기라는 용어에 관해서는 Metzger, *Striking Steel: Solidarity Remembered*(Philadelphia: Temple University Press, 2000), 210; Ira Katznelson, *The Politics of Power: A Critical Introduction to American Government*, 7th ed.(New York: Norton, 2014), 76을 보라.

17 Kevin Mattson, *Rebels All!: A Short History of the Conservative Mind in Postwar America*(New Brunswick, N.J.: Rutgers University Press, 2008), 32.

18 1950년대와 1960년대 초반 공화당의 역사에 대한 뛰어난 연구에서 Geoffrey Kabaservice는 공화당이 다양한 분파들로 구성되어 있었으며, 오늘날 우리가 보수주의자들이라고 규정할 이들은 1960년 공화당 전당대회에서 가장 작은 분파였다고 주장했다(*Rule and Ruin: The Downfall of Moderation and the Destruction of the Republican Party, from Eisenhower to the Tea Party*[New York: Oxford University Press, 2012], 18~26).

19 Frank S. Meyer, *What Is Conservatism?*(New York: Holt, Rinehart & Winston, 1964); Frank S. Meyer, *The Conservative Mainstream*(New Rochelle, N.Y.: Arlington House, 1969); Jeffrey Hart, *The Making of the American Conservative Mind: National Review and Its Times*(Wilmington, Del.: ISI Books, 2007).

20 Jennifer Burns, "Liberalism and the Conservative Imagination", in *Liberalism for a New Century*, ed. Neil Jumonville and Kevin Mattson(Berkeley: University of California Press, 2007), 58~72; Mark Thomas Edwards, *The Right of the Protestant Left: God's Totalitarianism*(New York: Palgrave Macmillan, 2012) 146~58.

21 Peter Viereck, *Conservatism Revisited: The Revolt Against Ideology*(1949; New York: Collier Books, 1962), 134.

22 Frank S. Meyer, "Counterfeit at a Popular Price", in *The Conservative Mainstream*, 67~70.

23 Nash, *The Conservative Intellectual Movement in America*, 60.

24 Nash, *The Conservative Intellectual Movement in America*, 60; Claes G. Ryn, "Peter Viereck: Unadjusted Man of Ideas", *Political Science Reviewer* 7(1977): 326~66; Marie Henault, *Peter Viereck*(New York: Twayne, 1969); Irving Louis Horowitz, "Peter Viereck: European–American Conscience—1916~2006", Society 44, no. 2(2007): 60~63; Tom Reiss, "The First Conservative", *New Yorker*, October 24, 2005, http://newyorker.com/archive/2005/10/24/051024fa_fact1?printable=true.

25 Reiss, "The First Conservative"에서 재인용.

26 Russell Kirk, "Libertarians: Chirping Sectaries", in *The Essential Russell Kirk: Selected Essays*, ed. George A. Panichas(Wilmington, Del.: ISI Books, 2007), 382.

27 William H. Honan, "Russell Kirk Is Dead at 75; Seminal Conservative Author", *New York Times*, April 30, 1994, http://www.nytimes.com/1994/04/30/obituaries/russell-kirk-is-dead-at-75-seminal-conservative-author.html.

28 Mattson, *Rebels All!*, 46.

29 Robert Nisbet, *The Present Age: Progress and Anarchy in Modern America*(New York: Harper & Row, 1988), 42, 50; Gerald J. Russello, *The Postmodern Imagination of Russell Kirk*(Columbia: University of Missouri Press, 2007), 110.

30 Kirk, *The Conservative Mind*. 비에렉이 제기하듯이 경제적 자유방임주의 옹호자들은 보수주의 전통에서 빠져 있었다는 사실을 인지하는 것이 중요하다 (Viereck, *Conservatism Revisited*; Clinton Rossiter, *Conservatism in America*[Cambridge, Mass.: Harvard University Press, 1955]).

31 로널드 레이건 관련 인용은 W. Wesley McDonald, *Russell Kirk and the Age of Ideology*(Columbia: University of Missouri Press, 2004), 3을 보라.

32 Robert Nisbet, *Twilight of Authority*(New York: Oxford University Press, 1975), 198, 209.

33 Brad Lowell Stone, *Robert Nisbet: Communitarian Traditionalist*(Wilmington, Del.: ISI Press, 2000); J. David Hoeveler Jr., *Watch on the Right: Conservative Intellectuals in the Reagan Era*(Madison: University of Wisconsin Press, 1991), 177~205.

34 Brad Lowell Stone, "Robert Nisbet and the Conservative Intellectual Tradition", in *The Dilemmas of American Conservatism*, ed. Kenneth L.

Deutch and Ethan Fishman(Lexington: University of Kentucky Press, 2010), 77~96.

35 Robert Thomas, "Robert Nisbet, 82, Sociologist and Conservative Champion", *New York Times*, September 12, 1996, http://www.nytimes.com/1996/09/12/ world/robert-nisbet-82-sociologist-and-conservative-champion.html.

36 Stone, "Robert Nisbet and the Conservative Intellectual Tradition", 87~88.

37 3장에서 간략히 논했던 Richard M. Weaver는 이러한 타락이 14세기 사상가 윌리엄 오컴William of Occam의 유명론에서 시작된다고 지적했다(*Ideas Have Consequences*[Chicago: University of Chicago Press, 1948]).

38 비에렉에 대한 자유주의적 칭송에 대해서는 Burns, "Liberalism and the Conservative Imagination"를 보라.

39 Louis Hartz, *The Liberal Tradition in America: An Interpretation of American Political Thought Since the Revolution*(New York: Harcourt Brace, 1955); Gunnar Myrdal, *An American Dilemma: The Negro Problem and American Democracy*(New York: Harper Bros., 1944).

40 비에렉이 1950년대와 1960년대 뉴딜에 대해 우호적으로 기술했던 유일한 전후 보수주의자는 아니었으며, 다른 이들 가운데 가장 유명한 이로는 역사학자 클린턴 로시터가 있다.

41 Viereck, "Will America Prove Marx Right?", 336.

42 Peter Viereck, "Liberals and Conservatives, 1789~1951", *Antioch Review*, winter 1951, 387~96.

43 Peter Viereck, *The Unadjusted Man, A New Hero for Americans: Reflections on the Distinctions Between Conforming and Conserving*(New York: Capricorn, 1962), 232~35.

44 William F. Buckley Jr., "Our Mission Statement", *National Review*, November 19, 1955, http://www.nationalreview.com/article/223549/our-mission-statement-william-f-buckley-jr.

45 Peter Viereck, "The Rootless 'Roots': Defects in the New Conservatism", *Antioch Review*, summer 1955, 220.

46 Viereck, *Shame and Glory*, 192.

47 Ibid., 263.

48 Peter Viereck, "But I'm a Conservative!", Atlantic , April 1940, http://www.theatlantic.com/magazine/archive/1969/12/but-i-apos-m-a-con-

servative/4434/

49 Viereck, *Shame and Glory*, 192.

50 Viereck, *Conservatism Revisited*, 124.

51 Ibid., 125.

52 Viereck, *Conservatism: From John Adams to Churchill*(Princeton, N.J.: Van Nostrand, 1956), 18.

53 Viereck, *The Unadjusted Man*, 232.

54 Viereck, *Shame and Glory*, 275~76, and *The Unadjusted Man*, 232~33.

55 Viereck, *Shame and Glory*, 270.

56 Viereck, *The Unadjusted Man*, 232.

57 Viereck, *Conservatism Revisited*, 133.

58 Ibid., 137.

59 Ibid., 135.

60 Ibid., 137.

61 Ibid., 135.

62 Ibid., 135.

63 Ibid., 126.

64 Viereck, *Conservatism Revisited*, 123. 러셀 커크는 독립선언문이 유토피아적이라고 기각했다.

65 Viereck, Conservatism Revisited, 142.

66 Ibid.

67 Viereck, "The Rootless 'Roots,'" 228.

68 Viereck, *Conservatism Revisited*, 32.

69 Viereck, *Shame and Glory*, 134.

70 Ibid., 252.

71 Viereck, *Conservatism Revisited*, 38.

72 Viereck, *Shame and Glory*, 221.

73 Robert Nisbet, *The Quest for Community*(1953; New York: Oxford University Press, 1973); George F. Will, *Statecraft as Soulcraft: What Government Does*(New York: Simon & Schuster, 1983).

74 Frank S. Meyer, "Counterfeit at a Popular Price", *National Review* 2, August 11, 1956, 18.

75 Russell Kirk, *The American Cause*(Chicago: Regnery, 1957), 125.

76 Russell Kirk, "Is Capitalism Still Viable?", *Journal of Business Ethics*, November 1982, 277~80; Kirk, *The American Cause*, 108

77 David Frum, "The Legacy of Russell Kirk", *New Criterion*, December 1994, https://www.newcriterion.com/articles.cfm/The-legacy-of-Russell-Kirk-5053에서 인용.

78 Kirk, *Program for Conservatives*, 152.

79 John Attarian, "Russell Kirk's Political Economy", *Modern Age*, winter 1998, 87~97.

80 Kirk, "Is Capitalism Still Viable?", 278

81 Kirk, *Program for Conservatives*, 147.

82 Ibid.

83 Ibid.

84 Ibid., 148.

85 Kirk, *The Conservative Mind*, 198~99.

86 Kirk, *Program for Conservatives*, 149.

87 Ibid., 152.

88 Ibid., 151.

89 Ibid., 155.

90 Russell Kirk, "American Conservative Action", *Chicago Review*, fall 1955, 65~75.

91 인용은 Kirk, *Program for Conservatives*, 153.

92 1960년 미국 인구조사에 의하면 63.1%의 인구는 도시 지역에, 36.9%의 인구는 향촌 지역에 거주하고 있었다(U.S. Census Bureau, "Population: 1790 to 1990, United States Urban and Rural", https://www.census.gov/population/censusdata/table-4.pdf).

93 Michael Lind에 의하면 Kirk는 사망할 즈음에도 여전히 전통적 보수주의가 자유지상주의보다 사회주의와 더 많은 공통점이 있다고 믿었다(*Up from Conservatism: Why the Right Is Wrong for America*[New York: Free Press, 1996], 54).

94 Robert Nisbet, *Prejudices: A Philosophical Dictionary*(Cambridge, Mass.: Harvard University Press,1982), 295~96.

95 Nash, *The Conservative Intellectual Movement in America*, 47.

96 Robert Nisbet, *Social Philosophers: Community and Conflict in Western Thought*(New York: Crowell, 1973), 213~14; Robert Nisbet, *Conservatism:*

Dream and Reality(Minneapolis: University of Minnesota Press, 1986), 9~10.

97 Nisbet, *Twilight of Authority*, 196~97; Nisbet, *Prejudices*, 51~53.

98 Nisbet, *The Quest for Community*, 278.

99 Ibid., 237.

100 Ibid.

101 Ibid., 239.

102 Ibid., 240.

103 Ibid., 279(강조는 인용자).

104 Karl Marx and Friedrich Engels, "Manifesto of the Communist Party", in *The Marx-Engels Reader*, 2nd ed., ed. Robert C. Tucker(1972; New York: Norton, 1978), 469~500; Karl Polanyi, *The Great Transformation*(New York: Farrar and Rinehart, 1944); Barrington Moore Jr., Social *Origins of Dictatorship and Democracy: Lord and Peasant in the Making of the Modern World*(Boston: Beacon Press, 1966); Mark A. Martinez, *The Myth of the Free Market: The Role of the State in a Capitalist Economy*(Sterling, Va.: Kumarian Press, 2009).

105 Nisbet, *The Quest for Community*, 288(강조는 인용자).

106 Kirk, *Program for Conservatives*, 160.

107 Nisbet, *Twilight of Authority*, 272, 276.

108 Nisbet, *The Quest for Community*, 270.

109 Ibid., 270~71(강조는 인용자).

110 Viereck, *The Unadjusted Man*, 91.

111 John J. Miller, "Veering Off Course", *National Review*, October 25, 2005, http:// www.nationalreview.com/article/215772/veering-course-john-j-miller.

5장 신보수주의적 비판과 자본주의와의 화해

1 1973년과 1974년 미국에서 소득 상위 1%가 전체 소득에서 차지하는 비중은 8.9%였으며, 이는 20세기 역사상 가장 낮은 수치였다. 마찬가지로 1970년대 중반에 미국에서 가장 부유한 상위 1%는 전체 부의 24%를 소유했으며, 이 역시 20세기 역사상 가장 낮은 비율이었다(Emmanuel Saez and Gabriel Zucman, "Wealth Inequality in the United States Since 1913: Evidence from Capitalized Income Tax Data",

working paper 20625, National Bureau of Economic Research, October 2014, https://gabriel-zucman.eu/files/SaezZucman2014.pdf).

2 인용은 Leo Panitch and Sam Gindin, *The Making of Global Capitalism: The Political Economy of American Empire*(London: Verso, 2013), 143.

3 인용은 ibid., 143.

4 Kim Phillips-Fein, *Invisible Hands: The Making of the Conservative Movement from the New Deal to Reagan*(New York: Norton, 2009), 163~164.

5 Lisa McGirr이 지적하듯 제2차 세계대전 이전의 보수주의자들은 "경제에 대한 사고방식이 훨씬 더 유연했다"("Now That Historians Know So Much About the Right, How Should We Best Approach the Study of Conservatism?" *Journal of American History*, December 2011, 769). 아울러 Michael J. Thompson, ed., *Confronting the New Conservatism: The Rise of the Right in America*(New York: New York University Press, 2007); Patrick Allitt, *The Conservatives: Ideas and Personalities Throughout American History*(New Haven, Conn.: Yale University Press, 2009); Michael Lind, *Up from Conservatism: Why the Right Is Wrong for America*(New York: Free Press, 1996)를 보라.

6 Irving Kristol, *Two Cheers for Capitalism*(New York: Basic Books, 1978); Daniel Bell, *The Cultural Contradictions of Capitalism*(1976; New York: Basic Books, 1996). 다른 이들과 달리 대니얼 벨은 신보수주의자라는 명칭을 결코 받아들이지 않았다. 1978년 그의 저서 *Cultural Contradictions of Capitalism* 서문에서 벨은 자신이 "경제에서는 사회주의자, 정치에서는 자유주의자, 문화에서는 보수주의자"라고 주장했다. 그러나 그는 대단히 독창적인 신보수주의 사상가로 간주된다.

7 David Hoeveler Jr., *Watch on the Right: Conservative Intellectuals in the Reagan Era*(Madison: University of Wisconsin Press, 1991), 94.

8 James Piereson, "Investing in Conservative Ideas", *Commentary*, May 2005, 51.

9 Irving Kristol, "When Virtue Loses All Her Loveliness—Some Reflections on Capitalism and the 'Free Society,'" in *Two Cheers for Capitalism*, 239~253.

10 미국 보수주의의 패러다임 전환에 있어서 어빙 크리스톨이 차지하는 중요성에 대해서는 Robert B.Horwitz, *America's Right: Anti-Establishment Conservatism from Goldwater to the Tea Party*(Boston: Polity Press, 2013), 112~156를 보라.

11 Francis Fukuyama, *The End of History and the Last Man*(New York: Perennial, 2002).

12   Robert Kagan and William Kristol, *Present Dangers: Crisis and Opportunity in American Foreign and Defense Policy*(San Francisco: Encounter Books, 2000); David Brooks, "A Return to National Greatness: A Manifesto for a Lost Creed", *Weekly Standard*, March 3, 1997, http://www.weeklystandard.com/a-return-to- national-greatness/article/9480; Corey Robin, "Endgame: Conservatives After the Cold War", *Boston Review*, February 2, 2004, http://www.bostonreview.net/us/corey-robin-endgame.

13   Gary Dorrien, "Benevolent Global Hegemony: William Kristol and the Politics of American Empire", *Logos* 3, no. 2(2004), http://www.logosjournal.com/dorrien.htm.

14   Robert Kagan and William Kristol, "What to Do About Iraq: For the War on Terror to Succeed, Saddam Hussein Must Be Removed", *Weekly Standard* 8, no. 18(2002), www.weeklystandard.com/print/Content/Public/Articles/000/000/000/768pylwj.asp.

15   케인스주의 정책으로부터의 지적 전환을 보여주는 인물로는 두 명의 열렬한 자유방임주의 지지자인 프리드리히 하이에크와 밀턴 프리드만을 지적할 수 있으며, 이들은 각각 1974년과 1976년에 노벨경제학상을 수상했다(Eric Hobsbawm, *The Age of Extremes: A History of the World, 1913~1991*[New York: Vintage, 1996], 409).

16   Bruce Schulman, *The Seventies: The Great Shift in American Culture, Society, and Politics*(New York: Free Press, 2001); Joseph E. Lowndes, *From the New Deal to the New Right: Race and the Southern Origins of Modern Conservatism*(New Haven, Conn.: Yale University Press, 2008); Jefferson Cowie, *Stayin' Alive: The 1970s and the Last Days of the Working Class*(New York: New Press, 2010); Judith Stein, *Pivotal Decade: How the United States Traded Factories for Finance in the Seventies*(New Haven, Conn.: Yale University Press, 2010); Maurice Isserman and Michael Kazin, *America Divided: The Civil War of the 1960s*(New York: Oxford University Press, 2012).

17   Walter Goodman, "Irving Kristol: Patron Saint of the New Right", *New York Times Magazine*, December 6, 1981, 90; Bruce Schulman and Julian E. Zelizer, eds., *Rightward Bound: Making America Conservative in the 1970s*(Cambridge, Mass.: Harvard University Press, 2008), 160~161.

18   레이건의 복지국가 축소에 대한 논의로는 Peter Dreier, "Reagan's Legacy: Homelessness in America", *National Housing Institute*, May/June 2004, http://www.nhi.org/online/issues/135/reagan.html; Jill Quadagno, *The Color of Welfare: How Racism Undermined the War on Poverty*(New York;

Oxford University Press, 1994), 162, 178를 보라.

19 Barry Gewen, "Irving Kristol, Godfather of Modern Conservatism, Dies at 89", *New York Times*, September 19, 2009, http://www.nytimes.com/2009/09/19/us/politics/19kristol.html.

20 이후 언급될 대외정책에 관한 크리스톨의 신보수주의적 글들은 예일 대학교 교수이자 역사학자인 로버트 케이건Robert Kagan(1958~)과 공동으로 집필되었다. 케이건은 미국외교협회Council on Foreign Relations, 브루킹스연구소Brookings Institution, 새로운 미국의 세기를 위한 기획Project for a New American Century을 비롯한 다수의 싱크탱크 회원이다. 그는 민주당의 버락 오바마와 공화당의 밋 롬니Mitt Romney를 비롯한 양당의 지도자들에게 대외정책에 관한 조언을 했다.

21 오직 신보수주의자들만이 자본주의의 문화적 위기에 대해 비판적인 글을 쓴 것은 아니었으며, 그들만이 유일하게 자본주의의 문화적 에너지가 체제 그 자체에 반한다고 지적한 것도 아니었다. 이러한 비판의 다른 사례들로는 Christopher Lasch, *The Culture of Narcissism: American Life in an Age of Diminishing Expectations*(New York: Warner, 1979); Erich Fromm, *The Heart of Man: Its Genius for Good and Evil*(New York: Harper & Row, 1980)를 보라.

22 Bell, *The Cultural Critique of Capitalism*.

23 Irving Kristol, *Two Cheers for Capitalism*, 128~130.

24 Bell, *The Cultural Critique of Capitalism*, 82.

25 Irving Kristol, *Two Cheers for Capitalism*, 247.

26 Ibid., 60.

27 Bell, *The Cultural Critique of Capitalism*, xx.

28 Bell, *The Cultural Critique of Capitalism*, 21, 293; Irving Kristol, *Two Cheers for Capitalism*, 82.

29 Bell, *The Cultural Critique of Capitalism*, 293.

30 Hoeveler, *Watch on the Right*, 95. 소비문화를 창출하는 광고의 역할에 대해서는 Stuart Ewen, *Captains of Consciousness: Advertising and the Social Roots of the Consumer Culture*(1976; New York: Basic Books, 2001)를 보라.

31 Irving Kristol, *Two Cheers for Capitalism*, 82.

32 Bell, *The Cultural Critique of Capitalism*, 338.

33 Irving Kristol, *Two Cheers for Capitalism*, 82.

34 Irving Kristol, "When Virtue Loses All of Her Loveliness", *Two Cheers for Capitalism*, 246.

35 Irving Kristol, *Neo-Conservatism: The Autobiography of an Idea*(New York:

Free Press, 1995), 103.

36 Ibid., 128.

37 Hoeveler, *Watch on the Right*, 104.

38 Irving Kristol, "Pornography, Obscenity, and the Case for Censorship", in *The Neocon Reader*, ed. Irwin Stelzer(New York: Grove Press, 2004), 169~180.

39 Kristol, *Two Cheers for Capitalism*, 83.

40 Ibid., 3~22.

41 Jude Wanniski, *The Way the World Works: How Economies Fall—and Succeed*(New York: Basic Books, 1978).

42 레이건은 1981년 최상위 한계과세등급의 세율을 70%에서 50%로 삭감했다. 8년의 재임 기간 동안 그는 수차례 세금 인상을 강요받았지만, 임기를 마칠 때 최상위 한계세율은 70%에서 33%로 급락했다("Federal Individual Income Tax Rates History, 1913~ 2013", http://taxfoundation.org/sites/default/files/docs/fed_individual_rate_ history_nominal.pdf).

43 Hoeveler, *Watch on the Right*, 101.

44 Frank S. Meyer는 보수주의 내부에 존재하는 자유방임 자본주의와 도덕적으로 보수적인 전통 사회 사이의 긴장을 자신이 "보수주의적 융합"이라고 부른 것을 통해 해소하고자 했다(*The Conservative Mainstream*[New Rochelle, N.Y.: Arlington House, 1969]). 융합은 William F. Buckley Jr. 와 *National Review*의 보수주의 흐름으로 자리를 잡았으나, Russell Kirk와 같은 전통주의자들은 "융합론"을 결코 받아들이지 않았고 자유방임 자본주의와 전통 사회의 양립가능성에 대해 여전히 회의적이었다(Lind, *Up from Conservatism*, 54).

45 U.S. Department of Labor, Office of Policy Planning and Research, *The Negro Family: The Case for National Action*(Washington, D.C.: U.S. Department of Labor, 1965), https://www.dol.gov/oasam/programs/history/webid-meynihan.htm.

46 1970년대와 1980년대 내내 신보수주의자들의 잡지인 *Public Interest*는 이와 같은 복지국가 비판으로 가득 차 있었다.

47 Irving Kristol, "The Death of the Socialist Idea", *Saturday Evening Post*, March 1979, 56.

48 Irving Kristol, "A Conservative Welfare State", in Stelzer, ed., *The Neocon Reader*, 145.

49 Irving Kristol, "The Two Welfare States", *Wall Street Journal*, October 19, 2000, A29.

50 Ibid., A29.

51 Hobsbawm, *The Age of Extremes*; Roy Rosenzweig, Nelson Lichtenstein, Joshua Brown, and David Jaffee, *Who Built America? Working People and the Nation's History, 1877~Present*(New York: Bedford / St. Martin's, 2008).

52 뉴딜 프로그램의 인종 및 성차별적 측면에 대한 논의로는 Ira Katznelson, *When Affirmative Action Was White: An Untold History of Racial Inequality in Twentieth-Century America*(New York: Norton, 2005); Suzanne Mettler, *Dividing Citizens: Gender and Federalism in New Deal Public Policy*(Ithaca, N.Y.: Cornell University Press, 1998)를 보라. 전후 시대 미국 경제와 특히 1970년대 초중반 경제위기의 근원들에 대해서는 Richard B. DuBoff, *Accumulation and Power: An Economic History of the United States*(Armonk, N.Y.: Sharpe, 1989), 125~28; Paul M. Sweezy, "The Crisis of American Capitalism", *Monthly Review* 32, no. 5(1980): https://archive.monthlyreview.org/index.php/mr/article/view/MR-032-05-1980-09_1; Panitch and Gindin, *The Making of Global Capitalism*를 보라.

53 DuBoff, *Accumulation and Power*, 113~39; Sweezy, "The Crisis of American Capitalism"; Fred Magdoff and John Bellamy Foster, "Stagnation and Financialization: The Nature of the Contradiction", *Monthly Review* 66, no. 1(2014), http://monthlyreview.org/2014/05/01/stagnation-and-financialization/

54 Martin Luther King Jr., *Where Do We Go from Here: Chaos or Community?*(1967; Boston: Beacon Press, 2010), 5~6.

55 아프리카계 미국인들이 어떻게 뉴딜의 사회 프로그램들로부터 의도적으로 배제·소외되었는지에 대해서는 Ira Katznelson, *When Affirmative Action Was White: An Untold History of Racial Inequality in Twentieth-Century America*(New York: Norton, 2005); Quadagno, *The Color of Welfare*; Frances Fox-Piven and Richard Cloward, *Poor People's Movements: Why They Succeed and How They Fail*(New York: Vintage, 1978)를 보라.

56 Cowie, *Stayin' Alive*.

57 Pete Hamill, "Wallace", in *Takin' It to the Streets*, ed. Alexander Bloom and Wini Breines(New York: Oxford University Press, 1995), 348~51; Michael Novak, "Why Wallace?", in *Takin' It to the Streets*, 352~54.

58 Martin Gilens, "How the Poor Became Black: The Racialization of American Poverty in the Mass Media", in *Race and the Politics of Welfare Reform*, ed. Sanford F. Schram et al.(Ann Arbor: University of Michigan Press, 2003),

101~30.

59 *Washington Star*, "'Welfare Queen' Becomes Issue in Reagan Campaign", *New York Times*, February 15, 1976, 51.

60 Irving Kristol, "A Conservative Welfare State", *Neocon Reader*, 145.

61 인용은 Herb Kutchins, "Neither Alms nor a Friend: The Tragedy of Compassionate Conservatism", *Social Justice*, spring 2001, 14.

62 George W. Bush, "Remarks on Compassionate Conservatism in San Jose, California", *Weekly Compilation of Presidential Documents*, April 30, 2002, 717.

63 사회복지가 국가보다는 시민사회의 기능이어야 한다는 생각은 보수주의적 전통에서 매우 오래된 역사를 가지고 있다. 그러나 그것이 부시, 깅그리치, 존 애쉬크로프트John Ashcroft를 비롯한 다수의 현대 보수주의 정치지도자들 사이에서 영향력을 갖게 된 공은 마빈 올라스키Marvin Olasky에게 있다. 올라스키는 부시의 조언자였으며, 부시는 올라스키의 책 *Compassionate Conservatism*의 서문과 부록을 작성하며 그를 "온정적 보수주의의 선도적인 사상가"라고 칭했다. 마빈 올라스키의 간략한 전기로는 www.nndb.com을 보라. 올라스키는 온정적 보수주의라는 용어를 만들어 냈으며, 이 주제에 관한 다수의 기사와 책을 썼다. 이 가운데 보수주의자들에게 가장 중요한 저작은 *The Tragedy of American Compassion*으로 미국 복지에 관한 이 역사적 연구에서 올라스키는 가족, 교회, 자발적 결사체들이 주로 사회복지를 책임졌던 20세기 복지국가가 발전하기 전에 빈민들은 보살핌을 더 잘 받았다고 주장한다(*The Tragedy of American Compassion*[Lanham, Md.: Regnery Gateway, 1992]). 아울러 Marvin Olasky, *Compassionate Conservatism: What It Is, What It Does, and How It Can Transform America*(New York: Free Press, 2000)를 보라. 올라스키의 연구가 역사적으로 얼마나 정확한지에 대해서는 의문의 여지가 있지만, 식민지 시기부터 19세기로 이어진 민간주도의 복지 제공에 대한 그의 서술은 자유주의 복지국가의 대안에 대한 보수주의자들의 모델로 기능한다.

64 Bush, "Remarks on Compassionate Conservatism", 718.

65 Stephen Goldsmith, "What Compassionate Conservatism Is—and Is Not", *Hoover Digest*, April 30, 2000, http://www.hoover.org/research/what-compassionate-conservatism-and-not.

66 Ibid.

67 온정적 보수주의 혹은 보수주의적 복지국가는 두 개의 상호관련된 보수주의적 목표들을 갖는다. 첫째로, 그 옹호자들과 반대자들이 모두 지적하듯 이는 실제로 거대한 정부를 옹호하는 보수주의이다. 그러나 보수주의자들은 미국인들

이 기대하는 혜택과 서비스를 제공하면서도 그것이 정부로부터 직접 제공되지 않도록 복지국가를 변화시키는 데 성공했다. 이러한 복지국가의 전환은 몇 가지 효과들을 갖는다. 이는 온당한 삶의 기준을 지키는 데 필수적인 서비스와 혜택을 제공하는 정부의 역할을 모호하게 만든다. 수잔 메틀러Suzanne Mettler가 썼듯이 과거에는 제대군인원호법이나 사회보장제도와 같이 정부가 제공하는 서비스 및 혜택이 명확하게 정의된 정부 프로그램을 통해 "가시적"으로 드러났다. 그러나 지난 30년간 국가는 보편적인 정부 프로그램에서 후퇴해 주거, 교육, 보건과 관련된 사회복지를 민간시장이나 세액 공제를 통해 제공하는 방식을 택해 왔다. 메틀러의 연구가 지적하듯 그가 감춰진 국가submerged state라고 부르는 것을 통해 혜택을 받는 대부분의 사람들은 그들이 정부의 지원을 받는 수혜자라는 사실을 인식하지 못한다("20,000 Leagues Under the State", *Washington Monthly* 43, no. 7[2011]: 29~34). 그리하여 많은 미국인들은 그들의 세금이 자격이 없는 "거지들"에게 혜택을 주기 위해 사용되며, 성실히 일하는 납세자들은 정부로부터 받는 것이 거의 없다는 잘못된 믿음을 갖게 된다. 이러한 인식은 자유주의 복지국가의 "의도하지 않은 결과들"이라는 신보수주의자들의 비판에 차례로 반영되며, 정부가 집단적인 사회 문제들을 해결할 역량이 없다는 그들의 추론을 정당화한다. 보수주의적 복지국가의 두 번째 목표는 복지국가가 제공하는 서비스와 혜택을 민간시장으로 전환하면서 기업엘리트들의 권력을 복권시킨다는 점이다. 사회복지 제공을 연방정부로부터 주 단위와 지역 정부들, 그리고 차터스쿨(공적 자금을 받아 교사, 학부모, 지역단체들이 설립한 학교―옮긴이)이나 보건기구들Health Maintenance Organization, HMOs과 같은 시장 행위자들로 분권화하는 일은 민간의 지배 영역을 확장하며 사회복지 수혜자들을 통제한다. 보수주의자들의 감세로 인한 예산 압박으로 주 단위 및 지역 정부들은 수급 자격을 제한하고 수혜자들에게 부담이 가는 조건들을 부과할지 모른다. 대표적인 사례가 부양아동가족부조제도를 빈곤가정일시부조Temporary Assistance to Needy Families, TANF로 전환한 경우이다. 줄리엣 F. 게인즈버러Juliet F. Gainsborough가 TANF에 관해 설명했듯이 몇몇 주는 카운티 단위, 그리고 지역 정부 및 지역 이사회에 통제·지출 권한을 주었다. 이 기관들은 노동 조건, 제재, 기간 제한을 포함해 몇 가지 결정사항에 대해 광범위한 재량권을 행사했다. 이는 지역의 사회적·경제적 엘리트들의 필요에 부합하는 방식으로 노동을 통제하고 규율하는 효과를 낳았다. 실제로 TANF에 대한 통제 권한을 카운티 단위와 지역 공직자들에게 넘긴 대부분의 주에서 관리이사회 이사의 최소한 절반 이상은 지역기업공동체에 소속되어 있는 인물들이었다("To Devolve or Not to Devolve? Welfare Reform in the States", *Policy Studies Journal* 31, no. 4[2003]: 603~23). TANF 도입 이후 원조를 받는 가족의 수와 빈곤률이 감소하는 효과는 없었다는 사실은 Greg Kaufmann, "This Week in Poverty: Revealing the Real TANF", *Nation Blog* , February 8, 2013, www.

thenation.com/blog/172767/week-poverty-revealing-real-tanf#를 보라. 그러나 복지국가의 보수주의적 조정은 빈곤을 영속화하고 경제적 불안을 가중하는 데에만 기여했다. 이는 지역의 정치적·경제적 엘리트들이 빈민들의 노동을 착취하고, 이들의 경제적 고난을 노동계급과 중간계급—수십 년간 실업 증대, 임금 정체, 고용주가 제공하는 수당 및 혜택 감소, 업무 속도 및 생산 증가, 고용 불안에 시달리고 있던—에 대항하는 무기로 사용하게 만들었다(Mike Davis, *City of Quartz: Excavating the Future in Los Angeles*[New York: Vintage,1992]; John R. Logan and Harvey L. Molotch, *Urban Fortunes: The Political Economy of Place*[Berkeley: University of California Press, 1987]).

68 온정적 보수주의에 대해서는 과거 그 지지자였던 마빈 올라스키, 존 디율리오 John DiIulio, 데이비드 쿠오David Kuo를 비롯해 확실히 보수주의 진영에 속해 있다고 여겨지는 인물들 사이에서도 비판자들이 존재한다. 2007년 한 글에서 올라스키는 온정적 보수주의가 "정치적 수작" 또는 "수사적 장치"로 간주되면서 어떻게 "왜곡되어"왔고 정치적 편의를 위해 사용되어왔는지를 다루면서 실망감을 표했다("The Test of Time", *Texas Monthly*, March 2007). 부시 행정부와 일하며 온정적 보수주의의 신념에 바탕을 둔 요소들을 연방 차원의 사회복지 정책의 주요 기둥으로 만들고자 했던 디율리오와 쿠오 역시 결국 실망감을 표했다. (일을 추진하기 위해—옮긴이) "군단을 이용하겠다"는 부시의 수사에도 불구하고 디율리오와 쿠오는 부시가 연방정부와 신념을 바탕으로 운영되는 관련 기관들 사이의 협력 관계를 만들어내고, 자금을 지원하는 혁신적인 방안들을 제시하도록 의회를 압박하기보다는 아프가니스탄과 이라크에서의 전쟁을 추진하고 감세를 단행하는 일에 더 많은 관심이 있다고 믿었다(John DiIulio Jr, *Godly Republic: A Centrist Blueprint for America's Faith-Based Future*[Berkeley: University of California Press, 2007]; David Kuo, *Tempting Faith: An Inside Story of Political Seduction*[New York: Free Press, 2007]).

69 Irving Kristol, "A New Look at Capitalism", *National Review*, April 17, 1981, 414~15.

70 Tod Lindberg, "Neoconservatism's Liberal Legacy", in *Varieties of Conservatism in America*, ed. Peter Berkowitz(Stanford, Calif.: Hoover Institution Press, 2004), 145.

71 Brooks, "A Return to National Greatness".

72 Francis Fukuyama, "Francis Fukuyama Says Tuesday's Attack Marks the End of 'American Exceptionalism,'" *Financial Times*, September, 15, 2001, 1.

73 David Brooks, "Facing Up to Our Fears", *Newsweek*, October, 22, 2001, http://web.a.ebscohost.com.bcc.ezproxy.cuny.edu:2048/ehost/

detail/detail?vid=14&sid=8f7b517a-99e8-4334-a56d-3da6be07fa
5d%40sessionmgr4008&hid=4104&bdata=JnNpdGU9ZWhvc3Qtb-
Gl2ZQ%3d%3d#AN=5343966&db=a9h.

74 Irving Kristol, *Reflections of a Neoconservative: Looking Back, Looking Ahead*(New York: Basic Books, 1983), 29.

75 Robin, "Endgame".

76 William Kristol and Robert Kagan, "Toward a Neo-Reaganite Foreign Policy", *Foreign Affairs*, July/August 1996, 27.

77 모든 신보수주의자들이 냉전의 종식에 따른 평화라는 전망을 울적해한 것은 아니었다. 대니얼 패트릭 모이니한이 그의 신보수주의자 동료들 일부에 대해 썼듯이 "그들은 국민의 동원이라는 문제에 있어서 군사적 태세를 갖추기를 희망했다. 그들은 이를 위해 필요한 어떠한 위기든 만들어내거나 발명해낼 것이다"(*Pandaemonium: Ethnicity in International Politics*[New York: Oxford University Press, 1993], 36).

78 Irving Kristol, "A Post-Wilsonian Foreign Policy", *AEI Online*, August 2, 1996. 79.

79 Robin, "Endgame".

80 조지 W. 부시의 수사법과 최근 공화당 대통령 당선자인 도널드 트럼프의 캠페인은 위험한 새 적들에 대한 공포라는 수사를 취하고 있다.

81 Kagan and Kristol, "What to Do About Iraq".

82 Hart Seely, "The Poetry of D. H. Rumsfeld", *Slate*, April 2, 2003, http://www.slate.com/articles/news_and_politics/low_concept/2003/04/the_poetry_of_dh_rumsfeld.html.

83 Kristol and Kagan, "Toward a Neo-Reaganite Foreign Policy", 31. 84.

84 Tod Lindberg, "Valor and Victimhood After September 11", in *The Weekly Standard: A Reader: 1995~2005*, ed. William Kristol(New York: HarperCollins, 2005), 258.

85 미국의 기성 대외정책, 특히 국제 무역과 NATO, 중동의 미국 동맹들과 관련된 규범과 조약들을 파기하려 한다는 점에서 신보수주의자들이 거의 하나로 뭉쳐 도널드 트럼프의 대통령 선거 출마를 반대했다는 사실은 차라리 아이러니하다(William Kristol, NR Symposium, "Conservatives Against Trump", *National Review*, January 21, 2016, http://www.nationalreview.com/article/430126/donald-trump-conservatives-oppose-nomination).

86 Barack Obama, "Nobel Peace Prize Speech", *New York Times*, December

10, 2009, http://www.nytimes.com/2009/12/11/world/europe/11prexy.text.html.

87 오바마 대통령은 최소한 수사적으로라도 미국 예외주의라는 서사에 대해 다음과 같이 부인한 적이 있었다. "나는 영국인들이 영국 예외주의에 대해, 그리고 그리스인들이 그리스 예외주의에 대해 의심하는 것만큼이나 미국 예외주의에 대해 의구심을 갖고 있습니다. 나는 내 조국 그리고 세계 속에서 조국이 맡은 역할과 역사를 매우 자랑스러워합니다.(⋯) 내가 조국을 매우 자랑스러워하며 우리가 세계에 제공할 것이 많다고 생각한다고 해서, 다른 나라들의 가치와 훌륭한 특질들에 대한 나의 관심이 적어지거나, 또는 우리가 항상 옳은 것은 아니라는 점, 다른 사람들에게도 좋은 생각이 있을 수 있다는 점, 우리가 공동으로 협력하려면 우리를 포함한 모든 당사자들이 타협을 해야 한다는 사실을 인지하는 데 방해가 되지 않습니다.(⋯) 그래서 나는 미국이 세계를 평화와 번영으로 이끌어 가는 데 있어 독보적인 역할을 계속 맡아왔다는 사실, 그리고 리더십은 우리의 책무이며 이 문제들은 우리 혼자서 해결할 수 없기에 이는 파트너십을 만들어 낼 수 있는 우리의 역량에 달려 있다는 점을 인정하는 데 있어 모순을 발견할 수 없습니다"("News Conference by President Obama", White House: Office of the Press Secretary[Strasbourg, France, April 4, 2009], www.whitehouse.gov/the-press-office/news-conference-president-obama-4042009).

88 Steven Rosenfeld, "U.S. Economy Increasingly Dominated by Monopolies as 2015 Corporate Mergers Continue", *AlterNet*, November 17, 2015, http://www.alternet.org/economy/us-economy-increasingly-dominated-monopolies-2015-corporate-mergers-continue.

89 "Little Change in Public's Response to 'Capitalism,' 'Socialism,'" Pew Research Center for the People and the Press, December 28, 2011, http://pewresearch.org/pubs/2159/socialism-capitalism-occupy-wall-street-libertarian-liberal-conservative; Peter Dreier, "Is Capitalism on Trial?", *Dissent*, January 27, 2012.

6장 글로벌 자본주의에 대한 고보수주의적 비판

1 Sara Diamond, *Roads to Dominion: Right-Wing Movements and Political Power in the United States*(New York: Guilford, 1995).

2 Samuel T. Francis, *Beautiful Losers: Essays on the Failure of American Conservatism*(Columbia: University of Missouri Press, 1993); Justin Raimondo,

Reclaiming the American Right(1993; Wilmington, Del.; ISI Books, 2008).

3 Clyde N. Wilson, "Citizens or Subjects?", in *The New Right Papers*, ed. Robert W. Whitaker(New York: St. Martin's Press, 1982), 127.

4 많은 고보수주의자들이 문화적 정체성의 유지를 넘어 토착민주의, 반유대주의, 인종주의적 태도를 견지하고 있다. 사실 고보수주의적 사상의 강력한 조류는 미국의 정체성을 명시적으로 백인종과 연결 짓는다. 이러한 맥락에서 프랜시스는 미국 문명이 "다른 사람들에게 성공적으로 전해질 수 있다"는 것을 믿을만한 근거는 존재하지 않는다고 주장했다(Leonard Zeskind, *Blood and Politics: The History of the White Nationalist Movement from the Margins to the Mainstream*(New York: Farrar, Straus and Giroux, 2009), 368~69. 엄격한 이민법 옹호, 비합법 이민자들의 대규모 추방지지, 그리고 새뮤얼 프랜시스와 같은 일부 사람들의 혼혈생식(miscegenation)에 대한 반대는 생물학적 인종주의를 암시한다. 프랜시스의 아이디어들은 심지어 보수주의 진영 내에서도 극도로 논쟁적이었다. 그는 미국이 UN, WTO, IMF, NAFTA에서 탈퇴해야 한다고 주장했으며, 미 당국자들과 공적 지도자들이 "기독교적 믿음과 가치를 반영해야만 한다"라고 역설했다. 프랜시스는 또한 혼혈생식과 소수자우대정책이 "유럽-미국적 유산을 파괴하고 더럽히려는" 시도라고 보았다("Council of Conservative Citizens: Statement of Principles", Council of Conservative Citizens[2005], http://conservative-headlines.com/introduction/statement-of-principles/). 1995년 프랜시스는 미국부흥회의American Renaissance conference에서 인종 문제로 비난을 샀던 연설을 한 이후 *Washington Times*로부터 해고되었다. 이 회의에서 그는 "우리 백인들은 공격당하고 있고 (…) 우리의 정체성과 연대감을 다시금 분명히 할 필요가 있으며, 우리는 이 과업을 명백히 인종적인 언어로 수행하고 백인종으로서의 의식을 분명하게 드러내야 합니다. (…) 우리가 백인종으로서 유럽과 미국에서 만들어낸 문명은 그것을 만들어낸 사람들이 가진 유전적 자질이 없었다면 발전될 수 없었습니다"라고 말했다(Chip Berlet and Matthew N. Lyons, *Right-Wing Populism in America: Too Close for Comfort*[New York: Guilford, 2000], 284에서 재인용). 프랜시스는 또한 다음과 같은 보수주의 사상의 논문집을 편집하고 기고했다. Francis, *Beautiful Losers*(1994); Samuel T. Francis and Jerry Woodruff, *Revolution from the Middle*(Raleigh, NC: Middle American Press, 1997); Peter B. Gemma, ed., *Shots Fired: Sam Francis on America's Culture War*(Vienna, Va.: FGF Books, 2006); Samuel T. Francis, ed., *Race and the American Prospect: Essays on the Racial Realities of Our Nation and Our Time*(Atlanta: Occidental Press, 2006); and Samuel T. Francis, *Essential Writings on Race*(Oakton, Va.: New Century Foundation, 2007). 프랜시스의 에세이들은 미국 내 수많은 보수주의 사상 선집에 실렸으며, 그는 경영자 혁명을 우익 포퓰리즘의 중심적인 주제로 삼은 제임스 번햄의 사상

에 대해 두 권의 책을 집필했다. Samuel T. Francis, *Power and History: The Political Thought of James Burnham*(Lanham, Md.: University Press of America, 1984); and Samuel T. Francis, *James Burnham: Thinkers of Our Time*(New York: Claridge, 1999).

5 Patrick Buchanan, "1992 Republican National Convention Speech", *Patrick Buchanan Blog*, August 17, 1992, http://buchanan.org/blog/1992-republican-national-convention-speech-148.

6 트럼프가 어떤 개인들 혹은 집단이 미국을 약화시키는 데 몰두한다고 주장한 사례들은 많다. 두드러진 사례는 오바마 대통령과 힐러리 클린턴이 근본주의적인 무슬림 테러리스트 조직인 이슬람국가Islamic State of Iraq and Syria, ISIS의 "창립자이자 공동창립자"라고 논한 경우이다(Nick Corasaniti, "Donald Trump Calls Obama 'Founder of ISIS' and Says It Honors Him", *New York Times*, August 10, 2016, http://www.nytimes.com/2016/08/11/us/politics/trump-rally.html). 또 다른 연설에서 트럼프는 멕시코 출신 이민자들을 "강간범" 및 "살인자"라고 묘사했으며, 이는 명백하게 미국으로 건너 온 이민자들이 공공의 안전을 위협하고 있다는 논평이었다(Carolina Moreno, "9 Outrageous Things Donald Trump Has Said About Latinos", *Huffington Post*, August 31, 2015, http://www.huffingtonpost.com/entry/9-outrageous-things-donald-trump-has-said-about-latinos_us_55e483a1e4b0c818f618904b).

7 Patrick Buchanan, "At Last, America First", *Patrick Buchanan Blog*, April 28, 2016, http://buchanan.org/blog/last-america-first-125165?doing_wp_cron=1474158305.5969491004943847656250.

8 Raimondo, *Reclaiming the American Right*, 294.

9 Patrick Buchanan, "What Trump Has Wrought", *American Conservative*, April 5, 2016, http://www.theamericanconservative.com/buchanan/what-trump-has-wrought/.

10 Francis, *Beautiful Losers*.

11 Joseph Scotchie, *The Paleoconservatives: New Voices of the Old Right*(New Brunswick, N.J.: Transaction, 1999), 1.

12 뉴라이트의 부상에 대해 폴 고트프리트와 토머스 플레밍이 1993년 설명한 바에 의하면 창립 멤버인 리처드 A. 비게리Richard A. Viguerie는 뉴라이트 운동의 형성을 1974년 8월과 제럴드 포드 대통령이 자유주의적인 공화당원 넬슨 록펠러를 부통령으로 지명했을 때로 거슬러 올라간다고 지적했다(*The Conservative Movement*[New York: Twayne, 1993]). 출범 당시 뉴라이트의 가장 저명한 구성원들로는 폴 웨이리치Paul Weyrich, 하워드 필립스Howard Philips, 테리 돌란Terry Dolan, 리처드 A. 비게리가 있었다. 아울러 뷰캐넌의 자서전인 *Right from the*

Beginning(Boston: Little, Brown, 1988)를 보라.

13 George W. Carey, introduction to Justin Raimondo, *Reclaiming the American Right*, 2nd ed.(Intercollegiate Studies Institute, 2008), xii.

143 Francis, *Beautiful Losers*, 231.

15 Samuel Francis, "Message from MARs: The Social Politics of the New Right", in *Conservatism in America: Since 1930*, ed. Gregory L. Schneider(New York: New York University Press, 2003), 300~317.

16 조셉 스코치에 의하면 고보수주의라는 명칭은 1980년대 신보수주의에 대한 응수에서 비롯되었다(*The Paleoconservatives*, 1).

17 Patrick J. Buchanan, *The Great Betrayal: How American Sovereignty and Social Justice Are Being Sacrificed to the Gods of the Global Economy*(Boston: Little, Brown, 1998), 288.

18 Edward Ashbee, "Politics of Paleoconservatism", *Society*, March/April 2000, 75~84.

19 Ibid.

20 다음 저작을 참조하라. George F. Gilder, *Wealth and Poverty*(New York: Basic Books, 1981); Michael Novak, *Toward a Theology of the Corporation*(Washington, D.C.: American Enterprise Institute, 1981); Michael Novak, *The Spirit of Democratic Capitalism*(Washington, D.C.: American Enterprise Institute, 1982); David Chilton, *Productive Christians in an Age of Guilt-Manipulators*(Tyler, Tex.: Institute for Christian Economics, 1981); Roland Nash, *Poverty and Wealth: The Christian Debate Over Capitalism*(Westchester, Ill.: Crossway Books, 1986).

21 Patrick Buchanan, "Equality: American Idol", *Human Events*, July 4, 2013, http://www.humanevents.com/2013/07/04/equality-american-idol/; Patrick Buchanan, "Inequality—Crisis or Scam?", *Human Events*, December 31, 2013, http://www.humanevents.com/2013/12/31/inequality-crisis-or-scam/

22 Samuel T. Francis, "Message from MARs", 308.

23 Scotchie, *The Paleoconservatives*, 194~98; Francis, "Message from MARs".

24 다음 문헌에서 재인용. Leonard Zeskind, *Blood and Politics*, 283.

25 Joseph Scotchie, *The Paleoconservatives*, 193; Francis, "Message from MARs".

26 James Burnham, *The Managerial Revolution*(Bloomington: Indiana University Press, 1960). 번햄과 프랜시스와는 다른 이념적 관점에서 이 엘리트들을 비판

한 저서로는 C. Wright Mills, *The Power Elite*(1956; New York: Oxford University Press, 2000); Christopher Lasch, *The Revolt of the Elites and the Betrayal of Democracy*(New York: Norton, 1995)를 보라.

27 Francis, *Beautiful Losers*, 98.

28 Francis, *Beautiful Losers*, 219. 진보적인 공공정책에 대해 거대 기업들이 최소한 공범 혹은 주체였다는 프랜시스의 견해는 의심의 여지가 있다(Kim Phillips-Fein, *Invisible Hands: The Making of the Conservative Movement from the New Deal to Reagan*[New York: Norton, 2009]).

29 Samuel T. Francis, "Capitalism, the Enemy", *Chronicles*, July 3, 2000, http://www.chroniclesmagazine.org/2000/August/24/8/magazine/article/10828498/

30 Francis, *Beautiful Losers*, 104.

31 Francis, "Francis on Free Trade", *VDare*, January 3, 2002, http://www.vdare.com/francis/free_trade.htm.

32 「왜 이민자들은 살인을 저지르는가Why Immigrants Kill」라는 제목의 기사에서 프랜시스는 위스콘신 주에서 있었던 몽족Hmong 이민자의 사례를 포함해 많은 이목을 끌었던 이민자들의 몇몇 폭력행위들을 언급했다. 이를 통해 그는 이민자들이 "사회와 문명에 대한 소속감을 결여하고 있고"(말하자면 비유럽출신 이민자들은) "그에 대한 어떤 의무감을 거의 갖고 있지 않으며" 따라서 미국에서 태어난 사람들에 비해 더욱 폭력을 저지르기 쉽다고 주장했다("Why Immigrants Kill", *VDare*, November 29, 2004, http://www.vdare.com/francis/041129_kill.htm).

33 Francis, "Nationalism, Old and New", in *The Paleoconservatives*, 191~92.

34 고보수주의자들은 미국 주권과 힘의 약화가 미국 내에서 점차 증가하는 다문화주의의 산물이라고 보았던 반면, 시어도어 루스벨트는 미국이 쇠퇴하는 내적 원인을 계급갈등의 산물이라고 간주했다.

35 Buchanan, *The Great Betrayal*, 93, 288; and Francis, *Beautiful Losers*, 203.

36 Patrick J. Buchanan, "Death of Manufacturing", *American Conservative*, April 11, 2003, http://www.amconmag.com/article/2003/aug/11/00007/.

37 Buchanan, *The Great Betrayal*, 174~76.

38 Ibid., 93~94.

39 Ibid., 93.

40 포드는 이러한 정책을 관대함이나 노동자들에 대한 헌신 또는 피고용인들이 자신들이 만든 자동차를 살 수 있도록 하기 위해 시행하지 않았다. 5달러 임금은 노동자들을 규율하고, 생산을 저해하며 이윤을 위협했던 포드 공장의 높

은 이직률을 막기 위한 조치였다(Tim Worstall, "The Story of Henry Ford's $5 a Day Wages: It's Not What You Think", *Forbes*, March 4, 2012, http://www.forbes.com/sites/timworstall/2012/03/04/the-story-of-henry-fords-5-a-day-wages-its-not-what-you-think/#ec6a51c1c96d).

41　뷰캐넌의 서사는 확장된 전 지구적 시장이라는 미국 기업의 요구―2장에서 다루었던 시어도어 루스벨트와 다른 전사-귀족들의 제국적 전망과 유사성을 보이는―를 간과하고 있다. 뷰캐넌은 또한 1900년대 초반에 이르러 많은 수의 거대 기업들은 소유주가 아닌 높은 보수를 받는 법인 경영진에 의해 관리되었다는 사실을 간과했다. 악명 높은 한 가지 사례는 헨리 C. 프릭이 1892년 펜실베니아 주의 홈스테드 공장에서 철강노동자들이 벌인 파업을 잔혹하게 진압한 사건이었는데, 당시 앤드류 카네기는 (이를 지지했지만) 그곳에 없었다.

42　Buchanan, *The Great Betrayal*, 55.

43　Ibid., 97.

44　Patrick J. Buchanan, *The Death of the West: How Dying Populations and Immigrant Invasions Imperil Our Country and Civilization*(New York: St. Martin's Griffin, 2002), 229.

45　Francis, *Beautiful Losers*, 208~21.

46　Buchanan, *The Great Betrayal*, 287.

47　Ibid.

48　미국 경제사에 대한 뷰캐넌의 시각은 *The Great Betrayal*, 그리고 *The Death of the West*에서 확인할 수 있다.

49　Buchanan, "Death of Manufacturing", http://www.theamericanconservative.com/articles/death-of-manufacturing/.

50　Ibid.

51　Samuel T. Francis, "Outsourcing―The Economic Equivalent of Ethnic Cleansing", June 10, 2004, www.vdare.com.

52　Lori Wallach, "NAFTA at 20: One Million U.S. Jobs Lost, Higher Income Inequality", *World Post*, January 6, 2014, www.huffingtonpost.com/lori/wallach/nafta-at-20-one-million-u-b_4550207.html.

53　Nancy Isenberg, *White Trash: The 400-Year Untold History of Class in America*(New York: Viking, 2016).

54　Dave Gilson, "Overworked America: 12 Charts That Will Make Your Blood Boil", *Mother Jones*, July/August 2011, www.motherjones.com/politics/2011/06/speedup-americans-working-harder-charts. 아울러 경제정

책연구소Economic Policy Institute가 발간한 다음 출간물의 도표와 그래프를 보라. *The State of Working America*, January 9, 2013, stateofworkingamerica. org.

55 Patrick Buchanan, "Speech on Free Trade", Council on Foreign Relations, November 18, 1998, http://www.chuckbaldwinlive.com/read.freetrade. html.

56 다음에서 인용. Raimondo, *Reclaiming the American Right*, 297.

57 Buchanan, *The Great Betrayal*, 288.

58 Francis, "Message from MARs", 310.

59 Ibid., 311.

60 Buchanan, *The Great Betrayal*, 289.

61 Francis, "Message from MARs", 310.

62 Ibid., 315.

63 Francis, "Message from MARs", 310. 뉴라이트의 창립자 가운데 한 사람인 케빈 필립스Kevin Phillips는 월스트리트에 대한 규제가 그렇게 나쁜 아이디어가 아닐지도 모른다는 점을 인정했다("Why I Am No Longer a Conservative", *American Conservative*, October 7, 2002, http://www.theamericanconservative.com/articles/why-i-am-no-longer-a-conservative/). 뷰캐넌은 노동조합의 요구가 미국의 제조업 일자리를 지키는 것에 제한되어 있는 경우에만 그들을 지지한다. 그러나 그는 혜택과 임금 인상, 작업환경 조건 개선 또는 더 커다란 경제적 평등을 보다 광범위하게 옹호하는 노동조합에 대해서는 확고하게 반대한다. 보수주의자들—그리고 뷰캐넌도 예외가 아니다—은 특히 공공부문 노동조합에 대해 적대적이다("Why Scott Walker Must Win", *Patrick Buchanan Blog*, March 1, 2011, Buchanan. org/blog/why-scott-walker-must-win-4613). 또한 Harold Meyerson, "St. Pat's Day", *Metro*, March 21, 1996를 참조하라. http://www.metroarchive.com/papers/metro/03.21.96/buchanan-9612.html; and Patrick Buchanan, "The Toyota Republicans", *Human Events*, December 16, 2008, http://www.freerepublic.com/focus/news/2149673/posts.

64 Francis, "Message from MARs", 310.

65 Berlet and Lyons, *Right-Wing Populism in America*, 280.

66 다음 문헌에서 재인용. Berlet and Lyons, *Right-Wing Populism in America*, 280.

67 Patrick Buchanan, "End of the Line for the Welfare State?", *Human Events*, February 11, 2014, http://www.humanevents.com/2014/02/11/

end-of-the-line-for-the-welfare-state/; and Patrick Buchanan, "Inequality—Crisis or Scam?", *Human Events*, December 31, 2013, http://humanevents.com/2013/12/31/inequality-crisis-or-scam/

68 Patrick Buchanan, "How Free Trade Is Killing Middle America", *American Conservative*, January 24, 2014, http://www.the americanconservative.com/free-trade-middle-america/

69 다수의 좌파들 역시 마찬가지로 NAFTA와 같은 자유무역협정을 반대하지만, 좌파의 반대는 몇 가지 지점에 있어서 고보수주의자들과 다르다. 좌파는 원칙적으로 자유무역을 반대하지 않는다. 자유무역협정에 대한 반대는 인종주의, 토착민주의 또는 미국의 문화적 우위에 대한 믿음이 아니라, 현재 협상된 자유무역 협정들이 (그들이 어디에서 살고 일하고 있든) 노동자들과 그들의 공동체, 환경, 민주주의에 해롭다는 믿음에 근거한다.

70 John B. Judis, "Right-Wing Populism Could Hobble America for Decades: The Tea Party Is Going Down, Dysfunction Is Not", *New Republic*, October 27, 2013, https://newrepublic.com/article/115332/tea-party-going-down-dysfunction-not; and Robert B. Horwitz, *America's Right: Anti-Establishment Conservatism from Goldwater to the Tea Party*(New York: Polity, 2013), http://www.newrepublic.com/article/115332/tea-party-going-down-dysfunction-not.

71 Patrick Buchanan, "The Tea Party: America's Last Best Hope", *Free Republic*, December 24, 2009, http://www.freerepublic.com/focus/f-news/2415155/posts. 티파티가 소위 백인 "종족적 민족주의"를 대변한다는 뷰캐넌의 견해는 Patrick Buchanan, "The Tea Party Tribe", *American Conservative*, April 19, 2010, http://www.amconmag.com/blog/2010/04/19/the-tea-party-tribe/를 보라.

72 공화당의 우경화에 대한 상세한 역사적 분석은 Geoffrey Kabaservice, *Rule and Ruin: The Downfall of Moderation and the Destruction of the Republican Party*(New York: Oxford University Press, 2012)를 보라.

73 Sean Wilentz, "Confounding Fathers: The Tea Party's Cold War Roots", *New Yorker*, October 18, 2010, www.newyorker.com/reporting/2010/10/18/101018fa_fact_wilentz; Matthew Continetti, "The Two Faces of the Tea Party: Rick Santelli, Glenn Beck, and the Future of the Populist Insurgency", *Weekly Standard*, June 28, 2010, http://www.weeklystandard.com/articles/two-faces-tea-party.

74 Paul Ryan, "Down with Big Business", *Forbes Magazine*, December 11,

2009, http://www.forbes.com/2009/12/11/business-government-politics-reform-opinions-contributors-paul-ryan.html.

75 스코치폴과 윌리엄슨이 보여주었듯이 티파티의 기층 구성원들이 가진 시각은 경제적 자유지상주의에 경도된 론 폴Ron Paul, 랜드 폴Rand Paul, 폴 라이언Paul Ryan과 같은 티파티 주요 인사들보다 고보수주의자들의 경제관 및 복지국가관에 훨씬 더 가깝다. 티파티 기층 구성원들은 기업(그러나 월스트리트는 아닌)의 탈규제, 급격한 과세 인하, 그리고 근본적으로 (특히나 그들이 "자격이 없다"라고 간주하는 이들에 대한) 복지국가의 축소를 분명히 희망하지만 이를 완전히 철폐하기를 원하지는 않는다. 티파티의 기층 구성원들과 고보수주의자들 중 누구도 자유시장의 원칙에 헌신적이지 않다. 대신에 그들은 "자격이 있는 자들"에게 혜택을 주는 복지국가 프로그램이나, 또는 일하고 복지 혜택을 얻는 사람들을 구별한다. 따라서 기층 구성원들은 사회보장제도, 메디케어, 제대군인에 대한 혜택을 보존해야 할 프로그램이라고 본다. 대조적으로 티파티 구성원들은 "자격이 없는 자들" 또는 일을 통해 이러한 혜택을 성취하지 않은 사람들을 "무임승차자"라고 간주하며, 그들이 보기에 이들에게 주로 이득이 되는 복지국가의 정책들을 철폐하고자 한다. 티파티는 빈곤가정일시부조, 푸드 스탬프, 그리고 여타의 소득지원 조치들이 자유주의적 복지국가의 과도함을 보여준다고 여기며 이를 강력하게 반대한다(Theda Skocpol and Vanessa Williamson, *The Tea Party and the Remaking of American Conservatism*[New York: Oxford University Press, 2012], 68~72).

76 David Holthouse, "Dangerous Levels of Overlap Between Xenophobic 'Minutemen' Movement and Tea Party", May 29, 2011, *Alternet*, www.alternet.org/story/151070/dangerous_levels_of_overlap_between_xenophobic_'minutemen'_movement_and_tea_party; and David Holthouse, "Minutemen Welcome Tea Partiers to the Border", August 15, 2010, *teaparty.org*, www.teaparty.org/minutemen-welcome-tea-partiers-to-the-border-380/.

77 Skocpol and Williamson, *The Tea Party*, 68~72; and Christopher Parker et al., "2010 Multi-State Survey of Race and Politics", University of Washington Institute for the Study of Ethnicity, Race, and Sexuality, May 5, 2011, http://depts.washington.edu/uwiser/racepolitics.html.

78 2016년 9월 16일 트럼프는 공식적으로 오바마가 미국에서 태어났음을 인정했다.

79 인종을 막론하고 모든 노동계급에게 불어 닥친 임금, 소득, 저축의 감소와 경제적 고난 및 불안의 증가에는 여러 원인들이 있으며, 이들 중 그 무엇도 오바마 대통령의 인종과 무관하다. 노동조합의 파괴, 기업과 부유층에게 혜택을 부여하도록 조정된 세법, 금융과 기업 활동의 탈규제, 그리고 말할 것도 없이 복지국

가의 축소는 모두 최상위 1%의 부유한 미국인들과 나머지 사이의 경제적 불평등을 강화시켰으며, 미국 노동계급과 중산층의 정치적·경제적 권력을 약화시켰다. 고보수주의자들이 채택한 수많은 정책들―몇 가지 사례만 들어보자면―최저임금 인상에 대한 반대, 기업 규제에 대한 반대, 그리고 가족휴가법Family Leave Act에 대한 반대, 파업에 참가한 항공관제사를 해고한 로널드 레이건의 조치 지지, 파업참가자대체규제법Strikers' Replacement Bill(파업참가자 대체 인력을 영구적으로 고용하는 기업의 행위를 금지하는 법안으로 1990년대 초반 입법 시도가 있었으나 실패했다―옮긴이) 반대를 포함하는 반노동적 입장, 부자와 기업에 대한 감세 지지는 그 자체로 고보수주의자들이 대표한다고 주장하는 백인 노동계급을 고통스럽게 한 경제적 불안을 만들어내는 데 많은 기여를 했다 실제로 이러한 사실을 가리기 위해 고보수주의자들은 서류미비 이민자라는 기성의 희생양을 내세웠다.

80 Patrick Buchanan, "Trump, Middle America's Messenger", *American Conservative*, February 23, 2016, http://www.theamericanconservative.com/buchanan/trump-middle-americas-messenger/

81 Marc Fisher and Michael Kranish, "The Trump We Saw: Populist, Frustrating, Naïve, Wise, Forever on the Make", *Washington Post*, August 12, 2016, https://www.washingtonpost.com/politics/the-trump-we-saw-populist-frustrating-naive-wise-forever-on-the-make/2016/08/11/35efe458-58ee-11e6-9aee-8075993d73a2_story.html.

82 대통령 선거 캠페인 내내 트럼프는 부유한 기부자들과 백인 중산층·노동계급 유권자들 이외에 어떠한 계층으로부터도 환심을 사려 하지 않았다. 그는 여성, 라티노, 난민, 흑인, 장애인들을 모욕했고, 집회에서의 폭력을 암시하고 수용했으며, 지지자들의 외국인 혐오증과 인종주의를 승인했다(James E. Freeman and Peter Kolozi, "Trumpism Is Conservatism: The New Conservative Mainstream", *Logos 15*, no. 1(2016): http://logosjournal.com/2016/freeman_kolozi/).

83 Donald Trump, "Transcript: Donald Trump's Foreign Policy Speech", *New York Times*, April 27, 2016, http://www.nytimes.com/2016/04/28/us/politics/transcript-trump-foreign-policy.html.

84 Moreno, "9 Outrageous Things Donald Trump Has Said About Latinos".

결론 기로에 선 보수주의

1 Pew Research Center, "Trust in Government: 1958~2015", in *Beyond Distrust: How Americans View Their Government*, November 23,

2015, http://www.people-press.org/2015/11/23/1-trust-in-government-1958~2015/

2   David Brooks, "The New Right", *New York Times*, June 9, 2014, http://www.nytimes.com/2014/06/10/opinion/brooks-the-new-right.html?hp&rref=opinion & _r=0; Peter Wehner et al., *Room to Grow: Conservative Reforms for a Limited Government and a Thriving Middle Class*(YG Network, 2014), ygnetwork.org/wp-content/uploads/2014/05/Room-To-Grow.pdf.

3   David Frum, *Comeback: Conservatism That Can Win Again*(New York: Doubleday, 2008); Ross Douthat and Reihan Salam, *Grand New Party: How Republicans Can Win the Working Class and Save the American Dream*(New York: Doubleday, 2008); David Brooks, "The Republican Collapse", *New York Times*, October 5, 2007; David Brooks, "Ceding the Center", *New York Times*, October 26, 2008; Wehner et al., *Room to Grow*.

4   Brooks, "The New Right".

5   Steve Coll, "Citizen Bezos", *New York Review of Books*, July 10, 2014, 28~32.

6   Corey Robin, "Conservatives and Counterrevolution", *Raritan*, summer 2010, 1~17.

7   라티노 백인 유권자들의 58%가 트럼프에게 투표했지만 트럼프의 유권자들은 압도적으로 백인이다. 선거 직후 출구조사에 의하면 트럼프는 아프리카계 미국인의 8%, 라티노 미국인의 28%에게서 표를 받았다(Alec Tyson and Shiva Maniam, "Behind Trump's Victory: Divisions by Race, Gender, Education", *Pew Research Center*, November 9, 2016, http://www.pewresearch.org/fact-tank/2016/11/09/behind-trumps-victory-divisions-by-race-gender-education/).

8   Robert Kagan, "This Is How Fascism Comes to America", *Washington Post*, May 18, 2016, https://www.washingtonpost.com/opinions/this-is-how-fascism-comes-to-america/2016/05/17/c4e32c58-1c47-11e6-8c7b-6931e66333e7_story.html .

9   David Brooks, "If Not Trump, What?", *New York Times*, April 29, 2016, http://www.nytimes.com/2016/04/29/opinion/if-not-trump-what.html?_r = 0.

10 Ibid.

찾아보기

CONSERVATIVES AGAINST CAPITALISM

자본주의에 맞서는 보수주의자들
산업혁명에서 세계화까지

지은이 피터 콜로지
옮긴이 이재욱

펴낸이 강지영
디자인 스튜디오243
펴낸곳 (주)회화나무

출판신고번호 제2016-000248호 **신고일자** 2016년 8월 24일
주소 04072 서울시 마포구 합정동 독막로8길 16 302호
전화 02-334-9266 **팩스** 02-2179-8442 **이메일** hoewhanamoo@gmail.com

1판 1쇄 인쇄 2020년 9월 25일
1판 1쇄 발행 2020년 10월 2일

ISBN 979-11-960556-6-0 03340

책값은 뒤표지에 있습니다.
잘못 만들어진 책은 구입하신 서점에서 교환해드립니다.

이 도서의 국립중앙도서관 출판예정도서목록(CIP)은 서지정보유통지원시스템 홈페이지
(http://seoji.nl.go.kr)와 국가자료종합목록 구축시스템(http://kolis-net.nl.go.kr)에서
이용하실 수 있습니다. (CIP제어번호 : CIP2020040378)